改革与变迁洪流中的
中国经济

下

产业经济报道作品集

杨国民 / 著

经济日报出版社

图书在版编目（CIP）数据

改革与变迁洪流中的中国经济．下，产业经济报道作品集 / 杨国民著．-- 北京：经济日报出版社，2021.12
ISBN 978-7-5196-0802-6

Ⅰ．①改… Ⅱ．①杨… Ⅲ．①新闻报道—作品集—中国—当代 Ⅳ．① I253.3

中国版本图书馆 CIP 数据核字 (2021) 第 207868 号

改革与变迁洪流中的中国经济（下）

作　　者	杨国民
责任编辑	陈　芬
责任校对	匡卫平
出版发行	经济日报出版社
地　　址	北京市西城区白纸坊东街 2 号 A 座综合楼 710(邮政编码 :100054)
电　　话	010-63567684（总编室）
	010-63584556（财经编辑部）
	010-63567687（企业与企业家史编辑部）
	010-63567683（经济与管理学术编辑部）
	010-63538621 63567692（发行部）
网　　址	www.edpbook.com.cn
E - mail	edpbook@126.com
经　　销	全国新华书店
印　　刷	北京建宏印刷有限公司
开　　本	710×1000 毫米 1/16
印　　张	29
字　　数	405 千字
版　　次	2022 年 2 月第 1 版
印　　次	2022 年 2 月第 1 次印刷
书　　号	ISBN 978-7-5196-0802-6
定　　价	66.00 元

致敬波澜壮阔的年代

献给激情燃烧的岁月

目录

CONTENTS

序一

从杨国民作品看经济日报深度报道

那天接到一电话，是杨国民打来的。

这大概是我们若干年来第一次通话。

杨国民，原经济日报工交部记者。记得我担任工交部主任时（上世纪八十年代末）他还很年轻，我当时 40 出头，他呢，也就 20 啷当岁，刚刚大学毕业吧。

后来，我进入报社领导班子，工交部由副手王若竹接任。虽然与部里联系不多，但他们并没有忘记我，还把我当作部里的一员，有些什么活动，聚聚餐啦到郊区旅游啦什么的，都会叫上我，大家一起，玩得很开心。

那时的杨国民，还是很年轻，不爱说话，也不主动跟人套近乎。所以，印象并不深。只是有次大家一起活动，打保龄球。这小子蔫不拉唧的，球一出手，就是全中！再一出手，又是 10 分！很让大伙儿吃了一惊！所谓蔫人办大事，算是长了见识。

“老詹，我想请您帮个忙。”国民开口，直奔主题，“我最近出了一套书，想请您给写个序。不知行不行？”

“出一套书，不是一本？”我有点吃惊，不鸣则已，一鸣惊人呐！一出书就是一套？我说“行啊行啊，没什么不行的。一来咱们是一个部的老同事，二来老詹一退休老头，别的没有，有的就是时间！”

就这么着，事情应承下来。国民很快将 U 盘送到我手中，打开一看，好家伙，一共三本，真是一套！全名叫《改革与变迁洪流中的中国经济》，分上、中、下三册，第一本是《经济新闻系列报道作品集》，第二本是《经济述评作品集》，第三本是《产业经济报道作品集》。

三本书稿，估计得有近百万字吧，我这七旬老翁，吭哧吭哧，一时间哪里看得完？于是先挑一些感兴趣的看看。

看着看着，一个主题，浮现眼前——从杨国民作品看经济日报深度报道！

是的，没错，不妨借这个由头，说说经济日报的深度报道。

经济日报在上世纪八九十年代的中国是相当红火的，尤其范敬宜（我们直呼老范）当总编辑时期。只要提到经济日报，不但业内同行纷纷竖大拇哥，经济战线读者也是赞赏有加，打心眼里喜欢这张生机勃勃的报纸！

经济日报有不少办报妙招，但我以为，这张报纸引以为豪的杀手锏，还是深度报道。自从老范由文化部调到报社当总编以后，几乎每年、每月，甚至每周，都会抓出一些带响的深度报道。《关广梅现象》《醒来吧，铜陵》《青藏铁路三人行》《开封何时能开封》《大连小机斗大机》《香香臭臭说广东》《快快慢慢说上海》《进进退退说天津》……开列出来，是长长一串的数不过来的名单！

深度报道为何成了经济日报的杀手锏，为什么会在读者中产生那么强烈的反响，留下那么深刻的印象？说到底，是因为经济日报找到了纸媒体抓住读者眼球的一个极好形式。

当某一现象刚刚露头，人们虽然感兴趣却又朦朦胧胧、不甚了了、似是而非之际，报社派出记者，深入采访，刨根问底，穷追不舍，在“是什么、为什么、怎么办”这三大环节，给出了详实的、解渴的、令人信服的答案。

这样的报道，吊起了读者胃口，又引人，又解渴，又痛快，他们能不喜欢，能不认真阅读吗?

记得当年在经济日报,老范常常找我们商量和议论的主题是,如何把握形势脉搏,摸清读者需求,设计报道题目,抓出深度报道来?

一旦有了好的线索,设计出一个好的题目,老范摸着下巴,呵呵地无声地笑着,那得意,那满足,那自信,年近六旬的他,高兴得竟像一个孩子!此情此景,真让人记忆深刻,难以忘却!

好了,不扯远了,还说杨国民。

国民的这三本书,我初初浏览了一遍,其中印象最深也最感兴趣的,还是他参与采写的深度报道。

在第一本书《经济新闻系列报道作品集》中,一开头就是采写于 1988 年底的一组深度报道:“清理固定资产投资工作组纪事”。

这组报道,一共八篇。

之一:出发前的心情。

之二:到处听到“特殊”声。

之三:为什么投资失控?

之四:这笔“损失”账该怎么算?

之五:丢掉“明年再看”的幻想。

之六:谁来引导乡镇企业投资?

之七:仅仅是开始。

之八:“最好不要再搞这样的清理。”

作为读者,单单看看这些题目,也会产生兴趣,也会被吸引的!

国务院为什么要清理固定资产投资?下去以后碰到什么情况?听到什么反映?

如何具体清理？怎样防止类似事情再次发生？一系列读者关心的问题，文章都会详细交待！

紧接着，1989年初，杨国民又参与采写了一组深度报道“国务院检查组复查记”。

这组报道，以消息“固定资产投资项目清理工作不理想 国务院检查组将再赴各地”引领，又是八篇。

之一：重返山东。

之二：短兵相接。

之三：症结何在。

之四：诱惑之手。

之五：苦果难咽。

之六：酸甜苦辣。

之七：空中楼阁。

之八：仅是开端。

好家伙，再来八篇，这一回，题目短小，十分精炼！

这样的深度报道，读者能够不喜欢吗？

如此去办报纸，能够不吸引读者，能不让他们欲罢不能吗？

当然，深度报道的形式，并非动辄就是系列报道，一整就是七八篇甚至十来篇，也有仅仅一篇就将问题说深说透，一锤子买卖解决问题的！经济日报曾发表不少单篇深度报道，亦曾引起轰动，一时间洛阳纸贵！在国民的三本书，尤其在他的第二本《经济述评作品集》中，单篇深度报道，也有不少，感兴趣的读者，不妨仔细看看。

走笔至此，再说两句。当年我在经济日报干活时，也正是杨国民这些小年轻们大展用武之地、写出那么多有影响有文采的深度报道之时。当此时也，网络时代尚未到来，电子媒体对于纸媒体的冲击，远没有时下这么严重！如今之纸媒体，说句实话，真是大有江河日下，奄奄一息之感哪。

怎么办呢？我看在没有找到万全之策时，不妨先把自己的优势恢复起来，千方百计、挖空心思、竭尽全力，争取每年、每月、甚至每周，搞出几组精彩绝伦的深度报道来，不说让报纸起死回生，起码能够大放异彩，鼓舞鼓舞自己士气吧！

詹国枢

2021 年 5 月

（作者系经济日报原副总编辑、人民日报海外版原总编辑、第十一届全国政协委员）

序二

做时代需要的好记者

翻开杨国民同志的《改革与变迁洪流中的中国经济》一书，熟悉、亲切的感觉扑面而来。国民在经济日报服务 30 多年，虽不敢说著述等身，但刊载他文章的报刊摞在一起至少也有半人高吧？而这部书中挑选的各种新闻体裁的文章，恰恰都是国民这些年来在经济研究和经济新闻写作方面的精品。

我和国民相识于上个世纪的八十年代中期经济日报初创时，那时他刚从武汉大学经济管理系毕业分配到报社工作，先在记者部工作了不长时间后就调到我当时所在的工交部工作。从那时起，我们在一起工作了近 30 年，亲眼看到国民从一个年轻的大学生成长为新闻人才的全过程。上世纪八九十年代是我国经济从计划经济转向有计划的商品经济再到市场经济的一个波澜壮阔的大时代，研究经济、报道经济是我们经济日报肩负的责任，也是每个记者编辑孜孜以求的事业。在这种时代背景下，国民的经济学长处很快就显露出来，这从他一系列的述评和调研报告中可以清晰地看出来。

作为一个记者，特别是在当年经济日报工交、财贸、农村部等所谓的“跑部记者”或“行业记者”来说，报道好这些部门和行业的工作固然重要，但记者还负有一个任务，就是为报社或部门提供带有全局性和典型性的报道线索。我还清楚地记得，当时在每周的部门例会上，全部门的同志热烈探讨哪些线索可以报给报社由报社组织报道，哪些可以由部门自己组织报道，哪些线索不值得报道，争论激烈，各抒己见，从而形成了一种很好的业务氛围。而国民是提供线索最多的同志之一，凭借他多年的记者生涯和经济学功底而形成的敏感，先后抓住了许多值得报道的线索。其中最突出的是“南京四鹤”和“苹果铝资本金”两组报道。这两组报道都紧紧抓住了当时经济中的重大问题，不仅成为当时经济中的热点问题，也一定程度上成为当时的社会热点。

国民当时负责国家计委的联系报道工作，这两组报道线索都是他在偶然的机会下发现的。说起来发现线索是个简单的事，其实不然，在部委浩如烟海的文件、简报中的寥寥数语中发现一个带有全局性、典型性的问题线索，确实不是一件简单的事。所以，提高经济记者的敏感度，提高行业记者的全局意识，一直是我们非常重视的一件事。就像我们工交部第一任主任连一民同志所说，行业记者要站在分管副总理的角度上去想行业问题才能搞出好报道。虽然现在看这话有很强的计划经济时代的色彩，但国民同志的这两组报道恰恰印证了这个道理。“南京四鹤”报道一问世立即引起了各界的普遍关注，也引起了国家领导人和有关部门的重视。报道见报时间不长，国家体改委副主任洪虎同志就率队来报社座谈。江泽民总书记、李鹏总理、朱镕基、吴邦国等领导同志都先后作过指示、批示，国务院前后召开3次总理办公会讨论“四鹤”联合重组事宜，这在任何一家媒体的报道中都是不多见的。“苹果铝资本金”报道也是一样，不仅引起了国内外的关注，国务院领导同志作了批示、指示，国家计委的领导评价说，报道抓住了当时经济领域中的要害问题，促进了全国范围内这一问题的解决。

国民待人诚恳，他平时话不多，但写过大量有分量的报道，可以说是讷于言却长于思考、敏于行的记者。虽然现在媒体结构和上世纪八九十年代大不一样，记者的工作方式方法也有不少变化，但社会和媒体自身对记者的要求及衡量标准变化并不大，如何做一个好记者仍是一代代新闻人不断在探讨、探索的事，像国民同志这样的好记者仍是新闻界所需要的，这也是他能多次获得全国性新闻奖和成为全国文化名家暨“四个一批”人才的重要原因。我个人认为，搞经济报道的编辑记者都应该看看国民同志的这套书，从中可以看到我国经济体制改革的过程，看出在改革中所触碰到的观念、利益和结构等各方面的变化路径，以及如何更好地报道经济问题。非从业人员如果有兴趣，也可以从一个历史侧面的记录中更深刻地理解我们当前的改革开放。总之，这是一套对人“开卷有益”的书，值得一读。

王若竹

经济日报原副总编辑

第一章

基础工业
由量的纠结到质的蜕变

产业·钢铁

9000万吨钢：多了还是少了

据国家统计局快报统计，1994 年我国钢产量首次突破 9000 万吨，达到 9153 万吨，连续两年产钢居世界第二位。

钢铁工业，作为国民经济基础产业之一，一直是我国国民经济发展的一大制约因素。改革开放以来，我国钢铁工业有了极大发展，钢产量从 1978 年的 3178 万吨，增加到 1992 年的 8093 万吨，14 年年均增钢 3400 多万吨，年均递增 6.9%。即使如此，钢铁工业仍然满足不了国民经济快速发展的要求，由于钢材供不应求，14 年中，我国共花外汇约 500 亿美元，进口钢材 1.3 亿多吨。

1993 年，我国钢产量 8954 万吨，比上年增加 861 万吨，增长 10.6%，一跃使我国成为世界第二产钢大国。在此基础上，1994 年，我国钢产量又上了 9000 多万吨这一新的台阶。

有关权威人士认为，从产业发展的生命周期来看，我国钢铁工业经历了起步、起飞阶段，90年代初进入快速发展时期，市场需求旺盛，发展前景广阔。但在钢产量达到9000多万吨以后，供求关系已经发生深刻变化，总量不足的矛盾趋于缓解，今后钢材市场在总量上将随市场的波动由长期供不应求转为少数品种供不应求与绝大多数品种供求平衡或平衡有余的交替状态，在品种结构上将会出现过剩与短缺并存。

1994年钢铁工业的实际情况也正是如此。自1993年下半年钢材市场从过热走向平稳后，长线积压，短线紧缺的特征已经显露出来。冶金工业部及时提出了面向市场，调整结构，限制平销产品生产、停止滞销产品生产、增加畅销产品生产，扩大出口的方针，全行业破天荒地限产钢材300万吨，从产量来说，仅比上年增长3.2%，为改革开放以来的最低增长速度。

也许有人认为，近2年钢铁行业出现的这种情况只是暂时现象。一旦宏观环境宽松，进口钢材减少，钢材市场很快就会供不应求，出现前几年的“火爆”状况。

这种想法是不合实际的。首先，前两年过多的进口钢材多为国内长线产品，不但不能调剂供需缺口，反而成为国内钢材市场供大于求的主要原因。以前，我国钢铁产品供需缺口历来依靠进口调节，随着生产能力的增加，近几年市场供求矛盾已经缓解，但进口却没有相应减少，致使国内生产受到很大冲击。据统计，1993年和1994年我国累计进口钢材5300万吨，而其中70%是属于国内长线品种。因此，适当控制进口，不仅不会造成市场短缺反而有助于国内企业产销平衡。

其次，前几年钢材市场价格大幅度上涨，在很大程度上是由于固定资产投资增长过快和流通体制不健全，买涨不买落的交易行为使钢材市场的波动大于实际需求的波动。有关材料显示，1993年钢材消费量实际增长约24%，但由于预期心理和投机行为，助长价格上涨70%以上，过高的价格拉动钢材供给过量增长，包括进口钢材在内，增幅达45.5%，大大超出实际需求。

第三，据预测，到2000年，全国年钢材消费量将达到1亿吨以上。有关人士介绍，目前我国已经具备年产1亿吨钢的生产能力，国内一些主要钢铁企业已经或正在进行重大技术改造，有较强的发展后劲，今后，在钢材供需总量上将会基本保持平衡。

在总量矛盾趋缓的同时，结构性矛盾将显得更加突出。据分析，目前我国短缺的钢材品种主要有10大类，包括冷轧薄板、冷轧硅钢片、高压锅炉管、石油管、高炭盘条、大吨位船舶用板、镀锌和镀锡板等品种，这些品种还有相当一部分要靠进口，而占钢材总量80%以上的其它品种已经基本平衡或过剩，这种状况将决定我国钢材市场今后的基本特征。

有关人士指出，随着我国产业结构的升级换代，钢铁产品限平、增畅已成为市场发展的必然要求。如现有的硅钢片中，80%以上为国外早已淘汰的热轧硅钢片，而我国电力工业今后发展的重点是30万千瓦以上的大型机组，冷轧硅钢片将取代热轧硅钢片；电站用钢中的高压锅炉管和锅炉板缺口高达40%—50%，即使低压锅炉管中的材质也有很大差距；再如铁道专用钢材总量虽然基本平衡，但高质量高效益的产品如全长淬火重轨的生产能力过小，而我国高速铁路的发展已经提上日程，必将对一部分铁道专用材提出更高要求，汽车工业在确定小轿车进入家庭的战略方向后，汽车用薄板、轴承钢、齿轮钢等品种的市场需求将迅速扩大；机械、电子等产业的发展也要求钢材的品种质量不断改进。

因此，如何适应钢铁市场从总量矛盾向结构性矛盾的转变，已成为我国钢铁工业发展的重大战略问题，对钢铁企业来说，“皇帝的女儿不愁嫁”的日子已经一去不复返了，谁及早主动面向市场，调整产品结构，谁就会在竞争日益激烈的市场上站住脚，反之，如果还是抱着老一套的营销观念，不在品种、质量、成本上下功夫，而是一味上项目，追求产量，那就迟早会发现自己在市场上处于越来越被动的局面。

据悉，冶金工业部在制定“九五”发展规划时已经把品种质量列为龙头，从数量规划为主转向品种质量规划为主，重点解决目前仍不能满足市场需求的关键钢材品种。今年，冶金部除了抓好宝钢三期工程建设外，还将抓好鞍钢和几个重点特钢的现代化改造，以及铁道、汽车、造船、石油、大型电站和不锈钢等一批关键钢材品种改、扩建项目。可以预料，随着技术进步和结构优化工作的顺利推进，我国钢铁行业在国内外市场上的竞争能力将会日益增强。

《经济日报》1995年2月23日第1版

钢材市场需求平稳
冶金企业需在调整结构盘活资金上再作文章

‖编者按‖

上半年已经过去，下半年刚刚开始。我国各生产行业的走势究竟如何？在今年大的宏观经济环境比较平稳的情况下，下半年各生产行业应在哪些方面作出调整，以适应市场形势？对于生产资料消费企业，下半年可望在什么形势下获得自己必需的原材料？以上这些广大企业所关心的问题，本报将以《行业走势分析》专栏陆续刊出。今天是第一篇。

今年上半年，我国钢材市场总体特征是需求平稳，从生产看，1—6月产钢4640万吨，比上年同期下降0.26%；产生铁4963万吨，比上年同期增长4.86%；产钢材3990万吨，比上年同期下降3.65%。从销售看，1—5月份大中型钢铁企业产销率达到100.74%，比上年同期提高3个百分点，钢材库存比年初下降36万吨。到6月底全行业钢材库存将比年初下降60万吨。这样，粗略估计，上半年共销售钢材4050万吨左右。

下半年产销形势如何呢？据对机械、轻工、建设、煤炭、铁道、石油等部门上半年生产经营情况及下半年生产安排的调查，建设部门特别是民用建筑消费钢材上半年呈增长趋势，预计下半年还将继续增长；机械行业钢材消费，不会有大的起伏，与去年基本持平；铁道、发电、轻工等部门下半年钢材消费比去年同期可能略有下降或持平。因此，从这些用材部门来看，下半年国内市场钢材需求将基本与去年同期持平或略偏低。

从宏观经济运行环境看，影响钢材需求的因素主要有：第一，国民生产总值增幅将继续回落，预计全年增幅将控制在10%以下；第二，工业生产增幅回落，重工业增幅远低于轻工业；第三，严格控制固定资产投资规模，下半年除农业、水利、住宅等项目外，其它项目一律不许开工；第四，严格控制新增贷款规模，下半年贷款口子将不会松动；第五，全国企业间相互拖欠继续上升；第六，各类贷款利率的提高，加大了企业贷款的难度，增加了资金使用成本。

另外，从国际钢材市场走势看，鉴于独联体国家钢铁生产的回升和卢布的继续贬值，将会低价竞销与我类同的钢坯；而美国、巴西二季度以来出口量也增加，国际市场一般品种钢材价格升势受阻，下半年我国钢材出口难度将会增加。

因此，结合国内外两个市场走势分析可以得出结论：下半年，我国钢铁生产经营市场平稳、资金仍然偏紧、消化库存任务仍然很重。

在钢材市场销售平淡的同时，市场对具体钢材品种的需求将出现新的变化。据冶金部的调查和预测，下半年钢材品种结构趋势大体可分四种情况：一是持续紧俏品种：薄板、镀锡板、镀锌板、不锈钢板、冷轧矽钢片、线材中的焊线、高牌号硬线、紧固件用线材、石油管；二是由长变短品种：热轧板卷、造船板、带钢、小型材中的小规格定尺元钢和螺纹钢；三是由短变长品种：重轨、低合金板（主要是造车用的耐候板、煤矿用板、机械用高强度板）、炭素高压锅炉管、大型材中的工、槽、角钢、热轧矽钢片及轻轨；四是持续长线品种：中型材、16毫米以上普通中厚板、直径100毫米以下的一般无缝管、一般焊管、金属制品等。

冶金工业部有关人士指出，如果冶金企业能坚持以市场为导向，在调整产品结构和盘活资金上再多下些功夫，下半年钢铁企业的生产经营状况将会比上半年有明显改善。

《经济日报》1995年7月26日第1版

“八五”行业大转变“九五”前程更辉煌

冶金：从卖方走向买方

1991至1995年，是我国冶金行业经历了戏剧性的波澜起伏的5年。

1991年，受前两年市场疲软的影响，钢材市场仍没有走出供大于求的阴影，钢铁企业生产经营仍在低谷运行。

1992年下半年开始，钢铁企业突然“喜”从天降：钢材市场迅速升温，钢材价格直线上升，就钢材中用量最多的建筑用线材而言，从1992年初的每吨1700元，一直涨到2000元、3000元，直至超过4000元大关。生产企业充分享受到“皇帝的女儿”的滋味，即使加班加点拼命增产，仍满足不了大量饥渴的需求，甚至连仓库里的残次品也一抢而光。

然而，物极必反，有涨必有落。从1993年下半年开始，市场逐步降温，钢材价格又一落千丈。线材价格最低曾降到每吨2500元左右，接近成本水平。同时，由于进口钢材激增，全社会钢材资源总量大大超出需求量，到1994年底，社会库存高达3300—3400万吨。企业则普遍面临另一番光景：昔日门庭若市的场面一去不复返，销售人员四处出动，寻求客户，有的甚至不给钱也照样发货。目前，不少企业仍在饱受产品积压之苦，有些企业甚至陷入难以为继的困境。

5年间，冶金行业的波动与曲折、喜悦与困惑，最终迎来了这样一个事实：我国钢铁工业已跨越了令人难忘的“起步”和“起飞”阶段，开始步入“成熟期”。

这一重大的转变反映在钢材市场供求关系上，就是多数钢材品种已由卖方市场转为买方市场，供不应求的钢材品种只占少数。

虽然部分生产企业目前还没有适应这一转变。但在这短短的5年中，我国冶金行业330万职工用自己的辛劳和汗水把我国的钢铁工业送入一个新的发展阶段，他们完全有理由为此而自豪！

看一看他们这5年的业绩：1991至1994年，实际钢产量分别为7100万吨、8093万吨、8868万吨和9153万吨，平均每年增加钢产量630万吨，前4年比1990年增产钢2418万吨，相当于改革开放以来我国净增加钢产量的一半，这在世界产钢史上，不能不说是一个奇迹！今年全国钢的生产能力已达到1亿吨左右，计划安排产钢9600万吨。按1993年国家对原“八五”计划指标调整意见，1995年钢产量指标为8800万吨，钢铁工业已提前2年实现了“八五”产量计划。

我国已从1949年产钢仅15.8万吨、居世界第26位的钢铁弱国，发展到目前钢产量居世界第二位的钢铁大国。我们正在向由品种、质量、低成本和高生产率所构成的钢铁强国迈进。

钢产量由8000万吨上升到9000万吨，不仅仅是跨上了一个数量台阶，更重要的是标志着我国钢材市场供求关系发生了历史性的变化。过去长期存在的总量不足的矛盾趋于缓解，今后钢材市场在总量上将随市场波动由长期供不应求转为供不应求与供求平衡的交替状态，在品种结构上将出现过剩与短缺并存。

有关专家指出，钢材产品由卖方市场到买方市场，首先使得我国钢铁生产经营指导方针上产生了重大转变，数量已不再成为主要矛盾，工作重点已由追求产量转到调整结构、提高质量、降低消耗上来，去年，冶金部及时提出了面向市场，限平、停滞、增畅、扩大出口的方针，全行业破天荒地限产钢材300万吨。今年，冶金行业继续贯彻这一方针，1—8月实际产钢仅比去年同期增长0.39%，而钢材产量则比去年同期下降3.2%。同时，全行业库存下降100万吨左右。

对生产企业来说，市场形势的转变，迫使他们转变经营观念，增强市场竞争力，靠品种、质量占领国内外两个市场。武钢、鄂钢、包钢、太钢、安阳、无锡钢厂、沙钢、重钢等企业都较快地适应了新的市场形势；鞍钢调整了企业发展思路制定了突出品种的技改方案；首钢压缩了108亿建设投资，下决心停建或缓建了一批项目。

与此同时，市场形势的变化也给我国钢铁工业的发展思路提出了新的课题。冶金工业部部长刘淇不久前深有感触地说，前几年在制订“九五”计划和2000年发展规划时，提出建设几个1000万吨级和500万吨级的钢铁基地，这在当时钢材供不应求、数量矛盾突出的情况下是正确的。但近几年钢材市场已经发生了变化，再一味地追求规模和数量，已经不能取得预期的效益。据悉，冶金部在制定“九五”发展规划时，已经把品种质量列为龙头，从数量规划为主转向品种质量规划为主，把调整结构和提高效益放在突出位置，重点解决目前仍不能满足市场需求的关键钢材品种。

八个五年计划，给我国的钢铁工业发展史上树起一座座丰碑，虽然曾经历过几次大的起落，我国钢铁工业仍然从蹒跚学步的童年期步入了精力充沛、充满活力的青壮年期。第八个五年计划，则可以说是我国钢铁工业走向成熟、走向更加强大的开始。可以预料，随着下一步对现有大中型企业技术改造步伐的加快，推进结构的调整和优化，我国实现钢铁强国的目标将为期不远。

《经济日报》1995年12月21日第2版

增强竞争力 钢铁工业需“去粗取精”

‖编者的话‖

增强工业竞争力已经成为我国经济能否迎接国际竞争的一个严峻的话题。从今天起，《工交视野》将陆续刊出“增强竞争力”系列报道，分析我国冶金、纺织、轻工、电子、机械五大行业的竞争力现状，以及如何提高竞争力的途径。

一

今年以来，我国钢铁工业有两组数字非常引人注目。

一组数字是，今年1—8月，我国钢产量比上年同期增长6.55%，达到6535万吨，今年以来，一直位居世界第一。

与此不相对应的另一组数字：今年上半年，我国进口钢坯、钢材782万吨，比去年同期增长19.9%；与此同时，上半年出口钢坯、钢材337万吨，比去年同期下降35.8%。

我国钢铁产量首次跃居世界第一位，可是，冶金行业并没有为这一突破而沾沾自喜，却在为自身的竞争力不足而担忧。

从长期以来的钢材短缺，特别是1992－1993年钢材市场过热、价格过高，到钢铁产品供需趋于平衡，在国内市场逐步同国际市场接轨的过程中，企业成本上的差距日益暴露，我国钢铁工业进入了一个新的发展阶段，在这一阶段，衡量我国钢铁工业发展的标志，将不再反映在产量规模上，而是具体体现在品种、质量，低成本和高生产率所构成的综合竞争力上。

二

竞争力上的危机感，就钢铁工业来说，主要来自与国际市场的接轨。

1991年，我国钢材价格放开，并逐步取消了“双轨制”；1992—1993年，国内钢材价格飞涨，与国际市场倒挂，结果大量钢材涌入国内市场；1994—1995年国内钢材价格下滑，逐步接近国际价格，进口也随之减少，出口增加，去年创下了出口1035万吨钢材的纪录。接轨后的国际、国内钢材市场相互制约，特别是国内价格受国际价格制约，不可能再大幅度上涨。

在价格与国际市场接轨后，成本就成了企业的生命线。目前，钢铁工业上游原燃料价格虽然与国际市场还有10%—30%的差距，但都呈上升的趋势，据估计，今后5年内将实现与国际市场价格接轨，到2000年，价格上涨部分的总值将达到270亿元。因此，冶金行业“低进高出”的优势将不复存在。要想生存，冶金企业成本也必须与国际水平接轨。

而在这方面我们不容乐观。以能源消耗为例，我国重点钢铁企业吨钢能耗1995年为976公斤标准煤，比国际水平高20%—40%，比日本高出320公斤标准煤。据估计，到国内外能源价格持平时，全行业要多支付160—170亿元的能源费用，仅今年上半年因能源涨价就影响效益60—70亿元，这是造成冶金行业今年以来效益大幅度滑坡的主要原因。

另一方面，我国钢铁工业人工成本优势也正在丧失。目前，我国300万人同吃钢铁饭，年人均产钢仅为33.7吨，与年人均产钢达700—800吨的日本、韩国相比，相差20倍。由于用人太多，劳动生产率低，全行业人工费用占成本比例已达13%，接近日本水平。

构成钢铁工业竞争力的要素除了成本外，还包括产品结构和产品质量。在与国际接轨过程中，我国冶金产品结构上的缺陷同样表现得十分明显。目前，一方面有2000万吨的中小型材能力放空；另一方面，有效生产能力仍显不足，热轧板卷、冷轧薄板、硅钢片、镀锌板、镀锡板等高品质、高附加值品种市场被进口钢材占领。标志品种结构优化的板管带材产量占钢材产量的比重今年1—5月为38.56%，而进口钢材中板管比达68%，社会消费钢材中板管比为43%，说明我们现有的产品结构不具竞争力。

三

增强竞争力，这已经成为冶金行业上上下下的一条共识。

冶金工业部部长刘淇不久前指出，“全行业的当务之急是提高市场竞争力，没有竞争力就谈不上生存，更谈不上发展”，如何增强竞争力？当前首先要降低消耗，降低成本。

把节能作为企业集约化经营发展的一个重点，把巨大差距变成巨大潜力。据分析，冶金产品成本中可控部分主要是能源消耗，占生产成本的25%以上。如果抓住生铁成本和连铸坯熔炼、钢材轧制等工序环节找成本差距，全国落后水平达到平均水平，可降成本72亿元；赶上全国先进水平，可降成本178亿元。为此，需加大节能投入，大力推广新工艺、新技术，淘汰落后工艺，提高生产操作水平。

其次，尽量发挥现有装备的潜力，积极调整产品结构，提高产品质量，提高产品附加值。以市场需求为导向，积极研制、开发和推广新产品。

与此同时，冶金企业要始终保持高度危机感和进取精神，增强市场竞争意识，提高市场占有率。在经营策略、合同履约率、服务意识、包装质量，以及产品价格方面建立起一套新的运作机制，以提高企业在市场竞争中的反应能力和适应能力。

从总量上的供需平衡到增强在国内外市场上的竞争力，我国钢铁工业又面临一个新的、紧迫的课题。钢铁工业必须从以前的单纯追求上规模、扩大产量，转变到追求品种、质量、走集约化、内涵式发展道路上来。

《经济日报》1996年10月10日第5版

冶金为何要限产

岁末年初，冶金行业盘点的结果是喜忧参半：喜的是结构调整、技术进步有了良好的开端，主要经济技术指标创造了历史最好水平，成本大幅度降低；忧的是1999年初确定的“钢比1998年减产10%，吨材价格上升50元，全行业实现利润50亿元”的3大目标均未实现。预计全年钢产量1.22亿吨，钢材产量1.17亿吨，分别比上年增长6.47%和8.96%。由此造成钢材阶段性、结构性过剩加剧，钢材价格每吨比上年平均下降150元，预计全行业实现利润25亿元。

冶金行业的矛盾集中体现到了是要数量还是要效益上。对此，国务院领导十分明确地指出，“钢铁工业重产量轻质量、重生产轻效益的偏向应该纠正了”，“总量不控制，低价倾销，不是走出困境的办法”。国家冶金工业局局长蒲海清日前在谈到今年工作安排时强调：“坚决把总量控制住。”因此，限产保价，“压”出效益，是2000年冶金工作的重中之重。

自1993年以来，随着我国钢材产量不断增长，钢材结构性矛盾也越来越突出。与此同时，钢材价格也平均以每年5%—7%的幅度下降。目前，我国普通钢材年生产能力已超过6000万吨，而需求量只有5000万吨，生产能力过剩20%左右。1993年我国钢材产量7707万吨，实现利润294亿元，平均单价3700多元。1998年产钢材1.07亿吨，最后结算利润9亿元，平均单价2760元。1999年比1998年多产钢材1000万吨（含进口坯和上年积压坯轧成的材），但销售收入持平，平均单价2610元，吨钢利润只有23元。有人戏称，钢材业已经沦为“搬运工”。

低水平重复建设、重复生产造成的总量过剩使得钢铁行业库存长期居高不下。据国家统计局统计，1998年钢材社会库存2860万吨。国家冶金局的统计显示，1999年生产企业库存钢材704万吨，比年初增加104万吨，产成品占用资金比年初增加20亿元。

对此，国家经贸委和国家冶金局在1998年10月就提出“限产保价”。1999年初，国家冶金局向各省市自治区和大中型企业分解了总量控制目标，6月初国家经贸委召开了限产增效电视电话会议，6月末国家冶金局分组到各地调查督促，下半年重点组织了中厚板生产企业的限产保价协调。

虽然经过这些工作，除中厚板钢材限产较好外，钢材总量却仍然是不降反增，这充分说明了限产的难度。其中原因除了认识不统一，决心不够大，措施不够得力以外，最关键的还是行业整体利益与地方和企业局部利益之间的矛盾。在限产工作中起带头作用的主要是少数大型企业，多数企业对限产缺乏主动性，互相观望，希望限人不限己，有的增产还比较多。特别是在部分大企业压缩产量的同时，工艺装备落后、能耗高、产品质量差、污染严重的小企业却有发展之势。72户重点大中型企业以外的小企业钢产量增长了16%，比大中型企业增幅高出近9个百分点。无证生产或用“地条钢”、废钢轧制的劣质钢材进入市场甚至国家重点工程，构成重大质量隐患，同时低价倾销，严重冲击了建筑钢材的市场价格。

钢材控制总量已经没有任何犹豫的理由和余地了。按照国务院的要求，国家冶金局日前确定，2000年钢产量不超过11000万吨，钢材产量10000万吨。钢产量比去年减少1200万吨。其中：“关小”500万吨，淘汰落后150万吨，压长增短减钢550万吨。国家冶金局局长蒲海清强调，冶金企业要把总量控制的任务看作中国钢铁工业结构调整、产业升级、增加效益的极好机遇，以积极的态度完成这项工作，绝不允许出现你限我不限的现象。

《经济日报》2000年1月24日第5版

国内企业直面国际竞争　品种质量已成主要矛盾

好钢不怕市场火炼

自1998年年中以来，我国采取积极的货币政策和财政政策，扩大内需，保持国民经济的持续、快速增长，对国内钢材市场的拉动作用逐步显现。1999年钢产量1.22亿吨，钢材产量1.17亿吨，分别比上年增长6.47%和8.96%。钢铁企业钢材销售形势较好，产需衔接基本正常。

今年钢材市场消费是否会保持去年增长的势头？国家冶金工业局的分析表明，万元国民经济产值钢材消费强度近5年平均值为0.151，近3年平均值为0.144，预计2000年钢材消费强度将低于近年平均水平。国家冶金局的专家们认为，今年国内钢材市场不会继续保持去年的消费增长幅度，但由于国民生产总值仍将保持较快增长，钢材消费总量仍将维持较高水平。

国家冶金局的分析认为，今年固定资产投资对钢材市场的拉动将会减弱，主要原因一是尽管去年下半年国家增发600亿元国债，其中90亿元用于企业技术改造，但其力度低于上年同期；二是民间投资仍处于观望状态；三是今年新增的投资对钢材的需求将会出现一段时间的滞后。

从国际钢材市场看，2000年世界性的经济复苏无疑将有利于钢铁需求的增加，全球钢材市场将在一定程度上保持去年下半年好的走势，价格在去年下半年回升的基础上继续上扬。但同时也应看到钢材价格的上扬将引发过剩产能释放的巨大压力，高附加值钢材品种将会成为国际市场竞争的焦点，并会影响世界钢材需求的结构。

目前，我国钢铁工业的主要矛盾已由总量不足转为品种质量的结构性矛盾。从大品种上看，除薄板等品种的生产能力不足外，其它钢材品种的生产能力已超过需求。从质量上看，所有品种都存在高质量高附加值的产品不能满足需求的问题。在供求平衡或供大于求的钢材品种中，有相当一部分的生产能力是落后工艺和装备生产的，是没有竞争力的。专家认为，从进一步发展的观点来看，钢材买方市场的格局必将长期维持下去。我国钢铁企业必须在买方市场条件下进一步降低成本求生存、求发展。

另一方面，目前国内外钢材市场已经接轨，国内企业已直接面对外国钢铁企业的竞争。薄板等国内短缺的高附加值钢材品种的价格已明显受国际市场的制约，螺纹、线材等低附加值钢材即使质量与国外产品相当，还得在价格上有较强的竞争力才能抵御住进口钢材。

国家冶金工业局的分析指出，国内钢材市场要继续保持良好的销售形势，必须做到以销定产，严格控制总量增长。目前，建筑用钢材等长线产品国产资源增长远高于消费增长，市场无序竞争加剧，虽然多数企业现时价格下降的空间已不大，但随着钢铁企业的不断技术进步，加上上游产品价格下降的拉动和下游产品价格下降的挤压，这些产品价格还将呈下降趋势，下降幅度逐步减缓。随着企业结构调整步伐的加快，国内薄板的生产能力将有大幅度的增长，1999年比上年增长14.79%，今年薄板产量将继续有较大的增长，品种和质量也将会有很大的改善。由此，今后国内钢材市场热轧薄板的竞争会逐渐加剧，国产薄板的国内市场占有率也将有较大的提高。

《经济日报》2000年2月14日第2版

阔步迈向钢铁强国

在人类历史发展的长河中，100年不过是短暂的一瞬。但是对于中国钢铁工业来说，经过100年的不懈奋斗，已在一张白纸上谱写出了令世人瞩目的光辉史篇。

旧中国钢铁业从两湖总督张之洞1890年创建汉阳铁厂开始，到1948年的

58年中，共生产钢686.6万吨，其中最高年产量是1943年的92.3万吨。

新中国成立的50年，是我国钢铁工业真正起步和起飞的时期。在这50年中，钢铁工业在战争的废墟上艰苦创业，既有顺利发展的机遇，也有探索前进的挑战；有过3年“大跃进”的失败，也有过10年“文化大革命”的破坏。尽管如此，经过艰难跋涉，特别是改革开放后终于走上了持续、快速、健康发展的道路，实现了前人的跻身于世界钢铁大国行列的梦想。

产量　半个月等于50年

新中国成立当年，产钢仅15.8万吨，居世界第26位。经过3年国民经济恢复，1952年产钢135万吨，超过历史最好水平，居世界第15位。又经过第一个五年计划，1957年产钢535万吨，居世界第9位。1996年产钢10200万吨，超过了日本，居世界第1位。1997年，中国钢产量10891万吨，1998年为11435万吨，1999年为12200万吨。中国已连续4年钢产量居世界第1位，真正跻身于世界钢铁大国行列。现在半个月的钢产量就相当于过去50年的产量。在半个世纪里，由一个钢铁小国发展成世界钢铁大国，是来之不易的。

在中国国民经济快速发展初期，急需大量钢材，而钢铁工业基础极为薄弱，钢材供给总量严重不足，实行以增加产量为主的方针，是符合历史条件和客观要求的。至于一度出现片面追求产量的偏向是错误的，已经得到纠正。特别是改革开放以来，党中央、国务院在总结过去经济发展包括钢铁工业发展的经验教训的基础上，提出经济工作要转到以提高经济效益为中心的轨道上来，要由粗放型经济增长方式转到集约型经济增长方式上来，各钢铁企业都在抓紧转轨变型，坚持以提高经济效益为中心，推动集约型经济增长方式，从而加快了中国钢铁工业向世界一流钢铁强国进军的步伐。

品质　基本满足国内需求

中国钢铁工业一直比较重视品种、质量工作。在50年代初期中国钢铁工业基础还很薄弱的情况下，就能冶炼100多个钢种，轧制400多个规格的钢材。

改革开放以来，中国钢铁工业创造性地推进了品种、质量工作。在品种方面，1987年在开展市场调查的基础上，提出要集中力量解决国民经济各部门急需的100个重点钢材品种。1994年经过进一步的市场调查，确定重点解决铁路、电力、石油、船舶、汽车等5个部门所需关键品种钢材。近几年来，又有效地开展了“以产顶进”的工作，提高了国产钢材的市场占有率。

在质量方面，1982年提出按国际标准和国际先进标准组织生产，一方面制订了国际一般水平标准和国际先进水平标准，另一方面推动企业通过技术改造形成按国际标准生产的工艺先进、设备配套的作业线，重点企业打通了462条“双标”生产作业线，地方骨干企业打通了170多条“双标”生产作业线。

1988年开始推行ISO9000系列标准后，已有140多个钢铁企业获得ISO9000系列标准认证证书，建立了质量保证体系，提高了产品在市场上的竞争能力。

通过这一系列工作，到80年代后期，中国已能生产包括高温合金、精密合金等各种高级合金钢在内的1000多个钢种，可轧制钢材品种规格40000多个，板材、带材、管材、型材、线材以及钢丝等品种基本齐全。按国际标准和国际先进标准生产的钢材占钢材总产量的比重，由1984年10.37%提高到1999年的87%。

随着社会主义现代化建设事业的发展和新兴工业的崛起，以及面向国际市场提高竞争力、扩大国际贸易的需要，对钢材品种、质量的要求越来越高。中国钢铁工业为适应这些需要，已经并正在调整和优化钢材品种结构，加紧试制内在质量洁净、具有高性能的新型金属材料。目前，农林牧副渔业、轻工纺织业、建筑业、煤炭工业、石油工业、汽车工业、船舶工业、通用机械工业、矿山机械工业、发电设备制造业，铁路、公路、桥梁建设，邮电、广播、电影、电视业、电子工业，国防军工包括常规武器、大型运输轰炸机、歼击机、核潜艇、导弹驱逐舰等四个现代化建设所需要的钢材，已基本立足于国内。国产钢材在国内市场上的占有率已由建国初期的60%提高到现在的90%以上。

装备　向现代化迈进

旧中国钢铁生产工艺和技术装备十分落后，最大的高炉仅有690立方米，最大的平炉仅有150吨，最大的电炉仅有5吨，最大的转炉仅有2吨，有的轧机还是用蒸汽驱动的，许多生产过程仅靠手工操作。新中国成立后，许多钢厂的设备沿着大型化、连续化、高效率、自动化方向发展。

在炼铁方面，1952年鞍钢“三大工程”中的7号高炉为918立方米，现在拥有2580立方米高炉；1958年武钢建成投产的1号高炉为1386立方米，现在拥有3200立方米的高炉；马钢、唐钢原来都是中型钢铁厂，只有100—300立方米的高炉，现在已发展成大型钢铁联合企业，拥有2500立方米高炉；宝钢1号和2号高炉为4063立方米，3号高炉为4350立方米。这些大型高炉都采用了自动上料、高风温、高压炉顶、喷吹燃料和长寿等先进技术，主要技术经济指标已达到国际先进水平。在炼钢方面，1964年首钢首先建成的氧气顶吹转炉的容积为30吨，现在已拥有210吨的氧气顶吹转炉，宝钢、武钢拥有300吨氧气顶吹转炉。中国宽带轧机最早只有50年代建的鞍钢半连轧，现在已拥有9套热连轧机和8套冷连轧机；中国无缝钢管轧机也在向连轧化方向发展，现已拥有3套热轧无缝钢管连轧机组。

从调整和优化钢铁工业结构来看，中国是从发展连铸开始的。中国是研究试验连铸机最早的国家之一，从50年代中期起步，但到1978年全国连铸比仅3.8%，影响了整个钢铁工业结构的调整和优化。到1998年达到67.6%，即在1978—1998年的20年间，连铸比提高了63.8个百分点。1999年全行业连铸比达到76%。

以连铸为中心调整钢铁生产工艺技术结构，向前延伸就是增加铁水预处理、淘汰平炉、发展顶底复合吹炼的氧气转炉和超高功率的电炉，并配有炉外精炼；向后延伸就是淘汰初轧机，发展连轧机组，提高精整和热处理水平。目前由连铸向前延伸，进展最快的是淘汰平炉。全国平炉钢比已由1950年的85.8%降到1998年的4.7%，今年，平炉即可全部淘汰。到1998年底，全国已有全连铸企业9个、全连铸车间75个。

随着钢铁生产工艺技术装备结构的调整和优化，推动了钢铁企业组织结构的调整和优化，使企业生产集中度有了较大的变化。按年产钢300万吨以上的企业统计，生产集中度由1965年的36.2%提高到1998年的43%；按年产钢100万吨以上的企业统计，生产集中度由1957年的54.4%上升到1998年的79%。

效益　为国家创收4600亿

十一届三中全会以后，中国钢铁工业逐步走上以提高经济效益为中心的道路，经济增长方式开始由粗放型向集约型转变。

从全行业的基本建设投资来看，1949年到1997年的48年中，钢铁工业基本建设投资累计为2329.7亿元，而同期为国家创造的利润和税金累计为4421.2亿元，利税与投资的比例为1.89∶1。或者说，归还基本建设投资以后，还为国家积累2091.1亿元。如果考虑到同期安置上百万的钢铁职工就业，累计支付的工资总额和劳保福利费用大约2500多亿元，48年间，钢铁工业为国家创造的净国民收入达4600亿元左右。

钢铁工业提高经济效益的另一个重要标志是投入相对减少、产出相对增加。主要表现在以下几项重要技术经济指标上：

钢铁工业吨钢综合能耗逐年下降。从1978年的2.524吨标准煤下降到1997年的1.348吨标准煤，19年间共为国家节约标准煤5898万吨。

钢铁工业吨钢钢铁料消耗逐年下降。以氧气转炉炼钢为例，吨钢钢铁料消耗从1977年的1220公斤下降到1997年的1111公斤，20年间共为国家节约钢铁料380万吨。

轧钢综合成材率大幅度提高。中国的轧钢综合成材率一直比较低，1950—1976年平均仅73.17%。1997年提高到88.44%。1978—1997年的19年间，提高了13.66个百分点。

总的来看，中国钢铁工业在近20年间，通过发挥广大职工的积极性和创造性，依靠技术进步和提高科学管理水平，由粗放型经营向集约型经营转变，每生产1吨钢不仅可少投入45%的能源、9%的钢铁料，而且可以多产出13.66%的钢材。

钢铁 豪情迎接新世纪

钢铁工业在西方国家被视为“夕阳工业”已经多年。但展望21世纪的中国钢铁工业，仍然有着光辉的发展前景，对此，我们充满了希望。

21世纪中国钢铁工业的希望和前景，是伴随着我国国民经济发展和四个现代化建设而同时存在的。与世界上的发达国家相比较，目前我国的基础设施建设还很不完善，有些方面还很落后。加工和制造业对新材料的需求还是相当大的，国民经济各部门对钢材的需求仍然旺盛。要把我国建设成为一个社会主义现代化强国，每年1亿吨的钢产量是不够的。这一切都表明，钢材市场的需求量还相当可观，钢铁工业发展的空间还很大。

21世纪中国钢铁工业的希望和前景，是建立在自身结构实现优化基础之上的。我国21世纪的经济发展，不仅为钢铁工业提供了相当大的数量发展空间，而且钢材品种也存在着更大的发展空间。目前，我国的板管比在40%左右，而世界上钢铁工业发达国家的板管比高达60%以上。随着我国工业化发展阶段的不断提升，钢材产品的板管比也将不断提高。其它许多专用钢材的调整余地也很大，这仅是指目前而言。国民经济各部门的工艺技术和产品的升级换代，必将为钢铁产品开发开辟一个更为广阔的空间。应当看到，中国钢铁工业的发展是建立在提高自身竞争力的基础上的。市场竞争要求加快集团化发展战略实施的步伐，以增强与国际上大型钢铁企业集团抗衡的实力，调整与优化钢铁企业组织结构将成为21世纪我国钢铁工业结构调整的主流，将为钢铁工业带来革命性的变化。

在钢铁生产工艺技术与装备方面，也存在着很大的发展余地。就目前情况来说，我国钢铁工业工艺技术装备水平还比较低，进入21世纪后，随着新工艺技术的采用，除了已经或正在淘汰的平炉、模铸、“五小”冶炼设备以及横列式轧机等十分落后的技术装备之外，随着经济的发展和科技的进步，还将不断提出需要淘汰的对象，因而技术改造还将在更深入和更高层次上展开。随着薄板坯连铸连轧、直接还原、熔融还原等新的生产技术的逐步扩大应用，以及其它高新技术的问世，钢铁生产新工艺、新技术有着十分广阔的发展前景。

钢铁工业结构优化的结果，将最终实现一个“强大”的目标。“强大”有多方面的标志：组建起一批在国际上有影响的大型钢铁企业集团，销售收入进入世界同类企业的前列；能够大批量生产高性能、高技术含量和高附加值的产品，可充分满足国民经济发展的需要；产品的市场竞争力大大增强，能稳固地占领国内市场，同时产品出口数量大幅度增长，在国际市场上占有一席之地；企业能源消耗降下来，环境污染治理好，实现可持续发展；企业经济效益实现稳定增长。我国将在为实现这样一系列目标而努力奋斗的过程中逐步发展成为钢铁强国，而实现钢铁强国这一宏伟目标的过程则孕育着我国钢铁工业的希望和前景。

中国钢铁工业在20世纪走过的历程中，不断地克服着一个又一个的困难，解决了一个又一个的问题，逐步奠定了钢铁大国的基础。我们有理由相信，中国将在尽量短的时间内成为一个世界钢铁强国，续写21世纪发展中国钢铁工业更为世人瞩目的光辉史篇！

《经济日报》2000年10月28日第7版

结构调整：钢铁行业的必由之路

‖主持人语‖

近来，有关钢铁企业受国际市场冲击的消息不断传来，甚至有人呼吁要求政府出面干预，以减少进口，缓解钢铁企业的压力。其实，进口钢材只占我国钢产量的17%左右，从数量上说，还远未到威胁钢铁企业生存的地步，但我国钢铁企业数量多、规模小、品种少，很多市场需要的品种我们生产不了，或价格还比进口的贵，自然进口数量会有所增加，这需要我们大力调整结构，努力生产适销对路的产品，而不是一味要求使用者减少进口。从20世纪80年代就不断有人呼吁减少进口，但进口一直在增长，这说明只有调整产品结构，满足市场需求才是正途。

钢材进口形成冲击

加入世贸组织才短短几个月，中国钢铁行业受到的冲击已经开始显现。国家经贸委日前发布的有关信息显示，受国内外钢铁市场供大于求及一些国家贸易保护等因素影响，今年一季度我国钢铁行业出口下降，进口增加，价格低迷，经济效益下滑。

今年国际钢铁市场继续呈现供大于求的局面。国际钢铁协会估计，世界过剩钢生产能力达10%以上，今年64个主要产钢国1—2月虽比上年同期减产3.8%，但钢材价格仍然回升乏力。与此同时，国内钢铁生产能力增长高于需求增长。1—3月，全国钢产量4130万吨，比上年同期增长20.5%；钢材产量4330万吨，增长20.1%。根据对重点大中型钢铁企业生产安排调查摸底的情况看，增钢能力有1800万吨，超过上年产量13%以上。

随着国内外市场的日益接轨，国内钢铁企业面临的市场形势变得越来越严峻。一季度，钢材、钢坯合计出口同比减少33.9%。其中，出口钢材

99万吨，减少12.3%；出口钢坯20万吨，减少70.4%。钢材、钢坯出口锐减的原因主要有两方面：一是国际钢铁贸易摩擦增加，二是目前国际市场价格水平较低。同时，进口明显增加。1—3月，进口钢材491万吨，同比增长17.5%。特别是3月份，当月进口钢材212万吨，创近两年来月进口最高水平。有迹象表明，进口钢材对国内市场的实质性冲击已经开始，今后一段时间进口数量还可能保持较高水平。

结构调整亟待提速

我国是世界最大的产钢国，同时又是钢材进口大国，这突出表明了我国钢铁行业的市场竞争力还有待提高。1996年我国产钢突破1亿吨后，去年跃增到15266万吨。然而，钢产量快速增长的同时，2001年我国仍然进口了1722万吨钢材和818万吨的钢坯。

对此，中国钢铁工业协会会长吴溪淳指出，目前，我国钢材产量的增长主要原因是国内市场对钢材需求的旺盛，而一旦这种需求萎缩，钢材企业将会陷入困境。另外，我国进口大量钢材的一个重要原因是，国内企业对一些高附加值产品的生产能力不足，这说明我国钢铁工业产品结构存在不合理的问题。加入世界贸易组织后，国内钢铁企业应加快推进全国范围内钢铁企业的资产整合、重组，改善品种结构，提高规模效益，降低管理费用，以应对国际钢铁业的冲击。

为加快结构调整，我国冶金行业已加快了技术改造的步伐。去年，我国冶金行业已安排技术改造项目80多项，总投资约750亿元。这批技改项目建成后，将达到进一步调整产品结构的目的，一大批目前短缺的钢材品种将可以立足国内解决，其中轿车用板、家电用板、硅钢片基本可满足需要，不锈钢将一改目前长期主要依靠进口解决的状况，国内市场占有率将达到80%左右。

钢材结构需要调整改革开放后，我国钢铁消费保持了年均5%以上的增长速度。从发展趋势看，国内钢铁的潜在需求较大，这一需求将在国民经济的快速增长，特别是在汽车、建筑、设备制造业的快速发展的带动下，将继续保持较快增长速度。

有分析显示，目前在部分技术含量较高、附加值较高的高档钢铁产品领域，国内需求还有较大的增长空间。据估计，我国热轧板缺口在12%，冷轧薄板缺口约38%，镀锌钢板缺口约40%，镀锡钢板缺口约33%，不锈钢板缺口在70%以上。另外，如高速铁路用钢轨、造船用及海上钻井平台用高强度钢板、小轿车车身用新一代超轻钢、石油开采超深井用高强度钢管等一批相关工艺产品升级换代钢材品种，国内还不能生产，或产量还远不能满足需要。

近年来我国彩涂钢板的需求量在不断增长，其潜在市场十分巨大。目前，彩涂钢板主要消费领域为建筑行业，其消费比例占到了总消费量的85%—90%。

1995年，我国彩涂板实际消费仅15万吨左右，而2000年，用量已超过75万吨。除建筑领域外，家电行业也开始采用国产彩涂钢板，且增长的势头较为强劲。欧洲彩涂钢板在家电行业的使用量逐年增加，1995年至2000年5年间年平均增长率为16%，占整个彩涂钢板面积用量的9.2%。在北美市场，2000年消费于商业和消费业的钢基彩涂板约131.4万吨，而其中31%（约40.7万吨）用于大家电。日本家电用板中，彩涂板也占了相当大的比例。我国目前有一部分合资企业和海尔集团等在家电产品上已应用，众多的家电企业认为使用彩涂钢板是未来家电发展的必然趋势。据预测，国内家电用彩涂板潜在市场为6万至10万吨/年。

业内人士认为，未来我国的彩涂钢板市场仍将以建筑市场为主，且薄规格、高强度、耐腐蚀性的板材将占据主导地位。我国加入世贸组织后，随着国内市场的进一步开放，国外贸易商在中国彩涂钢板市场的竞争也将激烈。因此，我国彩涂钢板市场将面临国内生产能力迅速扩大和国外产品大量进入的双重压力，其竞争将会更加激烈。

《经济日报》2002年5月21日第2版

政府部门频频警告投资过热，一些地方跃跃欲试激情难冷，仅广东一地目前就有数百亿元资金准备“大炼钢铁”——

宏观调控能否遏制“炼钢”冲动

钢铁投资热还在升温

就在国家有关部门频频警告钢铁业投资过热，并将采取综合措施，对钢铁行业投资进行严格调控的大背景下，一些地方“大炼钢铁”的激情却难以冷却。

据报道，8月上旬，广州南沙将建钢铁工业基地的传言得到证实，首期工程为年产钢材300万吨，据初步估算，项目总投资达325亿元。

与此同时，广东另一大型钢铁集团广东韶钢集团也准备实施建设1000万吨沿海薄板基地的计划，前两期工程投资近300亿元；20世纪90年代，民营钢铁企业广州番禺裕丰钢铁有限公司已在珠海高栏岗投资10亿元，建一个占地4000亩的大型临海钢铁基地，预计今年年底投产，明年生产150万吨建筑用钢。并规划长远目标是年产1000万吨……

“逆风而上”的广东钢铁业难道就不怕被这股投资“激情”“引火烧身”吗？不怕，因为广东缺钢。这是广东钢铁业理直气壮的解释。广东钢铁消费量去年已达2500万吨，但广东省目前每年钢铁产量仅有600万吨左右。所以，大力发展钢铁业是广东业界多年来的追求。

目前，“大炼钢铁”的热潮不仅在广东一省涌动。统计显示，今年1—5月，全国冶金行业投资增长高达141%，增幅居各行业之首。2003年，已确立投资额超过10亿元人民币的钢铁项目不下20个，100亿元以上的项目至少有5个。预计今年钢产量将比上年增加2000万吨以上，总量接近2.1亿吨，增幅达12%以上。据国家发展和改革委初步估计，未来几年内，包括扩建、改造和新建项目在内，全国新增钢铁生产能力将在5000万吨左右，2005年将形成约2.5亿吨钢的综合生产能力。

投资风险毋庸置疑

动则数十亿、甚至上百亿的资金纷纷投向钢铁项目，难道钢铁业真是低风险、高回报的“朝阳产业”吗？

国家发展和改革委有关人士指出，目前由于国内基建规模大，市场需求旺盛，钢铁工业还没有出现严重的供大于求的矛盾，但由于在建能力较大，一旦市场发生较大变化，有可能造成供大于求，并引发连串问题，爆发行业性危机。

据介绍，近年来我国钢铁产业成倍放量，钢产量已连续几年居世界第一，预计今后市场需求将放缓。我国钢材价格在经历了近一年的持续上涨后，目前已显露下降趋势，且今后再出现大幅上涨的可能性不大。

来自国际钢铁协会的一份报告也使我们看到了潜在的风险。报告指出，中国的钢铁需求虽然从2001年以来每年都在增加，但增幅却在明显地减小。

另一方面，许多人士反映，当前钢铁热中最值得忧虑的问题是：企业盲目追求粗放型增长和低水平产量扩张，特别是中小企业钢产量增长过快，将带来结构性失衡、竞争失序等一系列问题。据统计，今年1—6月，地方中小钢铁企业产量增幅约为98%，远高于全国21%的平均增幅水平。特别令人担忧的是，一些已经关闭、淘汰的落后小高炉、小钢铁又恢复生产，一些不具备条件的企业，生产不合格的产品进入市场。

为此，国家发展和改革委的有关负责人强调，中国钢铁产量的过快增长不仅直接带动焦炭、废钢等原料大幅涨价，同时，也造成一些地区电力紧张、资源短缺。更严重的是，影响钢铁工业结构调整和产业布局。同时，作为原材料产业，钢铁工业受下游产业影响极大，如果其下游产业（例如房地产业）相对紧缩或出现问题，将给该行业造成较大的投资风险，并必然转化为银行坏账风险。

寄希望于投融资体制改革

既然投资风险是明摆着的，为什么还有那么多投资“一窝蜂”地挤向钢铁行业呢？

国家发展和改革委工业司有关专家分析，造成钢铁行业投资“冲动”的原因有五：一是市场需求旺盛；二是钢铁业利润增大；三是地方政府普遍存在提供优惠政策、鼓励钢铁业发展的做法；四是银行自我风险约束机制不健全，对未经审批和违规审批的扩能项目给予支持；五是宏观调控能力弱化，环保、土地、信贷部门等难于形成宏观调控合力。

市场需求是实实在在的投资动力。中国钢铁行业协会副秘书长戚向东认为，今后10年，中国钢铁市场潜力巨大。目前钢产量并没有出现盲目扩张趋向。与此说法相呼应，中国钢铁工业协会在日前发布的“钢材市场需求预测及钢铁工业发展战略的若干建议”中指出，2010年前中国钢材消费不会达到峰值，本世纪头20年是钢铁工业可以大有作为的战略机遇期。报告指出，中国钢铁工业还有发展空间，全国钢需求2005年将达到2.7亿吨，2010年将达到3.3亿吨。

即使面对即将到来的钢铁产能过剩，目前的钢铁投资热会不会降温？有分析人士认为，大规模的投资依然不会停止。由于目前进入钢铁行业的投资有相当大一部分来自民营企业，这些企业并不是没有预见到将来的供给过剩和激烈竞争，但他们对自己与国有企业间巨大的成本差距有着充分的信心，因此毫不动摇投资钢铁业的决心。

此外，面对钢铁行业的投资“冲动”，政府部门如何调控和引导？前几年的实践证明，单纯的行政调控，实行“总量控制”的限产措施，结果适得其反。为此，有专家提出，政府要加大市场监管力度，加大对市场准入的监控。通过建立钢铁产业准入标准，制止低水平重复建设，在公平竞争的环境中，实现钢铁业的有序调整和钢材市场的有序调节。

据了解，由国家发展和改革委联合7大部门制定的《钢铁工业整顿和发展规划》即将发布。其中对新建钢铁项目审批、引导钢铁行业健康发展提出了一系列综合调控措施，并提出鼓励现有钢铁企业通过联合兼并，提高产业集中度。

这些措施能否产生预期效果？还有待于实践验证。有关专家认为，解决当前钢铁等行业出现的投资过热和重复建设问题，根本在于深化投融资体制改革，形成市场化的投资机制。应当按照“管住政府、放开市场、吸引民间资本、加强风险约束”的思路，贯彻谁投资、谁决策，谁受益、谁承担风险的原则，完善投资的激励与约束机制，让各类民间投资主体在投融资活动中发挥主要作用。同时，加快建设财产保护、税收、政府规制、市场准入和退出等方面的制度，促进各类投资主体平等竞争。政府对全社会投资波动的调节，应当主要运用法律和经济的手段。

《经济日报》2003年9月18日第1版

钢铁业：结构矛盾加大　行业面临整合

‖编者按‖

过去的一年，我国经济取得了骄人的业绩，受到了国内外的普遍好评。新的一年，对于我国改革开放和经济发展十分关键。为了便于读者全面认识和了解新的一年里我国主要经济领域发展的主要走向，我们组织了一组2004年经济展望系列述评，分别就钢铁、能源、外贸、交通、信息产业等行业的发展作简要评述，以飨读者。今天刊出的是第一篇。

将继续保持较快增长

有关分析表明，目前我国正处在重化工业加速发展的工业化中期阶段，经济增长的动力开始主要依靠汽车、房地产、建材等为主导产业的工业化。在这一阶段，全社会对钢铁产品的需求将一直保持在较高水平上。另一方面，我国离完成工业化尚有相当长的一段历程，因此，我国的钢铁工业在未来相当长的一段时间内总体上将以上升为主。2003年我国国内生产总值（GDP）增长率达到9.1%，其中重工业的增加值达到60%以上，超过了轻工业，整体经济“重化工业”化的特点突出，钢铁工业消费与生产均快速增长。预计2004年我国国民经济和固定资产投资有望保持较高增长速度，钢铁行业将继续保持较快增长。

钢材市场供求将基本平衡

从需求方面看，2004年钢材市场需求将继续保持较旺盛的局面。影响钢材需求的因素一是GDP的增长，专家预计2004年我国GDP的增长幅度仍有望达到8%，其中汽车、机械、家电、造船等行业高增长有望持续，房地产业、建筑行业的增长趋势不会有太大变化；二是固定资产投资，随着国家投资610亿元振兴东北老工业基地决策的实施，一些国家重大工程项目，如北京奥运会工程、总投资1240亿元的南水北调中东线一期工程、1300亿元的京沪高速铁路的正式开工，以及西部大开发战略和小城镇建设的逐步实施，特别是由民间投资主导的投资自主增长的机制正在形成，因此2004年全社会固定资产投资继续保持稳定增长趋势，这必将进一步拉动钢材的旺盛需求；三是世界经济回升，国际货币基金组织、世界银行和联合国预测，2004年世界经济增长率将为4.25%。国际钢铁协会预计2004年全球钢材需求将增长5.8%，达到9.36亿吨。据此，有专家预计2004年我国钢材需求量有可能超过2.9亿吨，达到甚至突破3亿吨，钢材进口还将保持增长态势。

从供给方面看，2003年以来国内钢铁行业投资剧增，造成我国钢铁产能在今后几年将大幅增加。预计2004年国内钢材产量将达到2.7亿吨，结合供求可以看出，国内钢材市场基本可以保持供求平衡。

行业效益方面，钢铁企业的盈利能力一方面受到钢材产品价格走势的影响，另一方面还受制于铁矿石等原材料价格。2003年，铁矿石到中国港口价格已由年初的每吨25美元拉升到60美元。进口铁矿石快速增长，国际市场铁矿石资源量、运输能力和国内运输能力由供大于求变为供不应求，价格全面上涨。有关分析认为，2004年，随着国内外钢铁产能的逐步增加，原材料、运输能力供应紧张问题将进一步加剧，预计近期钢铁市场价格会在目前较高价位基础上保持高位坚挺，2004年价格走势以稳为主，基本呈现一个先高后稳的过程。但是钢材价格上涨的动力将主要来自原材料价格上涨，因此钢铁行业毛利率进一步提升的空间比较有限，行业利润的增长将主要来自于产量的增加，特别是新建项目投产后所增加的利润。预计2004年钢铁行业业绩增长将大体与钢材产量的增长保持同步。

需进一步加强投资引导

有关专家强调，2004年钢铁行业需要面对产能增长过快、品种结构矛盾加剧的问题，行业面临整合。就目前情况看，钢材新增的产能中主要是技术含量低的长线品种，而不能满足市场需求的大部分高附加值产品仍需靠进口。所以钢铁行业业绩将出现分化，一旦出现产能过剩局面，那些产品质量低劣的小钢铁厂将首先受到冲击。但同时，用于汽车、家电、电子消费品和造船业的高端钢铁产品却可能依然供应短缺，对这类产品的需求仍然依赖于进口，有能力供应此类产品的国内大型生产商将从中受益匪浅。

另一方面，目前钢铁生产规模的无序扩张加剧了燃料、矿石、资金以及运输等外部条件的紧张状况，未来的资源争夺战也将加快行业整合。但由此也带来了资源、能源安全隐患加大的问题，因此有关部门需要进一步加强投资引导，防止钢铁行业的盲目投资和低水平重复建设。

《经济日报》2004年2月5日第2版，与孙睿君合作。

钢铁工业正在实现质的飞跃

上世纪50年代，为了尽快实现“超英赶美”目标而“大炼钢铁”的情景不少人可能还记忆犹新。今天，我国平均一天的钢产量就相当于1949年全年产钢量的近4倍。1996年，中国钢产量突破1亿吨，跃居世界第一；2003年，中国又成为世界上第一个年钢产量超过2亿吨的国家，钢产量连续8年居世界首位。今天，中国不仅是世界第一产钢大国，还是钢材第一消费大国和第一进口大国。

经过55年的不懈努力，特别是改革开放20多年来的持续快速发展，我国钢铁工业已基本跨越了量的瓶颈，正在实现质的飞跃。中国正在由钢铁大国稳步迈向钢铁强国。

经过多年建设，我国钢铁工业已经形成包括矿山、烧结、焦化、炼铁、炼钢、轧钢及相关的铁合金、耐火材料、碳素制品和地质勘探、工程设计、建筑施工、科学研究等组成的完整工业体系。

今天，中国的钢材产量和消费量已经对世界钢材市场起着决定性的作用。2003年我国钢产量占世界钢产量的比重达到23.04%，比上年提高2.86个百分点。

我国钢铁工业在产量高速增长的同时，技术装备水平也有了较大提高。目前，我国钢铁工业达到世界先进水平的装备已超过30%，特别是上世纪90年代以来新建的大型高炉、大型转炉和电炉、炉外精炼机等，使大型钢铁企业的装备水平有了显著提高。

在此基础上，钢铁工业的工艺技术结构、产品结构进一步优化，产品质量显著改善，市场占有率进一步提高。到目前为止，我国能生产1000多个钢种、4万多个品种规格的钢材，国民经济各行业所需的钢材品种大多可以国内生产，国内钢材市场占有率达到86%。

钢铁工业的集中度和市场竞争力也在不断提高，在国民经济中的地位和对经济增长的贡献也日益突出。2003年产钢在500万吨以上的钢铁企业（集团）有13家，比上年增加5家，这13家企业年产钢量达到9683.63万吨，占全国钢产量的43.55%，比上年提高6.83个百分点。2003年年末重点大中型钢铁企业资产合计达到10230.98亿元，比上年增长16.12%；全年实现产品销售收入7134.35亿元，增长51.57%；实现利润505.69亿元，增长110.29%。

可以相信，随着宏观调控措施继续发挥作用，加上全行业的不懈努力，我国钢铁工业将加快实现自我完善，加快完成结构调整，在实现从钢铁大国到钢铁强国的道路上继续迈出坚实的步伐。

《经济日报》2004年10月5日第3版

产业·有色

如何看待铝业投资快速增长
——访中国铝业公司总经理郭声琨

‖背　景‖

据国家发改委统计，过去三年中，我国电解铝生产能力翻了一番，电解铝的投资增长率高居各行业首位。2003年，全国电解铝在建项目47个，建设规模约500万吨，年末全国电解铝产能突破700万吨。

电解铝重复建设问题引起了各方面的高度关注和重视。全国经济工作会议已要求遏制电解铝等行业的投资过热和重复建设。国家发改委日前要求认真贯彻《关于进一步加强宏观引导促进电解铝业有序发展的意见》精神，坚决遏制电解铝的重复建设。

然而，电解铝投资热尚未减退，新一轮的氧化铝投资热又急剧升温。

目前，全国在建、拟建氧化铝项目19个，总规模为年产1000万吨以上。

如何看待我国电解铝和氧化铝行业投资的快速增长，国内外铝业市场的前景如何。记者日前采访了中国铝业公司总经理郭声琨。

铝业市场前景如何

记者：判断一个行业是否投资过热，首先要看它的市场需求情况。以铝业来说，它目前的市场情况及需求前景如何呢？

郭声琨：从全球铝工业的发展情况来看，我们预测，2004年世界铝产量将保持相对平稳的增长态势，铝的生产与消费的动力和增量主要来自中国。

21世纪头三年，我国铝工业进入快速发展时期。电解铝生产能力2003年底突破700万吨，比2000年翻了一番多。国内电解铝市场的供求关系也发生了根本性的变化，电解铝从短线产品变为长线产品。2001年中国从原铝的净进口国变为净出口国，连续三年保持世界第一原铝生产大国，对国际原铝市场的影响力逐步增大，已成为境内外业内人士关注的焦点。国产氧化铝也从2000年的429万吨增至2003年的600万吨，年均增长率超过两位数。但受国内铝土矿资源供应的限制和电解铝产能增速过快的影响，仍远远不能满足市场的需求，缺口部分全部需要进口弥补，并且进口量呈逐年扩大的趋势。

中国市场对电解铝的需求仍保持增长趋势，氧化铝缺口继续增大。预计市场价格在今后一段时间内仍将保持高位运行。特别应该引起注意的是，关税税率的降低、市场的激烈竞争和电力供需矛盾的加剧，可能导致国内电解铝行业的大规模重组整合，这种在市场作用下的重新洗牌将使电解铝产量和价格产生极大的不确定性，而电解铝的这种不确定性又可能引发氧化铝产量和价格的戏剧性变化。因此，2004年铝市场的价格走向充满变数，预测的准确度和难度增大。

电解铝产能为何快速扩张

记者：谈到铝行业投资过热，矛盾焦点是电解铝。应该如何看待近年来电解铝产能快速增长？

郭声琨：近年来电解铝产能的快速扩张，首先是市场需求的拉动。一是世界经济的复苏，带动了全球消费水平和市场需求的提高，为我国铝工业的发展，提供了良好的国际市场环境。二是中国经济的持续高速增长，拉动了铝的市场需求。铝是国民经济的基础材料，与其它产业部门关联度大。我国正处于人均国内生产总值从1000美元到3000美元的提升阶段，经济发展的潜力很大。

另一个值得注意的因素是，在市场需求等诸多因素刺激和拉动下，部分投资者在利益驱动下，不按国家发展规划、产业政策和环保法规的要求，盲目大规模新建电解铝生产能力，电解铝工业出现了投资过热，重复建设的现象，这也是电解铝增长过速的一个重要原因。

为什么要遏制投资过猛

记者：既然目前铝产品价格居高不下，市场需求还将继续增长，为什么要遏制铝行业投资过热？

郭声琨：如果目前电解铝重复建设的势头得不到有效控制，按目前增长速度，到2005年末，产能将超过1000万吨，生产能力将严重过剩。电解铝投资过热将会产生许多不良后果。

一是加剧产业结构不合理的矛盾。在过去的六年，我国电解铝企业从70家猛增到138家，超过全世界其他国家电解铝厂数量总和，但企业平均规模不到4万吨，仅为世界平均规模的五分之一。

二是氧化铝原料供应严重短缺。电解铝的生产需要以氧化铝作为主要原料，平均每生产1吨电解铝要消耗2吨氧化铝。以2003年为例，要满足700万吨电解铝产能生产需求，必须提供1400万吨氧化铝。而国产氧化铝产量仅600万吨，缺口800万吨，产业结构出现严重倒挂。预计到2005年国产氧化铝最多能增加到750万吨，仅能满足350万吨电解铝能力的需要。由于我国大量进口氧化铝，已导致国际市场氧化铝供应紧张，价格大幅上涨，进口氧化铝价格也已由去年12月的1900元/吨，上涨到目前的4200元/吨。

三是加剧了一些地方电力供应不足的矛盾。电解铝是高耗能产业，随着电解铝产能的迅速扩大，电能消耗增长，加剧了一些地方电力供应紧张状况。据国家发改委和国家电监会预测，2004年全国供电能力缺口依然较大，供电形势更加严峻，这对像电解铝这样的高耗能行业来说势必造成重大影响。

四是效益下滑危及铝企业的生存。受氧化铝等原料价格和电价上涨的影响，电解铝产品成本大幅增加，按目前进口氧化铝价格计算，从电网购电生产电解铝已没有利润，一些电解铝企业已出现亏损。可以预料，随着电解铝产能继续增加，还会有更多的企业出现严重的亏损甚至倒闭。

五是银行贷款风险增加。电解铝单位投资一般在0.6万—1万元/吨，如果有100万吨产能过剩而闲置，就会有60亿—100亿元资产被沉淀。由于企业预期效益难以实现，还贷能力减弱，银行贷款很可能变成呆账坏账，贷款的风险凸现。

氧化铝无序投资对资源的破坏比电解铝重复建设更加令人忧虑。有资料显示，我国铝土矿探明储量仅占世界储量的2.3%，但目前铝土矿年开采量已经达到世界开采总量的10%，铝土矿的储量与开采量严重失调。如果无序投资开发，不统筹考虑，及时规范，抢夺有限资源，采富弃贫，势必造成资源的巨大浪费，铝土矿资源将很快枯竭。有色金属史上这种沉痛教训已经屡见不鲜，给了我们足够的警示。

龙头企业如何发挥作用

记者：中国铝业公司作为铝行业的龙头企业，如何在遏制投资过热，促进行业健康发展中发挥主导作用？

郭声琨：中国铝业公司是根据国务院调整中央有色金属工业管理体制的决定，以中央所属的部分大型铝业企业为主体组建的。作为国有重点骨干企业，中国铝业公司必须勇敢地挑起引导行业持续健康发展的重担。我们首先是从自身改革入手，对国有企业进行了脱胎换骨的改造，打造与国际接轨、与市场接轨、具有国际竞争力的大公司。通过优化资源配置，实现境外上市，练就了在国际资本市场搏击的本领，增强了自己的竞争实力，这就为发挥行业主力军作用奠定了坚实的基础。

三年来，中铝公司积极实施优先发展氧化铝的战略，氧化铝产能增加40.5%，为缓解国内市场短缺状况做出了贡献；中铝公司削减对电解铝的投资，电解铝产能增加只占全国总产能增量的1.4%，以自己在国内电解铝总产能所占份额的减少，为遏制电解铝迅猛扩张产能过剩趋势、优化产业结构做出了很大的努力；中铝公司以每吨氧化铝低于进口价300元至500元的价格满足国内市场需求，遏制氧化铝价格的过快增长，降低电解铝企业的经营风险。

中铝公司还致力于实施战略重组，提高产业集中度。2003年4月，经国务院批准，以中铝公司为发起人和核心企业的中国铝业集团宣告成立，国内厂家纷纷响应，目前已有90家企业加盟。受国务院委托由中铝公司牵头筹建的中国南方稀土集团即将成立。中铝公司积极参与西部大开发建设和振兴东北老工业基地建设，目前已与陕西、甘肃、上海、湖南、湖北、江西、广西、河南、贵州、云南、东北等省市签订了经济技术合作协议，合作步伐正在加快。

1月6日，中国铝业股份有限公司在香港证券交易所成功完成H股配售，净融资30.68亿港元。此配售所募集的资金，主要用于建设经国家批准的中国铝业山西分公司80万吨氧化铝三期项目。该项目预计于2005年底建成投产。届时，山西分公司总产能将由120万吨增加到200万吨以上，将为缓解我国氧化铝供应紧张状况起到重要作用。

此外，中铝公司今年还将继续跟踪国内电解铝并购项目，择机完成几家电解铝企业并购重组。通过行业整合，提高电解铝企业竞争力。

《经济日报》2004年1月17日第6版

有色金属工业在竞争中壮大

有色金属工业是国民经济重要的基础原材料产业，产品种类多、应用领域广、产业关联度高，在经济社会发展以及国防科技工业建设等方面发挥着重要作用。过去的10年是我国有色金属工业发展最快的时期，技术装备、品种质量、节能减排等方面取得显著成绩，基本满足了国民经济和社会发展的需要，为进一步转变产业发展方式、实现由大到强转变奠定了坚实基础。

进入新世纪以来，我国有色金属工业在全球竞争中的地位明显提升。2011年，我国10种有色金属产量达到3438万吨，超过当年全球产量的三分之一，连续10年位居世界第一位；10种有色金属消费量达到3700万吨，约占当年全球消费量的40%左右，连续9年居世界第一。

产业发展的质量和效益同步提升。我国有色金属工业管理体制改革的深化，大大调动了各地的积极性，2001年以来是我国有色金属工业发展最快的时期，截至2011年底，10种有色金属产量从856万吨增长到3438万吨，增长3倍；销售收入从2600亿元增长到4.3万亿元，增长近16倍；利润从71亿元增长到2489亿元，增长34倍；规模以上企业资产总额达到2.5万亿元，增长了6倍。在本世纪前10年，我国有色金属工业资产总额年均增长21.1%，其中“十一五”期间年均增长25.4%。

结构调整取得积极进展

立足国内需求，严格控制总量扩张，着力调整和优化企业组织结构、产品结构和布局结构，全面淘汰落后生产能力

10年来，我国有色金属工业的产业结构调整不断推进并取得了显著成效。

一是地区分布结构得到优化，形成一批具有竞争力的产业化基地。我国有色金属工业遵循“依托资源建矿山，靠近能源搞冶炼，贴近市场发展加工”的生产力布局思路。产业先进生产力向主要基地聚集，形成铜、铝、铅锌冶炼集中分布在资源、能源较丰富的地区；铜、铝加工主要分布在珠三角、长三角、环渤海地区的产业发展格局，区域化特征明显。

我国先后在江西、安徽、云南、甘肃、湖北等地建成一批铜矿山及冶炼基地；在河南、山西、贵州、广西、云南、青海、甘肃等地建成一批氧化铝及电解铝基地；在湖南、云南、广东、甘肃、云南、河南等地建成一批铅锌矿山及冶炼基地；在甘肃、吉林建成了两个镍基地；在贵州、陕西建成了两个钛基地……这些产业基地成为主导我国有色金属产业发展的主要力量。

二是企业组织结构调整不断推进，产业集中度得到提升。10年来，以中国铝业公司、中色矿业集团、中国五矿集团等企业为龙头，兼并重组了大批有色金属生产企业。2010年中国铝业公司的权益电解铝产量超过400万吨，跃居世界电解铝生产企业第一位，中国五矿集团成为全球最大的钨、锑生产经营企业。通过大规模的兼并重组，2011年我国精炼铜产量前5位企业占总产量的比例达到57%，所占比例比2001年提高10个百分点；原铝产量前5位企业占总产量的比例达到44%，所占比例比2000年提高了20个百分点；精炼铅产量前5位企业占总产量的比例为20%；锌产量前5位企业占总产量的比例为25%。

三是淘汰落后产能取得成果，推进了产业的技术进步。截至2011年底，我国已经淘汰铜冶炼落后产能56万吨，铜冶炼已经几乎全部采用当前世界先进生产工艺。“十一五”期间，我国已淘汰落后电解铝产能近80万吨，国内新建或改扩建电解铝项目全部采用300千安以上大型预焙电解槽工艺，400千安及以上预焙电解槽成为当前新建电解铝厂的主选槽型。

部分产品达到世界先进水平

铝板带箔、大型工业铝型材、精密铜管箔、钛棒、镁压铸件等产品实物质量接近或达到国际先进水平

我国有色工业产品结构调整取得重要进展，部分新材料开发达到世界先进水平。在传统材料的提升方面，我国凭借新材料技术对材料产业进行了较大的升级；在电子信息材料、先进金属材料、电池材料、磁性材料、高性能陶瓷材料和复合材料等方面，形成了一批高科技材料核心产业，基本上满足了国防建设、国民经济和高技术产业发展的需求。

我国信息材料取得较快进步，一些用量大、用途广的关键信息材料的研究、开发、生产方面取得了较大进展，在个别领域还成为生产大国。2010年硅单晶产量超过1000吨；直径6英寸SI-GaAs单晶实现了批量生产。我国镍氢电池和锂电池关键材料已形成了从上游产品、原料制备、设备制造、电池加工和出口贸易以及下游产品的产业链。

稀土永磁、稀土发光、稀土研磨等新材料生产已由跟踪学习国外阶段进入我国自主创新阶段，并实现了大规模产业化生产。开发了一批具有国际先进水平的自主知识产权新材料产品。

铜、铝加工材产品质量显著提高。目前我国铜加工材约有250种合金、近千个产品品种，铝加工材有300多种合金、1500多种规格，是世界上有色金属加工产品品种最丰富的国家之一。按国际先进标准生产的产品，空调用铜及铜合金管材，建筑用和工业用铝合金型材，铝箔及部分铜、铝板带材等产品质量已达到了国际先进水平，代表着现代加工技术和应用的主流方向。

镁、钛加工产品的质量逐步改善。骨干钛加工企业的一大批钛制品取得国际定点生产认证，进入世界大型民用客机材料市场。我国镁合金3C产品的加工水平、产品质量居世界先进水平；新型镁合金研发有进展。钨、钼等稀有金属冶炼和加工产品质量不断提高。我国已能生产多种体系、数百个牌号的硬质合金，产品质量稳定性也取得很大提高；可批量生产国防、航空、交通、电子等行业需要的高性能抗震、耐震和耐热钨丝，产品质量已完全达到国外先进水平。

技术装备水平明显提高

10年来，一些具有自主知识产权的生产工艺被采用，我国有色金属工业技术装备水平明显提高

在铝冶炼技术装备方面，针对国内铝土矿资源特点，我国自主开发了选矿拜耳法氧化铝生产工艺和砂状氧化铝生产技术。自主开发的大型预焙槽电解铝生产技术在国内广泛应用，新建和改扩建工程大部分采用300千安及以上槽型；自主创新研发了世界上槽容量最大的400千安铝电解槽，标志着我国铝电解技术已走在世界前列。目前我国160千安及以上槽型的铝电解槽产能达到95%左右。“新型阴极结构铝电解槽系列生产节能技术”取得重大突破并用于生产。

在铜冶炼技术装备方面，世界上第二座铜冶炼“双闪速炉”在我国建成投产；自主研发的氧气底吹熔炼多金属捕集工艺，居世界铜熔炼技术领先水平，该项技术陆续在其他企业推广应用。

在铅锌冶炼技术装备方面，拥有自主知识产权的氧气底吹—鼓风炉炼铅技术（SKS）获得成功；液态高铅渣直接还原新工艺投产。世界先进的常压富氧直接浸出炼锌工艺（搭配锌浸出渣）和拥有自主知识产权的高铁硫化锌精矿加压浸出工艺投产。

在有色金属加工技术装备方面，自主开发的铜管水平连铸管坯—行星轧制—盘拉技术达到世界领先水平；引进了全球最先进的多机架铝板带热连轧技术装备和铝型材大型挤压机，使铝加工技术水平明显提升；时速350公里的高速列车用车体型材已替代进口。

单位产品能耗持续下降

通过技术进步和加强管理，我国有色金属工业节能减排和循环经济取得重要成果，单位产品能耗持续下降

2011年，国内铝锭综合交流电耗为每吨铝13913千瓦时，比2006年每吨铝下降784千瓦时；总体水平明显优于国际原铝协会提出的2010年每吨铝

14600千瓦时的节能目标，相比世界上其他国家的电解铝综合交流电耗平均水平，每吨铝低1000千瓦时左右。

目前我国有色金属工业“三废”综合利用率达到68%以上，全国近三分之一的硫酸产品是有色金属生产过程中综合回收的；国内铂族和稀散元素产品几乎全部来源于综合利用；矿产资源利用率已经提高到60%，综合利用的产值、利税已占到产业的10%左右。利用高铝粉煤灰生产氧化铝取得突破性进展。

有色金属再生利用规模不断扩大。2011年国内再生有色金属产量达到835万吨，比上年增长7.7%。其中再生铜产量260万吨、再生铝产量440万吨，分别比上年增长8.3%和10%；再生铅产量135万吨，与上年基本持平。

《经济日报》2012年9月18日第13版

铝工业：轻量化趋势推动发展

轻量化是材料工业的发展势趋，而铝作为性能优异的工业材料，是推动工业轻量化的主力军。虽然铝行业面临着产能过剩、价格低的生存压力，但目前我国仍然具备巨大的铝消费需求，当下正是扩大铝应用的最佳时机。未来，还需加快相关标准和规范的制定，进一步拓展铝工业的发展空间。

近日，我国建设的世界最大单口径球面射电望远镜的重要设备——反射面单元面板，开始在贵州省黔南州进行现场拼装。在这台有全球第一“天眼”之称的射电望远镜上，约30个足球场大的反射面面板及铝板结构件全部由中铝公司供货，这是我国铝加工企业在天文射电领域的“首秀”。

面向工业4.0时代，用性能更加优异的工业材料，实现工业领域的轻量化发展，减少化石燃料的燃烧，实现材料的可回收循环利用，是大势所趋。作为轻质、耐腐、储能、可塑性强、可循环利用的优质金属材料，铝，当之无愧地成为推动工业轻量化的主力军。

铝应用潜力巨大

“铝价已跌到20年前的水平”，“2014年我国电解铝产能闲置率近40%，全行业已连续3年处于亏损状态”，这是目前我国电解铝行业面临的严酷现实。然而，在连续13年铝产量世界第一的情况下，目前我国人均铝存量还只有美国的五分之一，因而扩大铝消费空间广阔。

“中国的铝消费本世纪才开始大幅增加。现在铝多了，全社会应该分享中国铝工业的发展成果，铝价低也是扩大铝应用的最佳时机。”中国有色金属工业协会副会长文献军告诉经济日报记者。

交通运输、建筑、电力，是目前最主要的三大铝消费领域。此外，在住房和城乡建设领域，除了人们最熟悉的铝门窗之外，铝制品还有大量用途，如建筑用铝模板、脚手架、装饰板、围护板、过街天桥以及家具等等。据保守估计，这些领域每年可增加用铝800万吨，同时可以节约大量木材。

在电力电缆领域，据中国电器工业协会电线电缆分会估计，国内电力电缆用铜导体中有80%可以被铝导体替代。仅此一项，年用铝量可达76万吨。更重要的是，用铝可以节约我国资源短缺的铜150万吨以上，有利于摆脱我国铜资源受制于人的被动局面。

除了以上三大领域外，在包装、机械设备、海洋工程、电子信息、家电和耐用消费品等方面，扩大铝材消费都具有广阔空间。

推动行业转型升级

不久前，由中铝公司提供铝合金材料生产的1.3万节全铝运煤火车车皮亮相大秦铁路和神华铁路线，这些铝制车皮在保持列车安全稳定性的同时，降低了车身自重和能耗，大幅度提升了运力水平。中铝公司也是我国在该领域首个实现国产铝合金车皮材料技术突破的企业，打破了国外厂商对该领域多年来的技术封锁，并向发达国家进行高端铝制车皮材料出口。

近年来，中铝公司先后成功研制世界最大级铝环、产出国内最大截面铝合金预拉伸板、造船用铝板进入欧美市场、并成立汽车轻量化研究院、合作设立新材料公司、汽车内外板进入维修市场、汽车深冲结构件获多家国际知名企业应用……

“随着我国经济进入新常态，结构调整和转型升级是企业发展的内生动力。以铝为基础推进工业用材轻量化，将是中铝公司实现经济效益与节能环保双赢的重要选择。”中铝公司董事长、党组书记葛红林表示。

应用的拓展给铝企业转型升级提供了强大的动力和机遇。面对交通用铝被“热捧”的现象，国内铝深加工企业纷纷转型，做足准备。从近几年的展会可以看出，不少铝深加工企业以科技创新为先导，加快铝合金新材料、新工艺的研发，拓展铝材在交通领域的替代和应用。而汽车用铝材、全铝化挂车、轨道车体等材料和产品展示成为人气最旺、洽谈最热的区域，很多国际专业采购商也借此平台寻找高品质、轻量化的交通铝材创新产品，以满足不断变化的需求。

扩大应用须加强引导

轻量化，既是材料工业发展的大势所趋，也是经济结构转型的必由之路。近年来，中国有色金属工业协会先后在交通工具“以铝代钢”，电线电缆“以铝节铜”，建筑模板“以铝节木”等方面做了大量的推广工作，积极推动铝在交通、建筑及电力等领域的应用。

工信部提供的数据显示，今年上半年，我国电解铝消费量同比增长8%。与巨大的消费潜力相比，我国铝工业经济结构转型升级的压力也十分突出，扩大铝消费的步伐还须加快。

对此，中国有色金属工业协会提出，应设立推进铝应用重大专项，加快相关标准和规范的制定，加快技术进步步伐，进一步加强行业协会的协调作用。

“现在财政资金比较紧张，应该着重支持撬动力强、‘花小钱办大事’的领域。推进铝应用的潜在空间很大，只要稍加引导，并向市场释放出明确信号，就有可能启动消费和投资。”中国有色金属工业协会会长陈全训说。“比如，在调研时，一些民营运输户向我们反映，很愿意使用全铝挂车，但是一次性投入比较高。如果政府扶持一把，给予购置补贴或贷款贴息，3年以后就能连本带息返还，以后就赚钱了。所以，应该尽快落实将其纳入国家汽车节能惠民工程予以补助。”陈全训说。

没有标准，扩大铝应用就很难推行。为了推进铝应用，需要加快相关标准和规范的制定，包括产品标准、使用标准、施工工艺标准等。同时，扩大应用，关键在于新材料、新产品的开发。陈全训提出，应将新材料开发与高档铝合金基础研究等纳入国家有关科技规划，加大支持力度，争取在扩大有色金属应用方面不断有新突破，拓展产业发展新空间。

《经济日报》2015年10月23日第10版

去年以来，电解铝企业为了降低库存，纷纷实施弹性生产，不少企业着力推进“以铝代钢”的轻量化应用。弹性生产和扩大消费双管齐下，电解铝行业走上了一条化解产能过剩、实现行业升级发展的脱困之路——

电解铝行业两端发力抱团解困

2015年12月10日，在中国有色金属工业协会召开的骨干电解铝企业座谈会上，占全国75%电解铝产能的14家参会企业承诺：不再重启已关停产能，进一步增加弹性生产规模，并承诺已建成产能至少在1年内不投运。去年以来，电解铝企业为了降低库存，纷纷实施弹性生产。据中国有色金属工业协会统计，电解铝行业2015年减产规模达到500万吨，占全部产能12%以上。

2015年初，中国铝业在北京总部成立了轻量化推进办公室，着手对汽车、船舶等交通运输业轻量化展开专项研究。中铝还积极联合中国工程院、下游汽车公司等酝酿成立“汽车轻量化有色金属应用国家工程中心”，以推动中国材料工业轻量化和“以铝代钢”的跨越式发展。据工信部介绍，由于铝产品应用范围和规模不断扩大，到去年底我国电解铝产能利用率已恢复到80%以上。

弹性生产和扩大消费双管齐下，电解铝行业走上了一条化解产能过剩、实现行业升级发展的希望之路。

弹性生产在路上

由于产能过剩，自2012年以来，我国铝冶炼行业已连续3年亏损，且亏损面持续扩大。2015年11月，上海期货交易所三月期铝价格最低跌至9620元/吨，触及20年来的低位。中国有色金属工业协会分析师表示，目前电解铝行业平均含税完全成本约1.2万元/吨，已高于当前铝价，在四川、甘肃、青海等地区，生产1吨电解铝平均亏损额超过3500元；即使在成本最占优势的山东地区，每吨平均亏损额也接近1000元。

在此背景下，电解铝行业要突围解困，从供给侧来说，只能是收缩产能，通过市场化及行政手段压缩高成本、高污染产能；通过兼并重组提高经济效益。于是，在铜、锌、镍之后，电解铝也迈出了弹性生产这一步。

为减少损失，很多电解铝企业果断采取弹性生产措施自救，包括全部或部分停槽、减产、提前大修电解槽、延迟大修槽复产、提前淘汰低效产能等举措。据安泰科统计，截至2015年底，处于关停的电解铝产能累计350万吨/年，其中三季度减产规模占比42%，四季度减产规模占比37%。

减产的效果已经显现，中国有色金属工业协会发布的数据显示，2015

年10月份全国电解铝日均产量已经环比下降5000吨，和产量最高的6月份相比，日均产量降幅达到5600吨。减产在一定程度上缓解了供应压力。数据显示，2015年下半年以来，铝库存不断下降，已从去年10月份时的100万吨降至去年12月初的80万吨。

在企业抱团取暖的同时，行业协会也积极引导。中国有色金属工业协会倡议企业结合自身实际，研究切实可行的弹性生产措施自救。同时，为帮助企业摆脱困境，有色协会也积极向政府有关部门建言献策，包括建议启动收储机制、加快制订引导缺乏竞争力产能退出的配套措施等。

中国有色金属工业协会副会长文献军表示，在当前形势下，企业实施弹性生产既必要也可行。通过弹性生产，将引领铝价回归正途，行业也可以借此休养生息，走上更加健康、更加可持续的发展之路。

轻装“铝行”潜力大

要真正使电解铝行业摆脱产能过剩困境，还需消费侧与供给侧同时发力，扩大铝应用和消费是一条重要途径。铝及其合金加工材料具有一系列优良特性，是实现轻量化最理想的“绿色环保节能”材料，可广泛应用于交通运输、建筑、电力、包装、机械设备、海洋工程、电子信息、家电和耐用消费品等方面，前景十分广阔。文献军介绍，目前我国铝使用存量仅相当于美国的十分之一，人均存量水平就更低。与发达国家相比，我国铝应用的广度和深度都有很大的拓展空间。

仅以交通用铝来说，国内外研究表明，轿车每减重10%，油耗可降低8%至10%，而16吨至20吨的载重车辆每减重1000公斤，油耗可降低6%至7%。采用铝合金代替钢铁是全球交通运输业减重的主要措施，也是未来我国交通运输业的重点发展方向，以铝代钢轻量化势在必行。目前，发达国家的汽车平均用铝量达到145公斤，而我国仅为105公斤，市场空间巨大。

“十二五”期间，我国汽车制造业铝材消费年复合增长率为20.9%，铝合金型材、板带、铸件、锻件在汽车上的应用持续加大。研究显示，预计未来10年内全球市场对汽车铝板的需求量将大幅增加，年增长率将达到30%。而我国在乘用车、全铝化挂车、铝制油罐车、C80运煤敞车、高铁等交通运输领域，未来可增加1000万吨的市场用铝容量，“大飞机”、轮船游艇项目的推进也给铝行业带来更大的发展机遇。

文献军表示，传统领域消费增长空间巨大，再加之新应用不断涌现，将推动中国铝消费数量及质量不断提升。他预计，今年原铝消费将增长7.2%，到“十三五”末期，中国铝消费将达到峰值4400万吨/年，并将在峰值水平维持很长一段时间。

国家有关部门和行业协会也在为扩大铝消费提供有力导向。近年来，中国有色金属工业协会先后在交通工具“以铝代钢”，电线电缆“以铝节铜”，建筑模板“以铝节木”等方面做了大量的推广工作，积极推动铝在交通、建筑及电力等领域的应用。工信部也在实际工作中大力推广铝制挂车，鼓励扩大铝建筑模板的应用。

中国有色金属工业协会有关负责人表示，当前要进一步统一认识，加强政策扶持和引导。只要政策推一把，就能发挥“花小钱办大事”的作用，不仅可以帮助电解铝行业加快脱困，还可以同时达到稳增长、调结构和绿色发展“三合一”的目的。

《经济日报》2016年1月26日第7版

产业·石化

聚酯业重复建设风又起

刚刚开始复苏的国内聚酯市场，又面临着各地新一轮重复建设聚酯项目热潮的冲击，业内人士叹息，两年多来国内聚酯行业结构调整的成果将被葬送。

盲目上马令人吃惊

聚酯是纺织化纤产品的重要原料。1995年以前国内一直处于供不应求的局面，后来，由于各地盲目兴建小化纤，国内聚酯产品品种单调，水平低，加之纺织行业整体效益下滑，开始压锭收缩，聚酯需求量逐年减少。这时，产能过剩的亚洲市场主要生产地韩国和中国台湾地区对大陆市场进行低价倾销，使大陆聚酯业更是雪上加霜。国家对聚酯市场的宏观环境进行了治理。

一面清理小化纤，打击走私，反倾销，一面支持企业进行产品结构调整，经过两年多的努力，终于使聚酯行业步入健康发展的轨道，10来家大型骨干企业挑起了聚酯生产的大梁。去年底，国内聚酯总需求量达到520吨，国内生产360吨，进口160吨。按照国家计划，今明两年，属于国家计划内的现有企业扩建、增容规模超过100万吨，如仪化四期一阶段年产20万吨、洛化、天化各年产20万吨的聚酯工程等，另有近50万吨的意向性扩建计划。如果这些改造项目完成，国内的供应缺口已很小。

可是，华东等地区的有关企业现在却乘虚而入，在建、筹建、正在洽谈或已获批准建设的聚酯项目达13个，小聚酯生产线达60多条，总产能规模达190—210万吨，其中，仅集中在浙江省绍兴和萧山两市县的9个聚酯项目新建规模就达117万吨。这些项目具有以下特点：

第一，不经计划批准，一哄而起，来势迅猛，个别地区已掀起了“聚酯热”；

第二，从局部利益出发，受到地方政府的支持。地方政府为了地方经济的发展，对这些项目在项目审批、征用土地、银行贷款等方面，不顾国家三令五申，仍擅自批准并给予帮助；

第三，刻意低报投资预算规模。为了避开国家投资计划控制，这些项目对外所报的项目投资额都很小，新建10万吨聚酯只报1.5亿至2亿元，从而绕开国家由地方自行审批。而实际上这只是一套主要装置实现国产化所需的设备投资，属“钓鱼工程”，往往配套公用工程和资金不落实；

第四，绝大部分项目资金来源依靠银行贷款，自有资金严重不足，资本结构风险很大；

第五，这些项目大多数是低水平的重复建设，没有突出“质量、品种、成本和效益”，产品单一，质量水平不高，均是普通聚酯切片，不能顶替进口。

造成盲目新建聚酯项目的原因首先是，自去年7月国家加大打击走私力度以来，国内聚酯产品市场开始升温，聚酯行业形势好转，而我国聚酯生产总量暂时不足，产能偏小于市场需求，每年仍需进口，因而诱发了聚酯投资热。其次，浙江作为我国最大的化纤市场，这几年来化纤发展速度非常快，但发展的结构不平衡，后道大于前道，尤其是纺丝、加弹、牵伸的发展大于前道聚合的发展，所以对原料的需求不断扩大。自从去年国家实施严厉的打击走私政策以来，市场上的现货切片交易大为减少，下游企业追求“小而全”，产生了向上发展聚合的强烈的非理性冲动。再者，客观上近年来大规模熔体直纺长丝装置的投产和扩产，由于批量大、成本低，使切片纺的企业产生了极大的危机感。他们不是适应市场，调整结构，开发新品，走质量、品种、效益之路，而是沿袭过去的思维，重蹈外延扩大生产，铺摊子，追求数量的老路。

盲目上马可能导致严重后果

盲目新建聚酯项目将产生严重后果：

产能严重过剩，市场再现低迷，国企脱困进程将受严重影响。由于国内棉花存量大，价格下跌，加上区域性贸易制约纺织品出口等因素影响，业内人士估计，近几年，国内对聚酯产品的需求不会有大幅度增长，总的趋势将是稳中有升，升幅不大。据预测，1999年和2000年亚洲聚酯产能利用率分别为79.9%和82.1%，涤纶短纤维和涤纶长丝产能利用率最高不会超过88%，生产能力明显过剩。通过走私、低价倾销以及随着我国扩大市场开放度，海外聚酯产品对国内冲击将更加激烈。这些小聚酯项目的盲目建设，将会严重破坏市场的供需平衡，只能导致国内聚酯生产能力的严重过剩，如不及时加以制止，将产生新一轮的低水平重复建设，使前两年聚酯行业结构调整的努力成果化为乌有。

加剧原料供需矛盾，引发大量进口，浪费巨额外汇。目前，我国聚酯原料发展滞后，聚酯的主要原料PTA、EG供应不足，每年有三分之一原料需进口解决。1998年进口PTA72.85万吨，1999年预计进口量将超过120万吨，2000年缺口进一步扩大，预计将达到192万吨。国内市场供货情况及价格的涨跌，常常受制于国际市场行情波动，影响国内聚酯行业的经营状况。如果这批盲目建设的聚酯项目上马，必然与国有大型聚酯企业争夺原料，造成国内聚酯原料的进一步紧张，使进口大幅度增加，这将会引发亚洲市场聚酯原料价格大幅上涨。国家将为此花费大量外汇。

这批盲目新建的聚酯项目没有规模和成本优势，缺乏必需的技术和管理能力，总的投资量大，负债率高，生存竞争能力没有保证，必将造成严重的社会资源浪费，给国家和地方带来一系列经济问题。

必须严格执行不布新点原则

国家经贸委、国家计委早已提出了聚酯发展的产业政策是：坚持“不布新点、依托老企业进行技改扩容、提高工艺水平”的原则。我国现有的国有大中型聚酯企业近两年在国家的政策支持下，加快改革和调整，通过转换经营机制、减员增效、股票上市、债转股、贴息技改等措施，已开始逐步摆脱生产经营被动局面，扭亏脱困，形成一定的规模和成本优势，走上改革和发展的新路；从目前大陆聚酯企业的主要竞争对手中国台湾和韩国来看，中国台湾聚酯聚合的平均单厂规模为29.5万吨/年，韩国为26.7万吨/年；而目前盲目上马的小聚酯厂，其原有基础多为长丝厂，新上10万吨左右的规模仍然不是经济规模，且缺乏公用工程配套。

聚酯生产比后加工在技术难度上有明显增加，特别是对影响聚酯产品质量非常重要的凝聚粒子控制、计算机人工智能化管理、真空系统的在线监测等方面技术，要求很高。此外在聚酯与后加工装置的熔体输送控制上也存在很大的技术难度，现有的聚酯企业也是通过多年的生产管理，长期积累，逐步摸索出来的。这次新一轮盲目新建聚酯装置的企业，大部分是乡镇企业和私营企业，依靠聚酯后道加工起家，技术力量薄弱，劳动力素质低，没有聚酯聚合生产的技术人才。目前是通过高收入从国有企业的现职人员和离退休人员中招揽一些技术人才。但是随着国企激励制度的完善和激励手段的加强，以及在专有技术保护上力度的加强，这些新进入的企业取得技术的困难将越来越大。

聚酯行业属于资金密集型产业，新建一套年产10万吨聚酯装置，加上配套工程，需要几亿元投资，如果项目建成后有竞争力，投产之日就是亏损之时，不仅自身多年的积累付之东流，而且会使国家和地方背上沉重包袱，一旦形势逆转，势必造成重大经济损失，并产生诸多社会问题。

为了防止新一轮重复建设给聚酯行业带来致命伤，给国家带来不必要的巨大损失，有识之士建议：

——对地方不顾中央三令五申、违反国家产业政策，擅自越权审批聚酯（含非纤聚酯）项目的行为要立即制止，对擅自开工的项目一律停工，对违背国家政策法规的部门要严肃查处。

——重申国家有关项目审批的权限和聚酯产业发展的有关原则。对违反国家规定审批的项目，银行不予贷款，海关对其进口设备不予放行，国家土地管理部门不批准其建设用地，国家和地方环保部门行使项目预审的否决权。在聚酯项目的建设上，严格执行《外商投资产业指导目录》，不再批准新的外商独资企业。聚酯项目的建设也不再另布新点，主要扶持现有聚酯力的项目，都应严格按国务院有关规定执行，如发生突击审批、规模小报大建以及瞒报瞒建行为，一经查实，追究有关审批单位领导的责任。

——对个别擅自与外商签约的行为要严肃处理，对其引进设备不予放行，取消对其合资企业相应的优惠政策。对涉及到的地方政府有关部门要通报批评。

《经济日报》1999年12月10日第5版，与李铁铮、刘晓峰合作。

不顾浮法玻璃早已供大于求

各地越权审批生产线达32条

——有关部门呼吁尽快遏制重复建设

我国平板玻璃行业正在面临一场严重的危机：一方面产品结构不合理，技术装备落后，市场供大于求；另一方面新一轮低水平重复建设风又起，又一场价格大战在所难免。据调查统计，目前全国在建和筹建的浮法玻璃生产线有33条，其中有32条是地方越权审批的，并且许多工艺落后的生产线是以牺牲资源和环境为代价的。对此，国家计委有关部门呼吁，要尽快遏制浮法玻璃盲目重复建设。

有关材料显示，到2000年底，我国平板玻璃总生产能力为2.33亿重量箱，其中浮法玻璃生产线70条，生产能力1.44亿重量箱，而在这70条生产线中，优质浮法玻璃生产线仅8条，生产能力1470万重量箱，占全部浮法玻璃生产能力的10%左右。另有数据表明，目前我国平板玻璃现有生产能力的22%左右还是采用落后的垂直引上和平拉工艺。这造成了我国平板玻璃生产总量不少，而汽车、制镜和高档建筑所需的优质浮法玻璃品种仍然短缺的局面。玻璃深加工品种还不到300种，IT产业急需的LCD（电子显像）和TFT（真彩液晶显像）用玻璃原片和一些具有特殊性能的玻璃还只能依赖进口。

另据预测，2005年我国平板玻璃需求量约为2.05亿重量箱，其中浮法玻璃需求量为1.6亿重量箱。这就为正在上马的浮法玻璃生产线敲响了警钟。据介绍，由于1999年国家实施了关闭“小玻璃”、停建缓建了一批浮法玻璃生产线的宏观调控措施，加上市场需求增长，2000年平板玻璃价格有所回升，企业效益好转。但从去年下半年开始，浮法玻璃新一轮盲目重复建设又重新抬头。目前在建和筹建的33条生产线有10条将在今年内投产，新增产量2285万重量箱。全部建成投产后，将增加产量4900万重量箱。这将造成严重的供需失衡。

为尽快遏制浮法玻璃重复建设，国家计委有关部门提出，要严格审批玻璃项目，地方政府不得违反程序审批玻璃项目，更不能化整为零搞低水平重复建设。未经国家审批的项目，金融部门不得给予贷款；上市公司增发配股或者新发股票募集的资金，也不得用于未经国家批准的普通浮法玻璃项目的建设。

《经济日报》2001年9月25日第1版

整治重复建设得下猛药

33条在建和筹建的浮法玻璃生产线，只有一条是经国家批准的，其余32条全是地方越权审批的。而这些生产线大都工艺落后，低水平重复。由于供大于求，这些生产线建成之日，就有可能是亏损之时。

低水平盲目重复建设，是我国投资领域的一大顽症。为什么久治不愈，除了投资体制改革还没有到位外，目前很重要的原因是相应的处罚措施不到位，投资决策责职不明，投资失误无人承担责任。这些越权审批的32条浮法玻璃生产线明目张胆地违反了国家项目审批程序，那相应的处罚措施也应该是很明确的。现在的问题是，这些生产线怎么办？这些生产线的决策人该受到何种处罚？

从另一个角度来说，低水平重复建设之所以屡禁不止，与有关部门的处罚不力有很大关系。往往这些重复建设项目已经骑虎难下时，有关部门才出来说几句“不要再盲目上项目了”之类不痛不痒的话，再多也就是要求银行不再给这些项目贷款，而银行听不听还难说。

因此治理低水平重复建设，一方面要加快投资体制改革步伐，另一方面还需下“猛药”。要采取严厉的惩罚措施，制止这些低水平重复建设，让这些项目的决策者三思而后行。

《经济日报》2001年9月25日第1版

由黑变白 由白到细
——对煤化工行业转型升级的调查

‖阅读提示‖

传统煤化工行业产业必须加快转型升级已成为业界共识。但问题是，产业不景气，银行贷款难，钱从哪来？企业亏损，人才流失，技术从哪来？显然，只有资金或只有技术都不足以改变一个传统产业，必须综合施策方有希望。

近日，记者深入一线，实地调研了黑龙江七台河市隆鹏煤炭发展有限责任公司、内蒙古乌海市美方煤焦化有限公司和宁夏宁东能源化工基地等公司。多地的实践让人们看到了传统煤化工产业转型升级的曙光。事实证明，依靠技术创新，通过煤炭“由黑变白，由白到细”转化，传统煤化工产业依然可以突破发展瓶颈，重获生机。

应对能源价格波动——企业转型升级需求迫切

“好的时候一个月能赚1个亿，不好的时候连工资也发不出来。”作为一名焦炭行业的“老兵”，近年来，黑龙江七台河市隆鹏煤炭发展有限责任公司总经理陆丙清经历了焦炭价格由每吨几千元到几百元的阵痛与考验。生死存亡之际，为了不再坐这样的“过山车”，陆丙清决定引入新技术，延伸产业链，发展现代煤化工，企业呈现出新的生机和活力。

在离七台河数千公里外的内蒙古乌海市，由于以“洗煤+炼焦”为主业，美方煤焦化有限公司曾经无法有效应对市场变化，一度成为乌海市的亏损大户，面临生死考验。2013年以来，美方与北京三聚环保新材料股份有限公司深度合作，以焦化为核心，围绕焦炭及其副产品向下游产业延伸，生产甲醇、合成氨、合成蜡等产品。煤炭经过深加工，实现转化升值，使美方公司走出困境。

距乌海市不远的宁夏宁东能源化工基地，一个总投资550亿元的神华宁夏煤业集团400万吨/年煤炭间接液化示范项目即将全线投产，项目投产后，每年可转化3400万吨煤，对提升我国煤制油化工技术水平、煤制油装备制造水平及助推我国燃油产品品质升级均有重要意义。

多地的实践让人们看到了传统煤化工产业转型升级的希望。依靠技术创新，推动现代煤化工与石油化工、精细化工融合发展，通过煤炭“由黑变白，由白到细”转化，实现企业向低碳环保新能源转型，传统煤化工产业依然可以突破发展瓶颈，重获生机。

作为钢铁行业的上游产业，煤及焦化产业与钢铁行业一直唇齿相依。但随着近年来国际能源价格疲软、国家产业政策的调整，尤其在国家推动钢铁行业去产能背景下，传统焦化企业纷纷出现减产、关停、转产。“几年间，七台河市大大小小二十几家焦化企业，锐减为了四五家。”七台河市工信委主任耿宝忠告诉记者。

2002年，在冶金焦行情正劲时期，隆鹏公司从一座38万吨/年小焦炉炼焦开始，逐渐发展成为集煤矿、洗选、炼焦业务为一体的当地著名民营企业，并新建了100万吨/年焦炉一座。

然而，市场并非一帆风顺，从2010年起，随着钢铁行业去产能政策的推进，严重依赖钢铁行业的传统焦化产业受到冲击，焦化产品价格走向低迷。“公司被迫降低装置负荷，企业收入骤减，亏损面逐渐加大，企业陷入了经营困局。”陆丙清坦言。

事实上，受国际油价下滑的影响，全国诸多煤化工项目亏损严重。数据显示，2014年中国煤化工行业包括煤制甲醇、合成氨、燃料油装置能力约在1亿吨以上，但开工率不足70%。2015年，焦化行业经济运行总体形势呈现出市场供需矛盾更加突出、产品产量和价格持续下跌、经营效益下滑明显加重的局面。

记者了解到，2015年，全国出口焦炭平均价格从2011年的451.83美元/吨，下降到2015年11月份的161.10美元/吨，焦化行业规模以上企业实现利润由2011年的178.77亿元，下降到2015年1月至10月份的亏损99.45亿元，企业亏损面达56%。独立焦化企业经营效益正在持续分化，资金紧张的状况呈现进一步恶化趋势。

2016年，整个煤化工行业仍然弥漫着一层阴云。受国家钢铁、煤炭行业去产能影响，行业整体形势持续低迷，钢铁企业大幅调减生产负荷，使得焦化等煤化工行业生产经营困难重重，直接面临市场需求减弱、产能过剩、资金流动紧张、资产负债率居高不下以及企业效益与社会效益难以兼顾等问题。

在此形势下，单一的炼焦与传统煤化工企业已逐步失去市场竞争力，转型升级、延伸产业链的需求十分迫切。如何使煤炭资源的利用价值实现最大化，成为煤化工行业及企业生产经营者面临的严峻挑战。

多方引进资金和技术——煤炭产业链加快延伸

传统焦化企业一个命门就是产品结构单一，对钢铁行业过度依赖。以隆鹏公司为例，与其他传统焦化企业一样，其主要产品是二级冶金焦炭、焦油、粗苯和焦炉煤气等传统焦化产品。

“完善产业链，降低成本，提高抗风险能力，才能解决企业生存问题。”在北京三聚环保新材料股份有限公司董事长刘雷看来，通过战略合作，引进资金和技术，促进传统产业升级转型，这是解决焦化企业生存和发展问题的最佳路径。

正是由于对刘雷观点的认同，2011年，陆丙清决定与三聚环保进行合作。在认真研究隆鹏公司的企业产品结构、技术条件等基础条件后，三聚环保从提高生产环节中的煤炭资源利用率入手，增加隆鹏的产品产量和品种，提高生产负荷，以降低生产成本，减少亏损。

此前，在传统生产模式下，隆鹏多余的焦炉煤气通过火炬烧掉了，不仅浪费了煤资源，又造成环境污染。2012年3月分，由三聚环保公司投资3.75亿元在隆鹏公司焦化生产装置附近建设了10万吨/年的甲醇生产装置，利用三聚环保自有的甲醇合成先进技术，将富余的焦炉煤气回收利用，变废为宝，制成甲醇。这不仅增加了甲醇业务的收益，又解决了企业的环保问题。2013年甲醇生产装置投入运营，2014年企业增加收入4500万元。同时，利用提取焦炉煤气中的其他资源，隆鹏公司还建设了天然气（LNG）项目。该装置于2015年1月份投入运营，企业2015年增收8000万元，企业生存问题进一步缓解。

远在内蒙古阿拉善经济开发区内，记者看到，投资34亿元、年产20万吨费托产品项目正在紧张施工，项目利用气化焦通过费托合成技术生产蜡及其他清洁化学品，预计年底建成投产。与此一路之隔、位于乌海市乌达工业园的焦炭气化年产30万吨甲醇项目已经建成，即将投产。围绕美方煤焦化公司，一批横跨阿拉善盟和乌海市的产业延伸合作示范项目正在旧乌巴路两侧陆续开工、投产。

三聚环保新材料股份有限公司副总经理王宁生告诉记者，目前，这批项目总投资近70亿元，旨在阿拉善—乌海地区打造煤炭洗选、煤焦化、化产回收、煤焦油深加工、焦炉煤气制LNG、尾气制液氨、焦炭气化制甲醇及费托合成制清洁化学品项目一体化发展的煤焦化转型升级产业示范基地。主要建设项目包括300万吨/年洗煤、240万吨/年焦化和20万吨/年费托合成制清洁化学品项目等。项目建成后，总资产将达70亿元，可实现年销售收入60亿元至70亿元，年利润8亿元至10亿元。

传统焦化产业是如何延伸产业链，实现转型升级的？王宁生给记者描绘了一幅路线图：第一步，技术改造，提升焦炭品质。第二步，焦炭气化制甲醇。第三步，焦炭气化制费托合成制清洁高档化学品，这些产品的清洁度是石油基产品无法达到的。第四步，焦炉煤气制LNG及尾气制合成氨。这些措施不仅充分综合利用了各种尾气，变废为宝，又得到了可贵的清洁化工产品，符合国家能源和环保产业政策的要求，缓解了上游焦化企业的压力，使焦化企业在市场低迷的情况下仍然能够满负荷生产。

而同样位于陕甘宁内蒙古能源化工“金三角”地带的神华宁煤集团早在几年前就开始部署发展煤炭深加工转化产业，目前已建成煤制烯烃规模160万吨，成为全国最大的煤基生产基地，实现了由黑色的煤炭变成白色颗粒状的烯烃等化工原料“由黑到白”的蝶变。神华宁煤集团董事长邵俊杰告诉记者，400万吨/年煤炭间接液化示范项目的投产，成功搭建了煤炭向石油化工产品转化的桥梁。下一步，将着力推动煤化工向精细化、高端化、集群化方向发展，以煤制油生产的石脑油、液化石油气为原料，进行油品二次深加工，生产聚乙烯、聚丙烯、高档润滑油等产品。

得益于产业链延伸，美方公司在连续多年亏损后，2016年实现经营现金流3.15亿元，经营利润2.29亿元，上缴税收2919万元。在乌海地区焦化企业目前生产负荷普遍不足50%的情况下，美方公司去年以来一直保持满负荷生产，煤焦化产销率达到100%。

“美方公司通过产业链延伸，获得广阔的发展前景，这对乌海市焦化行业转型升级起到了引领和示范作用。”内蒙古乌海经济开发区乌达工业园管委会副主任杨子清对记者说。

技术引领，深度合作——构建“资金+技术+产业”合作体系

目前，传统煤化工行业必须加快转型产业升级已成为业界共识。但问题是产业不景气，银行贷款难，钱从哪来？企业亏损，人才流失，技术从哪来？许多企业就是带着这样的困惑逐渐走向衰亡的。显然，只有资金或只有技术都不足以改变一个传统产业，必须综合施策方有希望。

“民营焦化、煤化工企业多为地方中小企业，看重短期利益，技术力量弱、资本规模小，安全环保欠账多，效益不佳，可持续发展面临很多问题。”刘雷表示，他们基于多年在煤化工行业积累的经验、技术，资金实力，提出了通过产业转型彻底改变企业经营状况的发展思路。“银行不提供资金，我们提供；企业没有先进技术，我们提供；管理不规范，我们派来管理团队。”

通过与联盟企业的深度合作，三聚环保建立了自成体系、有特色的“资金+技术+产业”的合作体系，使现代企业的资金、技术和管理优势与联盟企业的资源优势有机结合在一起，使联盟企业的生存能力和发展活力得到进一步提升；同时，三聚公司也能从项目建设中获得利润，并实现每年稳定的收益，实现真正的合作共赢。

以产业与资本紧密结合，破解民营企业资金难题。作为上市公司，三聚环保通过产业与资本相结合的方式，运用多种金融手段，不仅推动了项目顺利建设和运行，实现了转型升级的初步目标，也让企业拓宽了发展思路，由过去单一的生产经营发展方式向生产经营与资本经营并重的经济发展方式转变。

以技术突破引领产业升级。三聚环保充分利用其在能源净化、石油化工和煤化工融合、传统焦化和煤化工、环保净化新材料等领域一系列关键技术和集成技术，通过在民营焦化、煤化工和石化企业中定制服务推广这些单项核心技术、系统技术以及整体解决方案，引领这些企业优化产业升级改造，延伸产业链，推动创新技术获取更大的市场价值，充分发挥了在传统行业实现去产能、促转型、调结构方面的龙头作用。

以循环经济实现高效可持续发展。美方煤焦化转型升级项目整体以循环经济为发展方向，在内部，各产业间联系紧密，这个产业的副产品便是另一产业的原材料，两者在整个产业链中不断转换身份，以保证资源的充分利用和产能最大化；在外部，各产业产品以乌达工业园区与阿拉善经济开发区为主要销售目标市场，园区内其他企业需要什么就生产什么，不脱离最近的市场，如此不仅缩短了运输距离降低成本，也使下游企业节约了原材料成本，进一步达到园区内经济循环的目的。公司已完成的产业链条，初步形成了企业内的小循环、企业间中循环和地区间大循环，提高了煤炭资源的就地转化率。

《经济日报》2017年6月20日第7版，与王轶辰合作。

最大限度地挖掘传统产能潜力

从煤制成油到油品深加工，从黑色变成白色再到精细化发展，揭示了一条煤炭清洁利用、传统煤和焦化产业转型升级的清晰途径，这对于许多正在转型升级路上探索的传统产业提供了有益的启示，也是供给侧结构性改革的生动实践。

产能过剩、产品低端，是传统产业面临的普遍问题。通过延伸产业链，发展深加工，不仅可以消化过剩产能，而且开发出市场需要、附加值高的下游产品，部分煤化工企业的实践让我们看到了传统产业转型升级的希望。

“只有夕阳产品，没有夕阳产业”。传统产业依然蕴含着巨大的发展潜力，推进供给侧结构性改革，并不是简单地通过关、停，压缩产能，而是要最大限度地挖掘产业发展潜力，通过补短板，消化过剩产能，增加有效供给，增强发展动能。

挖掘传统产能潜力，首先要加快技术创新，以技术突破引领产业升级。三聚环保公司充分利用其在能源净化、石油化工和煤化工融合、环保净化新材料等领域一系列关键技术，引领传统焦化企业升级改造。神华宁夏煤业集团公司通过自主创新，突破了煤制油关键技术和装备制造，有力推动了煤炭全产业链开发进程。

挖掘传统产能潜力，要破解企业资金难题，实现产业发展模式创新。美方焦化、隆鹏公司等企业转型升级项目从思路到落地建设，除了严密的技术论证与市场调研外，从根本上也离不开金融资本的强有力支持。三聚环保公司通过“资金+技术+产业”的合作体系，将资金、技术和管理优势与联盟企业的资源优势有机结合在一起，实现产业与资本相结合，大大推动了产业转型升级步伐。

挖掘传统产能潜力，还要破解环保难题，以循环经济实现高效可持续发展。对于传统产业特别是高耗能、高排放的企业来说，环保是一道必须迈过去的槛。记者采访的美方焦化公司和神华宁夏煤业集团煤制油项目，都把环保与资源综合利用融入转型升级，在转型升级中破解了环保难题。此外，产业清洁发展，也为煤化工行业转型升级提供了强有力保障。

老树发新枝，风景别样好。在加快培育新兴产业发展动能的同时，充分挖掘传统产业发展潜力，增强传统产业发展动能，各个产业齐发力，将为我国经济持续健康发展打下更加坚实基础。

《经济日报》2017年6月20日第7版

第二章

新兴产业
加快创新满足需求

产业·船舶

船舶工业：呼之欲出的新增长点

最近，由国家计委和船舶工业总公司共同完成的一份研究报告认为，我国船舶工业到“九五”末，造船产量将稳居世界第三的地位，占到世界船舶市场份额的10%。到2010年，形成与日本、韩国“三分天下”的世界造船格局。

这份报告提出，从我国船舶工业目前发展的国际环境和自身条件看，有必要、也有可能把船舶工业培育成新的经济增长点，发挥其对整个经济增长的带动作用。

调整和优化我国产业结构的客观选择

经过改革开放后近20年的顽强奋斗，我国船舶工业实现了邓小平同志提出的“中国的船舶要打进国际市场”的战略目标，确立了在国际市场上的地位。从1978年到1996年，中国船舶工业总公司累计出口民用船舶700多万吨，占造船总量的40%。出口成交额持续增长，手持新船订单连续三年保持世界第三位。船舶产品进入包括日本、韩国两个造船大国和欧美主要发达国家在内的近50个国家和地区，在国际上树立了良好的信誉。

船舶工业产业关联度大，带动性强，对推动产业结构升级具有重要作用。中国社会科学院研究成果表明，在众多工业产品中，船舶对其他行业的带动性处于最高水平。据对我国船舶工业实证分析，船舶工业发展可以带动冶金、机械、电子、化工、轻工等50多个相关产业和部门。一船出口，千家受益。仅江南造船厂就涉及上千家生产企业配套协作。优先发展船舶工业，推动产业结构升级，是许多国家在工业化中前期阶段的普遍做法。我国正处于工业化中前期阶段。

现代舰船高技术容量大，加快船舶工业发展，有利于推动我国高技术产业化进程。现代船舶工业是组合了军用、民用多种高技术成果的总装工业。现代舰船技术复杂，精度要求高，涉及导航、通讯、水声、光学、电子等360多个专业，是一国综合实力的体现。

加快船舶工业发展是保卫海防和发展水运的迫切需要。当前，国际经济一体化进程加快，国际贸易额越来越大。世界实物贸易90%是靠海上运输实现的。世界主要发达国家大力发展船舶工业，其重要目的之一，就是为水运提供更新型的装备，以促进本国同世界各国的贸易发展。随着我国对外开放步伐加快，进出口贸易日益扩大。只有加快船舶工业发展，才能适应我国的水上运输和外贸发展的需求。

船舶工业完全有可能成为新的经济增长点

有市场，更大规模发展船舶工业有可靠的前提。未来15年，世界船舶市场将出现少有的需求高峰。据国内外权威机构预测，2010年以前，世界年均对船舶需求可达3500万至4500万载重吨，比过去15年均高出约50%。

这为船舶工业发展提供了广阔的空间。

随着我国经济和对外贸易的发展，对水上运力的需求越来越大。上海将建成国际航运中心，江河湖泊治理需要大量专用工程船舶，台湾海峡两岸实现“三通”，都将促进国内航运业大发展。我国远洋船队规模虽居世界第四，但船龄老化，绝大多数已该更新，国内船舶市场需求旺盛。

有机遇，加快船舶工业发展有巨大的动力。当前，世界造船业呈现出西方发达国家造船能力大量过剩、闲置和封存，东方发展中国家加速发展的态势。这是由世界造船业产业大转移规律所决定的。纵观世界造船业近百年的历史，一条基本规律是，世界造船业从先行工业化国家逐步向后起工业化国家转移，在地域上则表现为造船业重心由西方国家向东方国家转移。1995年，远东地区造船产量已占世界份额75%（我国仅占5%）。东亚地区成为世界造船中心。

东亚造船重心正向我国转移。占世界造船份额2/3的日、韩两国造船业迫于国内高成本的压力，向我国和周边国家投入巨资，兴建造修船厂。与日本、韩国造船业在50年代和70年代所处环境一样，处于世纪之交的我国船舶工业面临着历史性的发展机遇。

有优势，船舶工业成为新的经济增长点有强劲的生命力。我国具有发达国家所没有的劳动力资源和低成本优势，同时具有其他发展中国家尚不具备的技术与资本优势。这种先进国家与后进国家所没有的劳动力、技术、资金三密集综合比较优势，是我国船舶工业发展的生命力所在。

按照国际造船产业成长与国民收入关系的定量分析，人均国民生产总值低于3500美元时，船舶工业处于起飞和成熟期。1996年我国人均国民生产总值约680美元（现值），造船业正处于起飞阶段。

有条件，实现船舶工业发展目标有坚实的基础。我国沿海和沿江地区已基本形成大、中、小造修船设施并举的生产格局。在船用设备配套协作方面，形成了中央与地方、沿海与内地，以产品为龙头，以骨干企业为依托的社会化配套协作体系。在科研开发方面，建立了一支以30多个研究院所为核心的科技开发队伍，形成产研联合，配套成龙，从研究开发到设计建造，从引进消化到吸收创新的功能完整的科技开发体系，掌握了船舶建造的主体技术、基础技术及相关技术。作为现代大工业的我国船舶工业，已形成包括开发设计、设备配套、建造总装、修理拆解在内的比较成熟的产业。

实施“高起点引进”和赶超世界先进水平战略，使我国造船整体技术达到90年代初的国际水平；船舶设计已能自主创新，高技术、高附加值船型开发已初见成效，出口船舶在国际航运界具有良好信誉；价格保持了较强的国际竞争力；在经营方式、市场运作、技术标准和生产管理等方面已基本与国际接轨。技术、质量、价格、信誉等因素的综合水平充分说明，我国船舶工业具备了更大规模发展的坚实基础。

需要把船舶工业列为新的增长点

这份名为《加快船舶工业发展问题研究》的报告，还提出了我国船舶工业发展的政策建议，包括：确立船舶工业的产业地位，把船舶工业作为新的经济增长点，纳入国民经济发展规划；实行投融资倾斜政策，用10年左右的时间，改扩新建若干个年产150万吨造船能力的大型基地和相关船用配套企业；制订科技发展政策，国家设立舰船科技开发专项科研经费，重点用于支持高新技术舰船的开发、设计、建造技术的攻关；推进国产化政策。对船用配套关键设备的技术改造项目，给予优先安排和优惠贷款，以经济手段，促进国内外船东在同等条件下优先选装国产船用设备；创造与国外平等竞争的政策环境，参照国际通行做法，对出口船舶提供优惠的卖方信贷，继续享受“免、抵、退”的税收政策；加速推进船舶总公司成为特大型企业集团。

赋予船舶总公司国有资产经营、管理权和对内、对外融资及担保权；积极、合理、有效地利用外资；加强和改善行业管理。

《经济日报》1998年7月23日第5版

做好经略海洋这篇大文章

11月6日，2013中国·青岛蓝色经济发展国际高峰论坛开幕；同一天，海洋新兴产业和蓝色硅谷建设论坛也在青岛召开；11月8日，包括国际海洋论坛、海洋专题展览和海洋文化活动等多项内容的2013年厦门国际海洋周开幕；同日，7000米级载人潜水器“蛟龙号”的新家——国家深海基地在青岛开工建设，预计2015年建成后将成为我国开展深海技术装备研发和试验、深海科学研究和深海资源调查的公共平台。

短短两天内，以海洋为主题的4项重大活动相继举办，让人感觉到了我国海洋经济的热潮已经扑面而来。

占地球表面积71%的广袤海洋，是人类扩大生存空间、获得发展资源和推进产业革命前沿领域。进入21世纪，海洋经济在世界经济发展中的地位和作用日益突出，已成为世界各国和地区抢占的产业制高点。为了谋求发展空间，沿海各国纷纷制定海洋发展战略、调整产业规划，把发展的重点转移至海洋。

我国海域辽阔，海洋资源丰富，开发潜力巨大。经过多年发展，我国海洋经济取得显著成就。进一步走向海洋，经略海洋，发展海洋经济，对于提高国民经济综合竞争力，加快转变经济发展方式，全面建成小康社会具有重大战略意义。

党中央、国务院高度重视发展海洋经济，党的十八大对大力实施海洋强国战略作出了全面系统部署。今年7月，中央政治局第八次集体学习时，习近平总书记深刻阐述了建设海洋强国的重大意义，指出建设海洋强国是中国特色社会主义事业的重要组成部分，并强调要进一步关心海洋、认识海洋、经略海洋，推动我国海洋强国建设不断取得新成就。发展海洋经济，被上升至前所未有的战略高度。

2011年1月山东半岛蓝色经济区建设正式上升为国家战略，这是我国第一个以海洋经济为主题的区域经济发展战略。随后，国务院相继批复了浙江海洋经济发展示范区规划、广东海洋经济综合试验区发展规划、福建海峡蓝色经济试验区发展规划和天津海洋经济科学发展示范区规划，我国海洋经济迎来了快速发展的新时期。

与陆地经济一样，目前，在我国海洋经济中也存在着发展不平衡、不协调和不可持续的问题，粗放增长方式尚未根本转变，产业结构和布局不够合理，自主创新和技术成果转化能力不强，资源与生态环境约束加剧，保障发展的体制机制尚不完善，这些因素仍制约着我国海洋经济的持续健康发展。

做好经略海洋这篇大文章，需要在转变经济发展方式，建设资源节约型和环境友好型社会的大背景下，进一步深化海洋领域的改革开放，充分释放改革红利，着力优化海洋经济结构，提高海洋科教支撑能力，推动海陆联动发展，加快实现海洋经济从量到质的跃升，走出一条新型海洋经济的振兴之路，为打造中国经济升级版提供有力支撑。

《经济日报》2013年11月12日第14版

着力培育 产业竞争优势

“去年下半年以来，船舶订单逐步增多，但由于船价依然低迷，我们对新接订单采取谨慎态度，而是把主要精力放在了进军海工装备上。”一位船厂领导日前对笔者说。

由于全球造船能力严重过剩，船价与各项成本费用倒挂矛盾突出，为了寻找出路，国内多数有实力的船企皆将目光瞄准海洋工程装备业。

近两年来，随着我国海洋工程装备产业的快速发展，全球海工产业呈现向中国转移的趋势。依靠持续旺盛的市场需求以及我国的发展优势，中国海洋工程装备产业大有可为。

我国一向十分重视海工装备产业发展，并将此作为船舶工业调整结构，转型升级的重要举措，给力的政策不断为我国海洋工程装备制造业注入新的动力。

业内专家认为，“十二五”乃至今后较长一个时期，是我国海工产业发展的重要机遇期。海工装备制造企业应准确把握世界海工市场规律，明确自身的主攻方向，主动融入构建海工高端技术装备体大潮，把技术突破摆在更加突出的位置，着力培育产业优势，尽快提升竞争力抢占制高点。

与造船业相比，海洋工程装备制造业具有更加鲜明的特点。海工装备是高门槛、高风险行业，其产品一般是单一定制生产，并且对质量要求更加严格，在技术要求、管理方式上与造船有很大不同。“海工是一个技术更密集、更注重作业安全、应用模式更个性化、更复杂多变的领域。”有专家如此评价。

虽然我国海工产业近年来取得长足发展，但存在的问题同样不容忽视。专家认为，核心技术严重依赖国外是当前海工产业面临的关键问题，突出表现在工程总承包能力不足、设计研发能力薄弱、关键配套能力欠缺；以企业为主体的产业创新体系尚未建立；国内企业产品竞争领域重叠严重，主要集中在浅水和低端深水装备领域竞争，深水工程技术能力薄弱。更令人担忧的是，当前海工领域已出现了重复建设、盲目扩张、低价拿单、恶性竞争的现象。据不完全统计，目前国内已有大大小小超百家造船企业转型到海工装备业，有专家担心，海工领域一拥而上的局面，可能会使这一新兴产业形成新的产能过剩，走上造船业发展的老路。

破解海工产业发展难题，需要政府有关部门、行业和企业共同努力。业内专家提出，首先，要加强顶层设计，统筹加强产业和技术发展规划部署，避免企业盲目涌入，逐步形成有特色的海工产业发展格局；其次，要建立完善产业科技创新体系，加强技术攻关，培育有竞争力和市场影响力的自主品牌产品。要通过重大工程、重点项目带动，逐步形成海洋工程总包和装备系统总成能力，形成海工装备产业链。对于企业来说，应充分考虑自身能力和产业风险，找准定位，在产业链上找到自身发展的立足点。

《经济日报》2014年2月10日第7版

船舶行业“破冰”前行谋转型

去年，船舶市场曾出现“小阳春”式的回升，但未能保持长久，预计今年船舶市场仍将处于低迷状态。专家表示，当前船舶工业面临的主要问题是航运市场运力过剩，新船成交量减少，新船价格偏低，企业盈利难度加大，产能过剩等。加快科技创新，推动产品结构调整和企业转型升级，仍是今年船舶行业的主旋律

作为我国造船业领军企业之一，中国船舶重工集团公司非船舶装备占集团经济总量的比重近年来逐步提升。2014年，这一比重已达到55.9%，比上年又提升了2.3个百分点。“这是中船重工结构调整取得新突破的重要标志，也是在面对全球航运市场继续低位徘徊、船舶市场依然严峻的形势下，集团公司得以实现持续发展的有力支撑。”中船重工副总经理孙波对记者说。

得益于结构调整的快速推进，中船重工近年来主要经济指标一直保持稳定增长。孙波介绍，中船重工2014年实现经济总量同比增长8.7%，营业收入同比增长7.6%，利润总额持续增长，承接合同金额同比增长14%。中船重工已连续第十次获得国资委中央企业绩效考核A级。

加快结构调整，抵御市场寒冬，中船重工是船舶行业的缩影。2014年，面对世界经济复苏放缓、国内经济下行压力加大、船运造船产能双过剩等不

利局面，我国船舶行业在政策引导和市场倒逼下，加快调整转型步伐，进一步巩固了世界造船大国地位。

中国船舶工业行业协会日前发布的报告显示，2014年，我国骨干造船企业主动适应国际船舶技术和产品发展新趋势，大力发展技术含量高、市场潜力大的绿色环保船舶、专用特种船舶、高技术船舶，船舶产品转型成效显著。深水钻井船、液化天然气浮式生产储卸装置、液化天然气浮式存储再气化装置及多型海工辅助船均实现自主研制。面对不利市场环境，我国船企和海工骨干企业全年新承接订单5995万载重吨，世界市场份额从上年度的47.9%上升到50.5%，继续保持世界第一。承接各类海洋工程装备订单31座，海洋工程船149艘，接单金额147.6亿元，占全球市场份额的35.2%，比2013年提高了5.7个百分点，位居世界第一。

同时，产能过剩得到遏制，产业结构进一步优化。通过清理，全年淘汰产能近千万吨；转移造船产能约500万吨；停建了一批规划内的大型造船项目。开展《船舶行业规范条件》评审工作，共有二批共60家企业通过评审予以公告，这将引导社会资源向符合条件的优势船企集中。

加快结构调整，使我国船舶行业综合竞争力逆势提升。统计显示，2014年，在全国造船完工量同比下降13.9%，承接新船订单同比下降14.2%的同时，造船业手持订单同比增长13.7%。2014年1至11月，全国规模以上船舶工业企业实现利润总额244亿元，同比增长21.3%，大、中、小型企业利润同比增长分别为11.8%、25.9%、39.2%，中小企业抗风险能力明显增强。

“2014年，船舶市场曾出现‘小阳春’式的回升，但很快就继续下滑，预计今年船舶市场仍将处于低迷状态。”孙波介绍说。中国船舶工业行业协会分析显示，当前船舶工业面临的主要问题是航运市场运力过剩，新船成交量减少，新船价格偏低，企业盈利难度加大，产能过剩矛盾没有得到根本解决，海工市场风险增大等。

加快科技创新，推动产品结构调整和企业转型升级，应该是今年船舶行业的主旋律。孙波介绍，中船重工目前在非船领域已经形成了能源装备、交通运输装备、特种装备、电子和物流5大板块，2014年非船产业实现经济总量同比增长13.2%，承接合同金额同比增长14.5%。“如果船舶市场复苏前景仍不乐观，我们开拓非船产业的力度还会加大，非船产业占集团经济总量的比例还会继续提升。”孙波说。

《经济日报》2015年1月29日第7版

造船业“先破后立”调结构

日前，浙江省海运集团向舟山中级人民法院提请其子公司五洲船舶破产清算，五洲船舶成为造船业寒潮中第一家倒闭的国有造船厂。报道显示，2015年以来，已相继有东方重工、庄吉船业、正和造船、明德重工、舜天船舶等造船企业申请破产清算。有业内人士认为，深陷产能过剩困境的中国造船业2016年或将迎来破产高峰。

企业破产，是市场经济的正常现象，对于面临市场“寒潮”、产能严重过剩的中国船舶业来说，更是不得不经历的一场“阵痛”。

据工信部预测，“十三五”期间全球新船年均需求在8000万至9000万载重吨左右，虽然目前中国造船产能已经由8000万载重吨下降至约6500万载重吨，2015年1至11月，全国造船完工3620万载重吨。这意味着，仅中国的造船产能就可满足全球绝大部分的需求，而目前国内已有40%多的造船产能在闲置，可见化解造船产能过剩任务之艰巨。

在造船产能过剩的背后，是结构性矛盾突出。一方面是我国中低端产能过剩，国内外市场竞争激烈，另一方面是高端产品供给不足。目前，常规船型依然占据我国大部分造船产能，而这也正是订单下滑最严重、最容易遭遇冲击的市场。如五洲造船厂主要船型是巴拿马级以下的散货船，这种船型2015年价格下滑50%以上。由于产品竞争力不强，2015年1至10月，我国规模以上船舶工业企业实现利润同比下降28.5%。

另一方面，近年来，超大型集装箱船、新型环保船和油船订单一直增长较快，但是我国占有量却比较少。中国多年来保持的新船订单全球第一，自去年一季度起，被韩国所取代。面对日韩企业的强势竞争，我国船舶工业加快结构调整和转型升级的工作十分紧迫。

先破后立，只有做好去产能的减法，才能做好调结构的加法。今年是我国化解产能过剩的攻坚年，也是船舶工业进入深度调整和转型的关键之年。关键之年，需要有非凡之举。只有拿出“壮士断腕”的勇气，通过破产清算、兼并重组及专业化的协同整合等方式，在化解过剩产能、清理“僵尸企业”上动真格，在结构调整、转型升级、提高市场份额上出实招，才能加快破解我国造船业结构性产能过剩困局，增强产业活力和国际竞争力，实现我国船舶工业由大到强的转变。

《经济日报》2016年1月13日第11版

船舶工业不能脚踏“一条船”

中国船舶工业行业协会最新公布的数据显示，2015年，全国造船完工量4184万载重吨，同比增长7.1%；承接新船订单量3126万载重吨，同比下降47.9%。截至12月底，手持船舶订单量1.2304亿载重吨，同比下降12.3%。中国船舶工业行业协会认为，接单难、交船难、盈利难、融资难，是当前船舶工业面临的严峻形势。

在行业抵御市场寒冬的同时，作为我国船舶工业领军企业之一的中国船舶重工集团公司却继续交出了亮丽的业绩单：全年实现营业收入同比增长12.1%，增加值同比增长16.97%，利润总额是计划目标的1.44倍，承接合同同比增长10.8%。

中船重工集团副总经理邵开文告诉经济日报记者，中船重工近年来之所以能够保持稳步发展，关键在于坚持适度相关多元发展战略，持续调整结构，加大非船领域研发投入，培育新的支柱产业。从2013年到2015年，中船重工非船舶产业营业收入占集团公司营业收入比重分别为53.6%、55.9%和57%。

业内专家认为，船舶工业作为装备制造的重要产业，加快结构调整步伐，是走出市场困境的必然选择。中国船舶工业行业协会预测，2016年，世界航运市场供需失衡矛盾依然突出，新造船市场形势更加严峻，全年新船成交量约7000万载重吨，较2015年进一步下滑，新船价格可能继续走低。受低油价刺激效应减弱及运力快速增长的影响，油船市场将出现下降，散货船市场总体仍将处于低位，集装箱船市场或将明显回落，特种船市场鲜有热点，多数船型需求保持稳定。对此，中国船舶工业行业协会会长郭大成表示，2003年到2008年的造船高峰期将很难再现，调整结构、压缩产能、提质增效是未来一段时期船舶工业最为关键和紧迫的任务。

面对市场需求大幅下降，我国船舶企业纷纷“下船”，加快多元化发展。2015年，中船集团非船装备产业逐步形成特色，盾构机、陆用环保设备、钢结构等业务进一步拓展市场，院所科技产业发展持续发力。中船华南船舶机械有限公司深耕东南亚售后服务市场，服务业务营业收入占比不断攀升。

造船，要造节能、安全、环保型船舶，向高、精、尖发展；同时，完善产业链，发展生产性服务业，做大做强非船产业——这已经成为船舶工业结构调整的共识。

《经济日报》2016年1月27日第11版

船舶业加速去产能势在必行

今年一季度，在国际航运市场低位反弹的带动下，我国新船承接量有所增长，但手持船舶订单、船舶工业总产值、企业经济效益仍在下滑。业内人士强调，目前船舶工业尚未走出低谷，随着产能结构性过剩矛盾集中爆发，行业将进入实质性调整阶段。

新船订单量是反映船舶市场景气度的一个重要指标。受全球航运市场低迷的影响，我国承接新船订单已连续两年下降。2014年全国承接新船订单5995万载重吨，同比下降14.2%；2015年全国承接新船订单量3126万载重吨，同比下降47.9%。

中国船舶工业行业协会日前公布的统计数据显示，今年一季度，我国承接新船订单742万载重吨，同比增长23.9%，出现了两年来的首次同比正增长。

虽然新船订单量数据引人注目，但仍不能改变目前新船市场低迷的现实。据中国船舶工业经济与市场研究中心数据显示，今年一季度，全球新船市场共成交新船77艘、966万载重吨，同比分别下滑77.8%和60.2%。逐月来看，1月、2月平均成交量不足60万载重吨，3月份，新船订单量虽然骤升至847.9万载重吨，但扣除中国矿运及招商轮船20艘40万吨VLOC（大型矿砂船）的非常规订单，成交量也只有47.9万载重吨。仅仅1至2笔订单，成交量占全球订单比重就超过了80%，整个市场需求已近乎停滞。该中心分析认为，近十年来，全球造船产能快速扩张，航运市场过剩运力持续累积，但受投机、政策等因素轮番刺激，市场调整被一再推迟。随着全球经济复苏乏力特别是中国经济增长持续放缓，航运市场不管是即期还是预期需求都已无力再支撑船舶行业继续“带病前行”。

另一组数据则更印证出船舶工业尚未走出低谷。一季度，全国造船完工835万载重吨，同比下降11.8%；3月底，手持船舶订单12035万载重吨，同比下降17%，比2015年底下降2.2%；1至3月，船舶行业94家重点监测企业完成工业总产值952亿元，同比下降1.3%。企业经济效益方面，1至3月，94家重点监测企业实现主营业务收入663亿元，同比下降3.5%；利润总额4.3亿元，同比下降28.9%。

从航运市场和新船价格走势看，船舶市场的低迷状态难以很快扭转。一季度，全球主要经济体增速放缓所带来的海运量增速减缓进一步显现，主要货种海运需求普遍疲软，全球运力供需失衡导致市场运费持续承压。克拉克松综合运费指数从1月初的13876美元/天单边下跌至3月初的8764美元/天，之后虽小幅回升，但季度累计跌幅仍高达30%。季度平均仅10385美元/天，远低于危机前30000美元/天的水平。

受全球新船需求疲软影响，一季度新船价格延续2015年以来的下行态势，克拉克松新船价格指数从1月份的131点继续松动至3月份的130点。业内人士分析，随着新船需求低迷，手持订单量回落，国内部分船厂2016年将有较大开工缺口，2017年开工缺口更为严重，由此将导致船舶行业的竞争日趋激烈。船舶工业加快去产能进程、加快转型升级势在必行。

《经济日报》2016年4月28日第6版

船舶行业需加快补短板

日前，工信部等六部门联合发布《船舶工业深化结构调整加快转型升级行动计划（2016-2020年）》，提出到2020年，建成规模实力雄厚、创新能力强、质量效益好、结构优化的船舶工业体系，力争步入世界造船强国和海洋工程装备制造先进国家行列，造船产量占全球市场份额在“十二五”基础上提高5个百分点，海洋工程装备与高技术船舶国际市场份额达到35%和40%左右，形成一批核心竞争力强的世界级先进船舶和海洋工程装备制造企业。

《行动计划》的发布实施，无疑是给处于严寒中的船舶行业“雪中送炭”。当前，国际主流船舶市场需求持续低迷，高技术船舶和海洋工程装备市场急剧萎缩，世界造船业全面陷入困境，我国船舶工业正面临金融危机以来最为严峻的挑战。2016年1月至11月份，全国造船完工量、承接新船订单同比分别下降12.1%和14%，2016年11月底，手持船舶订单同比下降20.4%，比2015年底下降16.3%。企业经济效益全面下滑，船舶企业破产倒闭的新闻屡见不鲜。业内人士惊呼：未来几年不少船企将陆续陷入无船可造的困境，“造船业没有最困难，只有更困难”。

全球性的困境也给中国造船业提供了弯道超车的历史性机遇。目前，在全球三大造船国中，我国年造船完工量与韩国基本接近，领先日本，承接新船订单量和手持订单量则高居首位。另一方面，我国造船业大而不强的特征同样明显，主要表现为：造船产能过剩、产业集中度低；创新能力不足、高端船舶和海洋装备研制能力和关键配套能力不强；智能制造、绿色制造有待突破，质量效率和品牌影响力有待提升。这些都是船舶行业急需补齐的短板。要想在下一轮复苏中取得先机，船舶行业必须以补短板为突破口，加快结构调整，实现转型升级。

以“高”补短。去年上半年，我国前10家船企新承接订单集中度达到85%，比上一年进一步提高。面对船舶市场“僧多粥少”的局面，船舶企业只有以“高”取胜，以高新技术、高端产品赢得市场。2016年前三季度，我国船舶进口总额为26.1亿美元，其中浮式或半潜式钻探、生产平台占进口额的24.1%，同比增长超过200%；在国际市场上，对高技术船舶的需求也将成为亮点。有国际机构预测，随着全球市场对液化天然气需求的增长，未来最少需要新增40艘甚至68艘大型液化天然气（LNG）船。因此，抢占国内外市场，中国船舶企业须加大研发、创新力度，在船型的能耗经济性、环保性、安全性、智能化水平上下功夫，在高端船舶和海洋工程装备等领域不断取得突破。

以“新”补短。去年11月底，芬兰客船公司维京游轮与厦船重工非正式签署1+1艘大型豪华邮轮建造意向书，单艘船总投资达1.9亿欧元，新船预计在2020年春季交付。船舶市场总体疲软并不能掩盖新的需求。以游轮来说，它集新材料与高科技于一体，造价动辄几亿甚至数十亿元，完全有可能成为我国船舶工业的新增长点；以游艇来说，据不完全统计，美国每14人就拥有一艘游艇，挪威、新西兰等国家人均拥有游艇比例达到1比8，荷兰为1比10。如果按照每100人拥有一艘游艇来计算，中国市场需要1400万艘游艇，接近美国常年1700万游艇的保有量，即使是每1000人拥有一艘游艇，中国因此也将有140万艘游艇的需求量。目前，中国在册游艇保有量仅为3000艘，这意味着，游艇产业在中国有巨大的发展空间。有行业发展报告分析，未来几年内，中国游艇产业将会迎来爆发式增长，产值有望达到数千亿元，并能支持超过150万人的就业。除游轮、游艇外，其他娱乐及运动用船舶、公务船舶、特种船等领域，都有较大的市场需求。开拓新市场、满足新需求，船舶企业可以各显神通，在细分领域做强做大。

以“智”补短。船舶市场的竞争，是更多体现在质量、效率的竞争。船舶企业须加快两化融合、生产流程再造、信息化工程等方面进程，建立精益制造体系，加快提升自动化、数字化、智能化水平，建成一批智能车间和智能生产线，提升造船效率，实现以“智”取胜。

迈向“高”“新”“智”，离不开政策支持。《行动计划》提出了加强产业创新和推广应用支持力度、加大金融支持、完善保险支持政策等保障措施。落实好这些政策措施，加快补齐短板，经历寒冬考验的我国船舶工业将有望打造成“中国制造”的又一张“名片”。

《经济日报》2017年1月24日第8版

船舶业:“寒冬”中谋求逆袭

2016年，是船舶行业深受“煎熬”的一年。统计显示，受新船价格持续走低、原材料成本大幅上涨、船东频繁改单、船企开工不足、融资成本高企等因素影响，我国船企盈利能力大幅下降。2016年底，重点监测企业营业利润率仅为0.5%，比2015年下降0.8个百分点。

造船业陷入低谷

三大造船指标大幅下降。中国船舶工业行业协会日前公布的数据显示，2016年，全国造船完工量为3532万载重吨，同比下降15.6%；承接新船订单量为2107万载重吨，同比下降32.6%；截至2016年12月底，手持船舶订单量为9961万载重吨，同比下降19%。

船舶行业经济效益下降。2016年1月至11月份，全国规模以上船舶工业企业实现主营业务收入6975.7亿元，同比下降1.6%，规模以上船舶工业企业实现利润总额147.4亿元，同比下降1.9%；船舶出口金额明显下降。出口船舶在我国造船完工量、新接订单量、手持订单量中所占比重分别为94.7%、77.2%、92.6%。2016年1月至11月份，我国船舶出口金额为215亿美元，同比下降19.4%。

“造船几乎没有不亏损的，大家都在苦苦支撑。”业内人士对记者说。2016年，船舶行业破产和兼并重组的步伐明显加快。2016年，我国有59%的企业没有承接到新船订单，按年末手持订单和实际产能测算，我国船企订单保障系数已下降到目前的1.5年，开工船舶明显不足。中小船企倒闭潮已经蔓延至大型骨干造船企业，江苏熔盛、舜天船舶、南通明德、浙江正和、浙江造船等我国骨干中大型船企深受影响，生产经营几乎停滞，甚至进入破产重组程序，我国主要造船企业面临极大生存压力。

船企奋力突围

但就是在这样的背景下，作为我国船舶工业领军企业之一的中船重工集团却交出了一份让人惊艳的答卷：2016年实现营业收入同比增长23.7%，实现利润为上年的2.2倍，实现经济增加值为年度考核目标的120%，承接合同金额同比增长20%。

“这源于中船重工公司治理与运行模式不断完善。”中船重工副总经理邵开文介绍说，该公司坚持“不承接边际利润小于零或现金流为负的订单”底线，加快集团内造修船资源的重组整合，推进军民融合，全年核减造船产能500万吨，加速推进专业化、规模化、集约化发展。“中船重工加快结构调整和产业转型升级，非船产业快速发展。目前，中船重工非船产业营业收入已占集团全部营业收入的60.9%，新能源、动力、智能设备、节能环保及石油石化装备等产业已经成为新的经济增长点。一批重大科研项目取得积极进展，一批新产品研发成功。”邵开文表示，中船重工2017年的目标是实现营业收入、利润总额双增20%。

中船重工的成功实践给处于困境中的船舶行业提供了信心和希望。据中国船舶工业行业协会预计，2017年造船市场形势仍难有明显起色，全球新船成交量在3000万至4000万载重吨，海洋工程装备成交量约为100亿美元，但新船价格有望止跌企稳。受在手订单大量交付的影响，油船、散货船和大型集装箱船三大主流船型市场总体仍将处于低位，化学品船、支线箱船、滚装船和豪华邮轮等细分市场将继续保持活跃。国际原油价格仍将低位徘徊，钻井装备市场继续低迷，生产装备市场有望小幅增长，海洋工程装备市场难有明显好转。

困难期也是机遇期

行业困难期正是转型升级的机遇期。近日中国船舶工业行业协会要求，船舶行业要加快落实日前工信部等部门联合发布的《船舶工业深化结构调整加快转型升级行动计划（2016-2020年）》，围绕《中国制造2025》和建设海洋强国的战略目标，以创新发展和产业升级为核心，以制造技术与信息技术深度融合为重要抓手，大力推进供给侧结构性改革，稳增长、去产能、补短板、降成本、调结构、提质量、强品牌，全面提升产业国际竞争力和持续发展能力。

业内专家表示，在当前船舶市场持续低迷、国际新规不断出台、船东要求愈加严格的环境下，船企须顺应技术发展趋势，加大信息化和工业化融合力度，有计划地开展智能车间建设，抓好产品结构优化升级，打造高效船舶制造体系。

中船重工的实践表明，适度开展多元经营，优化业务结构无疑是减少市场风险、缓解生产压力的重要举措。有实力的企业应积极组织富余力量，深入开展市场调查，努力开拓新兴产业、军民融合产业和生产性服务业等，从单一产品向相关多元、从船用市场向陆用市场、从产品营销向物流增值等发展，调整自身的产业和产品结构。

《经济日报》2017年2月15日第8版

全球市场低谷徘徊　企业盈利不容乐观

船舶工业仍需苦练内功

今年以来，全球航运市场震荡加剧，船舶企业融资难、接船难、盈利难的问题没有根本缓解，船舶工业平稳健康发展仍面临较大挑战。业内专家认为，船舶工业还需以智能制造为主攻方向加快推进两化融合，不断提升制造技术水平和核心竞争力——

今年以来，全球航运市场震荡加剧，国际原油价格低位徘徊，我国造船完工量同比大幅增长，新承接船舶订单降幅收窄，但手持订单持续下降，全球船舶市场仍在低谷徘徊，船舶企业融资难、接船难、盈利难的问题没有根本缓解，船舶工业平稳健康发展仍面临较大挑战。

市场仍在低谷徘徊

中国船舶工业行业协会最新统计显示，2017年1月份至7月份，全国造船完工2978万载重吨，同比增长55.1%。承接新船订单1324万载重吨，同比下降25.1%。截至7月底，手持船舶订单8028万载重吨，同比下降31.5%，比2016年底下降19.4%。

1月份至7月份，全国完工出口船2805万载重吨，同比增长59.6%；承接出口船订单1190万载重吨，同比下降18.4%；7月末手持出口船订单7450万载重吨，同比下降32.2%。同期，船舶行业80家重点监测企业实现主营业务收入1510亿元，同比下降9%；利润总额18亿元，同比下降28%。

上半年，我国骨干船舶企业积极开拓市场，批量承接17.4万立方米液化天然气（LNG）船、8.4万立方米超大型气体运输船（VLGC）、11.5万吨成品油船、1.75万吨化学品船、1.55万吨货物滚装船、1.3万吨甲板运输船和极地探险邮轮等一批高技术、高附加值船舶订单。上半年，我国造船完工量、新接订单量、手持订单量均位居全球第一。

另一方面，船舶市场总体仍处在低谷区间。2017年二季度中国造船产能利用监测指数为649点，与2016年二季度610点相比，提高39点，同比增长6.4%；与2017年一季度670点相比，下降21点，环比下降3.1%，指数比年初有所回落，仍处于偏冷区间。

具体来看，二季度航运市场震荡下行，骨干造船企业手持订单持续下降，先行指标降幅明显。骨干企业主营业务收入、营业利润率等同步指标环比小幅增长，产能利用情况与一季度相比略有下降。

我国新承接船舶订单已连续14个月小于完工量。受此影响，我国船企手持船舶订单持续下降。大部分船企生产任务安排只能维持到2018年，2019年船台（坞）空置率明显上升，部分船企开工船舶严重不足，企业连续生产能力面临严峻挑战。

预计2017年三季度，航运市场仍将低位小幅波动，新造船市场难有明显回升，手持订单仍将继续下降，中国造船产能利用监测指数将比二季度有所下降，总体上仍将处于偏冷区间。

需要加快转型升级

“全球船舶市场仍在‘L’形曲线的低谷徘徊，虽有起伏，但近期来看形势不容乐观。”中国船舶重工集团公司负责人对记者说。

应对市场低迷，船舶工业需进一步加大结构调整步伐，加快转型升级。上半年，在政策引导和市场机制的共同作用下，我国骨干企业积极开展特种船舶、深海渔业养殖装备、深海矿产资源开发装备的研制和应用，并在细分市场领域取得明显成效，青岛武船承建世界首艘深海半潜式大型智能渔场“海洋渔场1号”并顺利交付；烟台中集来福士自主设计建造的超深水双塔半潜式钻井平台“蓝鲸1号”助力我国首次海域天然气水合物（可燃冰）试采成功；中航鼎衡造船有限公司中小型化学品船手持订单位居世界第一，江南造船集团超大型气体运输船（VLGC）手持订单位居世界第二。

做稳船海主业，稳步开展多元经营。上半年，我国船舶工业企业实现主营业务收入2966亿元，与上年基本持平。骨干企业在做稳船海主业的同时，积极利用现有设备设施开展相关业务，努力提升船厂盈利水平。在盾构机、陆用电站、陆用环保、海上风电/风塔、桥梁钢结构等非船领域市场开拓方面取得了显著成效。

精益管理降低成本，多措并举提升效率。在供给侧结构性改革和市场倒逼机制作用下，船舶骨干企业加大精益管理，降成本，多措并举提升效率，取得了明显成效。

业界人士表示，船舶工业还需以智能制造为主攻方向加快推进两化融合，不断提升制造技术水平和核心竞争力。船舶企业应加快推动数字化、网络化和智能化技术在船舶以及配套设备设计制造过程中的应用，不断夯实船舶精益制造基础，重点实施船舶中间产品智能制造，加快建设船体分段、智能涂装、智能管子加工等示范智能车间和智能生产线。此外，还应大力推广船舶配套设备智能制造新模式，开展智能车间／工厂示范，全面推进船舶及配套设备设计、制造、管理、维护、检验等全流程的信息化、数字化和智能化。

应对市场低迷，还需加强金融支持。中国船舶工业行业协会提出，当前船舶工业处于转型升级的重要阶段，融资能力已经成为企业争夺订单的关键因素，是企业竞争能力的重要体现。建议金融机构积极落实国家有关支持船舶工业发展的政策，贯彻服务实体经济，支持船舶工业走出去战略方针，推动船舶工业转型升级。严格执行差别化信贷政策，对有技术优势，有市场的骨干造船企业要加大融资支持力度；不断创新金融服务方式，实施精准支持。

《经济日报》2017年8月25日第10版

产业·电子信息

水银泻地 无孔不入
——专家学者谈用电子技术改造传统产业

谈起电子技术，对许多人来说似乎很神秘。一台普通的机器设备，加上一小块集成电路，改造后效益就可以提高若干倍，简直是神了！

可是，专家会告诉你，这并不神秘。因为科技本身就是生产力，而且是第一生产力，而电子技术则是现代高科技成果的集中体现。电子技术渗透到产业部门，从而给传统产业带来革命性飞跃，已经成为一种全球性的趋势。

6月14日，本报和国家计委邀请了10多位从事电子技术研究的专家学者座谈，请他们就用电子技术改造传统产业发表自己的看法。

“再不抓这件事 就要犯历史性错误”

作为国家计委主管科技的副主任，盛树仁对我国电子技术的发展和运用有一种特殊的紧迫感。座谈会一开始，他开门见山地提出“用电子技术改造传统产业，要提到重要的议事日程，再不抓这件事，我们就要犯历史性错误！”他形象地比喻电子技术就像“水银泻地，无孔不入”。从世界看，用电子技术改造传统产业已是一种共同趋势。衡量一个国家现代工业的发展程度，就看电子技术的渗透程度。

冶金部自动化研究院副院长、高级工程师胡仁安认为，当今世界，到处可看到电子技术打败传统产业的例子。瑞士手表在世界上称霸百年，但一下子就被日本电子手表打败；德国相机在相当一个时期不可一世，但也在日本电子相机面前败下阵来。这也能从一个侧面说明：谁在技术上抓电子产业，谁就能够在经济上振兴。

有色金属总公司计算机应用领导小组办公室副主任、教授级高工黄恒章说，在日本有这样一种说法：“旧设备＋电子技术＝新设备”。这虽然不尽准确，但却说明了电子技术应用的确大有潜力。黄恒章说，有色行业利用电子技术改造7种窑炉，投入产出比都在1:8以上，效益十分显著。胡仁安补充说，鞍钢500多座窑炉，100多座改成计算机控制后，工艺稳定，节能10%。他测算如果全国高炉通过电子技术改造，焦比下降5%的话，一年可节省150万吨标准煤。

纺织部计算中心主任、教授级高工李思三强调，对纺织业来说，电子技术改造有更为迫切的意义。第一，纺织业大多是老企业，设备严重老化。第二，纺织业创汇占全国创汇总额的1/4，但是，从1988年开始，创汇却一直徘徊不前了，原因是再靠过去大部分是初级产品出口支撑局面的办法已经不行了。他提出，纺织业在检测、工艺和织机等许多方面必须靠电子技术进行改造。

1500元钱一台的电控设备为何没人要

机电部北京自动化研究所副总工程师、教授级高工陈瑜讲了这样一件事：他不久前去上海，参加了一个用电子技术改造压缩机的会议，会上展出一种压缩机电控设备，价格1500元一台。国外同类设备则要一万多元一台。这种设备可增加7种保护功能，且至少可节能10%以上。参加会议的10多个厂方代表都说这种设备好，可是真下决心买的没几个。问其原因，一是市场疲软，工厂没钱；二是节能后，厂方本身没有多少利益。陈瑜就此感叹：“这么一个简单的东西，如果没有配套政策，也很难推广。”

像这样的事情，在全国恐怕还有不少。盛树仁说，用电子技术改造传统产业并不是很神秘的事，大、中、小项目，高、中、低技术都可以搞。可是，有一些花钱不多、技术可行、效益很好的项目，就是没人动手抓。因此，他指出，电子技术的应用，首先要解决认识问题。

解决认识问题，一要加强宣传，二要树立典型。这是几位专家学者的共同看法。黄恒章介绍说，有色行业选择铝电解做示范，技术改造后电解一吨铝可降低200度电的消耗，企业对这个项目的积极性很高。他说，这叫做给企业“雪中送炭”。

电子技术的推广应用除了认识上的问题以外，还需要从资金及政策等多方面给予保证和支持。中科院自动化研究所研究员岳子平说，电子技术的应用，要像“星火计划”、“火炬计划”那样，有固定的资金渠道，特别是对一些花钱少、见效快的项目，要有资金保证；要制定硬性政策，提高设备折旧率，对一些设备限期改造或淘汰。

清华大学自动化系主任金以慧教授和交通部公路规划设计院副院长、高级工程师风懋润都强调，要在成果的转化上下功夫，要从组织和经费等方面支持成果的配套、转化和推广，从政策上鼓励成果转化为现实生产力。

关键是一个“用”字

用电子技术改造传统产业，究竟从何着手？这是专家们觉得最为现实，也是谈得最多的话题。他们认为关键在一个“用”字。这包括两层意思，一是以应用带动开发和生产；二是要提供适用、可靠的技术，取得较好的经济效益。

化工部北京化工研究院高级工程师任鸿威提出，要以应用部门为龙头，通过应用，带动整个系统的开发和发展。他认为对一些适合国情、厂情，对适用、可靠的技术，国家要重点投资，加强开发和推广。

专家学者们的普遍看法是，要在国家的宏观指导和协调下，从产业部门的实际应用出发，各部门分工、配合，从一些共性的东西入手，带动传统产业的改造。

陈瑜认为，带有共性的东西首先是三机一泵，包括电动机、风机、压缩机和水泵。三机一泵占整个工业耗能的60－70%，涉及许多产业部门，抓住这些共性的东西进行改造，就有普遍意义。他认为，与其大家都花很多钱去搞高、精、尖技术去追赶国外，不如集中力量搞一些国内实用的技术。因为大家都去发展高、精、尖技术，很可能最后都上不去，而搞一些小而实用的项目却能够很快见效，像数控机床等。

机电部华北计算机研究所教授级高工王敬冶和中国建材院水泥研究所教授级高工王邦敏则提出，当前急需要调整电子技术和产品的进口政策，要有组织、有重点地引进技术，同时，引进要与国产化结合起来，通过消化、吸收国外技术，研制、开发和推广自己的适用技术。对国内科研成果的研制和应用决不能搞地区、部门封锁和地方保护主义。

邮电部数据通信技术研究所所长、高级工程师刘韵洁认为，当前我国传统产业落后主要表现在三方面，即管理、技术开发和制造或操作方式上的落后。他提出，用电子技术改造传统产业，必须同时包括这三个方面的内容，以达到最佳效果。改造的重点要放在节能降耗，提高产品质量，增加经济效益上面。他提出，这项工作要从国家、社会和企业三个层次一起抓，国家要有规划地抓基本技术部件和关键设备的研制应用；社会要提供完善的服务系统，包括信息服务系统和现代化的通讯系统，为企业决策提供依据；对某一个企业，要具体分析，抓住主要矛盾进行改造。

《经济日报》1991年7月5日第1版

没有电子技术的应用就没有企业的现代化

——企业领导谈用电子技术改造传统产业

用电子技术改造传统产业，在企业工作的同志对此也许有更切身的感受。继专家学者座谈会之后，最近，本报和国家计委又联合邀请了十多位企业领导，请他们就电子技术在企业的应用谈谈经验和体会。

“电子技术使我们尝到了甜头”

北京燕山石油化工公司金德臣说，近年来，燕化公司每年投入1.7亿元左右，进行传统工艺的改造。“八五”期间，公司在科技进步方面的投入将达到20多亿元。他介绍说，燕化利用电子技术改造企业主要在4个层次上展开：一是在刚建成的装置上，通过电子技术的应用，使其真正发挥潜力；二是利用先进的电子技术，改造老装置，从而使原有生产手段在技术水平、深度加工水平和环境治理水平三个方面有较大的提高；三是开发、形成自己的技术；四是通过优化组合，形成配套的技术，打入国际市场。

金德臣说，这几年电子技术的应用，使我们真正尝到了甜头。目前燕化拥有微机一千多台，大型计算机3台，大型全过程控制机10套，54套大型联合生产装置经过改造后，已全部达标。从1983年开始，燕化每年实现利税18

亿元，并且做到连续11年增产不增能耗，实现了环境、安全、质量和效益的全面优化。

在市场竞争激烈、企业面临困难时，企业还要不要进行技术投入？北京制药厂钱喜明说，企业要在竞争中生存和发展，必须优化产品质量、降低生产成本，这就迫使企业采用先进技术。即使在企业困难时，先进技术不但不能放弃，而是需求更为迫切。因为现代化的电子技术对节能降耗，提高产品质量，及时提供信息，保证正确决策等方面起着极为重要的作用。

钱喜明认为，企业要现代化，从技术和管理两方面入手都行，而抓电子技术是一条捷径。他解释说，企业在现有条件下要提高生产效率，不可能对原有设备全部更新，而旧设备加电子技术加控制监测能力则可以起到事半功倍的作用；另一方面，电子技术的应用，首先要求企业加强基础管理，掌握现代化的管理方法。因此，电子技术的应用，既可以推动企业技术进步，又能够促进企业管理现代化。他得出结论：电子技术的应用，是企业现代化的必由之路。

北京雪花电器集团公司技术委员会娄钧仁和首都钢铁公司经营部毛普庆也都介绍了各自企业应用电子技术的经验。雪花集团通过电子技术，特别是计算机的应用，使得从生产到管理全过程的自动化程度大大提高，提高了生产效率，保证了产品质量，尤其是用电子技术对传统的测试方法进行改造，使得测试的效率和精度大大提高。首钢自实行承包制12年以来，重新投入技术改造的资金20多亿元，通过整套改造和局部改造相结合，基本实现了经营管理和生产控制计算机化，仅计算机应用一项，每年就可以获得效益5000多万元。北京市工商银行马宝喜说，“七五”期间，共投资近2亿元建成的北京工商银行网络中心，对简化银行业务，快速处理和传递数据，加速资金周转起到了极大的作用。他深有感触地说“计算机的应用，是银行唯一的出路”。

“算盘都没打好，还用计算机吗？”

电子技术在企业的应用，首先碰到的无疑是认识问题。

北京第一棉纺厂厂长邸长明在介绍该厂使用计算机管理的体会时说，刚开始，工厂不少人对使用计算机存有疑虑，认为“算盘都没有打好，能用计算机吗?”京棉一厂的做法是：第一，有针对性地解决这些认识问题，使全厂职工认识统一到“企业要在国际市场上争一流，必须在计算机和微电子的应用上领先。没有计算机，就没有企业现代化”的认识上来；第二，“一把手原则”。厂长亲自抓这项工作。分工中，他只抓干部和计算机两个科室，并且把计算机的应用列入任期目标范围，必须完成；第三，广泛与大专院校、科研单位联合，内外结合，共同开发，在项目完成的同时，培养出自己的人才；第四，组织本企业的一支队伍，现在这个厂计算机科已经发展到几十人，有能力消化、吸收和发展先进技术，使企业在科技进步日新月异的形势下不掉队；第五，企业内部采取鼓励政策，把计算机的运用、推广与提拔、晋级奖励结合起来。业务人员不会计算机，有一种危机感，从而使企业形成一股竞相学习、应用计算机的热潮。

在具体应用时，不能一哄而起，要有计划、有梯度、有节奏地进行，这是许多企业的切身体会。否则，由于应用跟不上，计算机很可能成为一种时髦的摆设，或当作游戏机、打印机来使用。北京化工二厂的做法是，从实际出发，以渐进的方式，先抓重点，再逐步推广。这个厂先从生产急需，见效快，经济效益好，人员素质相对高一些的生产车间入手，改造工程完成后，效果明显，在全厂起到了示范作用。各车间纷纷要求用微机改造生产控制过程，为进一步推广应用打下了良好的基础。

一要资金　二要人才

高技术的应用，需要较高的资金投入。而目前我国企业的实际情况是自我改造能力较差。如果没有在资金上的扶持和优惠，电子技术的应用必然受到限制。这是大家觉得首当其冲的问题。

邸长明说，企业现在资金普遍比较紧张，技术投入的难度很大，迫切需要国家在设备贷款等方面给予优惠。特别是对一些重点企业和一些重点改造项目，国家要给予拨款或无息贷款。对一些不能马上出效益，但从长远看意义重大的项目，国家也要给予支持。他呼吁，当前要特别关注企业高科技人才的培养和留用，因为科研成果与实践相结合产生物质财富，最重要的是人才。如果基层留不住高科技人才，则把科研成果变成现实的生产力就是一句空话。

钱喜明说，一些企业已经投入大量资金用于电子技术和计算机管理，并且确实收到了很好的效益，但现在面临着两个问题：一是这些设备需要维护、保养、或者改进，而企业又没有与此相适应的技术力量，有的专业人才企业又留不住；另一方面，企业现在已经离不开计算机，急于扩充设备，但却缺乏资金。

与专家学者的看法一致，企业领导也都认为用电子技术改造传统产业，当前首先要解决传感器、执行机构与计算机技术不适应的问题，对此，国家要组织专门力量进行攻关。北京牡丹电子集团公司副总经理黄绍起认为，我国的仪表工业比国际先进水平落后20年，他提出，当前除了发展集成电路外，还要加快发展仪表工业，同时，还要在计算机控制系统和计算机硬件上下功夫，从而给我国电子技术的发展打下良好的基础。

《经济日报》1991年7月19日第1版

自主创新　推进绿色IT的无穷动力
——我国服务器产业发展综述

● 我国服务器产业逐渐具备了与国外厂商同台竞技的能力，担当起信息化产业的“尖兵”。

● 通过“863”项目课题等举措，国产服务器厂商作为创新主体，进行了一系列服务器节能相关技术的研发。

- 若节能服务器在政府管理部门、电信、高教、制造业等主要应用领域得到普及，每年将节电超过45亿千瓦时。

在改革开放历程中，信息化建设无疑是极为重要的一环。服务器作为信息化建设的核心设备，其产业化发展无疑为我国信息化建设提供了最直接的推动力。随着我国服务器产业的快速发展，服务器厂商们也开始不断寻求节能技术的突破。

产业崛起　黄金十年的发展

1993年，浪潮集团推出了中国第一台服务器——SMP2000。作为中国服务器产业迈出的第一步，SMP2000的问世，一举打破了国外对中国的技术封锁、应用限制，降低了服务器市场的产品价格，使得服务器在中国的广泛应用成为了可能。

有了坚定扎实的第一步，使得中国服务器产业追赶国际水平的信心倍增，步伐加大。在浪潮研制出第一台服务器之后不久，长城、曙光、联想等国内厂商纷纷加入到这一阵营，相继实现了技术的产品化。仅仅用了两年的时间，中国服务器产业就初步建立起完整的产业化体系，这不得不说是一个奇迹。

而此时，世界服务器产业逐渐进入了一个新的发展阶段，基于开放架构的IA服务器迅速兴起，全球产业分工体系快速形成。在国内，随着中国接入互联网，网络以惊人的速度迅速在中国铺开，服务器产业正面临着巨大的发展前景，但当时服务器市场的话语权还掌握在国外品牌当中。为此国家“863”计划设立专项——“国产服务器推广和应用”，在对当时国内几大厂商进行考察后，最终选定了浪潮和曙光分别承担IA和RISC架构服务器的研发和市场推广工作。

在国家政策的扶持以及市场需求快速增长的背景下，国产服务器产业迎来了高速发展的“黄金时期”。从1993年到2003年，我国服务器产业从最初的一穷二白，发展到涵盖教育、政府、中小企业市场、工业制造等几乎所有的行业，在通用服务器市场取得了众所瞩目的成就。

产业突破　踏上节能发展之路

经过十年发展，国产服务器厂商在通用市场获得了长足发展。但在高端领域，国际厂商始终保持着技术垄断。浪潮率先把眼光投向了占据服务器50%以上销售额的高端商用服务器市场。

2003年，面向商用计算的中国第一台高端服务器浪潮天梭TS20000诞生，率先打破了国际厂商在高端商用领域的垄断。而正是由于国产服务器的参与，迫使国际品牌大幅降价，仅此一项，每年就能够为国家节省大量外汇。此后，浪潮天梭先后六次打破国际测试的世界纪录，成为国内能够在技术、方案等方面同国外厂商一较高下的代表。

2007年，首批国家重点实验室——“高效能服务器和存储技术”实验室落户浪潮。2008年，国家“十一五”计划重大项目——“高端容错计算系统研制与应用推广”项目扎根浪潮国家重点实验室，重点研发高端容错系统。该项目的研发成果，极大地增强了国产服务器厂商在高端商用领域的自主创新能力和市场话语权。

在浪潮坚持走高端商用之路的同时，曙光自主研发的高性能计算机先后突破了十亿次、百亿次计算能力大关，成为国产高性能计算机的代表。

另一方面，随着信息化进程的加快，绿色、节能成为服务器产业发展越来越高的要求。国产服务器厂商发挥出了作为创新主体的积极作用，进行了一系列服务器节能相关技术的研发。

2007年11月，浪潮公司在通用服务器节能技术应用上取得突破，成功推出了适用于中国用户的节能服务器。权威评测数据显示，浪潮节能服务器比普通服务器降耗可达到24%以上。据测算，若浪潮节能服务器在政府管理部门、电信、高教、制造业等主要应用领域得到普及，每年将节电超过45亿千瓦时，相当于葛洲坝电站3个多月的发电量。2007年底，原信息产业部公布的首批《节能降耗电子信息技术、产品与应用方案推荐目录》中，自主创新的浪潮服务器节能技术和曙光的刀片服务器自适应节能系统位列推荐榜首。

由此，中国服务器产业逐渐成长为能够同国外厂商相抗衡的一支力量，充当起我国信息化产业的“尖兵”。浪潮、曙光、联想等国产服务器厂商从十多年前的“零”起步，发展到目前的占据三分之一的市场份额，“英信”、“万全”、“天阔”等国产品牌也得到了市场的高度认可。

自主创新　产业成长的原动力

我国服务器产业的蓬勃发展再次证明，自主创新是推动产业成长的原动力。对于服务器产业的自主创新，国家给予了高度的重视。自上世纪80年代起建立和完善的“产学研”创新体系，不仅为我国服务器产业的形成和发展创造了良性机制和环境，也解决了产业发展所需的资金问题。而从国家“十一五”规划开始，国家扶持政策进一步向企业作为创新主体倾斜。为此，国家重点建设了一批国家实验室、面向企业的创新支撑平台和企业技术中心，坚持走“产、学、研、用”相结合的道路，以企业为创新主体来加速整个服务器产业的技术升级与产业结构优化。

始终走在“产学研”前沿的国产服务器厂商，其成绩也获得了国家的肯定和认可。2008年，在科技部、国务院国资委和中华全国总工会联合发布的首批“创新型企业”名单中，浪潮和联想名列其中，这是对国产服务器厂商多年来坚持自主创新的一种肯定，也是鞭策其继续前进的动力。

浪潮集团董事长孙丕恕表示：“国产服务器厂商仍然要坚持往高端走，并谋求在核心技术层面实现突破，提升核心竞争力，促使整个产业持续向产业链上游进发，为我国自主产业继续高速发展提供源源不断的动力。”

《经济日报》2009年1月15日第14版

高端服务器：从“叫好”到“叫座”

‖导　读‖

提起高端服务器，我们通常想到的都是和棋王卡斯帕罗夫对弈的超级电脑“深蓝”，好莱坞电影里的科幻角色或者那些新闻里代表着国家科技进步水平、运行速度以十亿百亿次计算的庞然大物。但就像经历了从“计算机”到“电脑”的翻译名称变化一样，具有强大计算能力的高端服务器也从重大课题研究进入各行各业，使它们提高效率，为它们提供强有力的支持。

高端服务器也是一个国家的信息产业硬件研发水平的重要标志，近年来我国高性能计算机的技术水平有了长足的发展，可以和国际先进水平一比高下。

高端服务器究竟是什么？我们在什么地方能够用到它？从“叫好”到“叫座”，本期我们将向您展示我国高端服务器的广阔应用和发展空间。

在电话计费系统、石油公司的油价计费系统、电力调度系统和纳税核心系统等关系到国计民生的关键信息处理系统中，高效能服务器就是它们的“大脑”。

2008年，国产百万亿次高性能计算机进入全球高性能计算机TOP500的前10强，标志着我国成为继美国之后第二个可以制造和应用这一级别高性能计算机的国家发展具有自主核心技术的高效能服务器，对于保障国家经济运行安全，大幅降低国家信息化建设的成本具有重大意义。

承担重任的高端服务器

自甲型H1N1流感疫情暴发以来，全球许多顶尖科研机构都开始了对甲流疫苗的科研攻关，然而如何能从几十万甚至上百万种化合物中筛选出有效的药物？传统方法几乎无法在短时间内完成任务，同时也会带来资金的巨大浪费。

具有强大计算能力的高性能计算机将这个“不可能任务”变成了可能。在有限的时间里，它可以同时模拟上万个化学反应，直到有效的药物化合物，在节省资金的同时大大缩短药物研发的周期，使病人能够得到及时救治。

如果说新药的研发离我们还有些遥远，那么像银行存取款、超市刷卡购物、股票交易这些事情，则是我们日常生活中再熟悉不过的。每天，每小时，甚至是每秒钟，成千上万这样的请求，从遍布全球各地的终端ＡＴＭ、证券交易平台，汇聚到银行、证券公司进行实时处理。殊不知，在这些流畅、简单的操作背后，正是精密的高效能服务器在提供永不停顿、绝对可靠的支撑。

在高度信息化的时代，服务器特别是高端服务器，已经成为经济与社会运行的坚强基石，高端服务器也随之迎来了广阔的应用和发展空间。

从应用的角度划分，所谓高端服务器可分为高效能服务器和高性能计算机（HPC）两类。高效能服务器，即专业术语的小型机，通常一台机器里拥有8颗到64颗CPU计算系统，性能极为强大。更重要的是，系统内部采用了尖端的可靠性、安全性设计，目前我国正在研发的同类产品，可靠性将达到99.999%，即一年之内停机时间不超过5分钟，问世后将居于国际领先水平。

高效能服务器主要应用于高端商用领域，一些关系国计民生的关键信息处理系统，如电话计费系统、石油公司的油价计费系统、电力调度系统和纳税核心系统等。这些应用除了要求系统强大的计算性能外，更要求其具有高可靠性，能够长期提供高速、稳定的信息处理服务。

而高性能计算机是由多台计算机累加而实现的高性能计算系统。与普通计算机相比，它能通过多台计算机的协同工作完成大规模的计算任务，具有运算速度快、存储容量大等特性，因而又被称为巨型计算机或超级计算机。

高性能计算机最初应天文、气象等科学计算需求而产生，以追求超强计算性能为目标，主要用于科学工程计算及专业设计领域。

从应用范围来看，90%的高端应用都需要高效能服务器。除了前面提到的银行、证券交易应用外，高效能服务器已与人们的衣食住行息息相关。比如像机场管理最核心的生产运营指挥系统，需要处理极为庞杂的信息，如到港、离港航班信息，旅客信息，海关、边检、机务、油料信息等，如此庞大的事务量，带来的是海量的数据处理，一旦系统出现问题，后果将不堪设想，对于如此苛刻的应用要求，只有高效能服务器才能胜任。

高性能发展突破"硬软失衡"

近10多年来，在政府的积极引导和厂商、科研院校的不懈努力下，我国高性能计算在硬件性能上得到飞速提升，应用步伐也不断加快。2008年，国产百万亿次HPC进入全球高性能计算机TOP500的前10强，标志着我国成为继美国之后第二个可以制造和应用这一级别高性能计算机的国家。今年4月，由中科院过程所主导研制的国内第一套单精度峰值超过每秒千万亿次的超级计算系统成功投入使用，树立了国产高性能计算机峰值新高度。

计算性能的持续攀升，使得高性能计算单位计算力的价格不断趋于平民化，高性能计算的应用范围也从能源、科学计算、政府部门、工业和气象等传统领域，向动漫渲染、地震、视频计算和网络加速等新兴行业拓展。此外，上海、北京、西安、成都、深圳等地一大批高性能计算中心、超算中心项目也陆续上马，高性能计算的商用化、民用化进程开始加快。

然而，随着应用范围的广泛，国内高性能计算的应用瓶颈问题也逐步凸显出来。在计算能力飙升的背后，国内高性能应用软件的开发严重滞后。许多峰值计算能力较强的高性能计算系统由于缺乏高效的应用软件，在实际运行中发挥的计算力不足20%。同样由于软件瓶颈，在一些高性能计算平台升级扩建的过程中，经常出现"硬件规模增大，实际计算力不变"的尴尬。可以说，"软硬失衡"所导致的应用水平低下，已经成为整个产业快速发展必须迈过的一道坎。

相对于高性能计算机，发展应用于信息化核心领域的高效能服务器形势更为紧迫。由于高效能服务器在关键应用领域的不可替代性以及极高的技术要求，我国高效能服务器基本依赖进口，这一过程不仅要承担高昂的成本，还埋下了信息安全隐患。由于高度垄断，国外的高端产品的采购和运行维护费用极为昂贵，往往能够以几倍于普通服务器的成本，卖出20倍以上的价格。

因此，发展具有自主核心技术的高效能服务器，打破国外高端服务器技术和产品的垄断，对于保障国家经济运行安全，大幅降低国家信息化建设的成本具有重大意义。

近年来，我国陆续出台相关政策支持高效能服务器的研发和推广。在国家政策的指引下，国家重点实验室——浪潮高效能服务器和存储技术实验室于2007年建立，成为我国高端服务器技术研发的“龙头”。依托此实验室，2008年12月，科技部正式委托浪潮集团承担浪潮天梭高端容错计算机项目，投资7.475亿元开发自主高效能服务器，该项目也是“十一五”期间“863计划”在信息技术领域的重大技术项目。2010年，我国首款自主研发的高效能服务器有望面世。

《经济日报》2009年9月3日第14版

促进高端服务器产业健康发展

如何快速改变我国在高端服务器领域的落后现状，为信息产业健康发展和信息技术融合应用提供自主可控的强大支撑平台？综合专家和业内人士的观点，应发挥政府和企业两方面力量，从产业政策、技术创新、应用推广三个方面共同努力，加快营造有利于中国高端服务器产业发展的完善的生态环境。

加大政策扶持力度。随着国内信息化建设走向深入，国家对高端服务器产业的支持力度正进一步加大。在近年来出台的多项产业规划和政策中，国家明确提出发展高端服务器产业的目标和具体措施，“十一五”有关信息产业的发展规划已经把高端服务器项目列入重点发展内容，2009年出台的《电子信息产业调整和振兴规划》也把高端服务器研发列为重点工程，都为高端服务器产业的长期发展营造了良好的政策环境。不过，还应在产业化运作和市场应用推广两方面加大政策扶持力度。一是尽早制定措施推动科研成果产业化，建立产学研用互相促进的良性循环机制，优先安排产业化基础比较成熟、市场需求比较大、能够尽快形成市场竞争力的技术转化成产品。二是在推进高端服务器自主创新的同时，采取措施推动其在关键领域的应用。通过加大政策扶持力度，带动我国高端服务器产业快速发展。

加快关键技术突破。构建完善的产业发展生态环境，离不开实现关键技术的突破。目前国内厂商还没有掌握中央处理器（CPU）、动态随机存储器（DRAM）等关键核心技术，在提供高端服务器应用的配套操作系统、数据库等基础软件以及银行、电信、能源等行业的应用软件方面能力较弱。因此，国内企业和科研机构应形成有效协作机制，实现在关键技术上的突破，才有可能真正实现产业健康发展。无论是浪潮并购奇梦达中国研发中心，龙芯的研发和应用推广，还是科技部高效能服务器和存储技术国家重点实验室建设，“核高基”重点专项的实施，都是希望能在关键环节上尽快实现突破。同时，国内厂商也不要忽视自身的优势。首先，随着技术壁垒被打破，国产服务器的成熟度逐渐提升；其次，在人才储备、研发储备、资金投入上国内厂商已经有了一定的基础，在成本控制上今后会凸显出更大的优势。

以应用推广带动市场发展。我国高端服务器在硬件制造与系统架构方面与国外差距已经不大，差距最主要体现在应用方面，主要原因在于用户习惯，因为国外品牌成功案例比较多，平台运行较为稳定，技术相对成熟，国内一些高端用户沿用近20年，使用习惯一时难以改变。而没有大规模的应用推广，就不可能实现产业的可持续发展。因此，国家应借助大力实施“两化融合”、“三网融合”等重大战略的机遇，在不断拓展的新应用、新市场，通过财政补贴、加大政府采购等方式，带动国产高端服务器的应用推广，进而实现促进其市场快速发展。国内用户也应该看到，在高端服务器领域，经过近10年的积累，国内企业的技术和产品已经能够满足其相关应用，采用高性价比的国产高端服务器也更有利于企业构建更有安全保障的企业信息系统支撑平台。

《经济日报》2010年5月27日第13版

高端容错计算机迎来发展新机遇

银行业，某银行网上银行客户4000多万，注册账户数5000多万，在交易量相对较低的2月份也完成交易量9亿笔，日峰值交易量5000多万笔，每秒峰值交易量1000多笔；电信行业，根据某省级移动公司内部统计，其用户数量为2300万，系统每天需要处理手机等终端通信3亿笔，业务系统必须具有每秒完成320万个事务的处理能力；证券行业，某交易所为中国两大证券交易所之一，其交易系统可以4小时内撮合1.8亿笔订单，最快能够每秒处理9万笔订单。

高端容错计算机是国家信息化建设的重大战略装备，因其巨大的处理能力和高可靠性特征，其广泛应用于银行交易结算、证券定价交易、通信、电力调度、民航空管等关键系统的关键应用，对社会生活及国家经济建设有着举足轻重的战略意义。

信息化建设的重要基石

对于高端容错计算机的作用，专家们通常用两句话来描述：第一句话是“关键应用的中枢”。在关键应用领域承载核心业务的高端容错计算机通常扮演着后台信息中枢的角色，一旦出现故障，往往会造成业务系统的整体停顿，产生巨大的经济损失，甚至直接威胁到社会的安定和经济的正常运行。5月6日，美国股市由于其交易系统的技术缺陷和操作员误操作造成整体雪崩式的抛盘，迫使纳斯达克交易所和纽约证交所事后取消了部分交易，严重干扰了美国金融秩序。

第二句话是“云计算的基石”。随着“物联网＋云计算”模式的应用落地，应用和数据大规模集中的趋势将进一步加强。数据量和处理量呈指数级膨胀，对数据库处理提出更高要求，高端容错计算机成为最优的硬件平台选择。

云计算的实质是“由软件、应用平台、硬件基础设施联合组成的IT资源池，向用户提供付费的资源服务”。在这一模式中，大量小型的分散系统被整合到一起，形成巨型信息系统，而物联网则是互联网由人机交互向人机物交互的延展，信息系统需要管理的实体急剧膨胀，它将带来数据量的成百上千倍的增长。

在“物联网＋云计算”模式下，系统对响应速度、并发处理能力、计算拓展性和业务连续性的需求也更加苛刻，高端容错计算机具有高可靠、高扩展、高集成度、高能效、低成本等特性，具有中低端服务器和集群系统无可比拟的技术优势，将成为云计算的理想“硬核”。

国内市场需求潜力巨大

近年来，随着我国信息化建设进程加快，特别是“两化融合”战略的实施，国内市场高端容错计算机一直保持较快增长。目前，国内市场上的高端容错计算机主要以Non—X86服务器为主，与中低端X86服务器相比，高端容错计算机普遍售价在几十万、上百万，成为整个服务器市场利润最为丰厚的市场段。据全球咨询机构IDC数据统计，2009年中国高端容错计算机销量占整体市场的比例仅为4%，却贡献了53%的销售额。

专家们普遍认为，高速发展的中国孕育了对高端计算设备的巨大需求。随着“两化融合”的深入，电子政务、电子商务、社会信息化的步伐加快，国内市场对面向复杂业务处理的高端容错计算机的需求日益增长。

相关数据显示，金融、电信、证券仍是Non—X86服务器三个最大的行业市场，随着金融数据中心、灾备中心建设和中小金融机构的快速发展，以及3G网络、三网融合、互联网业务的快速发展，金融、电信两个行业的未来发展潜力值得期待。同时，政府、交通、物流、电力等行业发展迅速，在经济刺激计划带动下，对政府公共服务平台、高速交通体系建设、物流网络、智能电网等提供支撑的IT系统建设加快，在这些领域的巨额投入也带来了Non—X86服务器采购的快速增加，成为推动市场发展的新的动力。

统计显示，2009年美国Non—X86服务器保有量约200万台，PC保有量约1.8亿台，两者之比为1:90，日本这一比值为1:125，欧洲为1:250。而截至2009年中国Non—X86服务器保有量不超过15万台，PC保有量却已经超过1.5亿台，这一比值仅为1:1000，考虑到近年来国内PC市场的高速增长，未来国内市场对Non—X86服务器的需求也将保持快速增长势头，市场潜力巨大。

“863”计划“高端容错计算机”课题总体组组长左德承教授认为，未来几年，国内金融业（特别是广大中小银行）、电信业、证券业的快速增长，将为国内高端容错计算机的发展提供广阔的空间。成本不断降低的高端容错计算机替代目前海量低端服务器，构建云计算平台将成为趋势。未来行业应用系统的核心是数据库，数据量和处理量的膨胀，对于高端容错计算机的需求将会有巨大的提升。

“两条腿走路”加快发展

从产业发展看，国内市场对高端容错计算机需求量很大，高端容错计算机前景广阔，但由于当前我国高端服务器技术和产业化水平与发达国家相比差距较大，国外企业一直处于垄断地位。加快研发和大力推广满足当前紧迫需求的面对复杂事务处理的高端容错计算机，已成为我国信息产业当前一个刻不容缓的任务。

有专家指出，近20%的核心信息装备技术主要来源于大型机、小型机等高端产品的研制，而中低端服务器的关键技术70%来源于高端容错机的技术积累。因而，高端容错计算机的自主技术研发，将辐射带动整个服务器产业的技术升级与演进。以此为契机，国产厂商将逐步摆脱低端市场的价格竞争，向高利润、高附加值市场寻求发展空间，并在与国外厂商的市场对话中不断提升产业竞争力、壮大产业规模。同时，自主产品的出现将引入市场新竞争机制，打破了国外厂商的垄断，大大降低国内用户的信息化成本。

如何加快发展自主高端容错计算机？“863”计划专家、高效能服务器和存储技术国家重点实验室主任王恩东提出，除了紧抓关键环节，加快建立自己的技术支撑，突破关键技术外，还需要政企协力，推动自主高端容错计算机的应用。他认为，大力发展高端容错计算机必须“两条腿走路”：一方面要加强基础技术和产学研用模式的研究；另一方面也要充分利用商业化运作，加速高端产品的市场推广。

对于政府部门而言，支持和奖励企业自主创新的同时，还应采取多项政策手段推动自主创新成果在关键领域的应用。

对企业来说，则要内外兼修，借助政策“东风”加速高端产品开发和应用。特别是要软硬一体，提供“一揽子”解决方案；打造“样板工程”，以点带面推进市场应用，尽快实现在银行、电信等关键应用领域的突破。

名词解释

高端容错计算机

高端容错计算机，俗称“大服务器”，是指具有高可靠性和强大信息处理能力的大型服务器系统，通常可支持8—64颗处理器，具有强大的处理能力和高可靠性，能够承担大规模的商业事务处理任务，可靠性超过99.999%。高端容错计算机不仅具有普通服务器难以企及的单机处理能力，其承担的业务系统更要抵抗来自网络的黑客、病毒攻击，保证业务数据不能错、不能丢，不能计划外停机。

《经济日报》2010年5月27日第13版

加快推进经济社会信息化

‖核心提示‖

信息化的蓬勃发展给我们的工作生活带来了前所未有的快捷和便利。“十二五”规划纲要对推动信息化和工业化深度融合，推进经济社会各领域信息化提出了新的要求，规划纲要还将新一代信息技术作为“十二五”时期我国重点培育和发展的战略性新兴产业之一。“十二五”时期，经济社会信息化发展将迈上新的台阶，信息化将在促进经济社会又好又快发展中发挥更大作用。

本期《中央电视台 经济日报联席评论》关注话题——“加快推进经济社会信息化”。

今天，我们生活在一个信息化蓬勃发展的年代。互联网、电子商务、电子政务、现代通信技术给我们的工作生活带来了前所未有的快捷和便利。从城市到乡村、从工业到农业、从日常生活到商务、公务，信息化正在给经济社会的各个方面、各个领域带来一场深刻的变革，成为推动经济社会发展的重要动力。

信息技术是现代先进科学技术体系中的重要前导要素，扮演着技术创新的引领者与带动者的角色。20世纪90年代以来，发达国家广泛采用信息技术改造提升传统产业，极大地提高了产业技术水平，优化了社会资源配置，引领了全球产业调整和发展潮流。新兴市场国家抓住国际产业转移机遇，大力推动信息化，改善了发展条件，实现了经济的快速增长。改革开放使我们赶上了信息化浪潮，与世界同步开始了信息化革命。30多年的实践证明，我们抓住了这一历史机遇，正在从全球信息化浪潮的追赶者逐步变成信息技术的积极创造者、世界最大规模的通信产品制造者和增长速度最快的消费者。

当前，全球信息化还在深入发展，信息技术的创新将继续引领未来经济社会的发展走向。物联网、云计算等新技术的渗透将催生出新的经济增长点，三网（电信网、互联网、广播电视网）融合、3C（计算机、通信和消费类电子产品）融合将极大地拓展产业发展空间。加快推进经济社会信息化，提高信息产业在国民经济中的比重，充分发挥信息化在科技体系中的先导作用，把信息化作为产业优化升级的关键环节，已成为促进我国经济社会协调发展的必然选择。

“十一五”期间，我国信息化取得快速发展。《2006—2020年国家信息化发展战略》颁布，《国民经济和社会发展信息化“十一五”规划》实施并完成。信息化与工业化融合迈出坚实步伐，国民经济和社会各领域信息化水平不断迈上新台阶，为“十二五”时期信息化发展奠定了坚实基础。

“十二五”规划纲要提出，要“加快建设宽带、融合、安全、泛在的下一代国家信息基础设施，推动信息化和工业化深度融合，推进经济社会各领域信息化”，规划纲要还将新一代信息技术作为“十二五”时期我国重点培育和发展的战略性新兴产业之一。

根据规划纲要的要求，当前，加快推进经济社会信息化，首先要加快构建下一代信息基础设施，统筹布局新一代移动通信网、下一代互联网、数字广播电视网、卫星通信等设施建设，形成超高速、大容量、高智能国家干线传输网络。引导建设宽带无线城市，推进城市光纤入户，加快农村地区宽带网络建设，全面提高宽带普及率和接入带宽，建成广大人民群众用得上、用得起、用得好的信息化设施。推动物联网关键技术研发和在重点领域的应用示范。加强云计算服务平台建设。以广电和电信业务双向进入为重点，建立健全法律法规和标准，实现电信网、广电网、互联网三网融合，促进网络互联互通和业务融合。完善集成电路产业链，加快软件产业发展，培育新一代移动通信、高性能计算机及网络设备产业群，加速产业化进程，提升产业的整体竞争力，实现信息产业发展和信息化建设的良性互动。

其次，要突破核心技术，提升信息产业水平，组织实施重大应用示范工程，促进新技术和新产品的推广应用。信息产业是先导性和战略性产业。我们必须紧跟国家战略需求，立足自主创新，以突破瓶颈和满足重大应用为主要着力点，集中资源，提高核心技术创新能力。要推动产业集聚式发展，围绕产业链核心环节，引导产业整合，推动信息企业向集约化、规模化、国际化发展。同时，强化市场需求的拉动作用，将需求的潜力转化为拉动产业发展的动力。

三是加快推动信息化与工业化深度融合。当今时代，信息技术与工业化呈现加速融合趋势。从世界范围内的产业发展大趋势来看，发达国家在实现工业化后，利用在信息技术领域的领先优势，加快向信息社会迈进。而我国工业化的加速期，正逢信息技术的快速发展与广泛渗透，这就为我们发挥后发优势、缩短工业化进程提供了难得机遇。要继续推动能源、原材料、装备制造、轻工、纺织等工业领域的信息化改造，大力开发和利用智能生产工具，推进研发和设计协同化、生产设备数字化、生产过程智能化和企业管理信息化，推广集散控制、现场总线控制、柔性制造、敏捷制造和网络化制造等技术，强化生产过程的在线监测、预警和控制，实现精准、高效生产，提高国民经济运行质量和效率，加快经济发展方式转变和结构调整的步伐。

四是加快推动经济社会各领域信息化。积极发展电子商务，完善面向中小企业的电子商务服务，推动面向全社会的信用服务、网上支付、物流配送等支撑体系建设。大力推进国家电子政务建设，推动重要政务信息系统互联互通、信息共享和业务协同，建设和完善网络行政审批、信息公开、网上信访、电子监察和审计体系。大力推进农村经济、科技、教育等领域信息服务体系建设，降低农村信息化应用成本。加强市场监管、社会保障、医疗卫生等重要信息系统建设，完善地理、人口、法人、金融、税收、统计等基础信息资源体系，强化信息资源的整合，规范采集和发布，加强社会化综合开发利用。培育数字内容产业，推广数字电视，发展互联网新兴业务，使信息服务业成为国民经济新的增长点。

五是优化信息化发展环境。积极研究、制定和完善与信息化发展需要相适应的产业政策、消费政策等，加大财政税收政策的支持力度，拓宽信息化融资渠道，营造良好的市场环境，扶持具有自主知识产权的中小企业加快发展。加快推进重点领域的改革，形成企业成为技术创新主体的机制和加速技术创新成果转移的机制，建立“三网融合”相关行政管理体制。

加快推进国民经济和社会信息化是一项长期而艰巨的历史性任务，我们要以国家信息化发展战略和“十二五”规划纲要的贯彻落实为契机，在全社会形成有利于信息化发展的良好氛围。依托中国这个全世界最大、发展最快的互联网市场和消费人群，同时又有国家强有力的产业引导和政策支持，“十二五”时期经济社会信息化发展将迈上新的台阶，信息化将在促进经济社会又好又快发展中发挥更大作用。

中央电视台财经频道《经济信息联播》栏目播出，

《经济日报》2011年4月27日第7版。

云计算产业整装待发

‖编者按‖

作为新一代信息技术产业的重要组成部分，云计算被称为继大型计算机、个人计算机、互联网之后的第四次IT产业浪潮，也是未来3到5年全球范围内最具市场前景的技术浪潮。云计算发展可能引发信息产业商业模式的根本性改变。

今年5月，欧盟委员会在启动一项针对云计算的公众咨询活动时指出，云计算具有巨大发展潜力，预计到2014年，欧洲云计算服务总收入将达350亿欧元。欧盟委员会提供的新闻公报称，研发和推广云计算技术已列入《欧洲2020战略》，是“欧洲数字化议程”的重要组成部分。

据国际权威机构预测，2011年到2014年，全球云计算产业年复合增长率将达到27.4%，是整体IT市场增速的5倍左右；而在中国，从2010年到2013年，云计算估计能创造超过1.1万亿元的净业务收入。因此，传统IT巨头都把云计算看作决定未来成败的“战略高地”，纷纷推出自己的云战略，向云计算模式转型。

战略性新兴产业的“重头戏”

狭义的云计算是指IT基础设施的交付和使用模式，指通过网络以按需、易扩展的方式获得所需的基础设施资源。提供这些资源的网络被称为“云”。广义云计算是指服务的交付和使用模式，指通过网络以按需、易扩展的方式获得所需的服务。这种服务可以是和软件、互联网相关的，也可以是任意其他的服务，它具有超大规模、虚拟化、可靠安全等独特功能。

云计算的本质，是在软硬件技术发展到一定阶段后，必然要出现的一种计算资源整合模式，它以市场需求为导向，以降低成本为主旨，利用网络来进行资源整合。云计算不仅仅是技术上的突破，更多的是一种商业模式或者管理模式的创新。

云计算不仅仅是业界热门的话题，它已成为全球未来信息产业发展的战略方向和推动经济增长的重要引擎。各国都在认真研究云计算将为社会和经济发展模式带来的变革，并积极部署国家战略。我国“十二五”规划纲要和《国务院关于加快培育和发展战略性新兴产业的决定》均把云计算作为“新一代信息技术”产业的重要组成部分来强调，成为战略性新兴产业中的“重头戏”。

据报道，由国家发展改革委、工信部、科技部等多部委共同参与的《加快发展高技术服务业的指导意见》正在起草中，云计算产业将被作为未来高技术服务业的主角。与此同时，国务院相关部委正在引导组建云计算“国家队”，将综合运用政策、规划、标准、资金、项目和行业管理等手段，全方位、多角度支持龙头企业参与云计算战略，为全社会提供云服务。

同时，我国云计算标准化正在加快推进。在工信部的指导下，云计算相关标准的研究工作已经展开，云计算标准化主要涉及标准主体、切入点、运营、建设等方面，相关政策有望在年内率先出台，这将大大促进国内云计算产业的规范化发展。

2010年10月，工信部、国家发展改革委联合印发了《关于做好云计算服务创新发展试点示范工作的通知》，确定在北京、上海、深圳、杭州、无锡五个城市先行开展云计算服务创新发展试点示范工作，此举标志着云计算全国布局已经逐步铺开，也标志着我国的云计算开始在国家主导下，从概念逐渐走向应用层面。试点内容涵盖了平台搭建、产业联盟、核心技术研发和产业化以及标准和安全管理规范的研究制定等。

此后，上海、北京相继发布了“云海计划”、“祥云计划”，带动地方纷纷开展云计算规划；今年，地方云计算规划开始进入实质投资、运营，多个政企合作的云计算应用项目有望在今年落地。

推动社会经济发展的新引擎

过去数十年中，IT技术的进步极大地推动了全球社会经济发展。云计算引入全新的商业模式更将进一步提高企业的信息化水平，大大提高生产效率。同时，新兴技术将会带动传统产业的升级改造，调整经济结构，带动产业转型，还将孵化出一些新的产业。随着云计算生态链构建的逐步成熟，相关产业链主体均会在这一轮IT浪潮中找到自身的优势位置，加速自身业务优化升级，助推整体IT产业的跨越式增长。由此，云计算必将成为推动中国社会经济发展的新引擎。

推动信息基础设施建设和信息化进程。云计算能够提供可靠的基础软硬件、丰富的网络资源、低成本的构建和管理能力，能有效加速信息基础设施建设，解决政府、大型企事业单位目前面临的IT机房建设和信息系统运维难、人工成本和能源消耗巨大等问题。以此为基础，云计算可以推动我国信息化进程向更高的层级跃升。

构建更大规模的生态系统，提振IT产业。云计算产业具有极大的产业带动力量，包括从芯片、服务器、PC、网络设备、存储等硬件设备，到平台软件、中间件、应用软件、信息安全厂商，到IT服务运营和外包服务商，再到电信运营商以及政府、企业、个人用户，都将成为大规模生态系统的一员。在云计算的驱动下，新的业态和新的商业模式将层出不穷，各种融合式创新将不断涌现，从而推动我国整体IT业产值的大幅提升。

提升科技创新能力，提高业务动态性和敏捷性。通过提供海量数据存储和强大的数据处理能力，云计算能够为科技创新提供坚实基础，提高科技创新能力，并缩短产品和服务进入市场的周期。同时，云计算强大的管理系统可以实现业务的快速部署，并实现云计算平台同其它业务已有的数据库和能力组件的快速调用和整合，提高用户业务的敏捷性和动态性。

降低总体拥有成本，助力绿色IT和节能减排。云计算可以提高现有设备运行效率，并减少初期投资和运营成本（管理、更新成本），降低用户总体拥有成本。同时，云计算对IT资源的集中和整合使用可以减少设备规模，及时关闭空闲资源，有效降低能源消耗，提高资源利用率，实现绿色IT，推动国家节能减排政策的落实。

支撑中小企业信息化升级，保障国家经济平稳较快发展。云计算服务的产生将有效地支撑中小企业的信息化应用，将企业的资本投入转变为日常开支和运营成本，大大减轻了中小企业的资金压力，降低其信息化门槛，弥补其在IT投资和维护方面的不足，促进中小企业生产、管理与市场开拓的升级，提高中小企业收入，从而保障国家总体经济的平稳较快发展。

加快推动云计算实际应用

近年来，虽然我国“云”产业发展风生水起，但整体上还缺乏有价值、成规模的实际应用。在“十二五”时期，如何构建自主、可控的“中国云”，推动云计算真正落地，就成为决定未来 IT 产业发展的关键。

跟信息化的步伐一样，专家预计我国云计算将以“行业云”为突破口，逐步深化应用。未来 3 年，云计算技术会在政务、电信、金融、石油石化和电力等行业首先应用，并由此扩大到国民经济各行各业，为越来越多的企业和机构所采用。

云计算一般可分为私有云和公共云。公共云可以继续细分为公众云和行业云。公众云是可为公众所使用的云平台，一般为一个专门出售云服务的机构所拥有，其特点是数据来源是公开途径，通过独有的应用为利用公开数据为客户提供服务；而行业云的数据主要来源于行业内部的核心组织，也有一部分会来自行业内部的其他成员，绝大部分是私有数据，不可能提供第三方，但又具有对外服务的需求，如未来质检行业需要对外提供各类商品的信息查询，但是数据又不可能交给第三方处理，所以质监系统会建立一个质检行业云，整合整个系统的信息，来对外提供该类服务，类似的行业还有交通、环保、卫生等。

经过十几年的建设，我国各个行业已经具有完备的信息化基础，行业客户需要云平台实现数据向服务的转化。当前国内行业信息化，还是内部服务为主，只是解决办公效率的问题，而对社会、对大众提供的信息服务几乎是空白。在国家数据大集中、电子政务升级等政策推动下，各个行业机构迫切需要转化职能，对外提供服务。而经过“三金工程”、“十二金工程”、数据大集中等几个建设周期，税务、工商、能源等行业用户积淀下来大量异构的、相对封闭的海量数据，云计算是唯一可以将这些数据的巨大潜在价值释放出来的技术方案。

“行业应用的特点非常符合云计算的服务模式和技术模式。”中科院计算所研究员张广明说。云计算就是将原本分散的资源聚集起来，再以服务的形式提供给受众。如何利用资源，特别是信息数据在行业内部聚集和共享，是行业应用最终要解决的问题。因此，采用云计算，不仅可以实现行业内数据共享，也可以帮助行业数据拥有者将数据转换为服务，提升业务价值。

分析认为，我国行业用户一方面需要把应用迁移到云平台，以降低成本，同时更迫切需要将历史数据通过技术手段变成服务，转化为业务的发展动力，特别是在建设服务型政府的大背景下，有关部门迫切需要发挥已有的数据价值，对外输出服务，加快职能转变。因此，以行业云为突破口，加快我国云计算的实际应用大有可为。

《经济日报》2011年7月28日第14版

加快培育软件业龙头企业

‖核心提示‖

当前，软件产业正在孕育新一轮重大变革，一些国家正在加紧布局。大企业是推动软件产业技术创新、产业链完善、提高产业综合竞争力的中坚力量，也是做大做强软件和信息技术服务业的重要着力点。要综合运用政策、规划、标准、资金、项目和行业管理等手段措施，全方位、多角度持续支持龙头企业成长，为龙头企业脱颖而出提供良好环境。

本期“中央电视台 经济日报联席评论”关注话题——加快培育软件业龙头企业。

工业和信息化部近日印发的《软件和信息技术服务业“十二五”发展规划》提出，要以培育龙头企业为抓手，提升行业核心竞争力；进一步优化产业发展环境，提高产业发展质量和水平；完善产业链，培育一批有实力和影响力的行业领先企业。

软件产业是基础性、先导性和关键性产业，是国家核心竞争力的重要标志，软件业龙头企业培育至关重要。当前软件产业正在孕育新一轮重大变革，一些国家正在加紧布局，力图抢占云计算、移动互联网、物联网等未来发展制高点。微软等跨国公司围绕云计算战略投入巨资，试图构建从硬件到软件的全生态产业链，以重构产业格局。新兴软件技术研发具有高投资、高风险和高回报的特性，必须依靠大企业较高的技术、经营管理水平和资金实力。因此，大企业是推动软件产业技术创新、产业链完善、提高产业综合竞争力的中坚力量，也是做大做强软件和信息技术服务业的重要着力点。

经过多年发展，我国软件和信息技术服务大企业培育取得了重要成绩，但是与发达国家相比，在研发投入及技术创新能力、赢利能力、国际化能力、管理水平、产业链协同等方面还存在较大差距。如何培育大型龙头企业是亟待解决的难题。为此，要综合运用政策、规划、标准、资金、项目和行业管理等手段措施，全方位、多角度持续支持龙头企业成长，为龙头企业脱颖而出提供良好环境。

首先，要梳理重点行业，确定每个行业的龙头企业，以与世界级企业同台竞技为目标，准确定位，找出差距，制订有针对性的发展目标。地方行业主管部门要引导优势企业兼并重组整合，实施大企业战略、品牌战略、知识产权战略和标准化战略，培育龙头骨干企业。同时，以国家重大专项和电子发展基金为抓手，扎实提升技术能力，支持云计算、物联网、移动互联网等新兴技术研发和产业化，建立以重点企业为主体的高效的产业创新体系。

其次，要以培育龙头企业为目标，加快落实国家有关政策，进一步优化产业发展环境。2000年《国务院关于印发鼓励软件产业和集成电路产业发展若干政策的通知》出台后，各部门、各地方先后出台了多达110项配套措施，从财税、投融资、研发、进出口等方面给予政策支持。今年年初，又出台了《国务院关于进一步鼓励软件产业和集成电路产业发展的若干政策》，今年10月，财政部、国税总局发布《关于软件产品增值税政策的通知》。当前，要加强与相关部门的协调配合，加快推动相关政策和措施落实到位。

第三，围绕产业化和市场化，加强政产学研用结合，支撑大企业可持续发展。一是支持企业加强与高校、科研院所的合作，紧密结合重点行业重点领域的需求，围绕研发、产业、应用、服务等关键环节，推动研发成果产业化。二是面向国民经济和社会发展的重大需求，发挥政府的引导作用，以企业为主体，加强技术能力、产业能力、市场能力、服务能力的融合，推动产学研用结合成为大企业成长的支撑模式。三是加强安全可控软硬件推广应用，以党政机关、国防军工等领域安全可控应用系统建设和更新为切入点，开展分类试点推广应用。

第四，完善产业链，促进产业集聚发展。一是要出台政策引导优势企业利用资本市场兼并重组整合，积极支持引导跨地区重组并购，支持开展跨国兼并重组。二是加强分类指导，发挥骨干企业辐射带动作用，促进中小企业协作配套发展，完善产业生态体系。三是加快推进中国软件名城、软件和信息服务业示范基地创建工作，引导企业集聚化发展。创建软件名城，首先要有软件名企；创建软件和信息服务业示范基地，首先要有示范企业。

第五，加强引进和培养领军人才。领军人才是大企业成长和发展的关键，没有领军人才，就不可能有领军企业。一是组织实施软件和信息技术服务业领军人才培育工程，在国家重大专项和其他项目申报中，明确要求领军人才培养对象参与项目管理和技术团队。二是以中国软件名城和示范基地创建工作为依托，加快建设领军人才培育基地，以龙头企业为主体建立领军人才培育体系。

近十年来，我国软件业年均复合增长率高达36%，被业界称为我国软件发展的“黄金十年”。当前，信息技术日新月异，软件行业拥有爆发式的增长潜力，将成为21世纪最具前景的战略性新兴产业之一。中国软件业应把握产业大势，紧抓政策机遇，汇聚资源优势，培育龙头企业，再造新的“黄金十年”。

中央电视台财经频道《经济信息联播》节目播出，
《经济日报》2011年12月14日第13版。

超级计算机：算得快 更要用得好

超级计算机被喻为“现代科学技术的大脑”。近年来，中国超级计算机在核心技术领域取得了举世瞩目的成就。

围绕超级计算机的竞争已从峰值性能的比拼向应用推进转变，在美、日等国家，超级计算机已成为面向百姓生活提供服务的基础性工具，被广泛应用于生命制药、新材料研发、天气灾害预报、石油勘探等与民生领域息息相关的领域。相对于快速发展的硬件技术，我国目前在超级计算机软件、应用环境、人才培育等层面还比较滞后。

日前，由科技部、教育部指导，浪潮集团联合国际超级计算机大会组委会（ISC）、国际高性能计算咨询委员会共同主办的“中国大学生超级计算机竞赛暨ISC12国际大学生超级计算机竞赛中国区选拔赛”，吸引了高校和产业界的关注，对于培养我国年轻一代超级计算应用人才，加速中国超级计算产业向应用转型具有重要的推动作用。

超级计算机通常是指由数千甚至更多的处理器组成的、能计算普通PC机和服务器不能完成的大型复杂课题的计算机，是功能更强、运算速度更快、存储容量更大的大型计算机系统。如果我们把普通计算机的运算速度比作成人的走路速度，那么超级计算机就达到了火箭的速度。超级计算机被喻为“现代科学技术的大脑”，多用于国家高科技领域和尖端技术研究，是推动科技创新、经济发展、社会进步、国防安全的重要工具，已经成为世界高新技术领域的战略制高点，成为衡量一国综合国力的重要标志。

在发达国家尤其是美国，超级计算机已经形成了完备的产业体系，发展核心驱动力主要来自于市场这一隐形杠杆。在以“市场为驱动”的环境下，超级计算机转化为生产力和利润的周期大大缩短，技术与应用的互动将直接作用于社会、经济的发展。如汽车设计、高速飞行器设计生产、电影等一大批产业，在超级计算机的支持下取得了飞速发展。最著名的例子是电影《阿凡达》，由于要营造出最震撼的视觉冲击，该片大量采用计算机技术来完成特效的制作。另一方面，应用也极大地推动了超级计算机的发展。

近年来的高速发展已经让中国从原先的超级计算机追赶者进入世界超算大国之列。从“天河一号”超算系统问鼎全球超算TOP500排行榜（全球最快的500台超级计算机排行榜）榜首，到完全国产化的千万亿次“神威蓝光”问世，中国超级计算机在核心技术领域取得了举世瞩目的成就。目前TOP500排行榜中，已经有74台超级计算机来自中国，而2007年中国只有10台。

围绕超级计算机的竞争已从峰值性能的比拼向应用推进转变，在美、日、欧等国家，超级计算机已成为面向百姓生活提供服务的基础性工具，被广泛应用于生命制药、新材料研发、天气灾害预报、石油勘探等与民生领域息息相关的领域。相对于快速发展的硬件技术，我国目前在超级计算机软件、应用环境、人才培育等层面，还存在许多滞后问题。统计数据显示，中国只有不到10%的超级计算机经费被用于开发应用软件，而美国的这一比例为30%。上海超级计算机中心主任奚自立介绍说，上海超级计算机中心拥有200万亿次计算能力，但受限于软件开发和应用支持，目前只有20%至30%运算任务能够扩展到10万亿次，有20%至30%的计算任务利用的计算能力低于2万亿次。应用的瓶颈不仅导致了超级计算机资源无法充分应用到社会、科研及生产中去，同时也限制了产业自身的发展。

在应用意识上，我国也与超级计算机强国之间存在较大的差距。在我国，即使在大学生中，接触过超级计算机的人也寥寥无几，很多人仍然将超级计算机当作“与世隔绝”的实验室“神器”，把拥有超算设备当作单位“面子”的现象还相当普遍，而广大真正有需求的企业、单位和科研工作者，由于缺乏必要的学习和培训，多数没有形成利用超级计算机的习惯。对普通大众来说，更是“不知超级计算机是何物”，把超级计算机理解为遥不可及的东西。

人才储备上，中国缺乏计算机应用型人才，这是应用瓶颈最直接的原因。计算机应用需要计算机与其他领域的交叉学科的发展支持。目前中国大学面向超级计算机的专业课程设置比较少，而计算化学、计算物理等交叉学科设置更少，人才培养与超级计算机实际发展脱节现象较为严重。

超级计算机发展焦点集中于应用，产业发展的关键在提高公众认知和应用型超级计算机人才储备。大学生是国家未来的科技主体力量，培养大学生使用超级计算机的意识和实用技能，对于产业未来发展十分重要。在美日等超级计算机技术发达国家，以竞赛的方式培养大学生的应用意识和实用技能，已经是十分成熟的做法，这些赛事有效地推动了超级计算机的发展。

科技部高新司副司长杨咸武说，超级计算机作为科技创新的“加速器”，对于缩短技术研发周期、加快创新成果涌现都具有非常重要的意义。科技部将在“十一五”成果的基础上继续推进我国超级计算机事业的发展，并与各有关部门和社会各界紧密合作，秉承“抓应用、促发展、创环境”的方针，着力解决我国当前超级计算机发展中“重硬轻软”的问题。“十二五”期间，科技部将进一步加大对大型应用软件研发的投入力度，重点突破30万核大型应用软件的开发工作。同时，大力支持国家863计划“高效能计算机及应用服务环境”重大项目，继续推动具备国际领先水平的超级计算机的研制工作。

《经济日报》2012年5月2日第11版

信息化建设的“先行官”

足不出户　发个短信就能灌溉　信息化为农业高产稳产提供保障

8月15日，新疆石河子，新疆生产建设兵团农八师148团二连棉花种植地。棉农宋玉红拿出手机，给不远处的节水自动化滴灌系统发出一条短信，她种植的60亩棉田里的滴灌电磁阀随即自动开启，烈日下的棉田立刻得到了滋润。

“过去，每次棉田浇水都要雇几个人，花几天时间，还会出现田地浇不匀的情况。自从使用膜下自动化滴灌技术后，棉田什么时候浇水、浇多少水，都可通过新疆移动建设的无线平台，给滴灌电磁阀发出指令，现在浇水变得简单轻松，棉花高产稳产也有了保障。”宋玉红说。

“有产无产在于水，高产低产在于肥”。由于新疆特有的干旱缺水气候，节水农业是农业现代化首先要解决的关键课题。滴灌技术不仅是一种灌溉方法，而且还是一种控制土壤水分、肥力、含盐量和病虫害等条件下种植中耕作物的农业新技术，对作物生长、收获时间、产品质量等均有重要影响。

农八师148团团长王东升介绍，自从有了自动化节水灌溉系统，浇水、施肥都实现了自动化控制，他坐在办公室，打开电脑，就可以看到远在几公里、甚至几十公里外的农田灌溉实时状况，真正实现了科学灌溉、精确灌溉。每亩地可比原来省水、省肥10%，棉花产量增加10%以上。而每亩田一年的通信费用支出还不到1元钱。

滴灌自动控制技术的广泛应用，揭开了新疆现代农田水利节水灌溉史上的新篇章。新疆天山南北植棉区都是典型的大陆性荒漠气候，水资源相当有限，这项技术既可精量按需供水，解决供水矛盾，又能提高棉花产量。兵团的团场耕地开阔，农业机械化程度高，标准化条田建设已形成规模，职工承包土地面积大，在兵团推广这项技术也有着适宜的条件。目前，全疆已在23个农牧团场、5个地州市实现无线自动化滴灌总控制面积20万亩，受到了用户的一致好评。

医生手持iPad 患者信息一目了然 “无线城市”创造居民新生活

新疆克拉玛依市中心医院泌尿外科护士长戴文再也不用为给病人输错液而担忧了。信息技术的应用可以确保给病人输液万无一失。

今年6月14日，新疆移动克拉玛依分公司与克拉玛依市中心医院联合建设的数字医院投入运行，在全疆率先实现了移动查房、远程会诊、电子病历，临床医护人员彻底告别手工书写、人工操作的医疗行为，大大缩短了病患的等待时间。这是去年底克拉玛依建成“无线城市”后取得的一项重要成果。

通过移动WLAN网络与医院HIS等系统对接，运用物联网技术，医生只需手指轻触iPad屏幕，就能查询患者全天候的医嘱、用药、治疗记录等医疗信息；护士可通过无线终端PDA，在病床边就能将采集到的患者生命体征信息和医嘱执行情况，实时传输到护士工作站的数据库中；患者入院后，临床医生和护士不需要花费大量时间书写病历、处理纸质医疗文件，这些均可在电脑或iPad上处理。运用移动搭建的高速光纤网络，克拉玛依人民医院实现了与全国一流医院专家的远程会诊，为第一时间救治危重病人创造了条件。

据介绍，随着“数字医院”各项功能的全面上线，移动客户运用手机挂号、导诊、检查预约，接收医嘱、诊断报告，与医生在线交流等智慧医疗将逐步实现。此外，还能用手机登录“无线城市平台”，下载检查报告、了解医嘱信息，查询该院的专家介绍、坐诊日期和健康保健知识等。

近年来，新疆移动克拉玛依分公司不断丰富基于移动终端的广泛应用，取得了无线政务、无线油田、无线生活三大重点领域信息化的积极成果。特别是围绕市民的日常起居等生活信息需求，重点推出了智能交通、水电气代扣代缴、移动支付、家庭安防监控等业务，让百姓的一切需求都能通过手机“一键搞定”。

“移动哨所”功效大 “边防110”提供固边富民保护网

“警力有限，民力无穷”。借助现代通信手段，新疆公安边防总队阿纳泰边防支队喀纳斯边防派出所指导员史肖对这句话有了更深的体会。2008年以来，新疆移动阿纳泰分公司投资6000多万元，建起了40多个边防无线通信机站，其中在喀纳斯地区就建设了两个机站，实现了无线通信全覆盖，给边防执勤提供了通信保障。

史肖介绍，无线机站建立后，派出所在当地农牧民中发展了80名护边员，区里给每位护边员免费发放一部手机，并提供每月260元的补贴和30元通话费，这些护边员已成为一个个“移动哨所”，在保障边境安全，服务农牧民和旅客方面起到了重要作用。

新疆移动阿纳泰分公司建设的40多个通信基站，是中国移动新疆公司“边防110”项目的一部分。2008年3月，中国移动新疆公司与新疆公安边防总队决定联合开展一项加快新疆边境地区通信发展、维护边防稳定的警民共建工程，旨在通过完善中国移动的网络覆盖，解决长期存在的边防通信不畅问题，以适应新形势下边防工作的新要求，并惠及边境地区各族人民群众。

经过3年建设，中国移动新疆公司累计投资近2亿元，在边境一线地区近6万平方公里边境管理区架设“边防110”基站164座，解决了55个边防派出所、4个边境口岸、120个重要通外山口要道、174个边境农牧村（队）、31万各族农牧民群众的通信报警难题，为维稳戍边提供了重要的通信保障。2011年7月，新疆移动又与武警总队联合启动“边防110”二期工程，计划在“十二五”期间投资3亿元，新建200个基站，覆盖200个边防哨所及执勤点，230个边境农牧村（队）。

中国移动新疆公司在积极建设“边防110”工程的同时，根据驻疆边防部队的工作和生活需要，组建了横跨10个地州市的“全疆边防跨区集团网”，方便了驻疆边防部队的通信联络。同时，中国移动新疆公司为武警新疆边防总队建设了基于MAS短信应用的巡逻车定位、执勤人员移动办公系统，大大提升了边防信息化水平。

《经济日报》2012年8月29日第15版

“数字油田”显魅力

在新疆克拉玛依油田作业区，采油工人在手机上轻轻按键，就可以看到方圆上百公里数百台抽油机的抽油量、流速等数据，而以往这都要靠采油工人跑腿抄录，工作强度和艰苦程度可想而知。这一切都归功于物联网技术运用，由于给每台抽油机的仪表上安装了数据收集和发射系统，采油工人的梦想变成了现实。

中国移动新疆克拉玛依分公司结合当地油田发展的智能化需求，将移动业务广泛应用在油田的采油、生产、流通等环节，实现了一系列配套技术的新突破。在油田作业区，移动办公、野外施工数据上报与信息查询、电力无线抄表、油井监控、油田数据采集、GPS车辆移动定位等信息化解决方案得到广泛应用，其应用规模和应用水平在全国同类行业处于领先地位。

“现在等于把油井搬到了厂子里，不出门就能了解各口油井的运行情况。一旦出故障我们能及时去排除，减少了不少损失。”采油一厂的老李这样形容现在对油井的监控方式。由于油井多位于戈壁沙漠，点多面广，作为技术人员，老李和他的同事们过去经常开着车拉着测试仪往返上百公里去巡井，忙上一个月才能把全厂所辖油井测试一遍，费时又费力。

针对克拉玛依油田作业现场分布地域广，一些偏远地区指挥中心人员无法到达现场等情况，中国移动新疆克拉玛依分公司开发了“无线数据采集系统”。通过在油井上安装传感系统和无线发射装置，油井电机的电压、功率及油井温度等多项数据可每2分钟发回到监控室。过去需要15个人背着沉重的装备到各采油井现场3天才能完成的油井数据采集工作，现在只需要1个人在机房里2个小时就能完成。到2011年，无线数据采集系统已经在克拉玛依油田得到广泛应用，已有超过1万多个无线数据采集点。

原油为危险品运输，运输过程中需要严格监控，随时掌握车辆的运行线路和情况，对此，中移动克拉玛依分公司开发出车辆远程定位监控系统，运用GPS定位技术，通过无线网络传输，实现了克拉玛依油田4000多辆油田生产运输车辆的数字化管理，为油品运输保驾护航，每年为油田节省100余万元的成本开支。同时，克拉玛依分公司还通过无线技术实现了油田无人值守变压器和油井电机等设备的无线监控，为油田的正常生产及安全管理工作打下了坚实的基础。

过去，巡井工人采集完数据后，进行手工记录，回到作业区后再录入电脑，由于各巡井工人负责的油井距离不同，回到作业区的时间不一，数据的准确性及时效性均不能保证。现在，通过油田无线巡井系统，巡井工人手持PDA终端，现场采集后即可输入手机，通过无线网络，当时就可回传至后台电脑。基于手机终端的油田生产日报系统，可以将克拉玛依1700多口油井当天的采油数据实时发送给管理层；管理者想要了解哪口油井的数据，也可以通过手机发送指令，油井上安装的传感系统和无线发射装置会自动将数据发送至手机上。过去需几天完成的统计报表，现在只要几分钟就可完成。

《经济日报》2012年10月16日第7版

产业·环保光伏

环保产业：世纪新亮点

随着全民环境意识的提高，环保产业越来越受到全社会的广泛关注。环保产业是国民经济增长点这一鲜明的观点，已经得到社会的公认，在环境保护领域也已达成了共识。

总量有规模　增长速度快

随着国家对环境投入力度的加大，我国环保产业产值有了显著的增长。按照1997年全国环保产业基本情况调查的统计，全国环保产业的产值为521.7亿元，占国民生产总值的0.7%。环保产业产值1993—1997年间的年增长率达13.9%。如果考虑到全过程污染控制、清洁技术和全部绿色产品、洁净产品的生产等因素，1997年全国环保产业产值近900亿元。环保产业拥有较高的利润水平，与1993年相比，1997年环保产业年利润增加了65%以上。

我国环保产业尽管起步晚、起点低，但发展速度在发展中国家中是比较快的。国家环保总局的环保市场调查显示，环保产业80—90年代的增长速度达21%，高于制造业的平均增长速度。90年代我国环保产业增长率大约在10%左右，增长速度大约是发达国家的2倍。

改善质量　增加数量

环保产业对国民经济的带动作用有两条，一是改善经济增长质量；二是增加经济增长数量。

改善经济增长质量，是产生环保产业的首要动因。环保产业提高了经济增长的合理性和持续性，从而提高了经济增长的质量。环保产业的发展和环境技术的普及，通过以下几条途径对改善国民经济增长质量起到带动作用：

环境保护意识的高涨，促使政府和企业采用符合可持续发展的管理原则对经济活动进行管理。环境管理逐渐纳入整个经济政策体系和经济决策机制。

在市场竞争中引进新的竞争原则，即环境行为的原则，使竞争向着强调环境质量和技术洁净化的方向发展，从而通过产品质量改进、不断追求零排放的产品设计，走资源节约型发展道路。环保产业发展要从单纯零配件和辅助设备转为包括整体化设计的一个有机组成部分。环保成分体现在生产、营销的各个环节。

创造了新市场，产生了一批新的经济活动领域，创造了新的生产部门，同时也为社会提供了新的就业机会和发展机遇。1997年我国环保产业就业人数为170万人。

给市场竞争引入新的竞争原则和竞争领域，最终必将促进国内企业的市场竞争力。环保产业的蓬勃兴起和全过程污染控制、环境管理体系、零排放等等绿色经济的思想原则和可持续发展的思想理念给市场竞争引入了新的竞争原则。环境保护从本质上要求企业加快技术淘汰速率；环境法规强制性地要求企业将旧技术设备的退役期提前；企业选择更洁净的技术设备，选择更先进的环保产品用于末端治理，在满足了环境标准要求的同时，也降低了成本，提高了产品质量，增强了市场竞争力，可谓是一举多得。

带动了技术进步。环保产业的发展，将使环境安全成为整个经济系统技术创新的一种标尺，带动了新一轮技术革命，这一次技术革命的特点是以清洁技术为导向。节约资源和零排放是这次技术革命的原则和主体，环境安全技术将成为技术创新的必备要素。

环保产业发展的结果是环境技术对全社会的渗透，这种渗透不光改变着我国的企业经济行为，也对人们的生活方式和消费方式的正确转变，起着引导和推动作用。公众对洁净产品的偏好，向市场发出新的需求信号，刺激企业追求生产环保型产品，刺激社会对更多的环保产品的需求。

对环境质量的高标准和节能降耗等清洁技术需求本身就潜藏着降低成本、提高经济效益的无限商机，使得这些企业在市场竞争中占领了有利的竞争优势，企业因此获得了优厚的利润，环境优质产品的设计和生产成为商家竞相追逐的对象。环保产业中的技术创新又诱发和带动了工业制造业的新一轮技术创新。

另一方面，从环保产业对经济增长的带动作用看，一是环境问题几乎渗透到国民经济活动的各个方面，从这一角度看，环保产业与国民经济的联系是非常紧密的；二是环保产业的发展，特别是从注重末端治理向清洁技术、绿色产品和服务发展，越来越具有正面的经济效益，越来越具有更广阔的市场前景。这种市场前景，不仅在于对传统的不注重环境质量的产品和服务的替代，而且还有新出现的、适应和满足更高生活质量需求的产品与服务。这种有效需求的实现，必将对经济增长产生积极的推动作用。

环保产业对国民经济的推动集中体现在巨大的环境投入上。近几年来，我国环境投入增长很快，1998年全国环境污染治理投资为722亿元，比上年增长43.7%。环保产业的发展，对于国民经济各部门有着“投入产出”意义上的产业关联带动作用。如果我国企业投资中，环保项目投资能占到新建项目投资总额10%，从现在起到2010年，按照新增投资6万亿元的估计，10年就有6000亿元规模的环保市场。如果环境投资能占到7%，也可达到10年间4200亿元的市场规模。经济持续增长是环保产业今后可以得到大发展的基础条件。

环保产业潜力巨大

在世界范围内，随着时代的变迁，存在产业中心空间的移动现象。环保产业的中心也有由发达国家向新兴工业化国家移动的趋势。这对我国环保产业发展既是个机遇也是一个严峻的挑战。环保产业的规模和一个国家环境治理规模呈正相关，也和环境污染排放强度相关。中国环境治理的欠账，决定了未来几年环境治理投资将会不断上升，环境市场也将随之扩大，环保产业的扩展是经济发展中的自然现象。但有关人士同时指出，政府对环境污染控制力度的选择，要与人们在满足基本生活需求和环境需求上的偏好相适应，而不能脱离经济发展随意强化。虽然1998年全国环境污染治理投资已达722亿元，达到了占GDP的1%。但与我国环境污染治理的巨大需求相比，目前每年的环境投入仍然偏低，还需要逐渐提高，以加强环境治理力度。一般认为，我国环境投入占GDP份额达到1.5%，才能较好地满足环境治理的需要。我国正处于环保产业高速发展的起始阶段。今后20—25年之内，环保产业处于市场规模扩大的膨胀期，这和我国在这25年内经济发展的阶段性特性是相适应的。

总体上看，我国环保产业的发展前景还是比较乐观的。其主要依据是，随着公众环保意识增强，通过严格的执法监督，必将督促和引导企业、居民更加关注环保工作，从而为环保产业发展创造广阔的市场前景，环保市场潜在需求向现实有效需求转变的步伐必将加快，有效需求的增加，对拉动环保产业发展将会产生直接的积极作用。此外，通过制定和实施环保产业政策和发展规划，必将引导环保产业的健康发展。据悉，国家经贸委正在组织力量推进环保产业发展工作，近期将发布有关规划和文件。除上述外，大规模环保投资，如火电厂烟气脱硫、城市污水处理、垃圾处理及资源化、工业污染防治和推行清洁生产、重点流域的污染治理等项目投资，不仅有利于拉动当前经济增长，而且必将成为环保产业发展的极为关键的市场需求刺激。随着我国环保产业的发展，特别是技术水平的不断提高，环保设备尤其是成套设备和工程总承包将不断开拓国际市场，增加出口份额。据有关方面预测，我国环保产业产值年均增长率将在15%以上，环保产业潜在市场很大，完全可以培育成新的经济增长点。

在国际上，环保产业是一个规模巨大、向经济各领域渗透的、以高新技术为主导的新兴产业部门。无论在发达国家和新兴工业化国家，环保产业都普遍看好；无一不视其为经济的亮点和振兴经济的希望，启动市场的良方和推动出口的新型武器。环保产业自身的增长和清洁技术市场在国民经济各部门的扩散与渗透带动了国民经济各部门的环保化，促进了清洁技术部门的兴旺发达。而清洁生产和洁净产品也迅速成为环保产业的主要组成部分。环境产品和环境服务的国际贸易是一个规模达3000亿—4000亿美元的巨大的市场。环保产业作为新经济增长点既是发达国家的现实，也是具有世界性意义的普遍趋势。

《经济日报》1999年7月16日第5版

旧货产业是块“香饽饽”

‖主持人语‖

这里所说的旧货是老百姓讲的“收破烂”和回收旧家具用品等的统称。我们的旧货市场在国外也叫“跳蚤市场”，这种市场看上去并不起眼，但它的作用可是不小，特别是在我们这个经济还不发达，地区发展不平衡的国家更是如此。因此，我们应该大力提倡和鼓励旧货市场和旧货产业的发展，尤其是东部地区，可以组织起来向西部和广大农村进行转移，这也是一种资源的再利用，应该说比较适合我国国情。

什么是旧货和旧货产业

旧货是指库存三年或二次进入流通领域的商品，其来源有二：一是城市居民或农民家中的旧货，二是机关、企事业单位的闲置物资和库存积压的商品。在流通领域收购、维修、保管、销售旧货的经济组织（或企业）的集合，叫做旧货产业。旧货交易的方式有门店收购、定点收购、电话预约上门收购、以旧换新、深入机关团体和厂矿收购以及搬家和旧货收购相结合。

目前，我国有一个广大的农村市场，这个市场的需求与城市的差距在相当长的时间内还难以有明显的改变。巨大的需求差距存在着巨大的市场和商机，但目前旧货市场存在一些亟待解决的问题，尤其是流动小商贩“打一枪换一个地方”，对旧货质量的评价和所出价格全无标准，买卖中不正当竞争、蒙骗欺诈行为时有发生，同时也为一些犯罪分子的销赃提供了方便。因此，对旧货市场需要制定法规条例、加强管理，使其逐步完善，成为符合社会主义市场经济要求的能发挥应有作用的新型旧货市场。

国有旧货企业的困境

与热闹的民间旧货市场相比，国有旧货商店则冷冷清清。因为专营旧货已不足以维持生计，不少旧货商店便纷纷改换门庭或兼营新货。国有旧货行业为何处境艰难?

一是经营成本高。旧货市场的货源分散，小商贩可以简单地完成收售任务，成本较低，而国有商店收购旧货必须有两人在场签字，运输工具是汽车，经营旧货所支付的水电费、工资等大幅上升，成本自然就高，这使本来就微利的旧货商店更加难以为继。

二是经营不活，经营方式落后。旧货商店过去的经营方式局限于一买一卖，很少举办收购活动或上门服务，经营不活又导致旧货收购网点不断减少，而成千上万走街串巷收购旧货的农民和民间自发形成的旧货市场恰恰在这方面具有优势。

三是1994年以来实行的增值税的影响。旧货商品原来没有进项税，但销售后要足额交纳17%的增值税，这同以前交纳5%的营业税相比，无疑多了两倍以上。为保证北京的旧货业得以生存，北京市贸易信托公司在许可的范围内，曾参照回收业的纳税办法从收购价中自然回扣10%作为进项税，但这样仍比原税率高出一倍。而私人收购旧货只需交纳几元钱的管理费，便可自由收购、销售，无人问其旧货来历，也无人能统计出他们的收入，更不用说税收了。

发展旧货产业的措施

国际上经济发达国家旧货市场的迅速发展证明，技术越进步，经济越发展，就越要重视和发展旧货产业。1997年国家出台的《关于发展旧货调剂行业的意见》提出，用5—10年时间，在全国形成东西交流，城乡交流，南北调剂，纵横交错的旧货流通网络，初步实现旧货调剂产业化。但要使国有旧货企与小商贩公平竞争，共同完善这一有着特殊需求的市场，则需要采取以下措施：

1. 建立旧货行业管理协会，制定相应的服务准则和经营资格审查程序，并由各地贸易信托公司负责当地旧货的经营管理和组织协调工作。

2. 扩大旧货经营范围。争取扩大旧汽车、旧电脑、旧机床经营，下力量搞好司法和行政执法部门处理的罚没物资、缉私查没物资、破产企业物资、机关团体和企事业单位闲置物资的收购、调剂业务等等。

3. 发展特色经营和专业化经营，开办高档旧货专卖店，为拉开旧货经营档次，满足不同消费者的需求，分别开办古旧钟表、相机、中西乐器、电脑、汽车等专卖店。

4. 开发旧货网点，实现网络化经营。重点在城市、市郊或其周边地区建立一批旧货收售点，通过连锁经营等方式，逐步实现经营的网络化。建立旧货调剂中心，通过信息传递和沟通，拓宽货源和销售渠道；建立社区旧货收购网络；实现异地销售。通过组织旧货下乡，参加乡镇集市，为农村消费者提供方便，以畅通销售渠道，做到购得进、卖得出，不形成旧货积压。

5. 完善服务方式，增加收售渠道。可与大商场合作，开展以旧换新业务，收购大商场更新后换下来的旧货；可将旧货业务与搬家业务结合起来做，旧货与搬家相关性、互补性较大，二者结合是旧货业发展的较好形式。

6. 建立维修中心，合理退换商品。凡是无声、无影、不走不转的、达不到使用要求的，一律不上柜台销售。售出的电器，保修三个月，凡是出售的商品，在保修期以内出现问题的，都坚持给予退换。

7. 每年组织几次大型收购活动和大型交易活动，定期在报刊上发布旧货购销信息，便民利民。

8. 建立旧货调剂电子信息网络，逐步实现同行业间的旧货信息交流和网上交易。

9. 国家给国有信托公司以优惠政策，如贴息、贷款等扶持国有信托公司，使其走出低谷、健康发展。

《经济日报》2003年12月15日第2版

再生有色金属：我们身边的“城市矿产”

随着我国工业化和城镇化进程的加快，我国主要有色金属生产和消费量迅速增长，有色金属资源缺口越来越大。目前铜、铝、铅和锌矿产原料的对外依赖度分别为60%、50%、40%和15%以上。再生有色金属产业已经成为突破资源和环境瓶颈的重要产业，在有效缓解有色金属供需紧张、提高资源综合利用效率，促进社会可持续发展上具有重要作用。同时，再生有色金属产品产业关联度广、吸纳就业能力强、资金技术密集，具有广阔的产业发展前景。

前景广阔的朝阳产业

有色金属具有良好的循环再生利用性能，有色金属再生利用节能减排效果显著，是有色金属工业发展的重要趋势。

有色金属是国民经济的重要基础原材料产业。它具有良好的循环再生利用性能。2010年，我国进口主要废有色金属实物量为721万吨，其中含铜废料436万吨、含铝废料285万吨，国内回收的铜、铝、铅金属量为405万吨，其中，废铜110万吨、废铝160万吨、废铅135万吨，极大地缓解了我国有色金属资源供需矛盾，并减少了原生矿产的开采量。

与此同时，2010年，我国主要再生有色金属产量达到775万吨。其中再生铜240万吨、再生铝400万吨、再生铅135万吨。与开发利用原生有色金属矿产资源相比，2010年中国再生有色金属产业相当于实现节能1719万吨标煤、节水13.2亿立方米、减少固废排放11.6亿吨、减少二氧化硫排放37万吨。

目前，我国再生金属产量已连续10年保持快速增长，再生资源回收利用企业4万多家，从业人员近1000万人，回收物品拆解转化企业5000多家，集散交易市场640多家。近年来，主要再生金属产量年均增长27%，从2000年的72万吨增加到2010年的775万吨。截至2010年末，再生有色金属已经成为中国有色金属工业的重要组成部分，大力发展再生有色金属产业有效地缓解了中国原生有色金属矿产资源不足的矛盾。

据测算，与原生金属生产相比，每吨再生铜、再生铝、再生铅分别相当于节能1054千克、3443千克、659千克标煤，节水395立方米、22立方米、235立方米，减少固体废物排放380吨、20吨、128吨，每吨再生铜、再生铅分别相当于少排放二氧化硫0.137吨、0.03吨。

据中国有色金属工业协会再生金属分会介绍，目前，我国再生有色金属产业正处在结构转型的重要关口，已经具备了较好的产业基础：一是再生有色金属产业结构调整成效显著，再生金属加工园区建设逐步形成规模，企业发展迅速，冶炼加工技术装备水平显著提高，技术进步和创新加快，形成了从废金属回收、拆解、冶炼、加工到产品应用完整的产业链；二是再生有色金属产品应用领域不断扩大，再生铝合金应用前景广阔，再生铅合金、再生铜产业取得良好成果；三是民营企业占据再生有色金属生产主体，具有机制活、制度新、创新意识强等优势，为促进再生金属产业发展做出了重要贡献；四是再生金属产业发展始终得到国家有关部门的高度重视和大力支持，目前形成生产、科研和高校共同努力推动产业发展的合力。

开发利用步伐加快

与开发利用原生有色金属矿产资源相比，2010年中国再生有色金属产业相当于实现节能1719万吨标煤、节水13.2亿立方米、减少固废排放11.6亿吨、减少二氧化硫排放37万吨。

2010年，在国家一系列利好政策的鼓励和市场需求的驱动下，再生有色金属行业企业加快固定资产投资力度，主要再生有色金属品种的固定资产投资呈现出较快的增长趋势。一方面再生有色金属行业龙头企业原有生产规模不断扩大，另一方面一批新建规模项目开工建设或陆续建成投产。随着重点工程的逐步投产，中国再生有色金属行业产业集中度将明显提高，行业结构调整和产业升级步伐将明显加快。

废旧有色金属产品再利用关键技术装备研发将取得重大突破。由中国再生资源产业技术创新战略联盟组织的国家科技支撑计划“典型废旧金属产品循环利用关键技术与应用研究”项目于2010年正式启动。该项目以再生利用价值高、带动产业链长、技术水平要求高的废杂铜、废铝易拉罐、废电线电缆、废五金、废钨合金材料等典型废旧有色金属再利用为主要研究内容，将重点突破废杂铜直接再生制杆国产化成套技术、废铝易拉罐保级还原技术等45项至55项关键技术，研制废易拉罐熔炼炉、单辊式废电机分解利用设备、大批量中小型轴承的磨损修复成套设备等关键设备18种至22种，实现关键设备100%国产化。该项目的实施，将为推动再生有色金属产业升级提供强有力的科技支撑。

2010年，天津子牙循环经济产业区、安徽界首田营循环经济工业区、湖南汨罗循环经济工业园、广东清远华清循环经济园、宁波金田产业园等再生有色金属园区入选国家首批城市矿产示范基地。江西鹰潭铜拆解加工区、辽宁（东港）再生资源产业园、广西梧州进口再生资源加工园区先后通过环境保护部等部门的验收。

浙江台州金属资源再生产业基地、天津子牙循环经济工业园、甘肃兰州西部再生资源循环产业园、江苏如东进口再生资源加工区、湖南汨罗再生资源回收利用加工示范基地、宁夏银川（灵武）再生资源循环经济示范区、江西丰城市赣中再生金属集散市场、湖北谷城再生资源园区、内蒙通辽再生金属交易市场、辽宁大连再生资源循环利用产业园、河南葛天再生金属市场等均在紧张建设。目前，中国进口再生资源加工园区和区域性再生资源集散市场数量已超过30家，初步形成了辐射全国的再生资源进口和国内回收网络体系，将逐步成为中国再生有色金属产业发展的原料供应基地。

加速开发“城市矿产”

“十一五”期间，再生有色金属产业基本解决了规模问题，“十二五”时期，再生有色金属产业将主要解决好规范问题，继续在可持续发展道路上做大做强。

党的十七届五中全会提出：要加快建设资源节约型环境友好型社会、提高生态文明水平，积极应对全球气候变化，大力发展循环经济，加强资源节约和管理。加大环境保护力度，加强生态保护和防灾减灾体系建设，增强可持续发展能力。再生有色金属是“城市矿产”的重要组成部分。国务院发布的《有色金属产业调整和振兴规划》也明确提出：着力抓好再生利用，大力发展循环经济，加快建设覆盖全社会的有色金属再生利用体系。这充分表明“十二五”时期，再生有色金属产业大有可为。

中国有色金属工业协会再生金属分会介绍，“十一五”期间，再生有色金属产业基本解决了规模问题，“十二五”时期，再生有色金属产业将主要解决好规范问题，继续在可持续发展道路上做大做强。

根据“十一五”期间再生有色金属产业发展的势头，到2015年，我国主要再生金属产量将达1200万吨，其中再生铜380万吨、再生铝580万吨、再生铅240万吨，占当年铜、铝、铅产量的比例分别达到40%、30%、40%。再生铜、再生铝行业形成一批年产10万吨以上规模化企业，再生铅行业形成一批年产5万吨以上规模化企业。前10大企业产业集中度达到50%以上，培育形成若干产业集聚发展的重点地区，其产能比重超过80%。

据介绍，“十二五”时期，我国将进一步优化再生有色金属产业布局。重点支持浙江、广东、山东、天津、江西等地区发展再生铜，支持广东、浙江、重庆、上海、河南等地区发展再生铝，支持安徽、河南、山东、江苏、湖北等地区发展再生铅。同时，在珠三角、长三角、环渤海和成渝经济区等地支持改扩建20万吨再生铜项目6至8个，20万吨再生铝项目8至10个。在华北、华中、东北、黄河三角洲等地区支持改扩建5万至10万吨再生铜项目10个，5万至10万吨再生铝项目15个，5万吨以上再生铅项目10个。在西北地区支持改扩建5万吨再生铜项目2个，5万吨再生铝项目3个。

到2015年，我国再生有色金属产业整体技术装备水平将明显提高。机械化拆解普遍应用，分级利用水平进一步提升。金属再生熔炼炉向设施完整化和配套化方向发展，先进技术的产能达到80%以上。“十二五”时期再生有色金属领域将重点突破废旧有色金属预处理、熔炼和节能环保关键技术和装备，形成一批能够解决金属再生和节能减排技术的关键技术，通过技术集成和应用示范，逐步建立再生有色金属产业的科技创新体系。

《经济日报》2011年5月24日第16版

推广分布式光伏还需迈过几道坎

‖阅读提示‖

从“如日中天”到“一地鸡毛”，中国光伏产业在过去几年经历了“过山车”式的轮回。此时，启动国内光伏市场成为维护产业健康发展的重要出路。2013年7月，《国务院关于促进光伏产业健康发展的若干意见》发布，国内光伏市场大幕正式拉开。

去年是分布式光伏全面推进的一年，国家能源局提出的年度目标是800万千瓦。一年过去了，结果却远低于预期，仅完成205万千瓦。分布式光伏推广究竟遇到了哪些障碍?《经济日报》记者近日走访了浙江、安徽等地，试图梳理出分布式光伏发展的症结所在——

1. 屋顶光伏 多方共赢

“建这样的电站需要多少钱?”“发的电够用么?”

早上10点，浙江省海宁市林肯电梯有限公司电梯试验塔顶已经挤满了前来参观的客人。这个130米高的试验塔本来是供测试电梯和客户观光使用的，如今俯瞰下去，整个海宁尖山新区的分布式屋顶电站一览无遗，遍布屋顶的分布式光伏电站已经取代远处的钱塘江，成为这里的“明星景点”。

“屋顶光伏电站对我们用电企业来说真是雪中送炭。”该公司总经理李清平由衷地说，我们这里每年6至10月都要实行高峰限电，一周有两天不能生产，常常影响交货期。现在电站可以自发自用，不仅有效缓解了生产的用电需求，节能降耗效益也十分显著。“我们还和电站投资方签订了能源管理合同，以工业电价的9折优惠购电，公司每年100万千瓦时电的消耗量全部可以得到满足，用电成本每年可减少10万元。”

晶科电力有限公司是林肯电梯光伏电站项目的投资方，据公司项目开发高级经理陈文强介绍，该项目覆盖了林肯电梯的所有可利用厂房屋顶，共2

万平方米，安装了8080块250瓦的光伏组件，总装机2.02兆瓦，按照目前9元/瓦的成本，共投资1800万元。根据当地光照条件，一年可发电200万千瓦时，使用寿命25年，静态预计8年可以收回投资。

为了加快分布式光伏推进，国家能源局先后在全国确定了30个分布式光伏发电应用示范区。和海宁经济开发区一样，浙江嘉兴光伏高新区也是30个示范区之一。驱车行进在高新区内，“努力创建中国光伏科技城”的广告牌随处可见，大部分工厂的蓝色彩钢瓦屋顶都披上了一层闪亮的光伏“新衣”。

嘉兴福莱特集团自建的8.364兆瓦光伏分布式发电项目，从2014年至今已经发电100多万千瓦时。“分布式光伏电站建设，对光伏企业来说更是一剂良药。”集团总裁办常务副主任苑飞说，福莱特主要产品是超白光伏玻璃，在2012年光伏寒冬中遭受了不小冲击，而随着国内光伏应用市场逐步启动，内销份额已从过去的30%攀升至50%。在几百公里外的安徽合肥高新区，成片的厂房屋顶，正被一块块“小黑板”覆盖，源源不断地为企业生产提供电力。阳光电源股份有限公司是该区目前唯一的光伏电站投资方。在其厂区，所有的生产线已悉数开启，在国内光伏市场的带动下，等待出货的逆变器已经爆仓，摆满了厂区主要干道。

2. 政府主导“铺路搭桥”

“园区可利用屋顶资源利用率已经达到70%。”这是过去一年，嘉兴光伏高新区推广分布式光伏电站取得的成绩。“在国内推广分布式光伏，谁也没有现成的经验可以借鉴。由于工程涉及屋顶企业、电站投资者、电力公司、相关行政机构等多方利益，建设初期困难重重。”嘉兴市秀洲区发展和改革局副局长王其方介绍说。

在充分认识分布式光伏电站的建设规律后，秀洲区政府提出了统一思想认识、统一规划布局、统一屋顶资源、统一监督管理、统一运维服务、统一政策扶持等六个抓手，并综合电力、环保、工商等多个部门成立了分布式光伏运营办公室，为入驻投资商提供一站式服务。而这些所谓的嘉兴经验，在王其方看来核心就是政府主导。

目前分布式光伏电站多采用屋顶建站形式，是否掌握足够面积、承载力较好的屋顶变成了建设屋顶电站的先决条件。“哪些屋顶适合建站，如何说服屋顶业主合作，我们初到嘉兴时‘两眼一抹黑’。”中广核太阳能（浙江）有限公司总经理杜文源告诉记者，由于光伏电站是新鲜事物，很多企业负责人缺乏认识，他们这些“外来和尚”从谈屋顶就开始陷入了困境。

为解决这一问题，光伏高新区管委会首先对辖区内可利用屋顶逐个排查，建立可建分布式光伏电站屋顶资源数据库。之后通过给予屋顶业主9折电价优惠等措施，提前与屋顶业主签订安装协议。最后，再由管委会作为见证方与屋顶方、项目投资方签订三方协议，协调集中连片的“大”屋顶与零落分散的“小”屋顶的分配，统一屋顶租赁、合同能源管理政策标准，有效避免了屋顶资源恶性竞争。

“管委会还引入了电站运维公司，承担投资商和屋顶业主在建设及以后电站运营过程中，可能衍生出的新情况的协调工作，这才解决了双方的后顾之忧。”嘉兴秀洲工业园区常务副主任徐锡华说。

3. 企业需要政策“定心丸”

在浙江芯能光伏科技股份有限公司光伏电站运维中心内，工作人员反复点击鼠标远程查验各电站的运行状态，中心液晶屏上滚动显示着70余家企业屋顶的发电情况。望着大屏幕上不断跳升的数字，公司董事长张利忠却高兴不起来。

“去年在海宁和桐乡建设了88兆瓦的分布式项目，化解了公司三分之一的产能，确实对产业发展起到了较好的支撑作用，但是分布式光伏电站的实际运营情况只能用惨淡来形容。”张利忠掰着手指给记者算了一笔细账，浙江工业用电施行峰谷电价，峰电每度0.94元、谷电每度0.45元，公司在这个基础上打85折售电，平均售电电费只有每度0.65元，加上国家补贴每度0.42元、省里补贴每度0.1元，每度电总收入1.17元。

按照装机1兆瓦项目测算，投资需要800万，其中70%需要融资借款，即560万，以银行利息7厘算，一年利息就接近40万，再加上每年40万的折旧和10万的维护管理费用，一年成本共90万。假设发的电全部卖给企业，并且能及时回收电费，一年售电收入117万，盈利27万，这需要至少30年才能收回成本。

“作为光伏制造企业，我们有能力也有信心做好分布式光伏，但是企业是需要生存的。不论是采取国家补助还是地方配套，只要每度电能维持在1.52元，企业就没有压力。如今年政策能明朗的话，我们装机可以在去年的基础上翻番。”张利忠说。

张利忠算的这笔账还是在乐观的情况下才可能实现，而在现实中投资方还会遭遇更多价格外的尴尬。“公司去年投资6800万元在一家企业屋顶建设了9兆瓦分布式光伏发电项目，预期年均电价收入674万元，由于该企业经营状况不好，公司长时间没能收到电费。”杜文源坦言，企业不交电费，我们没有权力断电，如果在供电局代收电费方面没有突破，电站投资者的风险很大。

依据各国发展光伏产业的经验，政府补贴是前期产业稳定发展的重要支撑，目前国家补贴政策已经明确，但是税率问题还存在模糊之处，不少企业也担心如果补贴需要上税会进一步提升成本。

我国光伏产业曾一度过度发展，金融机构对于给光伏项目放贷一直保持极为谨慎的态度。对此，张利忠认为，银行之所以排斥光伏就因为政策上不确定因素太多，如果以上问题都能解决，融资难的问题自然就能解决。

“光伏属于典型的政策导向型产业，以目前的成本来说，如果各级政府的政策不明朗，就没有多少企业愿意冒风险进入市场。”浙江光隆能源科技股份有限公司营销中心副总监覃建航告诉记者，“分布式是光伏应用的必然趋势，但是目前很多政策尚未落地，大家还在观望。瓶颈问题一旦解决，市场就会井喷式爆发。”

4. 市场化改革是治本之策

在杭州桑尼能源科技有限公司总裁办主任祝东敏的带领下，记者爬上其桐庐经济开发区的工厂屋顶发现，与在彩钢瓦上覆盖一层光伏组件常规做法不同，该公司推出的光伏建筑一体化屋顶（BIPV）可以直接代替厂房屋顶，3个人同时行走在上面也不会有晃动感，不仅防水强度高，而且光电转化率与常规产品相差无几。

目前，我国70%以上的企业采用彩钢瓦屋顶，考虑到承载、漏水等多种原因，企业主大多不愿安装屋顶电站。桑尼能源光伏电力事业部总经理潘礼华指出，彩钢瓦一般5年就需要更换，只要选在企业更新屋顶时介入，直接为其替换成BIPV，使用年限达到25年以上，屋顶企业仅需要支付小部分建设屋顶的成本。这种方式，极大调动了企业屋顶的改造积极性，也将原本不可利用的屋顶资源变废为宝。

“即便如此，考虑到企业破产等问题，屋顶的确权问题还是直接影响到投资者的信心，也影响到银行借贷的评判标准，相关部门还是要固化屋顶权益，出具物产证等。”阳光电源股份有限公司总经理曹仁贤一针见血地说。

价格问题是另一个影响电站收益的核心问题。“补贴太高，大家会一哄而上，补贴太低又会让企业难以生存，只有客观合理的价格才能让分布式持久发展。”曹仁贤表示，要从根本上推动分布式发展，还需依赖电力体制改革，将发电和用电分离，实现虚拟供电。“现在分布式发电就近消纳成为一个风险点，如果所在屋顶企业无法消纳，电站投资者只能以更低的价格卖给电网。如果可以虚拟供电，就可以通过电网把电卖给距离更远的企业，获取更好的效益。”

通过政府高额补贴维系光伏产业发展，一直饱受各方诟病，这种输血模式也被认为不可持续。未来如何通过市场化的手段来解决补贴问题，才是推动产业健康发展的关键所在。

通过几年实践摸索，海宁市发展和改革局副局长张刚已在心中描绘出了一幅改革“路线图”。据他透露，首先要把当地的分布式光伏电站包装成自愿减碳项目，拿获取的绿色收益到碳交易市场上卖钱，换取作为地方补贴基金，这样补贴就不是固定的，会随着碳价格变动而变动，这是市场化的关键一步。

“同时，还可以设立一个产业引导基金，由投资商和政府共同出资控股，控股投资商占比41%、政府占比10%，基金交给控股商管理，负责评估项目并参与投资。当投资项目成熟后，就可拿到银行贷款，之后引导基金退出再投资其他项目，这样就实现了‘滚动式’开发。有了这两个东西后，财政资金就可以平稳退出，未来哪个企业碳排放多，哪个企业就来承担补贴。”张刚补充说。

《经济日报》2015年4月20日第12版，与王轶辰合作。

关键是政府要有所作为

在屋顶上安装太阳能光伏板，发的电可以自己用，也可以卖给电网，这在几年前还是难以想象的事。今天，这种分布式光伏发电形式像雨后春笋，在全国各地快速发展，已经成为可再生能源的一个重要来源，也成为我们向雾霾宣战的一支重要力量。

从记者近日在浙江和安徽的调研情况来看，目前分布式光伏从工业园区到居民屋顶，正在加快推广；企业和居民屋顶自建自用、第三方投资、基金加专业公司投资、农村光伏扶贫、光伏村镇建设等模式不断创新。凝聚着各方智慧的分布式光伏正在悄悄地改变着我国的能源结构，并逐渐进入寻常百姓家。

分布式光伏贴近市场，就地消纳，且可带动上游光伏产业的发展，随着国家支持政策的明朗和光伏组件成本的不断下降，国内分布式光伏一般6年至8年即可收回投资，发展前景十分广阔。但另一方面，目前在发展中还存在着一些制约因素，主要包括：安装光伏组件后的屋顶确权问题、投资者与屋顶业主电费结算问题、现有电力体制制约、国家补贴资金申请和认定程序较复杂、部分地区分布式光伏补贴政策不明朗、补贴到位不及时，以及由此产生的贷款难、融资难、融资贵等问题。

厘清各方利益关系，是当前分布式光伏发展的难点。从调研情况看，浙江和安徽一些地方分布式光伏发展较快的一个根本原因，就是政府积极主动，加强引导，强化服务；同时充分发挥市场配置资源作用，以市场机制协调各方利益，调动投资积极性。

就拿业内广为关注的“嘉兴模式”来说，其核心就在于“政府引导，市场运作，统一管理”。其“六统一”和“五位一体”（光伏产业基地建设、技术创新、商业模式创新、智能电网局域网建设和政策集成创新）中的某些做法，正被越来越多的地方认可和效仿。

分布式光伏是一个复杂的系统工程，记者采访中所见闻，从屋顶资源协调、项目建设施工、工程验收并网、电费结算等，分布式光伏的每一个环节，地方政府都倾注了大量投入，一次次现场办公、一次次政策协调，充分体现出政府在当前经济工作中高度的责任感、创新精神和服务意识。

新常态，要有新作为。从几个地方分布式光伏发展的成功经验可以看出，只要政府和市场协同发力，新常态中就将频现经济发展新亮点。

《经济日报》2015年4月20日第12版

第三章

消费品
由用得上到用得好

产业·轻工

冰箱多了怎么办

北京，西单商场电冰箱销售处。一位中年妇女正挑选冰箱，只见她一台台前后左右反复检查，连一点漆皮都不放过。半小时过去了，仍没挑到满意的冰箱。她说："我觉得这些冰箱多少都有点儿问题，花那么多钱，总得买一台称心的吧?"售货员再也坐不住了："像你这么挑法，我这儿一台冰箱也卖不出去了！"

请别责怪我们的顾客。如今，市场上的冰箱实在是太多了。据了解，我国冰箱年生产能力已达1200万台，近两年冰箱实际产量仅500万台，而市场需求量只有450万台。产大于销，生产能力大半闲置，已使我国冰箱行业处境维艰。目前全国积压冰箱到底有多少？恐怕已很难统计。

面对过大的生产能力和有限的市场，面对市场上杂乱的冰箱牌子和众多不死不活的生产厂家，人们自然要问：冰箱多了怎么办？冰箱行业怎么办？

有关主管部门对此忧心忡忡，一筹莫展。但有一点可以肯定，解铃还需系铃人，由市场过热带来的问题，最终还得从市场找出路。事实上，冰箱由过热到冷清的转变过程中，市场这只“无形的手”始终在调节着企业的行为。1987 年，我国冰箱年计划生产量为 285 万台，结果实际生产 401.34 万台，超过计划产量的 40.82%；1988 年计划产量 400 万台，实际产量 739.86 万台；1989 年情况却完全相反，计划 800 万台，实际只完成 662.10 万台；1990、1991 年亦是实际产量逐年下降，并都大于计划产量。这一方面说明我们的计划缺乏科学性，更重要的则说明，由于这种计划对企业没有约束力，企业仅仅根据市场变动作出一种盲目的反应。有关人士认为，这种盲目的状态并未及时由宏观政策得到调整、控制，而似乎取得了一种默契，任其发展，这样的结果，必然引起生产的大起大落。今天面对“怎么办”的问题，有关主管部门苦恼的仍然是如何利用各种经济杠杆，加强对市场的宏观调控。

有关人士指出，今后几十年内，我国绝不需要40多个冰箱厂家，也许只要有10家就够了。那么剩下的30多家怎么办呢？无非是关停并转，谁死谁活由谁来确定？只能由市场来决定，通过竞争实行优胜劣汰。

有材料显示，1989至1990年初我国市场的第一轮竞争，使得冰箱生产厂家由170家减至57家，从1990年初开始转入第二轮竞争。这轮竞争能否像第一轮那样顺利？关键是宏观调控能否适应市场竞争的需要。随着竞争日趋激烈，市场规则也会遇到越来越强阻力。最大的阻力就是地方和部门对企业的“过度保护”。由于我国冰箱企业分属20多省、市、自治区及轻工、机电、航空航天、兵器、医药卫生等部门归口管理，再加上产业管理缺乏统一性，产业组织政策不足，造成冰箱产业严重的分散化现象。一些地方和部门从各自利益出发，分割市场、资源；或明知企业抢救无望，可照样给企业优惠贷款，使得大量亏损严重的企业依然苟延残喘。

另一方面，我国目前40多家冰箱厂中，年产20万台的不到10家，大部分企业年产量只有十几万台。由于处于保护状态，不少劣势企业缺乏改善经营，促进企业转向经济规模及专业化协作的动力和压力。专家们建议，选择几家优势企业为核心，按择优、自愿、互利的原则，实行联合投资，组建跨地区、跨部门的集团公司，从而形成技术先进、产量大、成本低的社会化生产，使之在国内外市场有较强的竞争力，这是我国冰箱产业一条较好的出路。目前的关键，是要按有效竞争的原则，尽快制定一套切实可行的实施办法。

冰箱多了，竞争更激烈了，生产企业怎么办？我们认为，除了实行专业化协作，提高规模效益外，冰箱企业至少还可以从以下三个方面寻找出路：

第一，提高质量，再上新台阶。“不是冰箱多了，而是质量差的冰箱太多了”。北京家电研究所的同志这样提出。权威人士认为，我国冰箱市场的潜力仍然较大，中小城市及农村地区冰箱普及率还较低，一部分居民还需要更新旧冰箱，只是人们在购买冰箱时将越来越“挑剔”。目前，消费者购买冰箱时最关心的是质量问题，特别是像噪声、制冷、氟里昂泄漏等问题。企业在这些方面应该下硬功夫，否则，其产品就不可能在市场上生存。

第二，提高产品开发能力，及时满足消费者需求，今后冰箱市场竞争的焦点将越来越集中于冰箱的品种和价格，企业既要比别人领先一步，开发出适应市场需要的产品，又要以适中的价格赢得消费者。有人预测，冰箱需求将在容积上趋向两极，在功能上从更多地看重功能转换到电子控制，在外型上更注重新颖性与庄重性，传统的方型箱体结构将有所突破；多门多温，容积在200立升以上的冰箱需求量将上升，特大冷冻室（70—80升）在城市中有一定销路。具有自动除霜、解冻、除臭、冷冻室制冰、外取冷饮器等功能，冷色调，价格适中的冰箱日益受到消费者的青睐。

第三，开拓国际市场，寻求境外办厂。我们的冰箱企业还应有这样的眼光，不仅能畅销国内市场，还要开拓国际市场，把优质冰箱打到国外去。目前，东欧、独联体、中东、东南亚地区有着广阔的冰箱市场，中国的冰箱有可能、也有能力打进这个市场。有关专家还提出我国的冰箱企业还应考虑输出技术和设备，寻求境外办厂的途径。

对于那些挽救无望的企业怎么办？有关部门要解除保护，采取坚决措施，实行停产、转产。一些企业的实践证明，向临近产业转移是亏损冰箱企业的一条出路，如转产厨房器具、各种冷藏集装箱、塑料加工及小家电产品，可使企业走出困境重获生机。对于闲置下来的机器设备，要优先考虑，妥善利用，以免造成更大的浪费。

人们也许记得，几年前不少人曾为洗衣机多了而发愁。而今天，洗衣机生产和需求已基本平衡，经过市场竞争的洗礼，剩下的都是一些名牌产品。现在，大家又为冰箱多了而发愁。我们期待着冰箱行业早日摆脱困境，走出一条更加宽阔的成功之路。

《经济日报》1992年2月29日第1版，与甘迎佳合作。

空调：究竟谁领风骚

’93“空调大战”硝烟刚起，转眼间却已到了秋冬季节。虽然由于罕见的凉夏，今年空调市场没有人们预料的那么“火”，但竞争却是实实在在，甚至可以说是空前激烈。家用空调器——有人说这是我国高档家电产品中最诱人的一块“处女地”——那令人垂涎的商业利润，成了众多生产厂和经销商追求的目标。因此，今年他们都使出了浑身解数，试图抢占这块市场的制高点。

然而，随着秋季凉意袭来，空调市场迅速降温，生产厂家也逐渐偃旗息鼓，在准备来年大战下一回合的同时，关于我国家用空调到底分体壁挂式是发展趋势，还是窗式空调占主导的两种截然不同的观点，引起了消费者和厂商的极大关注。

有报道说，由于分体壁挂式空调具有窗式空调不可比拟的优点，迎合了消费者追求高档和“一次到位”的心理，因此，分体空调将成为我国家用空调的发展趋势。

另有报道说，分体壁挂式空调由于室外压缩机与室内主机连接管过长，管口接头密封性难以保证，造成制冷剂氟里昂慢泄漏现象难以解决，由此引起环境污染和维护难度增加，因此，在有的国家早已被淘汰。我国应避免走国外“窗式——壁挂式——窗式”的老路，而应认准研制开发省电、低噪音窗式空调这个方向。

有关材料显示，今年北京市场消费者购买空调追求的是高档、节能、低噪音，高档的分体壁挂式空调销势看好，销量几乎和窗机平分天下。据此，有人认为，今后壁挂机市场趋势将会越来越好，估计明年北京市场壁挂机与窗机销量将会形成2∶1的局面。从生产来说，今年各空调器厂家都开发了分体壁挂式空调，使得壁挂式空调大批投放市场成为今年的一大特点。据估计，现有的空调生产规模中，有相当大的部分是分体壁挂式空调，有些厂家甚至已专门生产壁挂式空调。那么，分体壁挂式空调到底是最终被淘汰，还是会成为我国家用空调的发展方向?

记者在采访了有关权威部门的专家后认为，今后国内空调市场上分体空调既不会被淘汰，窗式空调也不会被替代，两者均有各自的生存空间。

首先，分体壁挂式空调氟里昂泄漏造成环境污染和维护困难，是它的最大缺陷，特别是随着国内市场与国际市场逐步接轨，消费者对氟里昂泄漏的压力会越来越大，这无疑将限制这一产品的发展。但是，科技的发展，生产工艺的改进将使得降低氟里昂泄漏成为可能，无氟冰箱的研制成功，又为无氟空调的产生打下基础。因此，漏氟这一限制分体空调发展的最大因素将被化解。相反，分体壁挂式空调外形美观、功能实用、噪音低等优点，对消费者来说，无疑更具有吸引力。事实上，从今年夏天众多的消费者义无反顾地选择了价格昂贵的分体式空调就可以看出，分体空调不仅不会被淘汰，而且随着人们收入的增加，消费水平的提高，对分体式空调的需求将会逐渐增加。特别是目前国外正流行的“变频型冷暖两用分体式空调”以其舒适性高，对环境温差适应能力强，耗电省和噪音低，将越来越受到消费者的欢迎。

其次，窗式空调与分体空调相比，由于其结构特点，几乎不存在制冷剂泄漏问题，它的最大缺点是噪音大，与分体式空调相比，式样单调，缺乏美观。但窗机也有分体机替代不了的优点，就是价格便宜，安装方便，使用寿命长。因此，对目前绝大部分潜在的消费者来说，首先选择的还将是窗式空调。随着窗机工艺技术的改进，特别是省电、低噪音窗机的研制、开发，窗机对消费者的吸引力将更加突出。同样的制冷效果，同样的耗电量，一台窗机的价格仅相当于一台分体壁挂空调的二分之一甚至三分之一，因此，窗机的市场潜力绝对不可轻视。

需要指出的是，目前窗式空调噪音较大的很大一部分原因是由于我国居民住房设计中没有考虑到安装空调的因素，由此常常造成窗机安装不当，引起空调与窗户的共振。目前，南方一些地区在住房设计和建筑中，预留了安装窗机的空间，结果，窗机的使用效果大大改善。另一方面，从生产厂家来说，也应考虑到居民现有的住房结构来开发产品。由此可以看出，分体壁挂式空调和窗式空调两者各有利弊，谁也替代不了谁。

但从近期看，无论是窗式空调还是分体空调，对其市场前景均不能作盲目乐观的估计。对此，已有许多文章分析指出，我国居民使用空调受到能源、住房、收入三大条件制约，其市场容量只能是随着这些条件的改善而缓步扩大。有关材料显示，到去年年底，我国城镇居民家庭空调累计拥有量约在100万台左右，普及率不足1%，其中分体壁挂式空调只占3%—5%，而据测算，到“八五”末期，我国空调器的普及率仅为5.74%。这与我国迅猛扩大的空调生产能力形成鲜明对比。据国家统计局统计，今年1—8月，国内空调器产量达到236.74万台，超过去年全年150万台的产量，虽然销售趋势是增长的，但增幅并不高。另据有关部门提供的材料，到明年年底，全国空调生产能力将达到1000万台。对此，权威人士指出，我国空调产业的成长和空调市场的孕育和培养之间存在巨大差距，国内市场供大于求已成定局，如何正视这一现状，调整自身，适应市场，是每个空调企业面临的严峻课题。

从这个意义上说，空调大战目前只是刚刚拉开序幕。面对买方市场，空调产品适者生存，首先在于其舒适、实用、方便、可靠，而不在于是否是窗机还是分体机。从目前消费者对空调的要求看，除了高效、节能、噪音低外，像加湿、净化空气、电子遥控等功能要求将日益突出。

因此，下一步空调市场的竞争，包括与进口国外产品的竞争，归根到底还是空调产品功能的竞争，技术的竞争。面对不同层次的消费需求，窗式空调和分体空调将各领风骚。但目前空调市场众多牌号“军阀混战”的局面肯定维持不久，优胜劣汰在所难免。人们期待着我国空调行业在基于对市场正确估价的基础上，少走弯路，减少损失，尽快走上健康发展轨道。

《经济日报》1993年12月8日第2版

小家电：能否形成大气候

不久前在北京举办的一次大型家电展览会上，一种装在自来水管上的净水器引起了不少参观者的兴趣，这种简便实用的小玩意儿可除去自来水中残留的一些杂菌、微生物等，人们从玻璃杯中可明显看到经过过滤的自来水变得更清澈。

北京家用电器研究所的一位高级工程师在花55元买了一个净水器后对记者说，随着人们生活水平的提高，今后市场上对各种小家电的需求将日趋广泛。

不论你走进哪一家商场，都可以看出，昔日在家电市场上唱主角的彩电、冰箱、洗衣机等传统“大家电”柜台前，相对显得有点冷清；而往日不太被人注目的家电行业的“小弟弟”们却琳琅满目，大放异彩，令人们流连忘返，大有与“老大哥”一争高低之势。

其实，小家电早已在我们的生活中占了不可动摇的地位，只是由于以前人们把消费的眼光紧紧盯在那几种作为生活质量和消费档次象征的“大家电”上面，而对那些相对价廉、体积小的小家电却似乎缺少“偏爱”。不信，你想想，电熨斗、电吹风、电动剃须刀、切菜机、抽油烟机、淋浴器……是否也都成了你生活中的一部分，从数量上看，说不定比大家电还多呢！

事物的发展都有它自身的规律，消费领域也不例外。当大家电在市场上炙手可热，尽领风骚之时，也正预示着它们平稳期及衰退期的来临。随着大家电市场的逐步饱和，品种繁多的小家电产品又成为人们进一步改善生活质量而追逐的对象。同时，也正由于它们品种繁多，功能各异，能够满足不同对象、不同层次的需求，因而市场潜力极为可观。

据家电行业有关权威人士介绍，目前，西方发达国家及东南亚一些国家和地区小家电产品产值和销售值已占整个家电产品产值和销售值的60%以上，小家电已经超过了大家电。他们分析，在不远的将来，我国小家电产品的这一比例将达到40—45%的水平。小家电与大家电平分秋色绝非空谈。

究竟哪些电器可称为小家电？目前国内还没有一个明确的概念。有人把相对彩电、冰箱等传统家电而言，价格低、体积小的称为小家电；也有人把传统家电以外体积较小的称为小家电，说法不一。但目前家电行业较为一致的看法是，小家电大致可分为几大系列，包括：厨房系列，如电饭锅、电烤炉、微波炉、电磁灶、抽油烟机、洗碗机、食品加工机等；电热系列，如电取暖器等；熨烫美容系列，如电熨斗、电吹风、超声波蒸面器、美容按摩器等；清洁卫生系列，如淋浴器、吸尘器等；保健系列，如按摩器、加湿器、空气净化器、小型制氧机等。由于小家电品种多、变化快，涉及加工门类及行业多，目前对国内小家电生产和销售情况尚难作出全面的统计，但权威人士指出，目前国内市场上小家电品种至少在千种以上。

尽管目前我国家电市场的基本状况是“大重小轻”，但这一局面正在迅速发生变化。不久前，有关部门对居民购买趋势的调查表明，厨房电器已成为超过彩电、冰箱的主要需求品。据国家统计局有关人士日前预测，明年轻工产品市场总的来说将是平稳增长的态势，难以形成明显的旺销，但电热淋浴器、抽油烟机、微波炉、电饭煲、食品加工机、电烤箱、空气净化器、保健系列、取暖器等小家电产品销售前景将十分乐观。

下面一些数据似乎更能说明问题：1992年末，我国城镇居民每百户拥有彩电75台，洗衣机83台，录音机74台，电风扇146台，电冰箱75台。专家们据此分析，即使上面有些家电已陆续进入更新期，市场需求也只能是渐进的，加上今后居民投资渠道增多，购买力分流，将直接影响对传统大家电商品的需求，另外，一旦“复关”家电产品的价格势必要与国际市场价格保持平衡，因此，从近期或长期的角度看，传统家电市场的发展都将是平稳的增长趋势，不可能持续旺销。而小家电则不然，其品种多，价格低，实用性强，能满足现代家庭各方面的需求。一种产品即使全国只有1%的家庭购买，按全国3亿个家庭计算，那就将有300万件的需求量，相当于几个法国市场。

我国家电行业的有识之士已充分认识到这一发展趋向，并已采取相应行动。苏州长城电器集团面对电扇市场的激烈竞争，及时研制、开发出多种小家电产品，今年，长城小家电销售额可达2亿元，占全部产品销售额的30%以上。广东一些厂家，早在几年前就致力小家电产品开发和销售，已取得了显著效益。今天，广东小家电已在国内市场上占据重要地位。在老工业基地上海，有关部门准备以微波炉、电热淋浴器及电热器具主要原件为突破口，大力发展小家电产品。据上海家电行业有关人士介绍，随着今后人们食品结构的变化，特别是包装食品的增加，对微波炉的需要量将相应增加，目前国内市场微波炉年需求量约50万台，估计到1995年将达到100万台。在淋浴器市场，他们估计，今后上海市电热淋浴器与煤气淋浴器的比例将是70∶30，就全国来说，今后电热淋浴器将占90%，可见，这一产品也将大有市场。

有材料显示，随着一些国家家电普及率已达到很高水平，许多家电生产国因国内市场拥挤，纷纷扩大出口。目前，日趋狭窄的市场使国际上出现了“大家电区域化，小家电国际化”的特点。即大家电由于各地区固有的使用习惯及运输费用高，只能在区域内生产并销售，而种类繁多且便于运输的小家电则成为国际化产品。国内家电专家指出，面对“复关”后国际市场对我国家电工业的挑战，我国家电企业当前急需抓住时机，调整产品结构，提高产品档次，增强出口竞争力，尽快走向国际化。由于开发、生产周期短，工艺相对简单，我国生产小家电具备不少有利条件，另外，小家电产品附加值高，资金回收快。如果说十多年来，以冰箱、彩电、洗衣机为代表的大家电铸就了我国家电工业举世瞩目的成绩，那么，可以预料，众多小家电产品将给我国家电工业跨上更高的台阶注入新的活力。

但就目前来说，我国小家电生产状况并不令人乐观，小家电产品在制作工艺、产品质量、实用性能等方面离消费者要求还有一定差距。有关人士认为，目前国内市场上小家电开发面临两难选择：产品档次上去了，市场难以接受；中、低档产品，质量又难以保证。这就需要我国小家电行业从信息来源、设计构思、生产工艺及基础部件的配套等一系列方面下大功夫改进。一方面立足国内市场，开发出功能实用、质量可靠、价格适当的产品；另一方面，迎合国际市场小家电产品走向高技术密集型，大量采用专用集成电路，出现数字化、智能化的趋势，发展高附加值产品，以质、新、奇取胜，力争在国际小家电市场赢得一席之地。

中国小家电，广阔的市场在呼唤你！

《经济日报》1993年12月9日第2版，与李铁铮合作。

洗碗机等候“家用”

一顿美餐之后，面对那一大堆留有残羹剩渣的碗、盘、杯、筷，不禁快意全无，愁上心来。家用洗碗机的出现，和洗衣机一样，使人们又找到了一个减轻家务劳动的好帮手。

有专家预言，90年代家用洗碗机将继电视机、洗衣机、电冰箱、空调器之后，在我国掀起“第五大消费浪潮”，从而成为家电市场上的又一颗闪亮的明星。可是，也有不少消费者对此说法不以为然。他们认为，仅以去掉残渣再放入洗碗机的工夫，就可用手把这些餐具洗完了，根本不必花上千元钱买一个洗碗机，再说，本就拥挤的厨房再放这么一个不小的东西，就更加挤得可怜了。

消费者的这种想法不无道理。这也正是目前我国洗碗机市场相当贫乏，国内洗碗机生产基本上没有起步的原因。据悉，我国曾经有过一家专业生产洗碗机的厂家，因产品价格高，机器占用面积大，使用可靠性不够等原因而没有被消费者接受，该厂因此于去年初破产解体了。另据有关资料，到目前为止，我国家用洗碗机的生产总量还不到5万台，销售量不到3万台。目前国内能生产家用洗碗机的基本上都是现在的一些洗衣机厂，这些厂生产的洗碗机售价一般都在1600元以上，因对市场前景把握不大，目前都没有投入批量生产。

洗碗机要进入普通家庭，看来还得从价格、功能等方面有所突破。南京洗碗机实业公司，生产了一种全塑料洗碗机，成本大为减少，市场零售价仅800余元；在设计上还考虑了功能及实用的原则，可以自动进水、自动排水、自动加热洗涤、自动消毒、自动烘干，完成所有程序后，洗碗机会自动切断电源，不需人工看管。洗好餐具后，不用时不必拿出来，可以取代碗橱起到贮存作用。据测算，3—5口之家使用该洗碗机一次，包括水、电、洗涤剂在内，仅需花费四五角钱，对消费者来说有一定的吸引力。

家用洗碗机进入我国市场还仅仅是很短的时间，人们对它的认识还不充分，有关人士认为，随着人们物质生活水平的日益提高，住房条件不断改善，特别是对减轻家务劳动和对卫生保健的要求越来越高，家用洗碗机和洗衣机、电冰箱等其它家用电器一样，将成为很大一部分居民生活中不可缺少的帮手。

《经济日报》1994年6月1日第6版

消毒碗柜进家庭

家用消毒碗柜是近几年开始在家庭普及的小型厨房用具。现代家庭的发展，离不开“厨房革命”，而厨房现代化，餐具的卫生是标志之一。

由于环境污染，城市人口密度增加，社会卫生面临着艰巨的任务，与此同时，人们聚餐、聚会等交际往来更加频繁。

如何防止家庭日常生活中病菌的交叉感染？如何体现现代家庭厨房设施的合理配套？消毒碗柜是提供这一条件的优选产品。

消毒碗柜在我国已经有6年的生产历史了。目前全国已有近30家企业生产消毒碗柜，年产量已达到100多万台。产品质量、功能、外观等水平已有很大提高。首先从电器方面看，作为家电产品之一，具备了安全可靠、质量稳定、节能的特点；其次是卫生方面看，电子消毒碗柜采用远红外发热元件进行高温消毒，杀菌率较高，能确保碗筷等食品餐具消毒效果，防止病菌侵入人体，同时可对餐、茶具进行消毒烘干；第三，新的消毒碗柜采用表面喷涂和不锈钢产品，外型设计和内部结构更适用于家庭，加上控制水平的提高，实现微电脑操作，从而强化了产品的使用功能和效果，方便、省电又确保产品的有效杀菌能力。

我国消毒碗柜从起步到发展，已经拥有了一定的消费者，但还很不够，南方由于气候条件的要求，人们对这一产品的认识相对早一些，市场开拓相对大一些，而北方地区市场销量则相对小些。因而，目前消毒碗柜的生产厂家主要集中在南方地区，广东康宝电器厂是目前我国消毒碗柜产量最高、市场覆盖率最大的企业。此外，还有广东容声电器股份有限公司、广东顺德顺华电器厂等厂家，消毒碗柜产量也较大。北方地区主要生产厂家有开封电冰箱厂和河南新飞电器（集团）股份有限公司。

据了解，有关部门根据行业的发展思路，规划了“九五”期间家电新产品的发展重点，一是微波炉，作为节能高效产品，能够改善城市居民的厨房环境，方便生活；二是包括电子消毒碗柜在内的小家电产品，开发厨房系列、保健系列、熨烫产品、报警安全系统，以及适用于婴幼儿的电器产品；三是开发与社会第三产业相关的电器产品，如小型冷柜、冷藏陈列柜、大功率带清洗功能的高效吸尘器、自动售货机等。

由此可见，消毒碗柜产品虽然不大，但它体现了现代文明家庭的一种需要，是家庭厨房革命中不可忽视的一个内容。

《经济日报》1994年12月7日第6版

轻工业须举“轻”若重

我国轻工产品市场已不再是我国轻工业的市场

我国轻工业在国内外市场的竞争力令人担忧

通过结构调整，实现轻工业从量的扩张到质的飞跃

提高竞争力，轻工行业正在形成共识

拥有12亿人口的中国，有着世界最大的轻工产品消费市场。国门洞开，世界各大公司纷纷抢滩中国市场，趋之若鹜。一时间，松下、索尼、三星、爱华、健伍、菲利浦先声夺人；雀巢、百威、人头马、飘柔、海飞丝、可口可乐惊涛拍岸。洋货蜂拥而至，竞争格局瞬息万变，中国轻工业走到了一个关键的历史转折时期。

阵痛与反思

改革开放以来，我国轻工业的发展有目共睹。轻工业为改善人民生活水平，为整个国民经济的持续、快速发展作出了巨大贡献。但冷静分析，总体来说，我国轻工业在国内外市场上的竞争力令人担忧。

轻工产品结构调整滞后于市场需求和消费结构，花色品种少，应用领域窄，高档少，低档多，产品结构不合理。我国机械表中带日历、周历、自动等附加功能的占31%，而瑞士、日本等国均占95%以上。我国灯具只有5000多花色品种，而外国品种已高达2万多种，有的一个厂就有2000多种。

轻工企业间专业协作差，生产集中度低，规模经济没有显现出来。目前，我国轻工企业98%以上为中小企业，大型企业只占1.8%左右，布点分散，“大而全”、“小而全”，缺乏有效的分工与协作。同行业前10位企业生产集中度很低，洗衣机、电冰箱在70%左右，自行车为50%，钟表为30%，制糖、制浆造纸和饮料酒只有14%左右。而日本1989年前5位企业生产集中度是：啤酒100%，玻璃100%，尼龙99.7%。

轻工企业生产能力闲置、浪费严重。缝纫机、自行车、钟表、家用电冰箱、房间空调器、电风扇、洗衣机、吸尘器等剩余生产能力都在30%以上，有的高达60%。

轻工企业资源耗费大，劳动生产率低。每吨洗衣粉我国平均消耗能源折合标准煤267公斤，而国际水平仅为118公斤。每吨甜菜加工用水我国为5至6

吨，而国外仅为0.5至0.6吨。我国吨纸耗标准煤1.6吨，而国际上平均水平为1.2吨。我国制浆造纸企业数是美国的2倍多、日本的3倍多，但产量却仅是美国的18.5%、日本的54.5%，劳动生产率仅是美国的2%、日本的2.2%。

出口贸易以量取胜，产品附加值低。每件支革服装的换汇额仅为国际市场平均价格的四分之一。一般五金制品的出口价格仅为国外发达国家同类产品的五分之一至七分之一。出口一件陶瓷只创汇28美分，国外却是1美元。

警醒与奋起

中国的轻工市场，已不再是中国轻工业的市场。在越来越国际化的市场中，提高我国轻工业的竞争力已迫在眉睫。既要以立足国内市场求生存，又要以开拓国际市场求发展。这无疑给轻工产业结构、产品结构、企业组织结构调整提出了更高要求。

只有加快结构调整步伐，在发展中完成自我否定和更新，中国轻工业才能实现从量的扩张到质的飞跃，以较强的竞争力迎接国内外市场的挑战，对此轻工行业已形成共识：

——组建企业集团，形成规模效益。从优势行业、优势企业入手重组企业组织结构，采用企业兼并、合资嫁接、以大控小、双向发展、名牌扩张、改制控股、工农联合、工商联合、跨地联合等形式，提高生产集中度，推动规模经营和集约化经营，提高轻工经济运行质量。企业组织结构调整，要和企业改革、改组、改造同时进行，以实现经济增长方式的转变。今年，中国轻工总会提出，到2000年力争形成100家经过现代企业制度改造的、年销售额在20亿元以上的大型企业或集团公司。

——放活中小企业，加强专业合作。从合理配置资源入手，采用多种形式，培养一批活力较强，“小而精”、“小而专”、“小而灵”的“小型巨人”企业。发展一批多渠道创汇企业。同时，在放活中小企业时注重专业化协作。

——加紧结构调整，促使产业布局合理。努力打破地区封锁和市场分割，克服地区产业结构趋同化现象，充分发挥东部沿海地区和中西部地区各自的比较优势，加强联合与协作、实现资源的合理流动和合理配置，逐步形成各具区域特色的优势产业，促进轻工业生产力布局的合理化。目前，要尽快进入产业的“转型”和“升级”阶段，从数量主导型过渡到以改善自身结构和提高产业素质为主的质量、品种、出口、效益主导型。

——重组产品结构，提高市场应变能力。以市场需求和消费结构变化为导向，转换经营机制，加快产品的更新换代，开发适销对路的产品，力争使轻工产品增花色、上档次。要以争创名牌为龙头，发挥品牌优势，扩大国内外市场占有率。

——转变出口增长方式，提高产品科技含量。要实施“以质取胜”和市场多元化战略，依靠科技进步来提高出口产品质量和档次；积极培育有国际竞争力的名牌产品，加大技术含量高、附加值高的产品出口比重，提高轻工产品单件换汇率和整体创汇水平，提高轻工产品的国际竞争力。

《经济日报》1996年10月31日第5版，与何振红合作。

空调：生产能力超需求

与“彩电热”、“冰箱热”相比，“空调热”则是前几年刚刚升温的。“空调热”使全国冒出100多家空调生产厂，几轮角逐下来，已有80多家停产或转产。

近几年来，虽然我国空调产销量一直保持较快增长，但在“空调热”中形成的生产能力仍远远超过市场需求。有关材料显示，全国城镇居民每年对空调器的需求量在300万台左右。1996年，空调器产量可达600万台，而同时，我国空调行业的生产能力已达1020万台，也就是说，目前仍有近一半的生产能力没有利用。

随着空调市场竞争加剧，企业优胜劣汰，两极分化的趋势日益明显。1995年，空调行业年产15万台的企业产量占总产量的71%，今年上半年，产量在12万台以上的12家空调企业占总产量的87%。

“空调热”带来的是“空调大战”。为了争得市场上的一席之地，继而扩大市场占有率，各品牌各显其能，全方位的市场竞争愈演愈烈。

与此同时，许多国际知名的空调品牌已在我国建立了合资企业，合资产品的市场占有率逐渐增大的态势已趋明朗，使得本来就很严峻的我国空调市场形势显得更为紧张，其竞争将更趋白热化。

面对巨大压力，我国空调企业正在行动起来。据报道，同处广东顺德市相隔不到1公里的华宝、美的、科龙三家空调企业正在酝酿联合，组建顺德空调行业联合体。这三家在国内同行业分别排名第三、第四、第五位的企业如果合并，将把眼下排名第一的江苏春兰集团与排名第二的珠海格力集团抛得远远的。一旦3家空调企业实现强强联合，不仅将彻底改变我国空调业的格局，而且将一石激起千层浪，对其它行业产生巨大的冲击波。

《经济日报》1997年1月25日第1版

名牌舞起龙头 带动轻工腾飞

今天，在我国市场上，提起青岛啤酒、海尔电器、小天鹅洗衣机、容声冰箱、春兰空调、万家乐热水器，恐怕无人不晓。一大批名牌商标的出现，树立了我国轻工业的新形象，极大地提高了轻工业整体实力。我国轻工业也正以这样一批名牌产品为龙头，步入了一个发展的新阶段。

新中国成立40多年来，我国轻工业一直肩负着满足人民基本生活消费和出口创汇的重任。特别是改革开放以来，轻工业的快速发展为整个国民经济的稳定增长和人民生活水平的提高，起到了举足轻重的作用。目前，轻工业已发展成为包括44个行业，具有相当规模和一定水平、门类齐全、能基本满足国内需求又有一定国际竞争能力的生产体系。轻工业产值、出口额和实现利税均已占全国工业总产值、全国出口总额和全国工业实现利税总额的三分之一。

为实现轻工业经济增长方式从粗放型向集约型转变的需要，促使轻工企业进一步适应市场经济的发展，适应国内外市场接轨后日益激烈的竞争形势，中国轻工总会1993年10月提出了“发展一批轻工名牌产品，形成经济规模，参与国际竞争”的方针。几年来，轻工行业的名牌战略已收到了明显成效。据不完全统计，在全国22个省、区、市评出的802种地方名牌中，轻工产品达362种，占总数的45%。目前，经过国家工商局认定的我国驰名商标总数为42个，其中轻工产品为28个，占总数的67%。今天，我国已形成了一批名牌产品及以名牌产品为龙头的企业集团。这些名牌产品及企业集团不仅在地方经济发展中起到举足轻重的作用，而且带动了整个轻工行业的发展。

广东省在轻工行业分层次制订了争创名牌计划，在重点行业重点产品中培育名牌产品，自1995年以来，轻工名牌产品占广东全省名牌产品50%左右。安徽省制订了切实可行的名牌发展规划，经过几年的努力，一跃成为我国的轻工业大省。上海市充分挖掘知名品牌在全国消费者中的影响，努力拓展品牌延伸领域，促进了轻工名牌的发展。

总结我国轻工企业创名牌的具体做法，主要有以下几点：

一是以优势企业为龙头，以名牌产品为依托，组建大型企业集团，通过资产重组和产品结构的调整，扩大生产规模。青岛海尔集团通过兼并、控股、收购等方式，组成了包括冰箱、洗衣机、冷柜、空调、彩电等多种产品的大型集团公司。广东科龙公司先后与航空工业总公司成都双燕发动机公司，营口冷藏箱总厂两个国有大中型企业合资，组建了成都科龙冰箱有限公司和营口科龙冰箱有限公司，实现了资源优化组合，优势互补。无锡小天鹅公司与武汉洗衣机厂、营口洗衣机厂以“达标加工”的形式合作生产小天鹅洗衣机，既增加了名牌产品的产量和品种，又获得了较好的经济效益。

二是制定正确的营销策略，进行多种形式的广告宣传，积极开拓国内外市场。广东健力宝公司13年中投入公关广告宣传费用就达2亿多元，同时在全国建立稳固的销售网点1500多个，有效地缩短了产品通向市场的时间。

三是以科技开发为先导，以高科技产品抢占市场创名牌。我国洗衣机行业产销量居首位的荣事达集团除了具备洗衣机工业必须具备的模具制造实力外，还拥有4个研究所，建立了检测中心、计量中心和先进的环境实验室，以雄厚的技术实力创出了名牌产品。

四是工商联合，搞好售后服务。优质服务已经成为许多企业占领市场、创立名牌的重要法宝。如海尔的星级服务、小鸭集团的超值服务、荣事达的红地毯服务、新飞公司保证服务渠道畅通的“绿色通道”服务，这些做法为我国轻工企业用优质完善的服务提高企业信誉，创造名牌产品积累了丰富的经验。

今天，随着国内外市场的逐步接轨，已有大批国外品牌涌进我国消费品市场。市场环境和竞争主体的变化对我国轻工企业提出了严峻的挑战。通过实施名牌战略，我国轻工国产名牌正在逐渐壮大起来，已有一些行业诸如电冰箱、洗衣机、空调、电扇、电池、调味品、饮料、酿酒等初步具备了与国外品牌相抗衡的力量，一些品牌甚至开始走向世界，参与国际市场竞争。在最近召开的第八届全国运动会上，一大批我国轻工名牌产品引人注目，其中有几十年历史的老名牌，也有近几年发展起来的新品牌，他们以捐资赞助八运会的形式，在世人瞩目的体育盛会上一展风姿，充分显示了中国名牌产品在激烈的市场竞争中必胜的决心和信心，也反映了改革开放以来在市场经济浪潮锤炼下发展壮大起来的中国名牌产品的实力。

中国轻工总会提出，在“九五”期间，力争创20个国际轻工名牌产品。到2000年，有数百个轻工产品成为中国轻工名牌产品。名牌产品的产值占轻工产品总产值的30%，名牌产品市场占有率达40%。为实现这一目标，轻工总会准备选择条件比较成熟的16类产品，进行创国际名牌产品的试点，同时要求有关行业协会会同各省市轻工主管部门互相配合，发挥各自优势，制定出较为详尽的实施方案，并有针对性地解决目前产品质量、企业运营中存在的问题。轻工总会还将在企业技改立项、科技项目发展指南的编制和实施中制订相应的措施，对争创国际名牌的企业进行政策倾斜，尽一切努力为创国际名牌产品的企业创造良好的外部条件。

在已基本解决了轻工消费品“量”的矛盾之后，我们可以相信，通过名牌战略的继续实施，在不远的将来，中国轻工业将进一步实现“质”的跨跃。名牌已经舞起龙头。名牌还将继续带动中国轻工业的腾飞。

《经济日报》1997年10月23日第5版

重视品牌经营

海尔、科龙、小天鹅等企业使名牌商标的无形资产成为有形的物质财富的成功实践告诉我们，品牌经营已经成为企业的一种重要经营手段。

品牌是企业实力、企业形象的集中体现。今天，随着我国经济的持续高速发展和市场经济体制的逐步建立，我国消费品市场已进入品牌竞争的时代。一方面，创品牌、树品牌是企业参与市场竞争的重要条件；另一方面，以品牌为核心和纽带，通过控股、嫁接、收购等手段，优化配置资源，已经成为壮大品牌实力，实现企业扩张，以更大的优势立足于市场的重要途径和方法。

从西方发达国家品牌经营的历史来看，他们从占领国内市场到向海外市场扩张的步骤一般分为三个阶段，开始是输出产品，通过产品销售占领市场；其次是输出资金和设备，通过技术合作、合资，在市场所在地组织当地生产和销售；第三步是在品牌知名度达到一定水平后，采用输出品牌的方式，带动产品的销售，从而实现以低成本获取最大利润的目的。因此，如果说资产经营是市场经济中成熟经营的标志的话，那么，以品牌扩张为中心的无形资产的经营，则是资产经营的高级阶段。

目前，我国不少企业实施品牌经营已经迈出了可喜的步伐，这对于提高企业经营水平，提高产品的市场竞争能力已起到了十分明显的作用。应该说，实施名牌战略搞好品牌经营，虽然主要是企业的事，但也离不开政府部门的扶持和引导，也需要一个良好的外部环境。只要企业普遍重视品牌经营，扎扎实实地从事品牌经营，并且全社会都来支持品牌经营，那么，品牌经营就会在我国结出丰硕的果实，那就可以预言，在不远的将来，一批具有向世界名牌挑战能力的中国名牌将脱颖而出。

《经济日报》1997年10月23日第5版

1999中国家电大调整

中国家电业，始终是国人关注的焦点。改革开放20年来，家电产品是最闪亮的消费“明星”，是主导消费的一面“大旗”。1996年由长虹发起的“抗击洋货”运动，让国人着实扬眉吐气了一把。但近年家电业的低迷表现，让人们为其担心，甚至有人发出了“夕阳工业”的感叹。果真如此吗？

种种迹象表明，中国家电业进入了一个调整期，进一步则能海阔天空。

农村市场成为开拓重点

中国电子商会的高玲女士介绍，1999年的家电市场，将相对稳定，微波炉、空调器、热水器等1998年热销产品在1999年增长速度将放缓，但预计仍可以超过10%。电冰箱、洗衣机、电风扇、冷冻箱等产品将基本保持稳定，变化幅度在4%以内。电风扇、电饭锅、排油烟机、吸尘器形势也将类似，但变化幅度比大家电要大。

业内人士认为，农村市场将是家电企业扩大内需、开发市场的重点之一。由于城市市场需求相对不足，迫使一些企业尝试开拓农村市场。更多的企业会投入力量开发经济实用、美观大方、质量可靠、功能简单的产品，以满足农村市场的需要。另外，还需着手研究建立大件耐用消费品农村市场销售体系与渠道，为农村家电市场的兴旺做准备。

技术创新成为竞争特色

1999年家电企业将重视对科技的投入，重视新技术、新工艺的应用，把技术创新作为企业在市场竞争中的重要手段。“健康牌”将成为厂家的主打，在冰箱、洗衣机、空调器当中都可以看到以健康型为主要特点的产品。与1998年价格竞争形成鲜明对比，今年各厂商将展开技术实力的较量。

据中国家用电器协会副秘书长陶晔女士介绍，许多家电产品在1998年的价格水平已经降到历史的最低点，降价空间非常小，1999年的市场竞争将转向价格、质量、功能、品牌、服务等全方位的竞争，在产品开发上更多地采用新技术，提高产品的档次和功能，通过抢占技术制高点来提高产品的市场占有率，制造市场热点将成为1999年家电市场竞争的主要特色。

另外，一些新的家电产品将进入导入期。如洗碗机在欧美发达国家也属于高档家用电器，近几年来国内先后有3家以上的企业生产洗碗机，随着小天鹅和梅洛尼合资的年产80万台洗碗机项目正式投产，可以预见洗碗机在未来几年内会得到越来越多消费者的认可。电热水器由于其安全可靠，使用方便等特点，随着国家城市电网的改造，许多家庭在更新热水器时，也会更多地选用电热水器，这一产品将成为市场热点。

名牌产品成为市场主流

为了在激烈的竞争中求得生存和发展，1999年家电企业将在主业范围内扩大优势，名牌产品将占据绝大部分的市场份额。1999年主要家用电器产品的市场份额将基本保持1998年的格局，广东科龙（容声）集团有限公司、海尔集团、河南新飞电器有限公司和合肥美菱集团公司的电冰箱；荣事达集团、小天鹅集团、海尔集团、杭州金松集团的洗衣机；格力电器股份有限公司、春兰集团、海尔集团、美的集团、广东科龙（容声）集团有限公司的空调器；澳柯玛集团总公司、浙江星星电器工业公司的冷冻箱；顺德格兰仕电器有限公司、乐金电子（天津）电器有限公司的微波炉在所在行业内占据明显的优势。这些企业构成中国家电行业的主力阵容。

随着跨国电器集团的介入，以及大型家电企业多元化经营步伐的加快，现在市场份额列前的企业将受到一些强有力的后来者挑战。有望扮演“黑马”角色的有：电冰箱中的夏普、伊莱克斯、西门子、春兰、康佳；空调器行业中的长虹、海信；洗衣机中的西门子等。1998年发展较缓慢的企业将受到前后企业的竞争压力，生存环境更加困难。

和前几年相比，1999年家用电器行业新投资项目将明显减少，电冰箱、洗衣机、空调器等大家电产品的扩建项目凤毛麟角，各企业将主要是针对市场的要求，根据产品的结构调整，进行小规模的技术改造。

多元经营成为企业首选

大型家电集团为了发展，中小企业为了在日趋狭窄的市场空间生存，1999年行业结构将进一步调整。

在同行业内，不同类型的企业将进行兼并重组，实现优势互补，加强联合与合作。1998年科龙公司与华宝公司就实现了强强联合。

与此同时，大型家电集团在巩固主业的基础上，开展多元化经营，继续全面发展。家电优势企业的扩张更多地利用品牌、技术和管理的优势，这在1998年已初露端倪。海尔在1997年成功进入电视机领域后，1998年又开始进军信息产业，制造电脑等产品。春兰也开始生产电冰箱、洗衣机。前两年进入空调器行业的长虹、海信在1998年也初步占领了一定的市场份额。而生产电视机的康佳集团、生产洗衣机的荣事达集团1998年进军电冰箱制造业，美的集团进入空调器压缩机制造业，这些大企业通过向相关领域渗透，实现了多元化经营。国际上通行的定牌生产方式已经为一些企业普遍采用，小天鹅公司在原基础上先后与西门子、惠而浦、梅洛尼等国际大公司定牌生产滚筒洗衣机，与松下公司定牌生产电冰箱。科龙公司、康佳公司、TCL公司也通过定牌生产进入洗衣机行业。以前从事黑色家电的生产企业如长虹、海信、康佳和TCL等将在1999年的市场竞争中扮演重要角色。

欧美市场成为出口方向

在由于受金融危机的影响，亚洲市场出现前所未有的萧条局面下，另辟蹊径，开拓新的市场，以欧盟市场、中东市场、南美市场、非洲市场作为出口突破口，成为企业的共识。

在国内市场增长乏力的情况下，家电企业今年将把开拓国际市场，增加出口作为持续发展的重要途径。大企业积极探索进入国际市场的方式，参加国际上大型的专业展览会，寻找合格的代理商，建立国际营销渠道，建立产品分销中心等等，以及通过输出技术、合资建厂等多种方式涉足国际市场。由于中国家电产品具有性能价格比的比较优势，预计今年家电出口增长约10%，年出口额将达到39亿美元，空调器、微波炉将最受欢迎。

1999年，对于中国家电企业来说，是一个调整年。调整是痛苦的，但孕育着希望和生机。通过调整，中国家电工业的产品结构、品牌结构、行业结构、出口结构将得到进一步的优化，家电这面消费“大旗”将迎风飘扬。

《经济日报》1999年4月15日第5版，与秦海波合作。

行业·医药

药业迎来重组时代

新世纪刚刚进入第二个年头，中国制药业，这个被称为“永远的朝阳行业”，让人深深地感到了一股正在涌动着的重组激流。

哈药、华源探索强强联手，欲组建中国医药龙头；东北制药寻求与华润和巴斯夫的联合；华药与石药联合重组的呼声又起；丽珠集团争夺战愈演愈烈，成为资本市场的一大热点……联想到在此以前新华和鲁抗的联合，以及三九集团、太极集团、复星实业等在医药行业兼并重组中的大手笔举动，人们惊喜地感受到，一股股激流正汇聚成重组的浪潮。中国药业迎来了重组时代。

全球竞争的大势所趋

医药行业是公认的国际化产业，医药是世界上出口增长最快的5类产品之一，以年均5.5%速度增长的医药市场已成为世界发达国家竞争的焦点，而医药行业的重组则已经演变为一种全球范围内的趋势。近年来，世界排名前列的跨国公司大都进行了不同规模的联合、兼并、重组。据统计，目前超过50亿美元的医药企业购并案已有20多宗。有分析预测，21世纪中，目前全球前70家大制药企业将合并为15家。

资产重组的结果是，医药产业的集中度迅速提高，超大规模的跨国制药公司在重组中实现了优势互补，突出了主业，强化了其核心竞争力，在世界医药市场的分割中处于更加优势地位。世界药业前10名制药公司的销售收入总额，1993年占全世界25%，1995年占27.82%，去年已接近全球市场的50%。在美国，药业巨头前3位的销售额已占94%的市场份额。

中国医药市场的巨大潜力，早就吸引了全球医药投资者的目光。改革开放以来，医药行业是我国发展最快的行业之一。1978年至2000年，我国医药工业总产值年均增长速度为16.6%。“十五”期间，我国医药工业预计年均增长12%左右。去年国内医药工业总产值按可比价格计算完成2726亿元，同比增长18.4%。相比之下，中国目前年人均药品消费还不到10美元，而美国人均药品消费已达300美元，日本400美元，中等发达国家人均药品消费为40—50美元。由于中国人口占到世界的1/5，经济快速发展，人们对医药消费需求的潜力巨大。据分析，2010年中国的医药市场价值将达到600亿美元，并在2020年达到1200亿美元，超过美国成为全球第一大市场。正因为如此，目前，全球销售排名前20位的医药企业已纷纷抢滩中国。

加入世贸组织后，中国医药市场将直接面临全球化的竞争。根据中国入世时文件，与医药行业直接相关的承诺包括：严格遵守保护药品知识产权的各项协议；大幅度降低药品进口关税（由目前的12%降至5.5%—6%）；取消医疗器械的进口限制；开放药品分销服务；有条件地开放医疗服务。

有关人士分析指出，加入世贸组织后，我国医药业将发生深刻的变化，医药市场将呈现全新的格局。

市场竞争国际化。我国庞大的医药市场将越来越吸引外国大公司巨资投入。入世后中国可能会成为全球的主要医药原料及制剂生产基地；药品进出口贸易将急剧增长；药品价格中外悬殊的现象将荡然无存，本土医药市场竞争更趋激烈。令人瞩目的是，跨国公司为争夺市场和产品控制权，必将通过外部扩张、资产重组、企业联合等形式达到目的，从最近外资并购国内上市公司的形式看，目前外资最理想的并购模式，是通过参股、控股大股东，来控制上市公司，从而回避政策限制。另一方面，随着2003年我国放开医药分销服务，外资企业对我国医药商业企业亦虎视眈眈，大型医药商业，包括医药零售业将有望成为并购的热点。

企业发展规模化。中国医药企业整体规模较小，随着深化企业改革和行业结构调整，5年后一批以上市公司为主体的大公司、大集团可望脱颖而出，他们将通过联合、购并、重组，实现超常规的资源汇聚、资产增值和资本扩张，形成足以与外国大公司同台竞争的实力，并在国内外两个市场上大显身手。

企业数量大幅缩减。加入WTO后，伴随着市场竞争的加剧，中国医药市场版图将重新划分，5年后中国医药企业数量可能减少1/3左右。

中国药业的内在需要

重组，是中国医药行业发展、壮大的客观需要。加入世贸组织后，更加突出了加快药业重组，强化行业竞争力的紧迫性。可以说，加入世贸组织，直接导致了中国药业重组时代的来临。

重组，首先是中国药业做大做强的需要。我国医药行业的现状是企业数量多、规模小、重复性生产多、经营效益低、流通秩序乱。与国外相比，我国医药产业的集中度非常低，在近7000家医药企业中，前60家只集中了全行业30%左右的资产。我国制药企业的年销售额总和，还比不上国外一家大制药公司的年销售额。在资本实力、开发能力、市场控制力等方面，我国医药企业与国外跨国公司更不在一个级别上。难怪人们常用“快艇对航母”来形容国内制药业与跨国公司之间的竞争。在入世后想要同外国医药企业抗衡，国内医药行业必须打造出几个具有强大核心竞争力的医药强势企业。然而要实现企业快速扩张，必须通过国内医药企业的联合、重组，特别是借助资本市场，通过并购实现超常规的资源汇聚、资产增值和资本扩张。

重组，是国内药品降价的必然结果。由于国内医药体制改革滞后，药品价格虚高问题久治不愈。再加上近年来我国制药业发展迅速，行业进入的门槛较低，使得不少医药企业趁势而上。但是，随着国家对部分药品定价的不断调低，制药企业的获利空间被不断挤压。近5年来，国家有关部门已连续11次调整药品价格，累计降价金额已达100多亿元。加上药品招标采购制度的推行，药价被大幅度压低。一些大型药企反映，因药价降低，每年损失动辄数千万元，有的上亿元，甚至几亿元。由此，不少企业感受到了越来越大的生存压力。考虑到入世后进口药品的冲击，国内医药企业只有通过联合重组，扩大规模，抢占市场份额，才能生存和发展。

重组，也是国家有关部门提高市场准入标准，淘汰落后生产能力的需要。目前，国家药品监督管理局正在强制性地推行《药品生产质量管理规范》（GMP）和《药品经营质量管理规范》（GSP），规定，到2004年底，凡是没有通过GMP认证的制药企业将被淘汰出局。统计显示，去年全国已有近20%的制药企业和26%的药品零售企业因没有取得GMP和GSP认证而被淘汰。届时，将有更多的企业因无能力实施GMP、GSP改造或通不过GMP或GSP认证而面临关门的危险。如何安置这些淘汰企业的职工，将成为地方政府的一大难题。通过资产重组，让优势企业联合、兼并，是一个较为可行的办法。

重组，是传统企业转型，进军医药领域的必然选择。有人打比方，如果IT业是“奶酪”的话，那么，医药行业或许是更为香甜的“蜜饯”。面对前景诱人的医药产业，众多的业外企业争相涉足，成为近年来医药市场和资本市场上一道亮丽的风景。有统计显示，截止到今年3月份，我国证券市场上地道的医药上市公司有80家，如果把涉足医药的上市公司计算在内，主营与兼营医药的上市公司共有156家，“地道医药”与“涉足医药”已成对半之势。这些业外企业涉足医药的途径基本上都是通过兼并和收购业内企业，或是借壳转型为医药企业。如华源集团通过资本运作，并购现有医药资产，成功地由纺织业向医药产业转型。

重组，也是国有医药企业深化体制改革，建立现代企业制度的需要。与企业规模和实力相比，体制上的障碍是制约我国医药企业提高竞争力的关键因素。如政企不分、产权单一、法人治理结构不完善等等，已经成为国有医药企业与国外跨国公司竞争的致命缺陷。只有通过重组，实现产权多元化，建立相互制衡的法人治理结构，才能真正激活企业机制，从根本上提高竞争力。目前，越来越多的国有医药企业已经认识到了这一点，他们纷纷主动地参与到重组的大潮中。

中国医药行业的重组是大势所趋，是企业和行业发展的客观要求。今天，无论是市场环境，还是政策环境；无论是行业主管部门，还是行政执法部门或地方政府，都给医药行业的重组创造了前所未有的宽松条件。如果说前一段我国的药业重组仅仅是拉开了序幕的话，那么，今后几年，我国药业将真正进入重组时代。让我们在一浪高过一浪的重组高潮中见证中国药业的发展强大。

《经济日报》2002年5月23日第13版

“药谷”“药都” 热潮背后是什么

医药产业，特别是生物医药产业是21世纪最具发展前景的产业之一。专家断言，未来生物技术药品的年均增长率将远远超过其他一般产品。因此，许多国家和地区都将生物医药科技作为优先发展和重点扶持的对象。我国各地高新技术开发园区，也都把生物医药和IT业作为发展重点予以大力扶持。最近几个月，杭州、无锡、湖北葛店就分别提出，将斥资100亿、200亿、41亿元巨额投资建设大规模“药谷”。据不完全统计，截至目前，全国已有80多个地区或城市先后宣布要建设生物科技园或“药谷”。一时间，一场“药谷”“药都”建设热潮在各地迅速蔓延。

挥金如土 群雄并起

当广药成功重组白云山、广州市两大医药上市公司实现集团化运作的消息刚刚传出不久，石家庄又传出将华北制药和石药集团合并打造“中国药都”的新闻。

其实，政府强力引导，让企业合并重组，形成地区竞争优势，各地都在进行。如南京金陵制药（集团）有限公司与南京医药集团有限责任公司合并，组建南京医药产业（集团）公司；山东两大医药企业，新华制药与鲁抗医药集团成功实现合并；7家医药企业联合组建形成哈尔滨医药集团。业内人士指出，各地打造医药板块、形成集团军作战的构想和实践，实际上是我国医药企业应对入世挑战，企图做大做强的心理表现。

从地域上来看，经济发达的华东地区，在目前“药谷”“药都”这种大型医药产业园区的建设热潮中，成为最为活跃，竞争最为激烈的区域。其中上海张江、浙江杭州余杭、江苏无锡三处，在众多“药谷”中规模最大、投资最多。上海张江“药谷”，总投资25亿元，产业格局是以中科院药物所、国家基因组南方中心为核心的“一所六中心”体系，主要产业化领域是从事基因组研究、新药开发与筛选等，主要涉及的上市公司有三九生化、张江高科。以华源集团担纲的江苏无锡生命科技园区，今后10年总投资将达200亿，主要产业化领域是现代中药、生物制药、医疗器械等的研究开发与生产，主要涉及的上市公司是华源集团麾下的多个子上市公司。浙江杭州余杭“新药港”，则以生物医药、现代中药、新化学合成药物为产业发展重点，三个基地5年内总投资将达100亿元，主要涉及的上市公司为海王生物。华东地区这三大“药谷”沿着宁沪甬高速公路分布，形成了一条颇具规模的“药谷带”。

位于武汉与鄂州交界的湖北葛店高新技术开发区“中国药谷”，总投资41亿，主要以生物医药为龙头，光电子、新材料为重点，在建项目19个，主要涉及上市公司是丽珠集团和武昌鱼。深圳生物医药科技园，总投资7亿元，主要生产以基因工程药物为代表的现代生物技术药物，涉及的上市公司是厦门国贸。北京中关村及通州亦庄经济开发区“药谷”，1998年以来共投资13亿元以上，主要产业格局由基因组北方研究中心、病毒生物技术研究中心、国家药物安全评价监测中心、863计划生物医药中试基地、脐带血造血干细胞库等组成。长春“药都”，以多家医药大户为主体，实现产值20多亿，利税4.5亿元，其主要产业为中药、疫苗、基因工程药物为代表的高附加值药品的生产与经营。

此外，部分在建的国家级项目还有：浙江台州的医药化工出口基地，吉林通化的生物医药基地，四川成都、陕西西安的中药示范基地等。这些医药基地的共同特点是，都有政府支持、具备中国最高端技术优势、有上市公司资本运作支撑等多种优势。

药谷多多　能容几个

然而，如果在各地挥金如土建设“药谷”“药都”，兴起“圈地”热潮的背后，稍稍冷静思考，就会产生许多疑虑：中国目前的市场能够容纳多少这样的巨型“药谷”？在遭遇跨国企业强劲登陆的冲击后，这种药谷大战的局面还能维持多久？部分企业一拥而上，盲目介入生物技术领域，会不会重蹈我国许多行业重复建设的覆辙？“药谷”热中带有多少“泡沫”？

对此，国家经贸委规划司有关负责人在接受记者采访时指出，生物技术总体而言还是一个处于初创期的产业，风险较大，部分企业一拥而上，盲目介入，重复建设将难以避免。事实上，目前许多所谓的“药谷”并没有真正在生产具有效益的产品，而更多的是在“炒作”。隐藏在“药谷”热潮背后的可能是一些虚幻的“泡沫”。

另一方面，我国医药产业还面临着低水平重复投资所造成的产品的过剩问题。目前全国6700多家制药企业，片剂、胶囊、输液、粉针和水针的设备利用率均不足50%，大量产品处于恶性竞争状态，企业利润率逐年下降。作为化学制药行业，还必须面对严峻的加入世贸组织的冲击，因为我国目前98%的化学药品都是仿制品。

从目前各生物科技园区和“药谷”“药都”的产业结构来看，普遍存在技术创新能力弱，生物制药品种少、中药制品重复多等问题；各园区和“药谷”“药都”之间也普遍存在产业领域重叠，低水平竞争，资源争夺激烈等情况。与此同时，大多数企业重组和“药谷”“药都”的建设，是以各地政府强力引导形成地区竞争优势为前提的，离企业真正依据市场变化、企业内部需求而互补兼并的理想状态相差甚远。

药谷药都　谁立潮头

既然全国诸多地方都在争食“药谷”这块“蛋糕”，那么，成功的“药谷”将会是怎么样的？或者说，在众多“药谷”“药都”中，谁将最终脱颖而出？

首先，成功的“药谷”“药都”是由内外多种因素综合促成的，而不是由政府部门一厢情愿搓合而成的，更不是由决策者头脑发热拍板而成的。对照美国“硅谷”，就不难看出，今天中国绝大部分“药谷”的命运实在令人担忧。

其次，目前国内众多的“药谷”“药都”，能在未来的国内外竞争中站稳脚跟并取得成功的，必然将在能够有效整合官、产、学、研、金等各种产业化要素，且各方面都不存在太大缺陷的群体中产生。而这些方面，就目前的情况来看，国内的“药谷”还有很长的路要走。

此外，尽管目前国内有些“药谷”具有政府的有力支持并具有科研力量、资本运作或资源条件等多方面的优势，但目前还仅仅只是组织松散的医药产业园区，最多只能起到初步发挥资源配置的优化作用，在市场盈利模式上跟发达国家相比，还存在很大的差距。

因此，“药谷”热是到了需要“冷”思考的时候了。众多“药都”“药谷”，何去何从，需要因地制宜，根据各地实际情况制定切实可行的规划，不可盲目跟风。人们期待在这些“药都”“药谷”中，能够真正产生出具有较强竞争力的产业巨头，并由它们带动中国医药行业做大做强。

《经济日报》2002年7月25日第13版，与祝兴平合作。

工商联手　中外合作　强强整合

中国医药零售业重组浪高风急

刚刚进入2003年，我国医药流通领域就显得“热闹非凡”：一面是“平价药店”旋风来势汹涌；一面是重组浪潮一浪高过一浪。

作为我国制药企业的排头兵，三九和华药几乎同时出手，分别与国内外的医药流通业强手合作。在此以前，华源集团对上海医药集团的重组，哈药、双鹤、海王、太极等制药企业纷纷介入医药流通领域，开展医药分销和零售业务。这些动作表明：在外资进入中国医药流通领域的同时，中国制药企业加入医药流通领域参与重组的步伐正在悄然加快。

近年来，在国内医药零售、批发企业投巨资，急速扩张直营药店、加盟连锁医药店，拼抢医药终端市场份额的同时，国内的制药巨头们也在加紧医药产业链上下游的重组、整合。随着我国履行加入世贸组织的承诺，医药市场将逐步对国外资本放开，外资医药企业将逐步进入我国的药品零售市场，这无疑给广大消费者提供了更大的选择机会，也使我国药品零售商将直接与全球流通巨头短兵相接，接受更大的考验。

中国医药分销领域放开后，国外同行已开始积极行动，发展医药连锁产业，抢滩中国医药市场。这给国内药品生产、流通企业带来了巨大的压力，也带来了合作发展的契机。

无论是药品生产、流通企业还是外商，都很看好中国的药品零售市场。三九企业集团与株式会社八九君泽的合作前景广阔，将实现双赢的目标。三九集团的目标是，通过实施中药现代化工程，打造世界一流现代化中医中药跨国集团，其中一个重要的途径就是发展三九独特的市场营销网络，力争5年内在国内建成10000家连锁药店。通过引进资本、管理、经营理念等，大幅提升三九连锁药店的经营管理水平和竞争实力，提升三九系列产品在中国市场的份额；对株式会社八九君泽来说，三九有着庞大的、成熟的营销网络，是日本企业及产品进入中国市场的良好平台。

另一方面，通过医药行业的合纵连横，来提高我国医药企业的整体实力已成为医药界的共识，其中，工商联手成为一个上策。工商联手可以使生产企业利用商业公司深层次、广覆盖的分销网络和市场信息反馈，同时商业公司也可通过生产企业得到质优价廉的品种供应货源，这种合作优化了供应链组合，规范了流通市场的管理。

由此可见，华北制药与湖北均大的合作动机也是非常明显的。对华北制药来说，通过合作可以充分利用九州通强大的网络覆盖能力，使产品“借船出海”；就九州通而言，利用华北制药的品牌和产品优势可大大增强自己在医药市场的控制力。两者的合作可以说是强势互补，比翼齐飞。

据悉，与武汉均大的合作只是华北制药进军商业领域的一个举措。我国入世后，华北制药为做大做强，提出了通过“四大支柱”即技术创新战略、市场创新战略、并购和联合战略、筹融资战略来增强核心竞争力，进军商业领域是市场创新战略的关键步骤。

三九和华药大规模入介药品流通业的动作，掀起了我国医药流通业重组的一个高潮。可以预料，今后，我国医药流通领域的改革和重组还将高潮迭起。通过这种改革和重组，无论是我国医药生产企业还是流通企业，都将大大提升自己的竞争能力。最终，消费者将从中得到越来越多的方便和实惠。

《经济日报》2003年1月28日第14版

医药产业总是在不断与疾病的斗争中获得发展。目前，全球范围内的抗击“非典”行动，对医药产业来说，既是又一次严峻的挑战，也是一次发展的机遇——

抗击“非典”医药产业担当大任

尽管非典型肺炎的蔓延对全球航运、旅游及会展等行业已造成冲击，但医药企业却因其扮演的特殊角色而成为最大受益者。4月14日，造成非典型肺炎的冠状病毒基因图谱的消息发布后，世界各地瞄准“非典”这道大餐的医药企业开始全面介入“非典”的研究。在国内，自今年2月非典型肺炎在广东爆发后，中国卫生部和中医药管理局等有关机构先后发布治疗“非典”方案以及中药“非典方”，板蓝根、黄芪注射液、金银花、红霉素、利巴韦林、干扰素、丙种球蛋白，各种中西药齐上，中国医药相关企业纷纷加入抗击“非典”的行动之中。

传统中药再次大显身手

在防治“非典”的战斗中，中国传统中药的作用再一次得到了验证。卫生部不久前公布的非典型肺炎病例或疑似病例的推荐治疗方案中，把“选用中药辅助治疗作为7种治疗方案之一”。世界卫生组织官员在广东调查，也对中药治疗“非典”的良好效果表示肯定。有业内人士分析称，这次非典型肺炎的爆发，为中医药走向世界提供了一次绝好的机会。

防治“非典”，传统中药从一开始就担当重任。目前，国内相关中药企业已经全力以赴地投入到抗击“非典”的战斗中。4月，北京“非典”疫情爆发后，国药老字号的同仁堂迅速成立了专门的领导小组，按照北京中医药局推荐的8味药方，为顾客代煎中药。据介绍，同仁堂从4月14日起启用德国进口的现代化生产设备代煎“非典”药液，目前这种预防“非典”瓶装中药液十分俏销，一天的订单就高达16万瓶以上，而同仁堂生产线满负荷运转每日只能供应12万瓶，同仁堂已准备开辟第二条生产线。

另一方面，抗击“非典”，也为近年来我国正在加紧实施的中药现代化进程提供了动力。实践证明，以中药现代化手段将传统中药加工，用现代剂型合并疗效确切的组成部分，受到临床医生的欢迎，并给企业带来可观的利润。

抗击“非典”，也对中药开发提出了新的课题。中国药学会副理事长裘学友认为，坚持中西医综合治疗“非典”取得显著疗效，再次证明了我国中医药在防病治病，特别是疑难病症防治方面确有特殊疗效。因此，医药界要更加重视中医药在防治疑难病症方面的研究，以更好地发挥中医药作用，提高中医药的国际地位。

生物医药面临极大机遇

消息显示，国内外一些制药公司和生物公司，已经以各种方式投入到“非典”药物研发之中。但是在没有特别有效的预防治疗方法和特效药问世之前，增强机体整体抗病能力成为防治“非典”的首选。

4月初，中国疾病预防控制中心出台的《非典型性肺炎推荐治疗方案》建议可选用增强免疫功能的药物。业内人士透露，为保护战斗最前沿的白衣天使的医护人员，目前很多医院开始为一线医护人员注射提高免疫能力的胸腺肽、丙种球蛋白等生物制品。

目前，市场上丙种球蛋白、胸腺肽等产品已经供不应求，同时走俏的还有抗病毒生物制品干扰素。

有关人士认为，全球范围内的SARS病毒的出现使得政府及民众对病毒和与之相关的抗生药及生物保健药有了一次比较深刻的认识。由此，我国生物制药业也迎来了前所未有的发展契机。

我国基因工程制药产业始于上世纪80年代末，随着中国第一个具有自主知识产权的基因重组药物α—1b干扰素1989年在深圳科技园实施产业化，拉开了国内基因药物产业化的大发展序幕。据不完全统计，世界上最为畅销的十几种基因药物在我国都能生产。1996年底，中国已有8种基因工程药物和疫苗实现了商品化，基因工程药物和疫苗销售额约为2.2亿元。

上世纪80年代末以来，我国生物医药产值每年保持18%的增长速度，几乎是每4年翻一番。预计今年中国基因工程药物销售将达45亿元。相信在未来的若干年内，我国生物医药的年平均增长率将不低于12%。中国生物工程产业的崛起必将成为21世纪国民经济的增长点。

最新消息，一种用于预防非典型肺炎的新药——重组人干扰素α—2b喷雾剂近日已获国家食品药品监督管理局批准进入临床试验阶段，并即将用于一线医护人员等高危人群。这是国家食品药品监督管理局启动防治非典“绿色通道”后批准的第一个可在高危人群中进行临床试验的药品。

这又一次证明了生物医药在抗击“非典”中的巨大作用，也验证了生物医药产业的巨大发展前景。

化学制药空间巨大

日前，华北制药发布提示性公告，预计公司一季度及上半年度的经营业绩与上年同期相比将有较大幅度的增长，当然，国际市场VC价格的上涨功不可没，但华北制药是我国规模最大的抗生素生产基地，其生产的抗生素系列产品、VC产品是近期流行的“非典型性肺炎”防治药品之一，这一块的利润贡献不可忽视。

国内另一家抗生素生产大户山东鲁抗医药股份有限公司日前发布的季度报告显示，截止到2003年3月31日，公司实现主营业务收入30075.75 万元，比上年同期增长9.13%，实现利润总额3750.79万元，比上年同期增长74.09%。其中：青霉素钾盐，7—ADCA、6—APA和头孢拉啶针、阿莫西林胶囊销量的大幅增加是本期销售收入增加的重要因素。

中国疾病预防控制中心曾将阿奇霉素、盐酸四环素、多西环素、红霉素、左氧氟沙星、利福平、更昔洛韦作为治疗“非典”推荐用药，有调查显示，在广东，一度有相当多药房红霉素脱销；在北京、浙江、江苏等地，红霉素、左氧氟沙星、更昔洛韦等的药物销量均增加30%以上。而生产抗病毒药利巴韦林原料药的星湖科技、丽珠集团、鲁抗医药、白云山以及涉及该药制剂药生产的华北制药、潜江制药、双鹤药业、鲁抗医药、尖峰集团、北生药业等公司相关产品的销量也直线上升。

化学原料药是我国化学制药行业的优势品种。我们现已拥有2000多家化学制药企业，化学原料药总产量达30多万吨，仅次于美国，并且产品远销世界各地，成为国际上化学原料药的主要出口国之一。原料药产量约占世界原料药市场份额的22%，化学原料药已经成为我国医药工业的支柱，产值约占整个医药工业的1/3，近十年产量年均增长11%。同时原料药也是我国医药行业的出口支柱，目前我国原料药产量约有50%出口，并且原料药在国内有着廉价的成本优势，相对于其他子行业有着更大的利润空间。

《经济日报》2003年4月29日第13版

医药电子商务何时走上阳光大道

抑制药价虚高的一把利器

现在老百姓到医院看病意见最大的无疑是药价太高，据搜狐网在线调查，高达94.86%的人认为药品价格“水分大，价格高”。

一支出厂价为10多元的普通抗生素到最终用户身上往往就是数十元甚至上百元。广东全国人大代表陈妙珍曾指出，即使是药品集中招标采购，也没有能刹住药价虚高的现象。在她对集中招标采购的调查中，一支零售价仅为0.13元的注射液，中标价竟达16.5元。个别药品的中标价与零售价竟相差127倍。哈药集团制药总厂生产的头孢曲松钠1 g注射剂，每瓶进价3.23元，可在浙江某医院的零售价却摇身一变为40元。药价为什么这么高，关键的一个原因是药品价格不透明。

药品价格体系的混乱直接与我国的药品流通体系相关。

我国有3000多家医药生产企业，大大小小1.8万多家医药批发销售商。医药流通体系存在着“多、小、散、乱”的现象。生产企业有着自己的销售体系，销售商也有着自己的销售网络。药品流通环节复杂交错，医药流通成本很高。尤其是医院采购这一块，生产销售商为推销自己的药品，往往给医院或者相关人员很高的回扣、红包或者返利，这些销售成本最终还是要摊到患者的头上。

能否找到一种高效、透明、低成本、低价格的医药流通方式？医药电子商务为我们带来了希望。20世纪90年代末，我国医药电子商务出现伊始，有关部门就把它当作对付药价虚高的试点。医药电子商务是以医疗机构、医药公司、银行、药品生产单位、医药信息服务提供商以及保险公司为网络成员，通过Internet网络应用平台，为用户提供安全、可靠、开放并易于维护的医药贸易电子商务平台。在这个平台上医药价格、交易过程都是透明的、高效的。重要的是它减少了中间环节，节省了交易费用，从而可以大大降低交易成本，以达到抑制虚高药价的目的。

医药电子商务发展缓慢

我国医药电子商务的初步开展，的确对一些地区和一些品种的药品虚高的药价起到了一定的抑制作用，但我国医药电子商务的发展并不是顺风顺水的，20世纪90年代末国家允许8家企业试行医药电子商务，到后来越来越多的医药企业加入，现在我国医药电子商务网站已逾千家，但是这些网站大多都在“生存还是毁灭”的漩涡里挣扎。

很显然，办电子商务的目的都是为了赚钱，医药电子商务网站的收益一般是会员会费、广告、信息服务费等，但是我国的医药市场很特殊，80%的药品都是在医院里销售的，医药市场是买方市场，要是医院不利用网络的话，网站就只能是形同虚设。而医院都有自己的传统的采购体系，采用网络电子商务势必改变这种体系，改变了原来的利益分配方式，自然遭到原有体系的抵制，这是很多网站难得有客户的重要原因。同时，医药电子商务的发展势必改变整个医药流通体系的现状，它的发展受到法规政策等因素的影响。所以我国医药电子商务的发展是缓慢的，还没有形成实质意义上的电子商务体系。

2000年成立的海虹医药电子商务专攻医药代理招标，目前已在全国29省区市建立了交易中心。但海虹模式是典型的代理中介，其主要收益来源于代理费用。我国的医药电子商务网站还有专门提供信息以收取一定费用的网站，以中国药网、中药通等为代表。而以中国医药招商网、易方达医药网为代表的商务网站则主要解决药厂药品招商与代理为主的医药信息网络平台。

电子商务由信息流、资金流、物流等要素组成。正如中国医药招商网总经理周仁根所说的：“目前中国的医药电子商务还没有取得什么实际性的突破，还仅仅处在初级阶段，远未成熟，仅仅在信息流的电子商务化方面做了部分工作，与资金流、物流的电子商务化尚未统一起来。严格地说，真正的医药电子商务还没有建立起来。”

就是说，我们虽然搞了10多年的医药电子商务，而实际上还只是在医药电子商务的门口徘徊，没有进入电子商务的腹地。

“民生模式”能否成功

2004年岁末，中国民生医药电子商务网站的开通吸引了医药界的眼球。

民生网依托的是中国民生医药配送中心有限公司，民生配送既不生产药品也不销售药品，它是一个专门的第三方医药物流平台。这是经国家食品药品监管局批准的第三方医药物流企业，民生药网就是依托着这样的一个得天独厚的条件拓展着我国医药电子商务的视野，坚定地迈入医药电子商务的大门。

民生模式摆脱了仅仅提供信息服务的旧有模式，它集信息交互、交易结算、增值服务、第三方物流一身，它为上下游客户提供功能强大的第三方服务平台，建立医药制造企业、流通企业、医疗单位直接联系的模式，实现信息流、物流、资金流的高度协同。这样，医药购销中由多渠道、多环节、“人人接触”、决策分散化转变为单一渠道、单一环节、“人机对话”，使得决策集中化。既可以反腐纠风、杜绝回扣，降低药品的人为成本，缩减中间环节，降低药品的采购成本；还可以使药品的购进快捷，加速库存周转、降低经营费用，并且可以为决策提供有益的数据。民生模式是一种完整的医药电子商务模式，应该说是代表了医药电子商务的发展方向。

从整体上看，电子商务是商业活动的一种方向，全球每年的电子商务交易额上升90%以上，涵盖在电子商务内的医药电子商务的上升幅度高于平均水平22个百分点。这是由于医药用品便于储存、运输，很适合电子商务的要求。

在我国，由于医药流通体系固有的缺陷，造成医药用品价格奇高。因此，发展医药电子商务更加迫切。但是，我国医药流通体系改革是一个全局性的工作，以第三方物流为特点的民生模式只是掀开医药流通体系的一把利刃。这把利刃到底能发挥多大的作用，能否搅动一池春水，还必须看主管部门下多大的决心和怎样运用这把利刃。药价虚高的根本原因在于“以药养医”的体制，而第三方物流的“民生模式”正顺应着这种改革的方向，为医药流通体系的改革提供了一条清晰的思路。

《经济日报》2005年7月20日第10版，与陶长春合作。

“先声”夺人 贵在创新

一直以来，谈起新药研发，需要10亿美元投入、10年以上的时间，大量的人力，这些说的都是欧美跨国企业的事情。相比全球排名前五位药企每年用于研发投入达到销售额12%以上的比例，中国药企的研发投入平均占比还不到5%，而这些跨国药企的年销售额多半都是在200亿美元以上，中国药企无论是投入绝对值和销售占比都无法比拟，这也是中国企业新药创新能力薄弱，创新乏力的根本原因。

做强医药产业，需要加快新药创制步伐。作为全球第三大药品市场，我们很快就将接近或超过日本，成为仅次于美国的第二大药品市场。可是，目前我国医药企业的新药研制能力，与巨大的市场需求相比，还有较大差距。目前全球销量最大的200个药物中，年销售额最大的是100多亿美元，第200位的销售额是6亿美元，这200个药物中，中国还没有一个。全国5000家制药企业，真正有创新能力的还很少。在生物医药领域，我国在过去的30年里面，几乎没有真正的创新药物，完全以仿制为主。

这种状况正在逐步改变。2011年被业界称为是“新药的爆发期”，目前我国已有16个一类新药获得证书，24个品种正在申报，有近500个比较有希望的新药正在进行研究。

据悉，“十二五”期间，我国将继续加大对创新药物的研发投入，中央财政将对“重大新药创制”下拨资金100亿元、配套资金300亿元。除此以外，我国经济持续发展、国民收入增加、新医改的推进等等，都将成为新药创制的重要推动力。这也意味着我国将迎来新药创制的新时代。

《经济日报》2012年1月11日第9版

医药工业发展态势良好

10年来，我国医药工业着力加快结构调整和转型升级，实现了持续、稳定、快速发展，在保护和增进人民健康、应对自然灾害和公共卫生事件、促进经济社会发展等方面发挥了重要作用。2011年，全国医药工业总产值达15025.09亿元，是2002年2517亿元的近6倍。

10年来，随着国民经济快速增长，人民生活水平逐步提高，我国医药工业保持了良好发展态势。今年以来，我国医药工业依然保持较快增长，上半年实现销售收入8094亿元，同比增长19.1%；利润总额810.7亿元，同比增长17.7%。

规模效益大幅提升

过去的10年，是我国医药工业发展最快的时期，特别是“十一五”以来，国家加大医疗保障和医药创新投入，医药工业克服国际金融危机影响，保持了良好发展态势

10年来，我国医药工业健康发展，规模效益快速增长。2011年，全国医药工业企业实现销售收入15254.774亿元，较2010年增长28.75%。

技术创新成果显著。国家通过“重大新药创制”等专项，“十一五”期间投入近200亿元，带动了大量社会资金投入医药创新领域，通过产学研联盟等方式新建了以企业为主导的50多个国家级技术中心，技术创新能力不断加强。盐酸安妥沙星、重组幽门螺旋杆菌疫苗等创新药物获得批准，重组人Ⅱ型肿瘤坏死因子受体—抗体融合蛋白等单抗药物实现产业化，复方丹参滴丸进入美国三期临床试验，超声诊断、监护仪等产品竞争力显著增强，大规模细胞培养、生物催化等技术应用取得突破，阿莫西林、维生素E等一批大品种生产技术水平提高，新产品、新技术开发成效明显。

企业实力进一步增强。在市场增长、技术进步、投资加大、兼并重组等力量的推动下，涌现出一批综合实力较强的大型医药企业集团。我国销售收入超过100亿元的医药工业企业由2005年的1家增加到2010年的10家，超过50亿元的医药企业由2005年的3家增至2010年的17家。医药大企业成为国家基本药物供应的主力军，有效保障了基本药物供应。

区域发展特色突出。我国东部沿海地区发挥资金、技术、人才和信息优势，加强产业基地和工业园区建设，促进集聚发展，大力发展生物医药和高端医疗设备，“长三角”、“珠三角”和“环渤海”三大医药工业集聚区的优势地位更加突出，辐射能力不断增强。2010年，山东、江苏、广东、浙江、上海、北京的医药工业总产值总和占全行业的50%以上；销售收入前100位的医药工业企业中，约三分之二集中在三大区域。中西部地区依托资源优势，积极承接产业转移，大力发展特色医药经济，吉林、江西、四川、贵州等省中药总产值进入全国前五位。

对外开放水平稳步提升。我国医药出口持续快速增长，2010年出口总额达397亿美元，“十一五”期间年均增长23.5%。我国作为世界最大化学原料药出口国的地位得到进一步巩固，抗生素、维生素、解热镇痛药物等传统优势品种市场份额进一步扩大，他汀类、普利类、沙坦类等特色原料药已成为新的出口优势产品，具有国际市场主导权的品种日益增多。监护仪、超声诊断设备、一次性医疗用品等医疗器械出口额稳步增长。制剂面向发达国家出口取得突破，“十一五”期间通过欧美质量体系认证的制剂企业从4个增加到24个。境外投资开始起步，一批国内企业在境外投资设立了研发中心或生产基地。利用外资质量进一步提高，“十一五”期间大型跨国医药公司在华新增投资约200亿元，其中研发投资近70亿元，有10多家企业在我国设立了全球或区域研发中心。

中药产业焕发生机

通过实施中药品种保护制度和相应的扶持政策，中药行业焕发新的生机，中药片剂、胶囊、软胶囊、注射剂等新剂型纷纷上市，满足了广大群众的基本用药需求

10年来，我国中药材生产变化巨大，初步建立起了中药材数据库和种子资源库。许多中药材实现了规范化种植和产业化生产。国家批准上市的中成药已达到9000多个规格品种，中成药生产大量采用现代化技术和装备，多能提取、萃取蒸馏、真空干燥、超临界二氧化碳萃取、树脂交换等技术广泛应用，中药制剂剂型迅速增加，改变了“丸、散、膏、丹”的老面孔，中药生产走向现代化。

受益于良好的政策环境，近10年来，我国中药制造业行业规模不断扩大，产品销售收入、资产、企业数和从业人数大幅增长，行业总体呈现快速发展的良好态势。数据显示：2001年至2011年，我国中药行业销售规模复合增长率达到20%以上，2011年中药销售规模达到4000亿元以上。具体到中药类别上，2011年全国中药饮片（即对中药材进行特殊加工炮制后的制成品）行业销售收入达到853.72亿元，与2006年相比复合增长率达到35%以上；中成药行业销售收入达到3378.67亿元，与2006年相比复合增长率达到24%以上。

今年5月发布的《中医药事业发展“十二五”规划》指出，到2015年，我国中药工业总产值将达到5590亿元，预期年均增长率为12%。依托强有力的政策扶持和巨大的市场潜力，我国中药产业迎来发展黄金期。

生物医药快速增长

进入新世纪，我国采取了一系列措施，加大了对生物技术创新和生物产业发展的支持力度，推动了生物医药产业的快速发展

近年来，我国相继出台了《生物产业发展“十一五”规划》、“重大新药创制”科技重大专项“十二五”计划，组织实施了生物技术创新成果产业化，加强了国家生物产业基地建设等，促进了生物医药产业的发展。

2009年6月，国务院办公厅印发了《促进生物产业加快发展的若干政策》，明确提出加快把生物产业培育成为高技术领域的支柱产业和国家的战略性新兴产业。

在相关政策的鼓励下，近年来，我国生命科学与生物技术研究取得长足进展，在后基因组学、蛋白质组学、干细胞等生命科学领域具有较高的研究水平，一批具有自主知识产权的生物新药已进入临床试验。

“十一五”期间，我国生物技术进入大规模产业化阶段，并开始进入产业盈利期，生物产业产值从6000亿元跃升至16000亿元，年均增速达21.6%。同时，生物医药等初具规模，呈现出规模迅速扩大，结构不断优化，行业不断出现兼并重组，集中度显著提升的新特征。

目前，国内生物产业发展的集聚化效应明显，自2005年国家发改委开始认定首批国家生物产业基地以来，北京、上海、深圳、天津、广州、哈尔滨、石家庄、济南、青岛、通化等地兴起了近百家生物基地园区，园区内生物产业的联动发展动力极大。

国家发改委宏观研究院产业经济与技术经济研究所所长王昌林介绍，未来5年，我国生物产业将重点发展生物医药、生物农业、生物能源、生物环保、生物服务外包五大方面；全国生物产业产值到2015年达到4万亿元，到2020年达到8万亿元至10万亿元。其中，生物医药的发展将主要强调用于重大疾病防治的生物技术药物、新型疫苗、诊断试剂、化学药物等创新型药物品种。力争到2015年，百强新药企业销售收入占全行业销售总收入的50%，到2020年，5家企业进入世界医药百强。

今天，作为“永远的朝阳产业”的我国医药行业，在政策和市场的双重驱动下，正在由“大”到“强”的道路上稳步前进，展现出巨大的发展潜力。

《经济日报》2012年9月25日第13版

创新药何时实现“中国造”

在医药领域，创新是一个永恒的主题。从仿制、仿创结合到创新像一个金字塔，处在最底层的仿制药生产企业永远面临低利润、竞争激烈的境地；而处在最上层的创新药，则可获取高额利润。面对诱人的市场“蛋糕”，世界主要制药强国都在加快创新药物研制步伐。

作为全球第二大医药市场，我国数千家制药企业生产的化学药品中，仿制药达95%以上。随着药企对创新药研发越来越重视，研发投入比重越来越大，中国创新药物已走到面临突破的重要关口。

加大研发投入

近日，国内医药行业两起跨国并购在业内掀起一阵波澜：7月26日，绿叶制药集团宣布与瑞士Acino公司签约，以2.45亿欧元购买其旗下透皮释药系统和植入剂业务；7月28日，复星医药发布公告，拟收购印度Gland Pharma Limited约86.08%的股权，这是迄今中国制药企业交易金额最大的海外并购案。

加大在海外制药领域并购力度，已经成为中国医药企业提升研发水平、加快走向国际市场的重要着力点。绿叶制药集团相关人士指出，收购这样一家在细分领域拥有领先专业水平的欧洲公司业务，将极大提升绿叶制药在新型制剂领域的研发生产、国际注册、市场推广等方面的国际化水平，有助于进一步开拓全球市场。复星医药董事长陈启宇表示，中印两家药企的资源嫁接将有利于推动中国药企在研发创新及仿制药出口等方面的国际化步伐。

事实上，以绿叶制药、复星医药和恒瑞医药、天士力等为代表的医药企业，已成为中国创新药物研发的“第一梯队”。绿叶制药目前有专利保护的产品占总收入的比重已达八成以上，并拥有丰富的在研产品线；“十二五”期间，复星医药的研发投入已经超过20亿元；截至目前，恒瑞医药先后承担

4项国家863重大科技专项，22个项目列入国家“重大新药创制”专项，已申请200余项发明专利，其中100项全球专利（PCT专利）；天士力则是中药现代化的代表。天士力控股集团副总裁孙鹤介绍，经过近20年的努力，天士力复方丹参滴丸已经顺利完成了美国FDA三期临床试验，进入数据统计和新药申报准备阶段。一旦注册成功，将成为全球首例通过美国FDA注册的复方中药产品。

十年磨一剑。借助于中国医药产业的快速发展，以新药研发“第一梯队”为代表的一批本土药企在新药研发领域已崭露头角。从研发投入看，国内企业虽然在研发投入总额上与跨国药企还相差甚远，但近年来研发投入增长迅速，赶超势头强劲。统计显示，2015年，国内研发投入较高的8家企业研发投入增速都超过20%，恒瑞医药、复星医药、海正药业研发投入都超过8亿元人民币，赶上了一些全球50强中处方药销售上榜药企。从研发投入占销售收入比例来看，恒瑞医药、海正药业等企业都已达到或接近10%，已超过部分全球50强中仿制药企业。

“假如10年后中国成为医药方面重要的创新源头，我不会感到惊讶。”阿斯利康全球产品组合及产品战略执行副总裁Luke Miels说。

寻找突破路径

创新药物是指具有自主知识产权专利的药物。业内人士都知道，创新药从项目设立到被药监部门批准上市是一个漫长的、充满风险的、昂贵的过程，一般需要10到20年的周期和约10亿美元的经费；而10000个在研新药中，最终能进入临床的可能只有10个，真正销售能超过10亿美元的“重磅炸弹”则可能只有1个。另一方面，由于创新药专利保护期可长达20年，新药一旦研发成功，往往让公司股价暴涨，赚得盆满钵满。

由于在研发力量、资金投入和新药储备等方面与跨国制药巨头仍有相当大的差距，中国创新药物研发尚处于起步阶段。2015年全球销售额最高的10个药物，全部由跨国药品企业研发生产。中国创新药物研发的路如何走？

业内专家认为，应该立足国情，寻找适合中国药企现状的突破途径。在这方面，国内一些企业的经验也许可提供有益启示。

复星医药公司持续完善“仿创结合”的药品研发体系，在小分子化学创新药、大分子生物类似药、高价值仿制药、特色制剂技术等领域打造了高效的研发平台。复星医药总裁兼首席运营官吴以芳介绍，复星医药研发创新发展将分为三个阶段：近期，将着力于打造创新能力，包括人才架构、基础设施配套、临床能力的建设等；中期，将走“仿创并举”的道路；远期，则将成为一个完全创新型的企业，争取在10至15年后，由创新驱动贡献复星医药的大部分收入。

近年来，美国FDA新药申请的505（b）（2）路径在新药研发领域越来越受到重视。此路径可以适用于两种类型的申报，一种是新化学分子，另一种是已批准药物的改变，包括适应症、配方、剂型、给药途径、用药方案等。美中医药开发协会前会长、罗氏制药高级总监徐志新博士认为，对中国药企来说，采用505（b）（2）路径是一种切实可行的选择。他说，505（b）（2）可以避免重复不必要的已经证明了的试验，使研发企业既节省经费投入、加快药品上市进程，又可享受新药带来的市场回报，是一种高成功率、低风险的研发战略。

业内专家提出，对于目前以仿制药为主的中国药企来说，为了提高竞争力，有两条途径可以尝试：一是选择一些比较难以仿制的产品进行攻克，让竞争对手知难而退；二是挑战技术壁垒较低505(b)(2)产品，一旦成功，不仅可以在某些产品上形成专业优势，同时获得的独占权也规避了同行的竞争。

另一方面，由于新药在美国注册和上市被业内公认为走向国际市场的“通行证”，近年来，复星医药、恒瑞医药、绿叶制药、天士力等企业纷纷在美国设立研发中心和相关机构，加快国际交流与合作，摸索了一套“中外结合，多快好省”的国际项目模式管理，为中国医药产品在欧美国家的注册、销售开创了一条新路。

做好顶层设计

由于创新药物研发的特殊性，从基础研究、企业研发、临床试验、新药注册到市场推广，是一个漫长和复杂的链条，涉及科研院所、企业、政府、医院等多个环节。对此，专家提出，要牢牢把握国际创新药物发展新趋势，搭建政产学研用的联盟，从我国实际出发做好顶层设计。

创新药物研发，最重要的是要有良好的政策环境。工信部消费工业品司副司长吴海东提出，医药行业在“十三五”期间要增强创新能力，一要增加投入，二要提高效率，积极推进我国从跟踪仿制到自主创新的战略转变。

吴海东介绍，医药行业“十三五”专项规划中提出的第一个重点任务就是增强自主创新能力。一是推动产品创新，加大原创药物的研发，实现药品研发由仿制向创制升级，以满足我国临床重大疾病防控需求；二是搭建平台，建设药品医疗器械创新中心，围绕行业发展关键共性技术开展攻关，突破产业化技术瓶颈，促进创新成果的转化；三是支持中小创新型企业发展，搭建创新创业服务平台，实施医药产业创投计划，支持一批从事新药创新的小企业发展，使其成为我国医药创新的重要源头。

顶层设计+政策支持+合作联盟，中国特色的新药研发之路正在积极探索中。

《经济日报》2016年8月15日第14版

第四章

经济动脉
提质增效畅通循环

行业·民航

中国航展：世界为你喝彩

高大雄伟的长征2号捆绑式运载火箭昂首矗立在停机坪上；国产歼8—Ⅱ、歼—7、强—5、K—8飞机以其优美的身姿吸引了众多国内外参观者的关注；美国雷神公司的汉克800民用机、R 44直升机、俄罗斯图—204大型客机、伊尔76、伊尔96运输机以及苏27、苏30战斗机等，让人大开眼界；令人眼花缭乱的飞行表演，更使人叹为观止……

11月5日至10日，中国航空航天界的精英聚集在珠海，世界航空航天界的目光关注着珠海。'96中国航展成了名符其实的展示国内外航空航天最新技术、最新成果的舞台。

这是我国航空航天界多年来梦寐以求的时刻。今天，我国的航空工业已经能自主研制生产歼击机、轰炸机、强击机、直升机、运输机、教练机和民用机等各类军民用飞行器和相应的发动机、机载设备、武器火控设备等配套产品。45年来，已累计生产60多个型号1.4万余架军民用飞机和相应设备，航空工业产品达5000多种；我国航天工业已建立了完整配套的研究、设计、生产和试验体系；在洲际导弹、卫星回收、一箭多星、地球静止轨道卫星的发射和定点、高能低温燃料火箭等航天技术的一些重要领域，已经跻身于世界先进行列；我国民航事业的快速发展，同样令世人瞩目。10多年来，我国航空运输以年均20%的速度持续增长。我国民航运输总周转量已由1980年占世界第35位上升到1995年第11位，旅客周转量由第33位上升到第7位。中国已经成为全球最大的航空航天市场。

中国需要了解世界，世界需要了解中国。世界航空航天界的发展也离不开中国市场。中国航空航天界多年来积极筹划在中国举办具有世界影响的国际航空航天博览会。1995年5月19日，国务院正式批准中国民航总局、中国航空工业总公司、中国航天工业总公司、中国国际贸易促进会和珠海市人民政府在珠海联合举办中国国际航空航天博览会。

这是一次航空航天界的“奥林匹克”盛会。第一次，我们以国家的经济实力、航空航天工业的实力与世界航空航天界对话，寻求发展与合作；第一次，中国人把自己的“空中大力士”——“长二捆”在祖国的南大门展示于众；第一次，人们有机会在中国欣赏国内外90多架军用、民用飞机的英姿……

中国航展，国人为你喝彩！世界为你喝彩！

《经济日报》1996年11月9日第2版

首都机场扩建能否再快点

不知你遇到过没有，去首都机场乘飞机，常常会发生令你感到心烦意乱、心急如焚的事：候机楼前车成长龙，候机楼内成了“农贸市场”，如再碰上大雨、大雾什么的，你只好自认倒霉了。如果你碰巧在去年12月18日前后去首都机场，大雾下的候机楼将给你留下一幅难忘的画面：万余旅客个个脸色焦虑，狭小的候机楼到处人满为患。面对极度的混乱，你会感受到一种现代高科技条件下的无奈。

首都机场，何时让旅客对你露出笑脸？也许正在兴建的机场新航站楼会给你答案。可是，这个将于1999年10月1日投入使用的新航站楼是否有点“远水不解近渴”？

俗话说：“计划跟不上变化”。我国民航运输业近十几年来发展速度之快大大出乎许多人的预料。首都机场候机楼，从一个侧面可以说是我国民航发展的缩影。建于1955年并于1958年投入使用的原候机楼总面积仅1万平方米，高峰小时旅客吞吐量为240人。1975年11月动工，1980年元旦正式启用的候机楼经1988年、1992年两次改造，扩建面积已达7、8万平方米，高峰小时旅客吞吐量为3000人，计划年旅客吞吐量为300万人次。而1996年首都机场候机楼的旅客吞吐量已达到1680万人次，按照国际标准，如此吞吐量要求候机楼面积应该达到近30万平方米才能满足需要。有关资料显示，近5年来，首都机场飞机起降架次年均增长率为20.7%，目前这一地区的旅客运量正以27%的年平均速度增长。显然，严重超负荷运转的现候机楼已难以适应运量增长的需要。

北京首都机场航站区扩建工程，是“九五”期间国家重点建设项目。党中央、国务院对这一工程给予了极大的关注，江泽民、李鹏亲自听取机场扩建准备工作和航站楼设计方案的汇报，江总书记称其为“重中之重、迫在眉睫”。1995年10月26日，李鹏总理，邹家华、吴邦国副总理亲自为航站区扩建工程培土奠基，从而揭开了首都机场航站区扩建工程的序幕。

扩建以后的新航站楼总建筑面积33万平方米，相当于4个现候机楼，将成为北京最大的单体建筑，也是国内建筑面积最大的航站楼，工程投资总概算为91.84亿元。新航站楼内主要设备由日本海外协力基金提供的300亿日元政府贷款，通过国际招标采购的，这将使首都机场步入世界较先进机场的行列。在新航站楼前，将建一座17万平方米的亚洲最大的停车楼，可同时停放轿车5167辆。停车楼四周环绕进楼和出港单向环形车道设计的16座立交桥将使航站楼前的交通状况得到根本改善。进入14000平方米的值机大厅，168个值机柜台的办理时间可延伸到起飞前2—3小时之内。与航站楼同时新建的还有36个近停机和8个远机位，高峰时，每小时可处理9000人以上，是现在的3倍。

经过上万名建设者两年多的紧张施工，首都机场航站区扩建工程进展顺利。今年，主楼将封顶并进入设施安装、调试及精装修阶段，停车楼工程已于去年底完成主体结构封顶，扩建工程16个配套项目中的其他工程计划在今年年底前全部完成。

但是，对于饱受航班延误之苦的旅客来主，新航站楼似乎还太遥远。面对日益不堪重负的旧候机楼，他们普遍关注的是：机场扩建的步子能否再快一点？在新候机楼启用以前，再遇到大面积航班延误时，是否能够保持机场良好秩序？

据介绍，新航站楼是以2005年的航空运输量作为扩建规模的基本依据，预计到2005年首都机场年旅客吞吐量为3500万人次，高峰小时为12200人次。让人疑虑的是，扩建工程投入使用后，过几年又满足不了运量增长的需要怎么办？频频扩建是否上策？

对此，有关人士介绍，由于财力所限，机场扩建实难一步到位。但这次扩建工程在设计上已保留了今后继续发展的余地，同时，在航站楼与停车楼之间，还为地铁通道预留了位置。

我们期待着，随着新候机楼的运营，以及今后机场硬件投入的继续增加和服务质量管理水平的同步提高，去首都机场，将会给你带来好心情。

《经济日报》1998年2月12日第1版

“民航巨无霸” 解答三疑问

面对日益国际化的竞争，面对资源配置重复、市场竞争无序的现实，中国民航上演重组重头戏。

日前，民航总局有关负责人在京宣布：中国民航总局将以中国国际航空公司、中国东方航空公司、中国南方航空公司为基础组建3大航空运输集团公司，各地方航空公司可在自愿基础上积极参与3大集团重组。

民航重组为哪般

深化民航体制改革，通过战略性重组，使航空公司走集团化发展的道路，是我国民航业走出困境，迎接竞争的关键。对此民航总局近年来从多方面着手，为重组创造良好的条件。首先从整顿、规范市场入手进行改革，今年4月以来，又在108条航线上实行企业联合经营，提高了企业自律能力。一年多的整顿使混乱的民航市场逐渐平静下来，国内航线客运低价竞销的局面基本得到了控制。民航总局日前宣布，“禁折令”作为权宜之计已完成使命，将逐步改进价格管理办法，由政府制定指导性价格，企业依据市场变化灵活定价。

在市场秩序好转、企业内部改革取得进展、管理水平有所提高的情况下，组建3大航空集团公司就成为今年下半年中国民航改革的重头戏。民航总局政策法规司司长夏兴华说，目前中国民航直属的10家航空公司正本着

“企业自愿、政府引导”的原则就重组问题展开磋商。据中国民航管理局一位资深人士介绍，航空企业“联姻”不仅是地域上的简单凑合，还要从包括飞机机型、航线分布、资产状况等多种因素方面作周密考虑。

政府是不是搞“拉郎配”

随着中国即将加入世贸组织，我国将开放更广阔的蓝天，航空运输市场的竞争将日益国际化。面对外航咄咄逼人的竞争，如不重组，中国的航空公司将更显得弱小。仅以美国为例，3家航空巨头中最小的联合航空公司就拥有577架运输机，比我国所有民航飞机的总和还多。

人们期待已久的我国民航运输业实施战略性重组，加快政企分开终于开始迈出了实质性步伐。据介绍，此次航空公司重组的原则是“企业自愿，政府引导，发挥集团优势”，政府绝不搞“拉郎配”。3大集团重组后即可实现与中国民航总局脱钩。这项改革涉及7.3万人和1500亿元资产的重组。

有关权威人士评价说，中国民航3大航空集团公司重组实现后，民航的竞争实力将提高，竞争将变得有序，资源将得到优化配置，是中国民航走出亏损困境的希望。

重组后会不会造成垄断

民航重组后会不会造成新的行业垄断？民航有关人士认为，组建后的南航、东航、国航三大集团公司大体旗鼓相当，每家资产总规模均在500亿元左右，不可能造成垄断。相反，在国家宏观调控之下，新的市场竞争将会令集团公司自我约束力增强，普通旅客将在机票价格、服务水准等方面受益。中国民航总局的态度是在确保安全的基础上，重组完成越快越好，年内应有动作。中国民航总局将从市场准入、航线分配等方面采取扶优扶强政策，促进企业重组。

据悉，各航空公司目前正在积极协商，确定方向。企业组建完成后，上报中国民航总局和国务院批准，中国民航总局将成熟一个，脱钩一个。3大集团公司将按照现代企业制度的要求，形成企业结构，建立各负其责、协调运转、有效制衡的公司法人治理结构。

在此基础上，民航总局有关负责人指出，将鼓励航空集团参与全球化的航空联盟，这可以在较短的时间内极大地改善我国航空公司的国际竞争力。

《经济日报》2000年7月30日第2版

民航总局负责人27日宣布，直属航空公司重组意向已经达成，备受社会关注的民航改革将迈出重大一步——

民航为何要组建三大运输集团

民航总局局长刘剑锋27日在北京宣布，按照“企业自愿、政府引导、发挥集团优势”的原则，民航直属航空公司和服务保障企业在自主自愿的基础上，经过充分酝酿、协商，达成了重组意向。据此，这些民航直属企业将组建三大航空运输集团和两大航空服务保障集团。被称作“硕果”仅存的几大垄断行业之一的中国民航终于迈出了改革重组的步伐。

民航业的改革重组一直是全社会关注的焦点之一。1980年，民航脱离军队建制，开始走上企业化道路。从1987年开始，民航又进行了管理局与航空公司、机场分立的体制改革。近年来，虽然民航改革也取得了一些进展，但从根本上说，还没有完全摆脱计划经济的束缚。主要表现在政企尚未真正分开，市场在资源配置中的基础性作用有待提高；管理体制不顺，企业组织结构不合理，企业经营机制不活；企业规模不经济，运行质量不高，适应市场的能力和竞争力不强等等。

从国内外市场竞争的角度来看，民航的改革重组已经刻不容缓。目前我国具有独立法人资格的运输航空公司34家，共有飞机500多架，还没有发达国家一家大航空公司拥有的飞机多。同时，国内大多数航空公司仍沿用行政化的组织结构和管理方式，经营成本高，适应能力差。加上近年来航空运输市场运力相对过剩，航空公司恶性竞争，导致收入流失严重，企业出现亏损。更严重的是，国内航空公司还要面对世界航空运输企业结盟和我国加入WTO后的严峻挑战。国内航空公司面临前所未有的国际竞争压力，必须通过战略性重组，壮大规模和实力，提高竞争能力。

同时，我们也要看到，民航业的改革重组有其特殊性和复杂性。民航改革涉及航空运输企业和民航行政管理体制、机场管理体制、空管体制及民航公安体制等五个方面，不可能齐头并进，必须积极稳妥地分阶段进行。为此，民航总局决定以政企分开、直属航空运输企业和航空服务保障企业改革重组、空管体制改革为突破口，先行一步。民航总局强调，这次改革重组仅仅是为了扩大企业规模，更重要的是提高企业的素质和国际竞争力，把企业做大做强做活。

据介绍，对于民航直属企业的重组，曾有多个方案，有关人士认为，此次组建三大航空运输集团为较佳方案。主要原因是：组建三个集团有利于兼顾地域差异，适应未来发展需要；三大集团规模和市场份额相当，实力相差不大，有利于公平合理竞争，防止垄断；有利于以北京、上海、广州三大航空枢纽为中心，建立中枢辐射式航线网络，使我国的航空运输资源得到比较合理的使用。同时，集团规模与航空公司当前的经营管理水平基本相适应，有利于减少震动，保证安全生产和重组工作的顺利进行。

《经济日报》2001年4月29日第2版

中国需要建设航空枢纽

中国三大航空公司在亚太市场上始终处于进退两难的尴尬境地，如三家的澳洲航线连每天一班都没有达到，其根源不在于没有足够的市场规模，而在于新加坡、曼谷和中国香港三大航空枢纽对中澳航线间运输市场的分流——中国自己目前还没有航空枢纽！

枢纽机场是世界民航发展的一个制高点。近20余年来，世界上大多数航空发达国家都实现了由城市对城市为主的航线布局逐步向中枢辐射式航线网布局的转变，枢纽机场、二线机场、支线机场的格局日益凸现，枢纽机场的重要性也越来越明显。目前世界上旅客吞吐量排名前20位的机场无一例外都是航空中枢港，由此可见中枢机场的重要性。

而我国，目前尚未形成真正具有中枢意义的国际航空枢纽。

航空枢纽具有战略意义

民航运输在早期相当长时期内都是由一个城市直飞另一个城市的城市对城市航线为主。它是最为简单的航线结构，其主要特点是各个城市之间都直接通航，但容易造成飞机和人员的浪费。举例来说，比如在6个拥有机场的城市之间通航，点对点航线结构需要城市之间直接通航，相互之间有15条航线、至少15架飞机。

自70年代末开始，美国联邦快递等一大批国际大航空公司为了空运市场竞争的需要，纷纷以基地为依托，建立起更能充分体现航空产品服务品质的航空枢纽，通过枢纽机场与周边非枢纽机场的相互连接，形成中枢辐射式的航线结构。由于中枢航线结构在客流量较小的城市之间不直接通航，而是通过在枢纽机场衔接航班、中转旅客的方式，实现相互间的空中联结，可以大大提高航空公司飞机和机组的利用率，使旅客获得极大的便利。举例来说，同样是6个城市通航，中枢航线结构选择其中一个城市的机场为枢纽机场，各条航线以其为起点，呈放射状延伸至其他五个机场，这样任何一个辐射点机场都能通过枢纽机场中转到另一个辐射点机场，如取用最小值，6个城市之间通航只需5条航线、5架飞机就可以完成连接。

从国际航空业的发展方向看，21世纪的航空业将是以枢纽机场为基础，枢纽航线为重心的行业，而枢纽机场是形成中枢航线结构网络的关键。枢纽机场在地理上具备位居各辐射机场的交汇中心的优势；在经济上具备地域和区域优势；在技术上具备先进的基础设备，能起降不同类型飞机，满足不同旅客中转要求，并且空中交通管制能力相当完善。因此，建立容量大、等级高的枢纽机场和数量多、辐射面广泛的中小型机场是基地航空公司发展中枢辐射航线的基础条件。

航空公司推行联盟战略是世界航空业当今发展的趋势。形成中枢辐射航线网络，是实施联盟式扩张战略的必要条件，也是航空公司进行跨国联盟的基础资本。对航空公司而言，航空公司之间组建以无缝隙服务为宗旨的全球航空联盟的先决条件，是伙伴航空公司是否拥有强大的航空枢纽。全球性航空联盟以强大的枢纽机场运作为根基，全球航空业最赢利的方式则是一个航空公司把自己的航空枢纽网与另一个航空公司的航空枢纽网衔接起来，组成一个全球性的航空联盟。因此，枢纽发展战略是航空公司参与国际竞争的高价入场券。

中国建设航空枢纽刻不容缓

一个功能完备的枢纽机场可以带动整个地区支线机场的发展，进而促进地区经济繁荣。据国际有关权威机构最新测算，100万航空旅客一年最少可为一个城市创造1.3亿美元的经济效益，创造2500个就业机会。专家估计，如果首都机场是航空枢纽的话，目前每年将产生47万人次旅客增长量，给北京—天津地区的一体化经济带来近百亿的经济效益，成为推动京津地区经济一体化发展的“火车头”。从我国民航目前情况看，中枢航线结构已经成为中国民航发展国际航线的效益瓶颈，建立中国的航空枢纽，突破这一瓶颈，是中国民航责无旁贷的任务。

首先，大部分外国航空公司挟中枢与联盟之威，在中国始发、到达国际航线上，都占有绝对的优势与份额。以中美航线为例，到2001年4月，中美之间每周可以各飞54班。目前中方的运力投入每周不到30班，而美方不仅全部用完，还在积极要求增加新的班次和新的承运人。由于美方拥有世界上最成熟的航空枢纽，国际航线与国内网络紧密结合，形成国际干线对全美地区的覆盖，而中方机场提供的只是适合本地市场的经营条件，航空公司的干线面对的是“枯竭的源头”。

其次，来自周边国家和地区枢纽机场的威胁，迫使我们必须加快建设中国自己航空枢纽的步伐。环顾中国大陆四周，依次有日本东京成田、大阪关西、中国香港、新加坡、泰国曼谷5大客货混合枢纽和马尼拉货运枢纽，以及即将在2001年开始运行的汉城仁川航空枢纽。它们无论对中国的航空公司还是机场，都构成相当严峻的威胁，已经部分成为阻碍中国民航发展的环形屏障。例如，从中澳两国签证部门所提供的数据分析，1999年中澳之间的旅客流量应在35万人次左右。但实际上，目前中澳之间直达运力每年不超过15万座位，大批旅客流经第三地。新加坡、曼谷和中国香港这三个位于东南亚地区的枢纽使中国国航、东航、南航这三大航空公司在亚太市场上始终处于进退两难的尴尬境地，三家的澳洲航线都没有达到每天一班，其根源不在于没有足够的市场规模，而在于新加坡、曼谷和中国香港三大枢纽对中澳航线间运输市场的分流。中国三大航空公司不发展自己的航空枢纽，亚太航线永远无法达到健康的发展水平。

再次，周边国家的枢纽机场已经开始分流中国内地的国际客货资源。这是因为日韩航空公司以及新航、泰航凭借其航空枢纽的支撑，正在将触角延伸到内地城市，形成一个背靠枢纽、辐射中国腹地的网络，形成从中国腹地经中国周边枢纽与联盟成员衔接的全球性干线网络，架起一道跨国联盟伸向中国内地的国际“桥梁”，从而夺走了本来应该属于中国机场的国际客货运量。

建设洲际航空枢纽当然不可能一蹴而就，但中国民航必须迈出这一步。否则，中国民航就有可能坐失世界空运基础网络形成的机会，在未来的世界航空运输格局中退至“国际支线”的地步。

中国优势得天独厚

中国枢纽建设有着得天独厚的国际国内市场资源优势。拿首都机场来说，北京是我国政治、经济、文化中心，也是我国空中交通的中心，首都机场是我国最大的机场，首都机场新航站楼建筑面积达26.8万平方米，拥有168个值机柜台和36个登机口，站坪有36个近机位和8个远机位，去年旅客吞吐量已达2170万，有建成航空枢纽的潜在实力。

从世界航线网络图可以看到，中国恰好处在连接欧、亚、美航程最短的北极大三角航线的亚洲拐点附近。由于我国占据东南亚各国以北广大的区域，这些国家选择最经济最省时的航线都经过我国领空，从欧洲到大洋洲的航线也是如此。航空界人士曾分析，随着西伯利亚航路和远东航路的开通，从欧洲和北美至中国和东南亚，以经过北京上空的航路为最近，因此，从航路角度看，北京与汉城成为欧洲、北美与亚洲之间的最佳中转站。这就是首都机场未来形成世界上重要的国际枢纽的优势所在。

枢纽建设需要各方通力合作建设一个国家的大型航空枢纽港不可能由机场或航空公司一家完成，它不仅需要机场和航空公司通力合作，更需要政府部门在规划、基础设施建设、联检等方面的支持、配合。

完备的硬件设施。由于设计等方面的历史原因，目前我国机场基本上是按终点站机场来设计的，根本不适应旅客中转的需要。即使是新建成的首都机场新航站楼也是如此。专家认为，首都机场要建成航空枢纽，当务之急是尽快建设满足未来一定时期内旅客吞吐量、按照枢纽理念设计的、满足中转要求的新航站楼，并完善各方面的配套设施。

基地航空公司的合作。实施中枢战略，机场和航空公司必须通力合作。旅客购买航空公司机票，希望获得的是从起始点到目的地之间、地面与空中服务的一个完整的航空运输过程，并没有将这一服务过程细分为机场与航空公司等相关部门。在这一过程中如果缺少机场及其他相关部门与航空公司之间的密切合作，顾客无法享受到完美顺畅的航空运输服务。目前，国航开始采用扩展国内、强化国际、以国内网络支撑国际网络的发展思路。根据这一发展思路，国航已开始着手调整航线网络布局，规划以首都机场为枢纽，设计与国际航线相衔接的国内航线辐射网络。

联检部门的配合。枢纽运作的最大特点是通过高频率、高密度、高衔接的航班安排实现运输过程的无缝隙。随着航班频率的增加，航班密度的增长，衔接程度的提高，势必要求机场的中转衔接的高效率和疏散能力的提高，从而带来高峰运量的压力，并要求有关部门相互协调，建立并完善中转流程，尽快实现“真空转机”——中转旅客不出隔离区就可以转机。这就需要有边防、海关、检验检疫等联检部门的密切配合，使旅客可以从多个国际航班在较短的时间内快速衔接国内多个航班，增加机场的联检通道的数量。

政府的支持。要在我国建设起航空枢纽，以此推动我国民航的发展，需要政府有关部门在航线批准机制和程序、航班和票价方面的管制、放松对航线的管制、机队计划等方面给予足够的支持。

《经济日报》2001年5月24日第5版，与林发源合作。

标展翅奋飞　一鸣冲天
——中国民航“九五”改革发展纪略

改革开放以来，中国民航得到了飞速发展。航空运输快速增长，在国家现代化建设中发挥了重要作用。展望21世纪，伴随着国民经济快速发展和改革开放的逐步深入，中国民航将不断壮大，再造辉煌。

航空运输快速增长

2000年全行业完成航空运输总周转量122.5亿吨公里，旅客运输量6721.7万人，货邮运输量196.7万吨，分别比1995年增长71.5%、31.4%和94.8%，五年平均增长11.4%、5.6%和14.1%。定期航线总数达到1165条，比1995年增加368条，其中国内航线（包括香港和澳门航线）1032条，比1995年增加320条航线，通航128个城市；国际航线133条，比1995年增加48条，通航33个国家60个城市。运输机队达到527架，“九五”共引进飞机287架，比1995年净增111架。从总体上看，民航航空运输能力进一步增强，基本适应了国家经济发展和对外开放的需要，在社会主义现代化建设中发挥着越来越大的作用。2000年，全行业完成通用航空生产作业4.9万小时；五年累计完成21.6万小时，基本满足了工农业生产、能源开发和生态保护等对通用航空的需求。

基础建设成绩显著

“九五”期间，全行业完成固定资产投资917亿元，其中基本建设680亿元，技术改造143亿元，车船飞机购置贷款94亿元。在总投资中，中央各单位完成597亿元，地方各单位完成320亿元。五年新建和改扩建48个机场，其中干线机场25个，主要有北京、上海、昆明、桂林、郑州、呼和浩特、哈尔滨、深圳、成都、乌鲁木齐、南昌、海口、厦门、银川、南宁、南京、杭州、福州、贵阳、合肥等，支线、旅游机场23个。北京首都、上海浦东大型机场的建成投产，是我国机场建设新的里程碑，其中首都机场业务量已雄居亚洲机场前列。2000年末，全国民用运输机场共有129个，其中4E机场23个，4D机场35个，4C机场40个。“九五”期间，北京、上海和广州三大管制中心启动建设，并继续建设北京、广州、上海和成都等4个飞机、发动机维修基地，维修能力和技术水平提高；新增储油容量80万立方米，综合储油容量达到130万立方米，年供油能力达到469万吨。从总体上看，民航基础设施建设进展较大，航空运输综合保障能力显著增强。

改革开放继续深化

“九五”期间，民航按照“两个根本性转变”的要求，不断加大行业管理体制改革力度，完善民航行政管理体制。在此期间，民航机关进行了机构改革，转变了职能。部分省市局实行政企分开，成为行政性省局，组建了地区管理局空管局。实施“大公司、大集团”发展战略，进行航空运输企业结构调整。东航兼并通航，福航归并厦航。南航与贵航、中原航，西北航与南京航，北航与天鹅航，东航与长城航，海航与长安航等实现联合或改制组建有限公司。推进机场管理体制改革，北京首都机场与天津滨海机场实行联合，成立了北京首都机场、上海机场、广州白云机场集团公司，南京禄口、福州长乐、武汉天河、海口美兰等机场组建有限责任公司。积极推进企业改革，建立现代企业制度取得一定进展。

按照公司法和建立现代企业制度的要求，民航对企业进行分立重组，规范法人治理结构，形成母子公司体制。进行企业内部经营机制改革，实行全员劳动合同制和管理人员聘任制，完善了分配和保障制度。与此同时，民航对外开放迈出新步伐，除开展民航企业境外上市募集资金外，还根据外商投资民用航空业有关规定，利用外国政府贷款建设了厦门高崎机场等项目；同时对外投资建设了飞机维修、航空油料等项目；继续利用国外融资进行飞机租赁，设备租赁有所进展；国际运输业务不断扩大，并通过代码共享等方式与外航开展联营。目前与我国签署双边航空运输协定的国家有90个。

安全水平稳步提高

“九五”期间，民航坚持“安全第一、预防为主”的指导方针；实施安全关口前移，全面落实各项安全措施，不断加大防范力度，保持了安全的平稳态势，并创造了连续1023天（1994年—1997年）运输飞行安全纪录和42

个月空防安全纪录，成为我国民航史上最好的安全周期，涌现出了一批飞行安全的先进单位。“九五”期间，民航通过了国际民航组织对我国民航的首次安全监督审计，解决了影响飞行安全的计算机2000年问题；加强了航空安全运行标准和规章制度建设，推进规范化和科学化管理，安全水平有较大提高。“九五”期间，全行业运输飞行610万小时，比“八五”期间增加1倍，运输飞行事故万时率0.007，同比降低77.6%；每亿人公里旅客死亡人数0.03，同比降低85%。

运输收入持续增加

针对亚洲金融危机、国内有效需求不足和油价上涨等对航空运输业务量增长和经济效益的提高带来的负面影响，民航积极采取措施，以前所未有的力度，促进生产发展和效益提高。通过大力开拓市场和扩大生产、规范国内航线票价、加强市场监管、整顿销售代理市场、制止削价竞争以及重点实施航线联营等措施，增加运输收入并稳定收入水平；通过消化富余运力、调整航线航班、降低各类消耗、改善经营管理等手段控制成本增长；通过调整企业资本结构、推进股份制改造、股票上市和利用外资、实行投资主体多元化、多方筹集资金等方式增加企业资本投入，增资减债。

2000年，全行业运输业务收入达到897亿元。五年累计运输业务收入3085亿元，共向国家上交税费502亿元。与此同时，民航运输企业全员劳动生产率有所提高，2000年直属企业为54万元/人，比1995年提高51.5%。2000年民航企业资产总额达到2400亿元，年均增长16.2%；资产负债率为68.9%，比1995年降低11.7个百分点。

《经济日报》2001年6月20日第14版

“小兄弟”欲与三巨头共舞蓝天

2001年2月28日，神华集团与海航集团重组中国新华航空公司正式签字；4月30日，上海、四川、山东、深圳、武汉、中国邮政6大地方航空公司统一宣布，共同组建中国中天航空企业集团。航空公司纷纷通过重组找出路。

当社会各界正密切关注中国民航三大航空集团重组时，中国航空运输业另一支不容忽视的力量正在悄然崛起。

神华集团与海航集团重组中国新华航空公司，这是民航总局以三大直属航空公司为班底组建三大航空运输集团之时，一起非直属航空公司之间的重大合并重组案。

昔日民航界的“小兄弟”正在实施大公司、大集团战略快速长大，并要以自己的实力与“三巨头”在市场竞争中共舞，海航已发出信号。

联合兼并　民航业的大势所趋

据有关资料显示，民航总局直属航空公司完成重组之后，三大航空运输集团将占据80%的国内市场份额。面对三大航空运输集团的市场挤压，地方航空公司的出路只有两条，一是加入三大航空运输集团的阵营，二是自起炉灶，拉起竞争的大旗。一位地方航空公司的老总曾断言：“再不联合壮大，就有可能出局。”然而，海航重组新华却是海航人按照自己既定的发展战略，主动出击，水到渠成的精彩片段。

联合兼并，是全球航空运输业的发展趋势，也是中国航空运输企业的希望。过去20年，全球航空运输业发生200余起联合兼并案，“5大联盟”瓜分了全球60%多的航空客运市场。未来，加入各联盟的航空公司将接近100家，从而使所有联盟占领80%的世界航空客运市场。从全球航空运输业发展趋势判断，联合兼并、做强做大成为时代的主旋律。

加入WTO以后，中国民航业将面临着逐步开放国内航空运输市场的压力。届时，我国航空运输企业特别是航空公司必须通过联合重组的方式做大、做强，实现规模经济，在巩固和维护国内航空运输市场的同时，积极参与国际航空运输市场的竞争。

民航总局局长刘剑锋在评价这次重组工作时说，神华集团和海航集团能够达成重组中国新华航空公司的协议，是中国民航业改革的一个新突破，这对促进整个行业的改革将起到很大作用。

地方公司　发展空间在哪里

1993年，海航依托海南省政府1000万元人民币的投资，高起点切入，通过在国内外资本市场的成功运作，在中国民航众多航空公司中率先在A股和B股市场上市。其良好的安全纪录和“全系列产品，个性化服务”的崭新服务理念，得到了民航系统和社会各界的高度认可。

2000年，海航出资7.84亿元控股经营中国第七大航空港——海口美兰机场，完成了美兰机场的增资扩股工作，当年扭亏为盈。同年8月，海航以86.2%的出资额度重组长安航空公司，顺利完成了新长安航的现代企业制度改造。

海航董事长陈峰认为，与国外航空运输企业竞争的首要问题，就是规模问题，没有规模就没有实力、资格和尊严；其次，必须形成以航空运输为主业、以航空运输上下游产业为支撑的现代企业集团；第三，只有实现规模化运作才能实现资金、资产、人力资源的最佳配置。

重组后的中国新华航空公司作为一个独立法人的地位不变，注册地点不变、名称不变。公司注册资本为18.30亿元，其中海航以两架波音737飞机的实物加3亿元的现金方式，共出资10.98亿元，占注册资本的60%，神华集团以承接新华5.82亿元负债、新华航净资产作价1亿元和新华航首都机场基地后续追加0.5亿元投资方式，共出资7.32亿元，占注册资本40%。新华重组之后参照海航的管理模式，调整了组织机构、完成了11个营业部与海航集团航空运输板块各成员企业的业务整合，提高了市场占有率，使公司出现了全新的局面。

目前，中国民航的天空已从过去的34家航空公司的群豪争雄演化为国航、东航、南航、海航、中天5强并立的局面，新的竞争将在更高层次展开。

《经济日报》2001年7月25日第2版

民航业需要快快长大变强

全球民航运输业和航空制造业一直对中国民航市场特别关注，而今尤甚。不久前，波音公司发布的预测报告指出，尽管目前全球航空市场深受打击，但中国民航市场的增长仍然被看好。波音公司预测，中国在未来20年对民用飞机的需求为1764架，价值1440亿美元。到2020年，中国的航空公司将拥有2200多架飞机，使中国成为仅次于美国的全球第二大民用航空市场。中国航空运输总量年增长将超过9.3%，远远高于同期世界平均增长率4.7%的水平。无疑，随着国内旅游业的快速发展，中国加入世贸组织、2008年北京举办奥运会、国家实施西部大开发战略，以及国内航空公司联合重组，都越来越有利于中国航空运输市场的发展。

中国民航现状堪忧

与外国航空公司相比，我国民航业存在明显的不足。

首先，我国航空公司数量过多，规模过小。目前我国有大大小小航空公司30多家，可是与外国航空公司相比，没有哪一家算得上是大型航空公司。据统计，我国民航业全部运力的总和还抵不上美国进入前三名的任何一家航空公司，因此我国的航空企业没有规模经济的优势。

其次，我国航空公司的经营管理水平较低，大多数公司还都是粗放型的管理，信息化管理程度较低。我国各航空公司在计算机订座系统、常客系统、收益管理系统等对航空公司经营至关重要的技术上都没有自己的专利产品，许多核心技术都是靠进口。航空公司在市场竞争中使用最多和最广泛的还是价格竞争，利用服务和品牌进行竞争的意识还很不够。

第三，我国大多数航空企业由于规模、专业人员素质、技术设备等原因，经济效益普遍较低。同时航空公司之间的竞争有时往往会形成内耗，影响国家整体经济利益。

入世后，国内航空运输企业所面临的挑战是有目共睹的。我国现有的航空运输企业管理体制不管是从宏观调节，还是微观管理方面，与国际上成功的经营和成熟的做法相比，都有较大的差距。当前来自航空运输服务国际化、自由化的冲击已经开始并将进一步加剧，而国内航空公司在资金、实力、机队结构和服务质量、技术水平、价格等方面存在的差距总是还会进一步显现出来。这一切都表明，国内航空运输企业采取积极应对措施，加快解决现存问题已是当务之急。

入世冲击不可小视

近期看，入世给我国民航运输业带来的冲击主要表现在三个方面。

一是在飞机修理和维修服务市场方面。根据世贸组织的规定和有关时间表以及中国民航已作出的承诺，入世后我国将在航空器维修方面开放境外消费，允许我国航空公司把飞机和有关部件送国外维修；同时允许外国航空维修服务提供者在我国境内开办维修企业。据预测，中国是21世纪全球最大的航空器消费市场，同时也将成为世界最大的航空器维修市场之一。飞机维修领域是我国民航对外开放较早的一个领域，目前我国已与多家外国公司成立了合资的飞机维修公司，中国的各个航空公司也都有自己的维修力量。当前的问题是国内飞机维修企业大多规模太小，技术水平和管理水平低，迫切需要加快技术进步，改善管理，提高竞争力，从而占据更大的市场份额。

二是在计算机订座系统方面，外国的计算机订座系统可以通过与中国计算机订座系统连网，向我国的航空公司提供服务。这是加入世贸组织后，我国民航业近期受冲击最大的一个领域。我国规定，经审批与我国通航的外国航空公司及其代理可以使用其本公司的国外的计算机订座系统网络。目前的情况是，外航不仅可以使用自己的网络，而且由于他们的订票系统与中国民航的计算机订票系统（CRS）的无缝联结，使中国的CRS也为他们及其代理人服务。目前，中国民航的CRS系统在技术先进性、功能的实用性和服务方面，还不具备与外国CRS系统的竞争优势，一些外国公司利用与国内航空公司搞代码共享的机会，不断地推介他们的CRS系统，这可能会给中国民航的CRS系统带来直接影响，并会影响国内航空公司的运输收入。

三是从航空运输客货营销市场来说，对国内各航空公司的影响也是明显。近年来，民航总局与一些国家在航空谈判中，在平等、对等的基础上使各自的指定承运人有了在对方国家自由销售的权利。如果航空运输客货营销市场按照“航空运输附录”的要求完全放开，必然会进一步使现在已通航中国的外国航空公司在其通航点以外的中国城市设立办事处或通过代理销售其产品，也会使没有通航中国的大型外国航空公司在中国设立办事处或通过代理销售其产品。在这种面对面的竞争中，国内航空公司的航线经营，特别是国际航线的经营将更加困难。

给中国民航业安上一双强健翅膀

当然我们也应看到，入世也会给我国民航发展带来新的机遇。随着经济全球一体化进程加快以及我国进一步扩大对外开放，我国民航客、货运输会有一个较大的增长。关税壁垒的降低使民航企业购买飞机、航材、航空油料、航空管制设备等生产资料的成本明显降低。这对于民航运输企业降低运行成本将起积极作用。

加入世贸组织后，有利于引入先进的民航管理模式，提高民航企业经营管理水平，推动技术进步。通过扩大交流，有利于航空公司进一步学习和引进外国航空公司联盟、代码共享、市场营销和收益管理等方法，提高航空公司的经济效益，同样也有利于按照国际新的标准建设和管理机场，有利于提高维修技术水平和维修管理水平。

但是中国民航业能否抓住这些机遇，加快发展自己，完全要靠自身的努力。中国民航业内人士普遍认为，当务之急是要做好几个方面的工作。

加快民航管理体制改革步伐，彻底改变我国民航管理政企不分的现状，真正落实企业自主权，使民航企业成为真正自主经营、自负盈亏、管理先进的市场主体。

加强民航法律、法规建设。我国民航法制建设滞后，法律、法规体系不健全，现有的法律法规有漏洞和矛盾，还有的与世贸组织的一般规则不一致。这些既不利于中国民航的发展和开放，也不适应我国航空公司参与国际竞争的需要，更不能有效地保护我国航空公司参与竞争的合法权益。

提高我国民航企业信息化管理程度，加强我国民航计算机订座系统的竞争能力。在机务、商务和飞行各方面推行信息化管理，大力发展收益管理系统、常旅客计划系统、备用航材管理系统等信息化管理系统，在提高民航企业经营效益的同时，杜绝不必要的浪费现象。

在各企业苦练内功，大力提升经济效益的前提下，加快推进民航大集团战略，尽快组建具有规模经济效益，具有国际竞争力的民航企业集团。

加快人员培训，改革用人机制。采用多种途径，提高民航人员的素质，形成公平竞争、人尽其才、才尽其用的用人机制。

《经济日报》2001年11月20日第1版

民航成为我国经济的支柱产业

我国的民航事业是伴随着中华人民共和国的成立而诞生的。50多年来，特别是改革开放以来，随着国家日益强盛，民航事业持续、快速、健康发展，取得了辉煌的成就。现在，中国民航已经成为我国国民经济的重要组成部分，在公务、商务、旅游、物资、货邮等运输领域做出了突出贡献，有力地推动了经济发展和社会进步，在国家现代化建设中发挥了重要作用。

民航基础设施为经济强筋健骨

在50多年的发展历程中，中国民航在航空运输、航线网络、机场和配套设施建设等多方面取得了显著成果。曾几何时，乘坐飞机出门旅行对广大中国民众来说还是个可望而不可及的梦想。有关资料显示，1950年中国民航仅有12条短途航线、40个简易机场，全年载运旅客1万人次，年运输总周转量仅为150多万吨公里，货邮运输量500多吨。今天这种状况已经发生了翻天覆地的变化。

民航航线网络不断拓展。从1950年7月1日开辟以北京为中心，分别通往前苏联的赤塔、伊尔库茨克和阿拉木图的3条国际航线，1950年8月1日开辟天津—北京—汉口—重庆和天津—北京—汉口—广州两条国内航线以来，经过50多年的建设，特别是改革开放以来，航线网络迅速扩展，航线布局发生了明显变化。民航大幅度增加了省会、自治区首府和直辖市之间的航线，并根据市场的热点变化，不断开辟通往旅游城市的航线。为了更好地服务经济建设，民航还加速扩展沿海开放城市间的航线网络，改善老少边穷地区的航空运输。到2002年中国民航的定期航班航线总数已达1176条，航线里程163.8万公里。形成了一个国内四通八达、干线与支线相结合以及联结世界主要国家和地区的航空运输网络。

与开辟航线相辅相成的是，中国民航不断扩大其机队规模以及飞机的技术水平，提高自身的运输能力和运载质量。1950年，中国民航仅有12架运输机。到1978年，民航已拥有各类运输飞机98架。到了上世纪八十年代，中国民航进一步采取灵活的方式，通过融资租赁、经营租赁和贷款购买等方式，以较低的成本，改善了机队结构，扩充了机队规模。截止到2002年，中国民航已拥有各类型飞机1031架，其中大型运输机486架，主力运输飞机均为世界上技术先进、经济性能良好的机型。

在扩充机队规模、引进先进机型的同时，中国民航还不断完善机场建设工作。到1978年，中国民航所使用的机场已从1950年的40个增加到81个。党的十一届三中全会以后，特别是上世纪九十年代以来，中国民航的机场建设工作进入了一个新的阶段。先后新建和迁建了深圳、武汉、福州、桂林等机场，改扩建了昆明、乌鲁木齐、拉萨、大连等48个机场，并建设一批支线机场。目前，中国民航共拥有有航班运营的机场143个，其中能起降波音737等飞机的机场90个，能起降波音747等大型飞机的机场19个。在机场建设数量提升的同时，中国民航也没有放松机场技术上的升级改造。尤其是近几年来，中国民航加速了航管、通信、导航和气象保障系统的技术改造。目前，已在主要航路上实现了航管雷达覆盖和先进的通信导航设施联网，其中京穗、京沪、沪穗航路在7000米以上高空实现了二次雷达覆盖。1996年民航专用卫星通信网正式开通。1997年底，中国民航在北京终端区首次实施雷达管制，取代了沿用40年的程序管制系统。在省会、自治区首府和直辖市机场以及繁忙机场，配置了仪表着陆系统，在全国机场终端区和航路上装备了全向信标台和测距设备。同时改善了空域结构，缩小了飞机间隔，提高了飞行流量。近年来，中国民航还先后重点建设了北京、上海、厦门等32个机场的储油设施，综合储油能力明显增强。

强劲运力推动经济快速增长

中国民航在注意硬件设施提升的同时，也没有忘记自身“软件”水平的提升。在服务质量上，中国民航在过去多年积累的服务工作经验基础上，加强服务工作的程序化、规范化、制度化建设，推行“公共运输服务质量标准”，并先后制定了民用航空客货运输规则、航空运输服务投诉管理规定，建立了企业自我监督、政府监督和社会监督三位一体的服务质量监督体系，使得民航运输服务工作明显改进，服务质量明显提高，社会对民航服务的认同满意度明显增强，用户对我国民航运输服务的服务评价满意度逐年提高，树立了中国民航的良好形象。

中国民航还抓住改革开放的机遇，逐步深化体制改革。从1987年开始，开始实行政企分开，转变政府职能，航空公司与机场分设等各项措施，初步形成了民航管理、地方管理以及民航与地方联合管理三种主要模式。东方、南方、海南航空公司和虹桥机场、深圳机场以及厦门机场候机楼公司完成股份制改造、股票上市等工作。积极推进大公司、大集团战略，企业联合兼并迈出实际步伐。2002年10月，中国民航实现重组，成立中国航空集团公司、中国东方航空集团公司、中国南方航空集团公司三大航空运输集团。中国航空信息集团公司、中国航空油料集团公司和中国航空器材集团公司三大航空服务保障集团也相继组建成立。既实现了政企分开，航空企业与民航总局脱钩，也引入了竞争机制，加速了市场化的进程。

中国的民航事业建立了四通八达的航空运输网络，有着充足的运输能力，安全水平不断上升，服务质量持续提高，再加上运营价格的持续走低，使得中国的民航运输业在经济建设中发挥着越来越重要的作用。有关数据显示，1950年，中国民航年运输总周转量仅为150多万吨公里，载运旅客1万人次，货邮运输量仅为500多吨。1978年发展到年载运旅客231万人次，运输总周转量近3亿吨公里，货邮运输量6万多吨。而到2002年，中国民航全年的运输总周转量、旅客运输量和货邮运输量分别达到165亿吨公里、8594万人和202万吨，分别比1978年增长54倍、36倍和31倍，年均增长率分别为18.2%、16.3%和15.5%，其中运输总周转量的增长速度是同期世界民航增长速度的3倍以上。民航旅客周转量所占总的旅客周转量比重由1978年的1.6%上升到7.6%。

今天的中华大地上，航空运输不断地给国民经济的快速发展提供强大的支撑，航空运输真正走入了百姓的日常的生活。人们已经越来越多的选择快捷、安全、舒适的飞机作为他们的出行工具。仅以“五一”黄金周为例，据民航总局运输司统计，2004年5月1日至7日，中国民航执行航班数量比2002年同期增长22%；旅客运输量达205.7万人，值得一提的是，4月30日单日运输旅客就达到40.9万人，飞行班次3165班，创造了民航历史上旅客运输单日最高量。

航空运输为GDP贡献突出

中国民航50多年来的发展，不仅让自身实力有了大幅度的提高，而且也为经济建设作出了突出贡献，有力地推动了中国的经济发展和社会进步。

民航运输业对第三产业贡献十分突出。有分析显示，2004年1季度，我国GDP初步核实数为27128亿元，比去年同期增长9.8%，其中由于交通运输、仓储及邮政通信业发展数据的调整，使第三产业增加值增加了22亿元，增长速度比修订前提高了0.3个百分点。

民航运输业对就业的带动作用也十分明显。中国民航总局局长杨元元不久前在“二十一世纪航空与中国经济”高峰论坛中指出，中国民航产业每新增100万航空旅客，就会直接创造出800—1100个工作岗位；每新增10万吨航空货物，将直接创造出800个工作岗位；每小时新增一个航班，将直接增加750个工作岗位。

在较为落后的西部地区，中国民航对地方经济的拉动作用更明显。如西藏自治区是全国惟一既不通铁路，又无水运，而且公路交通极为落后的地区，所以，航空运输在西藏的交通体系和经济的发展中，发挥着极为独特的重要作用。乘坐飞机进出西藏成为公务、商务和旅游等方面客人的首选。西藏所需的蔬菜、鲜肉甚至粮食等生活物资也主要靠空运来解决。通过对西藏航空市场数据进行分析后发现，西藏旅游年增长速度和航空旅客的年增长速度非常相近，旅游客人和航空旅客吞吐量之间具有很强的同向变化趋势，西藏自治区旅游局局长张万生对此现象指出，来西藏自治区的区外游客90%以上是乘飞机的，西藏旅游业的发展和航空业的发展完全分不开。1992年时西藏的航线只有2条，当年接待国内外游客仅16万人；到2002年西藏的航线增加到11条，接待的游客达到了86万人，比1992年增加了5倍多。据统计，西藏在“九五”期间共接待海内外旅游者213.56万人次，年均增长24%，实现旅游直接收入20亿元，年均增长25.8%。“九五”末，旅游收入占当年全区国内生产总值的6%。在其他地区，这样的例子还有很多。

《经济日报》2004年5月26日第16版，与李松睿合作。

一亿客流考验中国民航

全行业摆脱亏损局面，前三季累计盈利103.4亿元。

今年中国航空市场的火爆出乎许多人的预料。到9月底，不但在运输总周转量和旅客运输量上超过了2002年全年，而且全行业更是摆脱去年亏损的局面，前三季度累计盈利103.4亿元，首次突破100亿元大关。据民航总局最新统计，今年前三季度，民航运送旅客9064万人次，比去年同期增长50.2%，到今年底将肯定突破一亿大关。

在过去的25年中，我国航空运输总周转量、旅客运输量和货物运输量年均增速分别达到18%、16%和16%，高出世界平均水平2倍多。尤其近年来，我国民航业取得了突飞猛进的发展，已逐步成为世界民航业举足轻重的力量。截至2003年底，我国定期航班航线达到1155条，其中国内航线（包括香港、澳门航线）961条，通航125个城市；国际航线194条，通航32个国家的72个城市。如果加上香港和澳门的航空运输量，2003年我国航空运输量已位居世界第二。

有业内人士预测，中国民航业在2010年前将继续保持平均10%以上的增长速度，客货运输都将有更大的发展。美国波音公司预测，未来20年间，中国国内航空市场的年平均增长率将达到8.1%，超过国内生产总值（GDP）的增长，将成为除美国以外最大的民用航空市场。

面对如此大的市场和旅客需求，我国民航业是否已经真正准备好了呢？民航在运力、管理、安全和服务上能否跟得上迅猛增长的运输需求呢？

从运力上看，今年1—5月份，中国民航正班航线客座率为67%，比2002年同期提高9.1个百分点，而国内航线更比同期的国际航线和港澳航线又高出7—10个百分点。这说明中国国内航空市场随着我国经济整体水平提高和人们生活水平的提高而出现了整体上浮趋势。据民航总局有关人士介绍，为满足民航运输增长需要，我国近年来已增加了近百架飞机，中国民航现有的飞机数为777架，能够保障民航运输市场的需求。而波音公司预测，为满足快速增长的需求，中国未来20年将需要2300架新飞机。

在管理上，随着四大航空集团的组建，民航管理体制发生了重大变革。民航总局强化了宏观调控和安全管理、法制工作等方面的职能，有关审批的一些职能正在弱化或取消。与此相应，新的管理办法正在探索中。如民航总局对涉及旅客多、时间长且处置不力的延误事件的责任航空公司，暂停其航线、航班经营权许可。

在安全上，我国民航平均100万飞行小时的事故率，与世界发达国家水平仍有较大差距。截至今年6月24日，中国民航已经安全运输飞行779天，近420万飞行小时，创造了历史上最长的安全周期。中国民航总局副局长刘绍勇在谈到我国民航发展时认为，我国要从民航大国走向民航强国，必须把安全放在首位。

在服务上，目前较受关注的仍然是由于航班延误导致的赔偿纠纷。迄今已有6家航空公司公布了顾客服务承诺。民航总局也加强了服务监督，据民航总局新近公布的民航全行业“航班正常率”情况，今年9月，航班正常率为82.1%，较8月份提高3.4个百分点，比去年全年的航班正常率提高了2.3个百分点。

《经济日报》2004年10月30日第2版，与苏华合作。

新一轮民航改革：让旅客看得见

日前，民航总局发布的《公共航空运输企业经营许可规定》在业内外引起了巨大反响。这是我国民用航空市场放宽资本准入的一个重大举措，必将给民用航空业的发展带来深远影响。

放宽市场准入，这是我国民航业在完成管理体制改革后推出的最新改革措施。以组建航空集团、机场实行属地管理、实现政企分开为标志，我国民航管理体制改革基本完成。2004年，全行业运输总周转量、旅客运输量分别达到230亿吨公里和1.2亿人次，跨上一个新的台阶。经济效益显著提高。基础设施建设取得新进展。全行业固定资产投资总额196.07亿元，共有82个建设项目竣工投产。随着我国民航改革和发展进入一个新的阶段，民航总局面临许多新情况、新问题。

加强调控保安全

民航总局局长杨元元认为，当前，航空运输需求呈现出多年来少有的旺盛局面，民航面临良好的发展机遇。但往往在这种时候，容易出现发展“过热”。所谓“过热”，主要表现在不顾综合保障能力而大量引进飞机、增设基地和增加航线航班，往往导致安全水平降低、服务质量下降，发展处于不健康的状态，或出现大的波折。为此，杨元元强调，当前必须从宏观上着眼，适时搞好调控。

去年，民航总局在行业调控和市场监管上已经进入了有益的探索。如逐步放松国内航线经营权和航班调整的审批，积极推动航空枢纽建设，发展西部和东北地区航空运输；鼓励航空公司开辟新的国际航线。出台了《关于加快发展国内航空货运若干政策措施的意见》，促进了航空货运持续快速发展。

今年，围绕加强调控、规范秩序，促进行业平稳协调健康发展，民航总局在行业调控和规范市场方面将进一步采取措施，包括：合理控制运力增长；改革国内航空运输市场管理，放宽国内航线经营许可管理，只对少量航线实行核准管理，多数航线实行登记备案管理；加强和改进航班时刻管理；进一步促进均衡发展。

改革落点在服务

去年，民航总局还重点突出了服务工作，把服务质量的高低和航班正常率考核水平与航线经营权挂钩。建立健全了消费者事务工作的管理体系和制度，在航空运输企业中推行了“顾客服务承诺制”，狠抓航班正常率，在航班总量不断增大、基础设施和空域资源利用日渐饱和的情况下，全年航班正常率达到了80%的服务质量标准。

杨元元提出，今年民航深化改革的重点，一是着眼于对民航体制改革的成效和问题进行全面调研和评估，提出改进、完善及深化改革的意见。二是理顺空管体制，创新管理机制。三是着眼于建立统一、公平、竞争、有序的市场体系，完善相关配套政策及措施。四是着眼于增强活力和竞争力，继续支持企业改革，搞好改制重组。五是着眼于加强行业管理和自律，完成民航协会的改革。

同时，民航还将本着“以人为本、改善服务，提高消费者满意度”指导思想，继续狠抓航班正常工作，坚持现行的行之有效的政策措施，搞好提高航班正常率的课题研究，进一步提高正常率水平。督促航空公司、机场完善航班正常工作责任机制，进一步做好消费者投诉受理和处理工作。

内联外交谋发展

我国民航管理从军队体制到计划经济体制到政企分开，经历了数十年的不懈探索。今天，我国民航业在市场化改革的道路上正不断迈出积极的步伐。

2004年，民航批准民营资本筹建4家运输航空公司，批准以民营资本投资为主筹建6家通用航空企业。随着《公共航空运输企业经营许可规定》的实施，民航放宽市场准入已经日益规范。

2004年，中国民航继续扩大与航空大国和周边国家的航权安排，发展新的航空运输双边关系，全年共计利用外资7.84亿美元。国航与德国汉莎航空集团续签了北京飞机维修工程有限公司的合资协议。深航与汉莎货运公司、德国投资与开发有限公司合资组建了翡翠国际货运航空公司。在国际民航组织第35届大会上，中国以高票当选国际民航组织一类理事国。今年，民航将继续实施《外商投资民用航空业规定》，力争利用外商直接投资有所增长。同时鼓励和支持有实力的民航企业，根据自身发展需要和市场情况对外投资。

《经济日报》2005年1月21日第2版

民营航空飞出多大一片天

2005年3月11日，国内首家民营航空公司——奥凯航空有限公司完成了从天津到长沙再到昆明的首次商业飞行，这是我国民航业的一个历史性跨越。一时间，民营航空成为媒体关注的一大热点。据最新报道，因包机曾名噪一时的均瑶集团，如今决定自建民营航空公司。均瑶集团申请筹建“东部快线”航空有限公司的材料，经民航华东地区管理局初审后，日前已获得民航总局的初步认可。据悉，“东部快线”将把基地设在上海。至此，加上此前已经获批准成立的春秋航空，沪上的民营航空公司已“花开两朵”。

近年来，民营资本加快了进军民航业的步伐。2004年，民航总局批准了民营资本筹建5家运输航空公司，还批准了以民营资本为主筹建6家通用航空企业。今年1月15日，《公共航空运输企业经营许可规定》正式实施，这为各类投资主体进入我国公共航空运输业提供了明确的规范。可以看出，民航监管部门对支持和鼓励民营航空企业的积极态度，也显示了民航总局不断推动中国民航市场化进程的决心。

在此背景下，奥凯航空公司的成立与首航，是否意味着我国民营航空公司将会迎来一个快速发展的热潮？目前，民营航空在我国到底有多大的发展空间？

民营航空生逢其时

查看我国相关法规，并没有限制民营资本进入民航领域的条款。为什么近年来有关民营航空的新闻引起了媒体和社会较多的关注呢？民航总局政策法规司司长袁耀辉告诉记者，这是因为民营航空公司的发展已经具备了三大有利因素：航空市场发展的需要；民航业资本结构调整的需要；民营资本投资的需要。

袁耀辉说，我国民航业一直靠中央、地方投资，资金投入有限已经成为限制民航业进一步发展的一大瓶颈。近年来，国民经济快速发展，民航运输市场的快速增长使得现有航空公司的运力难以满足需求。去年，部分省会城市和旅游热点城市都出现了机票难买的现象。这表明目前航空运输市场还有较大的空间允许新的公司加入。而民营航空公司的加入，对于民航业调整资本结构，促进合理竞争，提高服务水平和运输效率，提升行业竞争力都将起到积极作用。另一方面，去年以来，多家民营航空公司获准筹备，也表明目前国内民营经济的整体发展水平有了很大提高，民营企业的实力大大增强，有了投资民航业的需求。因此，目前，民营航空企业的发展是水到渠成。

据中国民航总局日前发表一项统计报告，中国去年航空总客运量达1.2亿人次，比上年增长37%，成为亚太地区最具成长潜力的航空市场。另据欧洲空中客车公司日前对中国航空业发展的预测，中国航空市场客运量未来20年整体增长会达到8.2%，同时，航空货运业务也将实现大幅增长。

由此，一些人士认为，民营航空公司将在支线航空、西部航空、旅游包机、航空货运等方面大有作为。

“起飞”并不容易

中国民航业的发展前景毋庸置疑，但目前限制民营航空公司发展的众多客观因素同样显而易见，这些限制因素使得民营航空起飞的“翅膀”显得格外沉重。

首先，门槛高。根据《公共航空运输企业经营许可规定》，设立公共航空运输企业应当拥有不少于3架购买或租赁并且符合相关要求的民用航空器。买一架波音737飞机费用至少在4000万美元左右，航空公司投入运营的实际投资也不是一个小数目。而仅有资金还远不够，由于民航的特殊性，行业进入实行严格的许可证制度。民航总局航空安全办公室主任黄遂发介绍，一家全新的航空公司，从批准筹建到取得经营许可证，通常需要2年甚至更长时间。此后，民航监管部门还将按照《公共航空运输承运人运行合格审定规则》等一系列安全规章对航空公司的安全状况进行严格的文件审定和实际验证，最后才能颁发运营合格证。因此，对民营企业来说，进入民航业，难度不小。

其次，飞行员缺。不用说正在筹建中的民营航空公司，就是现存的航空公司，飞行员问题也都是燃眉之急。飞行人才短缺，是目前制约民营航空公司发展的最大难题。培养飞行员，一是周期长，从进入飞行学校到成为一名合格的机长，一般需要10年左右时间；二是费用高，目前国内培养一名飞行员的总费用约需70万元。据民航有关专家预测，到2010年中国民航全行业运输机队将达到1250架左右，比2001年增加一倍，而目前中国民航现有的飞行员总数也只有一万人左右。可见，在今后较长一段时期，中国民航飞行员将处于短缺状态。

三是经营风险大。民航是公认的高投入、高风险、低利润行业。袁耀辉介绍，民航业一次性投入大，回报慢，安全风险、经营风险高，对民营投资者来说，进入民航业要慎重。“9 · 11”事件后，美国几大航空公司已经连续亏损了3年，国内航空公司自1997年至2003年也一直处于亏损状态，去年国内航空公司盈利虽然达到几十个亿，但按资产回报率来说，还不到3%。目前，国内航空公司资产负债率都在80%以上，这么高的负债率对民营企业来说，显然是难以承受的。

“廉价”开路近期难实现

一些民营航空公司普遍认为，“低成本、低票价”是民营航空公司的独特优势，也是他们切入市场，在竞争中生存发展的独门利器。

如已获准筹建的春秋航空公司就提出，将依托上海春秋国际旅行社有限公司这一著名品牌，以观光度假客和中低收入商务客为主，通过多安排座位数、不安排机上餐食等措施，提高客座率和飞机日利用率，降低营销费用和管理费用等措施，降低成本，为旅客提供低价票，使普通大众都乘得起飞机外出旅行。

“低成本、低票价”之路能否走得通？不少民航业内人士对此持怀疑态度，一些人认为，至少在近期内，这一策略很难实施。

据介绍，国外低成本航空公司为旅客提供的是简单的客舱服务、单一的机型、短程航线，而且主要选择在小机场起降，以便降低飞机的起降费用。但目前在我国发展低成本航空公司还面临一些障碍，如航空公司在运营过程中不可或缺的成本诸如飞机租赁费、保险费、维修费等难以控制，航油还是实行国家统一定价，国内大、小机场的飞机起降费用差异并不明显。不可控成本比重几乎占到总成本的70%—80%，要令票价比国内其他航空公司低一半，根本不可能。况且，要真正实行低票价，还需要政策突破，取消最低票价限制。

而在可控成本方面，目前民营航空公司可做的文章包括：提高客座率、减少机上餐食服务、精简人员、建立独立的订票系统、统一使用一种机型，减少维护成本等。有关人士测算，在这几方面，目前民营航空起码可以比国内三大航空集团减少10%的成本，但即使如此，民营航空公司最多也只能称之为“成本较低的航空公司”，而不是国际意义上的低成本廉价航空公司。

由此看来，民营航空公司要真正做到“低成本，低票价”，还有一段较长的路要走。

国内首家民营航空公司的首次商业飞行，使我国民航业实现历史性跨越。

《经济日报》2005年6月8日第10版

首都机场　塑造国门新形象

今天，经过首都机场的旅客都会发现，在候机楼的东面，有一片规模宏大、热火朝天的施工工地，这就是正在建设的首都机场扩建工程的主体建筑———首都机场3号航站楼。

走近工地，这座建筑面积相当于目前1号和2号航站楼总面积2倍多的新航站楼，已经初具雏形。到2007年底，她将以一个崭新的形象迎接旅客的到来。

满足旅客增长需求

北京首都国际机场是我国最大的门户机场，也是全国民航运输网中最重要的中心机场，在我国民航运输业中发挥着举足轻重的作用。

首都机场自1959年建成以来经历几次改扩建，1999年建成现在的规模。现有两条平行跑道，有站坪机位67个。建有两座航站楼，现有设施设计年旅客吞吐能力为3500万人次，年货运吞吐能力为78万吨。

随着我国经济的发展，尤其是加入世界贸易组织后带来的国际合作和旅游增长，以及2008年奥运会在北京的召开，都为首都机场的发展注入了新的活力，也提出了新的需求，首都机场的发展将迎来新的高速增长期。2004年，首都机场完成旅客吞吐量3489万人次，比上年增长43.2%，已进入世界前20名行列。货邮吞吐量67万吨，飞机起降30万架次，首都机场1、2号航站楼目前已经能力饱和。今年首都机场的旅客预计可达到4080万人次，旅客流量与世界十大机场逐渐接近，机场运营面临巨大的压力。预测2015年旅客吞吐量将达到或超过6000万人次、货邮吞吐量达到180万吨，飞机起降量达到50万架次。特别是2008年北京奥运月的旅客量将达到556万人次，几乎接近2015年的高峰月流量。

2004年3月，首都机场的扩建计划获得了国家发改委的批准。本期扩建规模以2015年为目标年，并于2007年底前完成建设，服务于第29届北京奥运会。根据计划，扩建后的机场将拥有三条平行跑道，东西两个航站区，可满足每年6000万人次旅客吞吐量，50万航班起降架次，180万吨货邮吞吐量的需求。

促进国民经济发展

尽快将首都机场建设成一个大型的国际、国内综合型的枢纽机场，塑造国门新形象，这是市场发展的需要，更是国际竞争的需要。

国际航空业在近10年出现了一些新的变化，国际航空公司联盟的枢纽航线网络逐渐形成，大型枢纽机场的强大功效日益凸现，这一切开创了航空运输业的新纪元。这些变化为我国民航业的发展创造了新的发展契机，同时也带来了更大的竞争风险。为了应对变化、壮大自身、走向世界，我国民航从城市对航线结构向中枢航线结构的改造势在必行。首都机场在我国航空运输网络中的地位至关重要，它的发展方向、它在国际竞争中的地位都将直接关系到我国民航业乃至国家经济的发展。

目前，世界上一些大型机场都力争成为航空枢纽网中的枢纽，大量的旅客在本场集散，大大提高了机场的航空业务收入和非航空业务收入，大规模机场不仅提供了更多直接和间接的劳动力市场，而且也促使地区的经济、社会活动更加活跃，大大促进地区经济发展，加快现代化的进程，使城市更具魅力，扩大知名度。据介绍，目前旅客吞吐量排名在前20位的机场绝大多数都已建成枢纽机场，如芝加哥、洛杉矶、丹佛、亚特兰大、法兰克福、阿姆斯特丹等，这些机场年旅客吞吐量达4000万人次—8000万人次。

据介绍，枢纽机场与普通的机场相比较，其运营具有以下的典型特点：转机旅客量的比例较大；绝大部分的交通量集中在几个特定的高峰时段；来自辐射机场的航班在很短的时间段内接连到达；大量出港航班在接近的时间飞往辐射机场；机场运营要保证到港航班与出港航班进行高效顺畅的衔接，达到旅客转机时间最短。

一个机场是否有可能成为枢纽机场，更进一步地说，一个机场在枢纽竞争中的地位如何？它应该具备哪些基本要素？有关人士介绍，主要有如下五项形成条件：即优越的战略位置，包括从地域及经济发展状况；宽松的政策环境；先进的基础设施。此外，还需要有成熟的基地航空公司以及顺畅的部门协调，与中枢运营功能相关的基地航空公司、机场当局、空中交通管制部门、海关边检等部门必须充分协调、紧密配合。

应对国际市场竞争

构造中枢航线结构、建设大型枢纽机场，不仅仅关系到满足航空市场的客观需求、提高航空公司和机场的经济效益，也是增强我国航空运输业在国际市场中的地位和竞争力的关键手段。

更令人关注的是，枢纽机场一旦形成，由于运量集聚所产生的规模效应，对辐射范围的旅客资源会产生越来越强的吸引力。在枢纽——辐射系统的内部，大型机场的运量将出现两极分化，强者愈强、弱者恒弱。在相当长的时间内，就会压制辐射范围内其它大型机场的发展。业内人士强调，我国中枢结构建设步伐已经落后，在东亚地区枢纽机场竞争中如不奋起直追，将无可挽回地失去历史机遇。这对我国民航业乃至国家社会经济的发展，都将产生严重的不利影响。

另一方面长期以来，我国航空公司困扰于规模有限、市场狭窄，无力构筑中枢网络。三大航空集团成立后，我国航空公司打破地域限制、跨区域重组，走上了壮大自身、服务全国、平等竞争的道路。在新的市场格局下，各大集团之间的激烈竞争不可避免，市场将驱动他们前进，通过有效竞争求得更大发展，满足全国市场的需求。只要政策环境宽松、合理，中枢结构的建设将是他们必然的选择。

民航总局在“十五”机场建设规划中强调，要强化首都、浦东、新白云三个机场的全国大型枢纽地位及配套设施建设，提高中转能力和国际通航能力，成为全国性航空客货集散中心。对于首都机场的长远发展，规划也指出，首都机场按最终建成大型综合枢纽机场进行终端规划，按承办奥运会的要求扩建飞行区和航站区。可以想象到2008年，随着首都机场扩建工程的完成，首都机场在实现枢纽功能，满足北京奥运需求的同时，将创造国门新形象，使首都机场成为世界一流的、东北亚地区的大型枢纽航空港，成为北京国际化大都市一颗璀璨的明珠。

背景链接

首都机场建设历程

1954年，经国务院批准，开始兴建首都机场，经过5年建设，于1959年3月1日正式投产使用。机场的规模和现代化程度，上世纪50年代在远东地区堪称前列。

上世纪60年代中期，首次扩建首都机场，以接受当时国际上通用的大型客机。全部工程项目共投资16050万元，于1966年完成。

上世纪70年代前后，首都机场通往世界各地的国际航线已增加到十几条，国内航线亦不断增加，机场各项设施已难以适应发展的需要，经国务院批准，1974年8月至1984年，历时10年，首都机场又进行了一次大规模的扩建工程，包括修建按高峰小时吞吐量1500人次设计的新航站楼（1号航站楼）；修建第二条跑道，可满足波音747等类型飞机起降要求。由此使首都机场达到或接近现代化国际机场的水平。

到上世纪80年代，随着我国改革开放进程的加快，机场设施不能满足发展的需要，为缓解紧张状况，首都机场自筹资金多次改扩建。1988年至1992年，航站楼经三次改扩建，最终面积达到7.9万平方米。

1992年，首都机场旅客吞吐量已达870万人，原有的设施容量严重不足，国家计委于1992年批复了首都机场新建第二航站楼及各项配套设施的请示。本次扩建以2005年的航空运输量即年旅客吞吐量3500万人次，货邮吞吐量78万吨，年飞行架次19.32万架次作为扩建规模的依据，建设以32.65万平方米的新2号航站楼为主体。扩建工程于1995年10月正式开工，1999年11月1日正式投入使用。至此，首都机场形成了以两条相距1960米的平行跑道，两座航站楼及相应配套设施的基本格局，进而跻身于世界级机场的行列。

《经济日报》2005年9月23日第12版

造自己的民用飞机
——我国首架自主知识产权涡扇支线飞机发展纪实

民用飞机制造业是一个国家科技实力、工业基础和综合国力的体现，一个国家没有自己的民机工业，就不算是航空强国。随着中国航空运输业的高速发展，中国民机产业面临着重大的发展机遇，以支线飞机起步的中国民机产业也将面临着进入市场的关键一搏。

2002年，在国务院领导的重视和关心下，在政府有关部门的大力支持和帮助下，中国航空工业第一集团公司开始了我国拥有自主知识产权的涡扇支线飞机——ARJ21（21世纪先进的支线飞机）的研发制造。ARJ21是70—110座级、以涡扇发动机为动力、系列化发展的支线飞机家族。通过全体参研人员的艰苦努力，新支线飞机市场开拓取得重要突破，设计与试验工作取得较大进展，制造、适航、产品支援与客户服务等工作全面启动。美国通用电气公司等19家世界一流供应商成为项目的风险合作伙伴。所有这些都表明，我国已经在自主研发民机的道路上迈出了重要步伐。

中国需要属于自己的民机产业

支线飞机是100座以下、主要在大城市与中小城市之间“穿梭”的小型航空运输机。由于支线飞机载客量少、上座率易于提高；可频密飞行，乘客可选择的航班多；通过轮辐式航线的规划设计，支线飞机将中、小城市的客源集中到大的航空枢纽，客流量将会加大，航空公司的利润就会提高。支线飞机还可以非常方便地用于中小城市之间点对点的航空运输。目前，支线航空运输在整个航空运输中的比例正在日益提高。

民用飞机产业是典型的知识密集、技术密集和资本密集的高技术、高附加值、高风险的战略性产业。我国民机产业虽然与国外先进水平相比存在较大差距，但是我们始终没有放弃过自己的努力和追求。首先，发展自己的民机产业是我国国民经济和航空工业自身发展的需要。随着我国国民经济的持续快速健康发展和国家整体实力的增强，民用航空运输业也以强劲的发展势头向前推进。2004年，中国航空客运总周转量已跃居全球第3位，仅次于美国和英国。未来中国航空运输市场将继续以较快的速度增长。预计，2005年—2024年中国航空客运周转量年均增长率为8.4%，到2024年达到8902亿人公里。考虑因运量增长产生的需求和现有飞机的退役，未来20年中国需要补充2541架各类民用飞机。从战略角度看，中国航空工业不能放弃这样一个巨大的市场。

其次，发展自己的民机产业是带动高科技产业发展的需求。民用飞机本身是高科技产业，其发展的重要性远远超出民机本身。发展民机可以带动冶金、化工、先进材料、电子信息、特种和精密加工等技术和产业的发展，可以为相关产业提供12倍于航空工业就业人数的就业机会。据国外统计，向航空工业投资1万美元，10年后，航空工业及其相关产业能产出约80万美元的产值。可见民机工业对其它产业的带动作用。日本通产省做过分析，按产品单位需要创造的价值计，如果船舶为1，小汽车为9，彩电为50，计算机为300，则喷气客机为800，航空发动机为1400。这说明航空工业是典型的高科技、高附加值的产业。

第三，发展自己的民机产业符合航空工业的发展规律。航空产业是典型的军民结合型产业。中国航空工业创建50多年来，主要从事军品研发，建立了一套完整的航空科研、生产、试验和管理体系，并从满足国防建设出发研制了一批先进的航空武器装备，为国防建设做出了突出的贡献，为中国民用飞机发展奠定了一定的技术和物质基础。随着国际形势的变化，单纯以军事目的而构造的航空工业体系，其发展必然面临着严重挑战。航空工业自身的生存和发展，要求军民相互结合，相互补充，相互推动。

在总结我国民用飞机发展的经验教训的基础上，中国政府做出了研制具有国际先进水平的涡扇支线客机的战略决策，作为这一重大任务的承担者，中国一航注重发挥集团整体优势，力争向用户提供满足21世纪市场需求、具有市场竞争能力的新型涡扇支线飞机。

中国民机产业　创新带来突破

新支线飞机项目是为中国民机产业奠定基础的项目，只有立足自主创新，掌握自主知识产权，才能真正做大做强中国的民机产业。正是通过全体参研人员近五年的积极努力，奋力攻关，ARJ21项目取得了令人瞩目的进展。

一是实现体制和机制的创新。根据国务院领导指示精神，中国一航采用全新的运作机制和管理模式，成立了由集团公司、各参研厂所和部分企事业单位参股的一航商飞公司，作为项目法人责任单位进行管理。同时，为了整合民机资源，提升竞争力，将西安飞机设计研究所和上海飞机设计研究所整合为一航一飞院。通过项目公司运作方式和资源整合，消除了阻碍中国民机发展的体制和机制障碍，打破了过去一厂一所单纯靠国家投资研制生产飞机型号的旧模式，一个由一航商飞、一航一飞院、上飞厂、一航西飞、一航沈飞、一航成飞以及国外供应商组成的一整套系统开始运转起来，从而为项目的快速发展奠定了坚实基础。

二是始终强调自主知识产权。民机产业是欧美实行技术垄断、控制世界市场的重点产业。国外民用飞机制造商可以通过民机零部件转包生产实现全球采购，也经常采用国际合作的研制方式，但飞机设计和制造的关键技术和研制项目的知识产权始终掌握在主制造商自己手里。历史经验表明，通过走国际合资、合作研制中国民机的道路，不可能获得先进的民机核心技术和自主开发能力，必须强调自主创新，拥有自主知识产权，才可能打破西方国家对民用航空工业技术的垄断。

三是重视市场开发和售后服务。中国一航在新支线飞机的研制过程中，建立起由市场开发、产品研制、客户支持三部分构成的完整的民机产业体系。几年来，在市场研究、市场开拓、客户关系建立、销售支援等方面取得了很大进展。在新支线飞机尚未试飞之前，就签订了41架先锋用户订单，开创了国内第一次按照市场化模式向用户销售在研民机的先河。

四是面向全球航空制造业选择供应商。选择和管理国外供应商是新支线飞机项目研制中的一项全新工作，也是世界航空工业界开展国际合作的最高境界。在ARJ21飞机项目运作过程中，中国一航打破常规，不以转让技术和合作生产为先决条件，而是从项目成功角度考虑，第一次以主承包商身份，在全球范围内通过招标方式选择能共担风险、共同发展的供应商。中国一航从国外航空企业的零部件供应商一下变成了主承包商，由配角升为主角，这个转变是划时代的。

五是在适航方面取得一定突破。新支线飞机取得中国民用飞机适航证将从组织上、程序上和技术上保证该机符合我国的适航要求。ARJ21飞机将是我国第一架从设计开始就完全按照中国民用航空总局CAAC、美国联邦航空局FAA和欧洲联合航空局JAA的适航条例25部研制的飞机。

顽强拼搏　托起中国民机发展希望

新支线飞机项目是中国一航重中之重的项目，也是中国民机产业发展的希望。发展中国自己的民机产业是国家的重托、人民的期望，面对世界高水平的竞争对手，中国一航人挺着不屈的脊梁，克服常人难以想象的困难，在全力拼搏中不断取得新突破。

在研制过程中，中国一航人攻克了技术上的重重难关。主起舱轮胎防爆问题在当前国外民机设计中是一个难于解决的问题，严重影响着研制发图任务的完成。科技人员在攻关任务时间短、相关资料异常缺乏、攻关组成员的其它攻关任务又极为繁重的情况下，密切配合、群策群力、夜以继日地顽强工作。经过一个多月的艰苦奋战，终于攻克了主起舱轮胎防爆的难题，为结构、系统发图任务争取了时间。新支线飞机机翼结构设计是在极其艰难的环境下展开的，从结构的总体布局到每个零件、每个细节设计的完成，都凝聚着设计人员的智慧和汗水。在吹风模型设计上，采用三维数字设计、直接数铣加工与传统发图设计并行，有效缩短了模型研制周期，提高了模型设计、加工质量。ARJ21飞机是我国首次在民用飞机项目上从初步设计一开始就采用无纸化设计理念的项目。在项目推进过程中，大力推行设计和生产的并行工程，积极采用产品协同商务环境（CPC）平台，为实施项目管理、适航管理、客户沟通创造了条件，提高了工作效率。

在制造过程中，中国一航克服困难，勇克难关，取得了许多突破。大型壁板的自动钻铆是制约项目研制任务的关键技术之一。全体参研人员，经过一年努力，连续攻克了多项关键技术，解决了几十个疑难问题，获得拥有自主知识产权的核心技术9项，填补了国内空白，为提高中国航空机翼制造水平做出了突出贡献。

在新支线飞机工程设计过程中，中国一航人克服周期紧、难度大，研制和生产高度交叉等实际困难，承担工程设计任务的一航一飞院，到目前为止连续22个月实行“611”工作制（即每周工作六天，每天工作十一小时），甚至“713”工作制（即每周工作七天，每天工作十三小时）。不少同志几乎没有休息过星期天，一航一飞院上海分院的许多职工吃住在现场，他们每日四餐，晚上十点用完夜餐后，又继续投入工作直到十一二点，有的甚至通宵达旦。正是凭着一种责任、一种追求，中国一航人以顽强的毅力和超常的劳动，攻克了一个又一个难关，终于夺取了新支线飞机的阶段性胜利。他们渴望着尽快将这个具有中国自主知识产权的新型涡扇支线飞机送上蓝天。

《经济日报》2005年9月28日第16版，与李铁铮合作。

中国航空业：在传承创新中再造辉煌

重组后的中国航空工业集团公司集成了国内航空工业优势资源，有利于参与世界航空业的合作与竞争。

坚持国际化开拓，实施“走出去”战略，是增强中国航空工业国际竞争力的必由之路。

融入区域发展经济圈，贡献区域经济，发展航空产业，是中航工业发展的一个重要方针。

航空工业作为工业之花，是国家战略性产业，是国家技术、经济、国防实力和工业化水平的重要标志。新中国航空工业自1951年创建以来，经过几代人的艰苦创业，从无到有，由弱变强，目前已逐步形成比较完整的航空工业基础体系，为国民经济发展和科技进步做出了重要贡献。

历史启迪美好未来，辉煌孕育新的希望。2008年11月，中国航空工业集团公司完成整合重组。这标志肩负着光荣使命的中国航空工业以一个崭新的姿态又迈上新的伟大征程。

完成资源整合　站上发展新起点

今年年初，刚刚重组成立的中国航空工业集团公司传来喜讯：在经历多重考验的2008年，集团公司去年实现总收入1660亿元，同比增长12.31%。实现利润和收益72亿元，同比增长11.58%，按销售规模已进入世界500强行列。

中国航空工业发展的历史，也是一部中国航空工业集团公司的发展史。1993年，中国航空工业总公司成立，实现政企分开，开始迈上市场化发展的道路。1999年，为了建立市场化竞争机制，中国航空工业总公司分为中国航空工业第一集团公司和中国航空工业第二集团公司。

近几年来，世界航空工业出现了新的趋势——一系列的并购、聚集与整合。2008年11月，为了增强竞争力、参与全球竞争，中国航空工业第一集团公司和中国航空工业第二集团公司再度合并，成立中国航空工业集团公司。

两个集团重组整合，集成了国内航空工业优势资源，有利于参与世界航空业的合作与竞争。中国航空工业集团公司已站在新的起点上。中航工业下辖近200家子公司、21家上市公司，拥有总资产3000多亿元，员工近40万人。

新起点需要确立新目标，塑造发展新动力。“和平时期，体现大国地位的‘巨无霸’企业是一个国家必不可少的。”中国航空工业集团公司总经理林左鸣说。为了加快打造成这样的“巨无霸”企业，中航工业制定了“两融、三新、五化、万亿”的战略，即融入世界航空产业链，融入区域发展经济圈，努力实现集团核心竞争力从资本、管理、技术的老三位一体，向品牌价值、商业模式、集成网络新三位一体的转型升级，大力推进市场化改革、专业化整合、资本化运作、国际化开拓、产业化发展，力争经济规模每年增长22%，到2017年挑战1万亿元的奋斗目标。

坚持国际化开拓　谋求更好更快发展

坚持国际化开拓，以开放的姿态积极融入世界，谋求更好更快地发展，这是中航工业上下的一个基本共识。

近年来，我国航空工业积极推进国际化开拓，全面扩大对外开放，广泛开展国际经济技术合作，全面融入世界航空工业，对外贸易大幅度跃升，先后向十多个国家出口上千架飞机和发动机。目前，从枭龙、K8、ARJ21、L15到ERJ145，从EC120、S—92到6吨级直升机项目，我国在飞机、直升机制造领域国际合作走向多样化，国际合作的层次又上一个新的台阶。

国际市场开拓方面，新舟60、运12飞机以其优良的性能赢得用户，实现批量出口。K8教练机一次出口埃及80架并出口飞机生产线，首次实现了从单纯的出口航空产品转为出口航空技术的转变；“枭龙”战机研制充分利用国内外两个市场、两种资源，引进国外资金开展国际合作，使得军工高技术出口成为我国外贸经济中的一道亮丽的风景线；与巴西合资生产ERJ145喷气支线飞机项目采取商业化运作模式，共同投资、共担风险、共享市场，走出了见效快、风险低的国际合作之路；与法国、新加坡联合研制EC120直升机项目成功开展，标志着我国走上了国际先进直升机研制的大舞台。同时，与国外知名航空企业建立了转包生产、加工贸易等合作关系，航空零部件转包生产在最近六年内翻了两番。

目前，中国生产的飞机、发动机零部件，已成功装配世界主要客货机型，中国正在逐步形成成飞飞机舱门、西飞机翼、一航沈飞尾段、哈飞复合材料、西航发动机部件等具有优势的加工基地。实践证明，开放促进经济发展，合作推动技术进步，国际化开拓对于实施“走出去”战略，全面、快速提升管理、设计、生产加工技术水平具有十分重要的意义，也是增强中国航空工业国际竞争力的必由之路。

在国际舞台上占有中国航空工业的一席之地，离不开国际化人才的培养和引进。2月26日，作为国有特大的军工企业，中航工业第一次面向全球招聘高级管理人员，用广阔的胸怀吸纳全球经营管理精英。与此同时，中航工业派到英国克莱菲尔德大学的首批留学生也学成归国，第二批派出的留学生也整装待发，为中航工业进一步开拓国际市场贮备人才。

据介绍，在融入世界航空产业链方面，中航工业将积极参与全球合作，使中国航空工业在国际上的影响力、知名度，与我国的大国地位相适应。积极开拓国际民机转包市场，不断扩大市场份额、提升合作层次，努力实现由单纯的供应商向风险合作伙伴的跃升；加快自主知识产权的航空产品进入国际市场的步伐，针对国际市场需求开发后续产品，不断实现商业成功。

融入区域发展经济圈　实现央企与地方合作共赢

3月2日，中国航空工业集团公司与北京市政府签署战略合作框架协议，双方决定共同出资21亿元，联合打造中国航空工业北京科技产业基地。中航工业将依托北京的独特优势，大力发展市场前景广阔、产业关联度大、集成度高、带动性强、符合首都功能定位的一系列重大项目。

这是中航工业实施融入区域经济发展圈的又一重要实践。就在不久前，中航工业已分别与天津、珠海、上海签订战略协议，分别把直升机总部、通用飞机总部、商用航空发动机总部落户三地，由此中航工业也得到了天津市、广东省、上海市政府共100多亿元的资金。中航工业还与陕西省签订了战略合作协议，陕西省也将对新成立的中航飞机公司投资10亿元。

“获得资金只是一个方面，更重要的是引入地方投资者，调动地方的积极性，使得股权多元化，有利于推动我们达到转换机制的战略目的。”林左鸣说。

航空企事业单位分布在全国各地，本身就是区域经济的重要组成部分，其发展也离不开区域经济的大环境。融入区域发展经济圈，贡献区域经济，发展航空产业，是中航工业发展的一个重要方针。

林左鸣介绍，中航工业积极响应国家关于西部大开发、振兴东北老工业基地、中部崛起等战略部署，与很多地区就区域经济与航空工业的互动发展进行了深入合作。在珠三角、长三角、环渤海等经济圈，都有航空产业发展的新构想和新布局。今后，航空工业融入区域经济的力度将不断加大，互动共赢的合作格局将日益显现。

《经济日报》2009年3月11日第14版

伟大变迁 交通基础设施跨越式发展

首都机场：在宽阔跑道中腾飞

三个航站楼、三条跑道、双塔台同时运行，首都机场用自己的方式见证着共和国经济社会发展的伟大成就。

乘坐国航CA901前往澳大利亚的王先生因为工作原因经常乘坐飞机，他亲眼见证了首都机场发展的历程：1号航站楼是1980年正式启用的，记得那个时候，只有一定级别的干部才有机会乘坐飞机。很多市民到机场不是为了乘坐飞机，而是为了参观航站楼。随着改革开放后经济的飞速发展，乘坐飞机的人逐渐多起来。1999年，2号航站楼刚建成时，楼内比较宽敞，但是渐渐地航站楼内就变得人头攒动、非常拥挤。2008年，面积近百万平方米的3号航站楼投入使用。如今，平均每天会有8万多位旅客出入3号航站楼，享受着楼内舒适便捷的服务。

首都机场用自己的方式见证着共和国经济社会发展的伟大成就。

首都机场的第一个航站楼于1958年3月正式投入使用。上世纪70年代首都机场的运输量快速增长。为缓解资源的紧张状况，首都机场自筹资金，启动了1号航站区的建设项目。1978年10月1日，首都机场西跑道及相关工程建成投入使用，首都机场成为国内首家双跑道运行的机场。1980年1月1日，面积达6万多平方米的1号航站楼正式启用。

1991年，首都机场旅客吞吐量达到869.97万人次，超过了1号航站楼的设计能力。国家决定新建2号航站楼及各项基础配套设施。在我国建设史上，2号航站楼扩建规模、配套项目、投资总额都是当时绝无仅有的。航站楼面积33.6万平方米，共有6层的停车楼可提供车辆泊位4000余个，是当时亚洲地区最大的候机停车楼。2号航站楼于1999年11月1日全面投入运营，被评为上世纪90年代国内“十大建筑”之一。

现实的发展两次超出了设计者的预期，到2006年年底，首都机场的旅客吞吐量已经突破了4800万人次，位列世界各大机场第9位。为摆脱运行资源与发展态势不相匹配的现状，首都机场启动了以3号航站楼为核心的第三次大规模扩建。三期扩建工程以2015年为目标年，满足首都机场年旅客吞吐量7600万人次，货邮吞吐量180万吨，飞机起降58万架次。扩建工程于2004年3月28日正式开工，2008年2月29日，3号航站楼投入运营。

作为目前世界上单体面积最大的航站楼，3号航站楼具备世界一流枢纽机场的建筑功能和特色。今天，首都机场已经成为亚洲首个拥有三个航站楼、三条跑道、双塔台同时运行的超大型现代化机场。同时，也是亚太地区惟一一家旅客吞吐量、货邮吞吐量、飞机起降架次三项指标均进入全球前30名的机场。

《经济日报》2009年10月1日第6版

支线机场添翼西部旅游业

“各位旅客，本架飞机即将降落在玉树巴塘机场”。听着悦耳的播音，在青海西宁市工作的王先生简直难以置信：从西宁到玉树飞行时间还不到一个小时！他前几个月乘车去玉树出差，路上整整走了12个小时，回来更是花了16小时！

支线机场建设，对改善西北地区交通状况，完善交通体系起到了重要的作用。对促进西北地区旅游业来说，支线机场的通航更是起到了“立竿见影”的效果。

长期以来，西北民航的机场密度、航路建设、机队规模以及在地方综合交通运输体系中的地位远远落后于沿海发达地区，西北的支线航空发展更为滞后，严重制约了当地旅游资源开发和经济发展。

在西北地区，支线机场建设是发展当地旅游事业，进行资源开发和招商引资，加快对外开放、促进经济社会发展的必备条件。西北许多支线机场与省会等中心城市距离较远，西宁到玉树、西宁到格尔木、兰州到嘉峪关、兰州到敦煌等都远远超过500公里。许多地方如玉树、夏河等地没有铁路，公路建设等级低，运输时间长。这都决定了西北地区必须将支线机场建设放在重要位置。

近年来，民航西北地区管理局采取一系列措施，会同地方政府加大了支线机场的建设力度。按照《全国民用机场布局规划》和《西北民航“十一五”发展规划》确定的目标，“十一五”期间，西北四省（区）要对现有的12个机场中的11个进行改扩建或迁建，机场数量由“十五”末的12个增加到17个左右，到“十二五”末，增加到30个左右。短短两年时间，西北地区已有天水、中卫、玉树三座支线机场建成开航，榆林机场完成迁建，固原机场即将完工，金昌、夏河、陇南、张掖等支线机场建设积极推进……

这些支线机场所在地的旅游资源十分丰富：敦煌、莫高窟、三江源、嘉峪关……

正是由于其丰富的旅游资源和得天独厚的地理位置，支线机场建设，给西北旅游业插上了腾飞的翅膀。玉树机场于今年8月1日通航后，三江源景区进入全面开发阶段，推出了集生态旅游、科学考察、探险旅游、文化风情旅游为一体的多条特色旅游线路，如玉树康巴歌舞之旅、三江源头探险之旅等。8月份玉树游客接待量和旅游收入同比分别增长121%和133%。

中卫机场自2008年12月26日正式通航以来，以独特的沙漠旅游资源为依托，实现了中卫与周边的甘肃、青海、内蒙古、陕西等地进行连线旅游，使旅客“直飞沙坡头、轻松玩大漠”成为现实。中卫机场客座率由最初的30%提高到目前的85%以上，今年前9个月，机场已累计运送旅客2.7万人次，在西北地区11个支线机场居第6位，创造了西北支线机场发展的奇迹。同期，中卫市游客接待量同比增长40%，实现旅游总收入增长33%。

民航西北地区管理局数据显示，今年1—9月份，西北地区干支线机场运输旅客171.7万人次，其中支线机场运输旅客782873人次，比去年同期增长106.7%，支线机场在西北地区交通运输体系中的作用日益突出。支线航空将给西北旅游业和经济社会发展注入强劲动力。

《经济日报》2009年12月1日第16版

构建产业健康发展生态链

时隔近6年之后，民航运输主管部门重新开闸审批新设航空公司，特别是两家民营航企筹建初审获批同意，这是民航局深化行政审批体制改革，进一步鼓励和引导民营资本投资民航业的重大举措。

近年来，随着航空业准入制度的逐步放宽，具有典型计划经济特征的我国民航业市场开放脚步明显加快，一批民营航空公司陆续展翅蓝天，激活了产业竞争格局。

航空运输是典型的高投入、高风险、回报不稳定的行业，民营资本进入航空运输业难免经历曲折和波动，这就需要行业主管部门既要控制进入门槛，强化行业规范和管理；同时更重要的是要做好扶持和引导，解除政策壁垒，给民营航空企业营造良好的发展环境。

与其他竞争性产业一样，目前基本上是国航、南航、东航和海航“四分天下”。我国民航运输业也需要构建一个健康的产业生态链，让大中小企业以及国有、股份制、民营企业同台竞技，取长补短，共同发展，推动民航业良性竞争，做大做强。

一方面，市场需要更多参与者。根据国家有关规划，2020年民航旅客运输量要达到7亿人次，比2012年增加一倍多，随着旅客运输量的增长，市场对航线需求也将增加，这不仅要求现有航空公司规模扩大，也需要更多的新公司成立。特别是大量二三线城市航空运输市场和中低端航线的发展，将给中小企业及民营航空企业带来大量的市场机会。

另一方面，民营企业将给民航运输业注入新的活力。相比国有航空公司，民营航空公司有机制灵活、没有历史包袱的优势，将作为国有航空公司的有效补充，成为我国民航业发展生力军。民航市场需要多样的产品，需要多种主体参与竞争。

《经济日报》2013年7月1日第6版

行业·物流

物流业迎来新的发展机遇

2011年6月8日，国务院召开国务院常务会议研究部署促进物流业健康发展工作，提出了推动物流业发展的8项政策措施。这8项措施被业界普遍称为推动物流业快速健康发展的“国八条”。

这些政策措施有哪些新的亮点？对于进一步推动我国物流业健康发展具有哪些重大意义？如何抓好落实？带着这些问题，本报记者采访了中国物流与采购联合会会长何黎明。

发展的新希望

何黎明说，2009年3月，国务院印发了《物流业调整和振兴规划》。两年多来，我国物流业快速发展，产业发展水平不断提升。与2008年相比，

2010年我国物流业增加值净增7000亿元，社会物流总费用与GDP的比率下降了0.3个百分点，这相当于创造了1200亿元经济效益。但是，随着《规划》的深入实施和产业的不断发展，配套政策已经滞后于产业发展的实际需要，一些不适应物流业发展的政策问题逐步显现，制约了产业的进一步发展。为了促进物流业进一步发展，制定完善的配套政策措施显得十分迫切和必要。

首先，“国八条”体现了我国政府对物流业发展的重视。在不到两年半的时间内，国务院连续两次专题讨论物流业发展问题。2009年把物流业列入“十大调整和振兴产业”，2011年又提出8条具体措施。这就充分说明党中央、国务院对物流业发展的高度重视和大力支持。

其次，“国八条”是《规划》的细化和延伸。《规划》出台以后，国家发改委等有关政府部门组织开展调查研究，先后完成了粮食物流、农产品冷链物流、物流标准、商贸物流等一系列专项规划。由国家发改委牵头组织，针对行业反映的突出问题，形成政策意见，协调各有关部门后报国务院常务会议讨论。我们也可以把“国八条”看作是落实《规划》的一个“细则”。

再次，“国八条”显示出国家治理物流顽症的决心。前一段时间，中央电视台财经频道连续播出《聚焦中国物流顽症》系列节目，对物流业遇到的突出问题进行了全面曝光和深入剖析，不仅在社会上产生了较大反响，也引起政府部门高度关注。曝光的物流顽症涉及道路通行、重复纳税、仓储难题及多式联运等行业的“老大难”问题，对此“国八条”都有正面回应。6月14日，交通运输部、国家发展改革委、财政部、监察部和国务院纠风办等五部门出台《关于开展收费公路专项清理工作的通知》，使我们看到了落实“国八条”的具体措施。

最后，“国八条”是我国物流业“十二五”发展的新希望。今年，是“十二五”规划的开局之年，《“十二五”规划纲要》再次强调大力发展现代物流业，我国物流业发展面临新的形势和机遇。“十二五”时期物流业的发展，既需要行业企业努力奋斗，拼搏创新，更需要政府部门出台支持政策，创造良好发展环境。“国八条”的提出和落实，给物流业带来新的希望，对于建立现代物流服务体系，促进国民经济发展和发展方式转变，都具有非常重要的意义。

措施和要求明确

何黎明介绍，“国八条”对于物流业长期反映的突出问题，都提出了相应的明确措施和要求。其中交通和税收问题是我们最为关注的两个方面。

在交通方面，当前存在的问题集中反映在过高的路桥费、过多过乱的罚款、配送车辆进城难、卸货难，以及运输车辆通行受限等几个方面。调查显示，物流企业过路过桥费的支出大概占到总成本的三分之一，过高的路桥费，增加了企业运营成本，影响到车辆正常通行，降低了物流效率。

针对这些问题，“国八条”中的第三条明确提出，要促进物流车辆便利通行。降低过路过桥收费，大力推行不停车收费系统。加强城市配送管理，解决城市中转配送难、配送货车停靠难等问题。

税收是调节经济的重要杠杆，也是物流企业最为关心的问题。2009年受国家发改委委托，中国物流与采购联合会进行“物流业发展政策措施研究”。经过大量的实地考察和调研，最终形成“关于促进物流业发展60条”政策建议，并递交给国家发改委。在“60条”政策建议中，关于物流业税收问题的10条政策建议就因企业呼声最高而被列在首位。税收中最需要迫切解决的问题是：营业税税率不统一和重复纳税问题、土地使用税税率偏高问题、房产税税率偏高和重复纳税问题，以及所得税统一缴纳问题等。

针对这些税收政策方面存在的问题，“国八条”提出了相应的3条解决措施：一是扩大税收试点。从2005年开始，经中国物流与采购联合会推荐，国家发改委组织专家审核，国家税务总局发文，共有六批、593家企业纳入营业税差额纳税试点，但在试点中还存在一些问题。“国八条”提出要扩大试点范围，尽快全面推广，将会使更多的物流企业得到实惠。二是研究解决仓储、配送和货运代理等环节与运输环节营业税税率不统一问题。主要是运输环节营业税税率为3%，仓储和其他环节都是5%，这就割裂了物流业一体化运作，业内强烈要求从低统一税率。这一政策如果能够实行，将会极大地便利“一站式”服务和“一票到底”的业务开展。建议将物流业作为相对独立的行业税目对待，凡涉及运输、仓储、货代、快递等物流环节，均视同综合物流业务，设计使用统一的发票，设置统一税率。三是完善大宗商品仓储设施用地的土地使用税政策。自国务院2006年底《城镇土地使用税暂行条例》颁布以后，一些地方大幅度提高了土地使用税税率，极端的由每年每平方米1元提高到15元，物流企业，特别是占地面积大的仓储型企业不堪重负。建议恢复到国务院规定的低档、下限征收，切实减轻物流企业税收负担。此外，房产税也有偏高和重复征收的问题，网络型经营的物流企业所得税无法统一计算与缴纳等。

妥善解决物流用地问题，对纳入国家规划的物流园区土地征用给予特殊扶持政策是多年来企业呼声较高的一个方面。对此，“国八条”提出，要加大对物流业的土地政策支持力度。科学制定物流园区发展规划，对纳入规划的物流园区用地给予重点保障。支持将工业企业旧厂房、仓库和存量土地资源用于发展物流业。

寄希望于落实

何黎明强调说，“国八条”提出了新的政策亮点，给物流业带来了新的希望。而业界更多地关注这些政策能否尽快真正落到实处。

物流业是跨地区、跨部门的复合型产业，涉及部门多，协调难度大。从2001年的国家经贸委等六部门、2004年的国家发改委等九部门、2005年部际联席会议的15个部门和单位，到落实《规划》的38个部门，都对物流业有一定的管理职能。这么多部门如何协调动作，使国务院的利好政策真正落到实处，这是业界普遍关心和担心的关键所在。

从这几年的实际情况看，每一个部门的工作都很努力，对物流工作都有推进，但涉及需要部门之间协调的问题，就相当困难。因此，对于这次能否真正落实“国八条”，不少企业表现出谨慎乐观、等待观望的态度。我们建议，应该强化政府部门间综合协调机制，逐条制定落实的时间表和责任人，各有关部门都应从促进物流业发展的大局出发，形成推动落实“国八条”的合力。

何黎明介绍，作为全国性物流行业社团组织，中国物流与采购联合会在《规划》出台之后，就积极参与到政府部门的调研和政策建议起草工作当中，配合政府有关部门，为“国八条”的出台做了一些基础性工作。为落实“国八条”，联合会通过大量的调研工作，先后形成了《关于物流业推行增值税改革的政策建议》，《关于解决车辆运输车公路运输问题的紧急报告》等政策建议，并已提交国家发改委、财政部和交通运输部等有关部门。当前，联合会正在就城市配送车辆进城、大件运输等问题进行专题研讨和调研，也将尽快形成政策建议，把企业的意见反映给政府，把政府的政策传达给企业，在贯彻落实“国八条”中发挥好桥梁和纽带作用。

《经济日报》2011年7月22日第15版，与齐慧合作。

物流园区：物流业集约发展的重要支撑

物流园区发展逐渐形成特色

据介绍，物流园区这一概念最早由日本提出，从上世纪60年代开始，日本为了加快经济结构调整和产业结构升级，更好地服务于工业加工、产业制造、商品流通和外贸出口，功能聚集的物流团地应运而生，这就是今天我们所说的物流园区。

我国物流园区的探索与实践起始于亚洲金融危机后的1998年，当时深圳平湖物流基地率先提出了用基地整合物流资源、扩大物流运作规模、带动地区经济增长的设想。2001年起，我国各地掀起了规划建设物流园区的高潮。据不完全统计，目前我国已经建成并投入使用的物流园区数量有150个，占全部规划、在建和使用的物流园区总量的45%。

在各地物流园区蓬勃发展的同时，我国物流园区发展也呈现出明显的地域差别。沿海经济区的快速发展直接拉动了该地区对现代物流服务的内在需求，表现为物流基础设施建设相对发达、现代物流发展水平高、物流市场需求旺盛，物流园区建设和发展的内在需求迫切。目前，我国接近60%的物流园区集中分布在沿海经济发达地区。

根据国家标准《物流园区分类与基本要求》划分，2008年第二次全国物流园区调查结果显示，我国的物流园区中，综合服务型物流园区占75%，货运服务型物流园区占18%，生产服务型物流园区占3%，商贸服务型物流园区占2%，其他占2%。

从开发模式看，政府规划、企业主导开发占60.8%，政府规划、工业地产商主导开发的物流园区占24.2%，企业自主开发的物流园区占15%。

从投资主体看，既有国有及国有控股企业、民营企业，也有外商投资企业，投资建设主体呈现多元化的趋势。从入驻物流园区的企业和实体看，物流企业和商贸流通企业较多；依次还有生产企业、货代企业、运输企业，以及银行、保险等服务机构。

经过近10年的实践，我国物流园区结合各地自身条件、注重创新发展，逐渐形成了几大明显的特点：一是政府重视和推动物流园区发展，物流园区进入各地专项规划；二是各类物流企业实施“基地战略”，通过连锁复制形成运营网络；三是制造企业和流通企业建设物流园区，物流园区的专业特色更加明显；四是物流园区与商贸市场和工业园区融合配套，物流业集聚区加快形成；五是物流园区规划建设向二、三线城市延伸，城市化进程和产业转移带动物流格局改变。

物流园区的示范效应逐渐显现。涌现出了北京空港物流园、上海西北物流园、浙江传化物流基地、山东盖家沟物流园、上海外高桥保税物流园和苏州综合物流园等一批经济效益较好、社会效益明显的物流园区、物流基地和大型物流中心。

物流园区作用日益明显

调查显示，已经运营的部分物流园区正在产生明显的经济和社会效益，具体体现在如下几个方面：

有利于促进区域经济发展，提升物流业的服务水平。地区经济发展需要以物流园区为主体的现代物流系统为支撑，同时，物流园区的建设主要依托所在区域现有运输组织枢纽、交通枢纽或制造业基地来整合区域中的现有资源。通过有效管理物流、商流、信息流和资金流，提高商品的周转速度，降低企业运营成本，推动商品高效流通，最终建立多层次、全方位、快捷高效的综合物流服务体系。

有利于土地资源的集约化使用，减轻道路、环境和资源压力。物流园区的出现有利于促进城市功能分区的合理布局和效能的充分发挥，通过多家物流组织机构在空间集聚，公用配套设施建设的集约使用，从而有效节约稀缺的土地资源，缓解土地供给紧张的问题。物流园区的建设也为各种物流资源的整合创造了条件，它将区域内外众多工商企业的物流需求信息和物流企业的服务信息汇集在一起，有利于搭建物流公共信息平台，从而实现对区域内货源的集散进行统一管理、调度和合理配载，有效衔接生产供应与市场需求，提高货车装载率，降低车辆空驶率，提高运输效率，缓解城市交通压力。

有利于政府部门管理物流市场、提升服务水平。物流园区将不同规模、不同服务项目、不同专长的物流服务企业，将银行、电信、保险、法律、会计等专业化服务，将汽修、汽配等工具设备的维护保养服务，将餐饮住宿等生活配套服务，将工商、财税、运管、公安等政府的监督管理服务职能集聚到同一平台上，从而有利于促进政策协调、节约行政资源，实现物流市场的高效管理和政府的对外服务。

有利于促进区域现代服务业发展、增加就业机会。物流园区通过组织、协调和衔接各种物流活动，有利于培育第三方物流企业和促进资源整合，为生产流通企业提供各种现代服务功能的综合配套系统，进一步促进了现代服务业发展。同时，物流园区的建设、物流企业的入驻，以及各类生活服务设施的配套运营，为社会，特别是当地富余人员提供了大量的就业机会。而当地的经济发展和周边企业的竞争力提高，也进一步加大了就业需求，扩大了就业渠道。

《经济日报》2011年8月26日第12版

抓住物流业健康发展的“牛鼻子”

‖核心提示‖

物流费用过高，不仅直接影响物流业的健康发展，而且会提高制造业成本，推动商品价格升高，影响到国民经济的健康运行。降低物流费用，要从统筹完善有关税收支持政策、进一步降低过路过桥收费、支持专业化社会化物流企业发展、支持物流基础设施建设、降低流通费用等环节入手，促进物流业健康发展。

本期“中央电视台 经济日报联席评论”关注话题——抓住物流业健康发展的“牛鼻子”。

8月19日，中国政府网正式发布了《国务院办公厅关于促进物流业健康发展政策措施的意见》。《意见》提出，要切实减轻物流企业税收负担、加大对物流业的土地政策支持力度、促进物流车辆便利通行、加快物流管理体制改革、鼓励整合物流设施资源、推进物流技术创新和应用、加大对物流业的投入、优先发展农产品物流业、加强组织协调。这是继6月8日国务院常务会议提出推动物流业发展的八项政策措施后，国家促进物流业健康发展的又一重大举措。

可以看出，无论是此前的“八项政策”，还是此次发布的《意见》，都将完善对物流业的税收支持政策、减轻物流企业税收负担、降低物流费用作为重点内容，这紧紧抓住了当前物流业发展的“牛鼻子”。

近年来，尽管我国物流费用逐年有所下降，但下降速度较慢。2001年至2010年10年间，社会物流总费用与国内生产总值的比率只降低了1个百分点，总体上仍比发达国家的水平高出1倍左右。以2009年测算，这个比率每降低一个百分点，就等于创造约3400多亿元的经济价值。与国外相比，虽有经济发展阶段、经济结构和物流需求结构的差异，但我国社会物流总费用居高不下是不争的事实。

物流费用过高，不仅直接影响物流业的健康发展，而且会提高制造业成本，推动商品价格升高，影响到国民经济的健康运行。分析表明，导致我国物流费用过高的原因主要有：

现行税收政策与现代物流运行模式不相适应。比如，现代物流强调运输、仓储等物流环节一体化运作，需要一包到底、一票到位、统一纳税、一站式服务。而现行营业税政策规定，运输环节执行3%的税率，仓储和其他环节执行5%的税率。各环节需要分开核算，执行不同的抵扣政策。且分包一次就要开一次票、纳一次税，导致专业化分工越细，交易次数越多，重复纳税问题就越严重。这就割裂了物流业一体化运作，不利于社会资源整合。

运输环节通行不畅，费用偏高。过高的过路过桥费，约占运输成本三分之一左右。与民生密切相关的配送车辆不能合法进城通行、停靠和装卸作业，随时面临违规罚款的风险。名目繁多的罚款、检查和不当收费，已成为加大物流费用的主要推手。

各类物流基础要素成本普遍大幅上涨。在物流成本上升和物流服务价格偏低的双重挤压下，加上资金趋紧，物流企业经营愈加困难。

物流基础设施体系不健全、不完善。城市周边仓库、货场租金不断提高，配送距离不断延长，增加了物流成本；综合交通运输体系匹配度低，多种运输方式衔接性差；信息系统不完善，车辆空驶率高。这些都是物流成本居高不下的深层次原因。

降低物流费用，首先要根据物流业的产业特点和物流企业一体化、社会化、网络化、规模化发展要求，统筹完善有关税收支持政策，切实减轻物流企业税收负担。

其次，要进一步降低过路过桥收费，按照规定逐步有序取消政策还贷二级公路收费，减少普通公路收费站点数量，控制收费公路规模，优化收费公路结构。坚决治理“乱设卡、乱罚款”。规范执法程序，统一执法标准，减少个人自由裁量权。改革罚款方式，杜绝“以罚代管”，坚决制止各种巧立名目的乱罚款。罚款所得统一上缴国库，彻底切断地方财政和基层执法部门与罚款之间的利益纽带。同时，为配送车辆进城通行、停靠和装卸作业提供便利。统筹规划配送车辆进城路线、时间和作业站点，支持专业配送企业发展，鼓励开展共同配送，完善物流配送服务体系。设置相应标准，选定城市配送专用车型，杜绝客车运货。变“堵”为“疏”，对符合条件的企业和车辆提供通行、停靠和装卸作业的方便。

三是支持专业化、社会化物流企业发展。鼓励物流企业兼并重组，做强做大。进一步放宽非公有制经济市场准入。从税收、结算、运营资质登记等各方面为物流企业跨区域运营提供便利。

四是支持物流基础设施建设。抓紧制定全国物流园区发展专项规划。鼓励现有仓储类物流设施的整合利用。仓储设施、配送中心、转运中心以及物流园区等物流基础设施占地面积大、资金投入多、投资回收期长，要在加强和改善管理、切实节约土地的基础上，加大土地政策支持力度。

五是从整个流通体系入手，降低流通费用。如注重传统批发市场的升级改造、加大零售终端交易场所建设力度、大力推行电子商务、支持中小流通企业发展、搞好流通领域金融服务、加快流通领域信息化建设、鼓励流通领域技术创新、消除流通领域体制性障碍等。

可以相信，随着国家促进物流业健康发展各项政策措施的落实，物流费用居高不下的局面将会逐渐改变，我国物流业将迎来又好又快发展的一个新起点。

中央电视台财经频道《经济信息联播》栏目播出。

《经济日报》2011年8月31日第6版。

PMI如何反映景气度

采购经理人指数（PMI）最早起源于美国，具有科学合理、简单易行等特点，已成为发达国家经济景气最为关键的指标和经济增长与衰退的晴雨表。目前国际上有20多个国家和地区建立了PMI调查体系，一般于每月第一个工作日发布，并对数据作出分析与解读。

中国PMI指数，包括制造业和非制造业两套体系，由中国物流与采购联合会和国家统计局服务业调查中心共同向社会发布。其中，制造业PMI于2005年7月首次发布，非制造业PMI于2008年1月首次发布。目前，中国制造业和非制造业PMI指数分别于每月1日和3日发布。

PMI是怎么计算出来的

目前，人们一般都已经知道，PMI指数在经济分析中一般以50%为临界点：指数在50%以上，反映经济活动扩张；低于50%，反映经济活动衰退。但PMI指数是如何计算出来的呢？

我国制造业PMI指数体系由扩散性指数和综合指数构成。非制造业PMI指数体系则只有扩散性指数，没有综合指数。

扩散性指数是根据对企业采购经理的调查数据计算汇总而得。以制造业PMI为例，首先统计出问卷中各问题回答“升高”、“持平”、“降低”的百分数，然后用回答“升高”的百分数加上回答“持平”的百分数的一半得出对应指标的指数。例如，在新订单问题中回答“升高”的占20%，回答“持平”的占70%，回答“降低”的占10%，那么新订单指数就是[20%+(0.5×70%)]=55%。这种计算的根据是，认为回答持平的人有一半倾向于“升高”，另一半倾向于“降低”。

制造业PMI综合指数则是由新订单指数、生产指数、从业人员指数、供应商配送时间指数和原材料库存指数五个扩散性指数综合平均而成。

我国制造业PMI指数体系的扩散性指数是由新订单指数、积压订单指数、新出口订单指数、采购量指数、进口指数、生产指数、供应商配送时间指数、原材料库存指数、产成品库存指数、从业人员指数和购进价格指数等11个指数构成；综合性指数依据其主要扩散指数对经济的先行影响程度加权计算而成。

我国非制造业PMI指数体系的扩散指数是由商务活动指数、新订单指数、新出口订单指数、积压订单指数、存货指数、中间投入价格指数、收费价格指数、从业人员指数、业务活动预期指数等10项指数构成。由于没有合成的非制造业综合PMI指数，国际上通常用商务活动指数反映非制造业经济发展的总体变化情况。

PMI具有四个突出特点

PMI指数有别于现行的统计数据，具有如下突出特点：

一是快捷。PMI指数是在抽样调查的基础上运用扩散指数的计算方法汇总得到，问卷设计简便易行，所有的问题都不涉及绝对量统计，只需要做出趋势性判断，不需要层层汇总、逐级上报，因而数据取得较为快捷，每月

PMI指数发布时间大大早于其他统计数据。

二是先行。其先行作用主要表现在以下几个方面：一是如前所述在时间上先行。二是经济意义上先行。PMI调查是从采购环节入手，采购过程是经济活动的起点，并且紧密联系着国民经济的上下游；PMI调查对象是采购经理，采购经理大多贴近市场，并且熟悉本企业生产活动，其对市场、对经济形势的判断往往具有超前性。三是统计意义上先行。即运用统计分析手段和统计上的有关标准，比如运用时差相关分析法来判断，PMI指数相对于经济有关统计指标，也表现出了一定的先行性。四是走势变化先行，即能提前反映经济发展转折性变化，能预测“拐点”。

三是真实、可靠、公正、客观。PMI问卷调查直接针对采购与供应经理，所有问题都不涉及绝对量统计，只要求做趋势性判断，因而不包含任何“泡沫”成分；对取得的原始数据不做任何修正；指数计算完全采用国际上通用的方法。同时，对基于原始数据计算汇总出来的指数，还进行了季节性调整，消除气候条件、法规制度和法定假日等因素变化所造成的影响。

四是具有综合性和指导性。PMI是一个综合的指数体系，涵盖了经济活动的多个方面。比如，综合指数反映了经济总体情况和总的变化趋势，而各分项指数又反映了企业生产、供应与采购活动的各个侧面，尤其是PMI中一些特有的指标是其他统计指标中所缺少的，如订货提前期与供应商配送时间等。这些特有的指标有助于详细分析行业发展走势的成因，为国家宏观经济调控和指导企业经营提供了重要依据。

《经济日报》2012年2月18日第6版

经济发展动脉更强劲

2003年至2011年，我国物流业增加值年均增长17%，2011年达3.2万亿元，比2002年翻了两番。10年来，我国物流业在促进产业结构调整、转变经济发展方式和增强国民经济竞争力等方面发挥了重要作用，走出了一条有中国特色的物流发展道路。

党的十六大以来的10年，是我国经济实力、综合国力和人民生活水平迈上新台阶的10年，也是我国物流业确立产业地位、快速发展的10年。10年来，物流业在促进产业结构调整、转变经济发展方式和增强国民经济竞争力等方面发挥了重要作用，走出了一条有中国特色的物流发展道路。

产业地位不断提升

10 年前，人们对于物流业的产业地位还有不同看法。2004 年，国家发改委等 9 部门出台《关于促进我国现代物流业发展的意见》。2006 年，《“十一五”规划纲要》单列 1 节，强调“大力发展现代物流业”。2009 年，国务院发布我国第一个物流业发展专项规划《物流业调整和振兴规划》，并列入“十大产业规划”。2011 年，国务院办公厅出台《关于促进物流业健康发展政策措施的意见》。各地区、各部门认真贯彻国务院文件精神，物流业产业地位不断提升，政策环境逐步改善。

在经济持续增长和政策不断落实的推动下，10年来我国物流业保持了较快增长，运行质量和效益明显提升。2003年至2011年，我国物流业增加值年均增长17%，2011年达3.2万亿元，比2002年翻了两番。与此同时，社会物流总费用占地区生产总值的比重稳中有降，从2002年的18.9%降为2011年的17.8%，相当于当年新增社会经济效益4000多亿元。每万元社会物流总额花费的社会物流总费用由2002年的974元下降到2011年的531元，物流业对国民经济运行的贡献越来越大。

企业群体快速成长

市场集中度显著提高。据中国物流与采购联合会发布的“2011年度中国物流企业50强排名”显示，按照主营业务收入排名的50强物流企业中，超过100亿元的有12家，超过50亿元的有21家。50强入围“门槛”由2004年的2亿元提高到2010年的15.4亿元。排名前10位的物流企业主营业务收入占所有调查企业的比重由2009年的7.6%提高到2010年的8.5%。

物流企业核心群体初步形成。从2005年起，中国物流与采购联合会依据《物流企业分类与评估指标》国家标准，开展A级物流企业评估认证工作。到2012年8月，经评估认定的A级物流企业已达1766家，其中5A级物流企业达到110家。物流企业通过兼并重组、合资合作、战略联盟等方式做大做强，通过资本市场实现快速扩张。

专业服务能力得到增强。一是运输、仓储、货代等传统物流企业转型发展。二是围绕企业需要的专业化物流融合发展，如汽车、家电、电子、医药、烟草等行业，基本上形成了专业物流配套能力。三是各类物流企业创新发展，供应商管理库存、供应链金融、卡车航班、越库配送等新的物流模式得到推广运用。四是供应链管理开始起步。物流企业介入代理采购和分销业务，流通企业延伸物流和金融服务，一体化物流服务能力显著增强。

基础设施建设加快

2003年至2011年，我国物流基础设施投资累计超过15万亿元，年均增长24.4%。2008年下半年以来，为应对国际金融危机冲击，国家加大对铁路、公路、水路、机场等交通基础设施的投入，建设速度明显加快。2009年，物流基础设施投资达到2.6万亿元，同比大幅增长46.7%。

综合运输体系初具规模。到2011年底，我国公路总里程达410.64万公里，比2002年增长1.3倍；其中高速公路8.5万公里，比2002年翻了两番多。全国铁路营业里程增加到9.3万公里，比2002年增长29.6%。内河航道通航里程12.46万公里，比2002年新增3000公里。全国港口拥有生产用码头泊位3.2万个，其中万吨级及以上泊位1762个，比2002年增长1.5倍。民用航空机场180个，比2002年新增39个。

物流节点设施稳步增长。据中国物流与采购联合会调查核实，截至目前，我国各类物流园区共有754家，比2006年、2008年的调查分别增长264%和58.7%。调查显示，运营的物流园区占46%，在建的占32%，规划的占22%。与2008年相比，规划和在建园区占比有所下降，而运营园区占比大幅上升。

信息化建设取得实效

企业信息化加快发展。大部分物流企业建立了管理信息系统，大型企业信息化率达到90%以上。仓储管理、运输管理、财务管理系统得到普遍应用，企业资源计划（ERP）和供应链管理（SCM）系统逐步推广。企业借助信息化实现业务流程优化与再造，加快搭建新的业务模式和服务方式。钢铁、汽车、医药、烟草、石化、零售等行业物流信息化走在前列，上下游信息共享和信息对接，逐步向供应链管理转型发展。

公共信息平台发挥作用。一是行政性物流信息平台稳步推进。从2006年开始实施的中国电子口岸建设，整合海关、交通、税务、工商、质检等多项电子政务服务，取得良好的社会效益。二是行业性物流信息平台全面发展。以钢铁、公路货运、医药行业为代表，打造线上物流服务平台，融合多种信息技术，推动“有形市场”向“无形市场”延伸。三是区域性物流信息平台积极建设。许多省市纷纷搭建服务区域市场的物流信息平台，取得了一定的社会经济效益。

对外开放迈出新步伐

2005年12月11日以后，我国履行加入世贸组织的承诺，物流服务领域全面开放。国际知名跨国物流企业全面进入中国市场，加紧网络布局和服务提升，在行业中占据了重要位置。跨国物流企业的进入，带来了资金、技术和管理经验，促进了中国物流业发展。中国物流市场已成为全球市场的重要组成部分，有力支持经济全球化的发展。

区域物流加强合作。东盟—中国自贸区启动，东北亚加强物流合作，以及上海合作组织经济联系日益密切，推动了我国与周边国家的区域物流合作。2003年《内地与香港关于建立更紧密经贸关系的安排》和《内地与澳门关于建立更紧密经贸关系的安排》分别签署，2008年大陆与台湾实现“大三通”，2010年大陆与台湾《两岸经济合作框架协议》（ECFA）开始实施，两岸四地物流合作进入实施阶段。

物流企业开始“走出去”。2011年，我国交通、邮政和仓储业对外投资超过12亿美元，2003年至2011年，年均增长近40%。国内物流企业跟随制造和商贸企业及工程承包“走出去”。例如，中外运长航海外业务有新的拓展，顺丰速运逐步在周边国家和地区布点。

此外，我国物流行业基础性工作体系目前已基本形成。2006年起，由国家发改委、国家统计局和中国物流与采购联合会联合制定的社会物流统计核算试行制度转为正式制度，全面监测物流业发展情况，并定期向国内外发布。特别是制造业采购经理指数（PMI）在国内外产生了广泛影响。

物流标准化工作有序推进。2003年，经国家标准化管理委员会批准，全国物流标准化技术委员会和全国物流信息标准化技术委员会相继成立。10年来，国家标准委等部门已发布了两个《物流标准专项规划》，一批重点物流领域国家标准和行业标准制修订工作完成。

教育培训工作齐头并进。目前全国已有417所本科院校、824所高等职业学校和2000多所中等专业学校开设了物流类专业。物流师职业资格培训与认证工作自2003年开展以来，已有30多万人参加了培训，16万多人取得高级物流师、物流师和助理物流师资格证书。

《经济日报》2012年10月15日第10版

“强”“弱”之间看质变

“弱”主要体现在社会物流总额增速继续回落，钢铁、煤炭等大宗商品物流需求持续低迷，传统物流业务服务价格继续下滑；

“强”则表现在行业转型升级加快，专业服务能力得到增强、供应链管理有新的发展，高端物流业态成为新的增长点。

中国物流与采购联合会提供的数据表明，今年上半年，在国民经济增速稳中回落、市场倒逼机制明显增强的背景下，我国物流业运行总体保持平稳，不同物流业务类型走势分化，呈现出“一弱一强”的基本特征，行业发展逐渐由规模速度型向质量效益型转变。

“弱”主要体现在社会物流总额增速继续回落，钢铁、煤炭等大宗商品物流需求持续低迷，传统物流业务服务价格继续下滑；“强”则表现在行业转型升级加快，专业服务能力得到增强、供应链管理有新的发展，快递速运、一体化物流、供应链管理等高端物流业态成为新的增长点。

统计显示，上半年，全国社会物流总额93.1万亿元，按可比价格计算，同比增长9.1%，增速较一季度回落0.3个百分点；比去年同期回落0.9个百分点，比去年全年回落0.7个百分点，呈现“稳中偏弱”的基本特征。

从物流总额构成看，工业品、农产品与进口物品物流总额增速回落。从物流业务类型看，走势存在明显分化。大宗商品物流需求低迷。钢铁、煤炭、水泥物流业务量均出现不同程度的下降，突出表现在以大宗商品运输为主的铁路和水路货物周转量出现负增长。与消费品等与民生相关的物流业务保持快速增长，增速在20%以上。

“一弱一强”相对应的是，上半年物流业发展呈现出“质”的转变。主要表现在：一是企业发展的质量和效益提高，收入增速首次超过成本。在转型升级中，物流企业积极拓展增值服务，盈利能力较传统业务增强。据对重点物流企业调查汇总数据显示，1月份至5月份，主营业务收入同比增长

18.6%，主营业务收入利润率为5.6%。

二是业务模式和结构加快调整，供应链发展成效初显。在市场倒逼机制下，企业业务调整的动力增强，行业转型升级步伐加快。主要表现在：供应链管理有新的发展。部分物流企业以当前需求回落为契机，低成本整合资源，主导构建供应链、提供全方位一体化服务；专业服务能力得到增强。传统物流企业转型发展，专业化物流融合发展，精细发展，各类物流企业创新发展，供应商库存管理、供应链金融、保税物流等服务新模式得到推广。

中国物流与采购联合会分析认为，下半年行业发展面临的国内外宏观经济环境不容乐观，人工成本刚性上涨20%以上，资金紧张、人才短缺问题仍将存在，市场竞争将更加激烈。物流业加快转型升级，实现做强做大，急需进一步完善税收等相关政策，切实减轻物流企业税费罚款负担；加快物流网络建设，实现货畅其流；简化行政审批手续，为企业经营活动提供便利等方面入手，为物流业健康发展提供更好的外部环境。

《经济日报》2013年8月7日第6版

我国制造业生产成本物流占比高达三成——

物流降成本还有哪几招

日前，商务部、国家发改委等部门联合发布《商贸物流发展“十三五”规划》，提出“十三五”期间，我国将实施包括城乡物流网络建设工程、商贸物流标准化工程、商贸物流平台建设工程在内的七大工程，基本建立起高效集约、协同共享、融合开放、绿色环保的商贸物流体系，使商贸物流成本明显下降，批发零售企业物流费用率降低到7%左右。

近年来，围绕物流业降本增效，支持实体经济发展，国务院及有关部门贯彻落实《物流业发展中长期规划（2014—2020）》，就交通物流融合发展、互联网+高效物流、多式联运、电子商务物流、服务型制造、节能环保、物流业补短板和降本增效等打出了一系列政策措施“组合拳”，物流业政策环境持续改善，运行质量和效益稳步提升。

降低成本 潜力巨大

据中国物流与采购联合会统计，2013年至2015年，全社会物流总费用占GDP的比例分别为18%、16.6%、16%，2016年已降至15%以内。近年来，我国物流成本水平总体呈下降趋势，然而，目前我国全社会物流总费用占GDP的比例不仅比美、日、德等发达国家高出一倍左右，而且高于印度、巴西等其他金砖国家，高于全球平均水平5个百分点左右。

这意味着全社会创造同样规模的GDP和企业创造同样规模的产出，我国付出的物流费用代价更高。即便扣除产业结构因素，我国经济运行的物流成本较高、物流效率低效益差的问题依然较为突出。“从目前来看，我国社会物流总费用与GDP的比率如果能够达到美国2010年8.3%的水平，每年可新增经济效益5万多亿元。”中国物流与采购联合会研究室副主任周志成表示。

统计显示，我国工商企业物流费用率从2010年的8.8%下降到2015年的8.2%，企业物流运作效率和管理水平有所提升，但仍比日本高出3.6个百分点。我国目前制造业生产成本中仍有三成左右被物流占去，远高于发达国家的10%至15%。

“一方面，要看到我国物流效率总体偏低，物流成本水平仍然偏高；另一方面更要认识到现阶段降低物流成本具备的巨大潜力和空间。不仅如此，通过物流效率的提高，最根本的是能够最大限度地降低企业和社会经济整体运行成本。”中国物流与采购联合会副会长蔡进说。

打通关节　货畅其流

通过畅通各种交通方式间的衔接，实现多式联运，是实现物流业降低成本的有效途径。根据交通运输部调研结果，大多数的多式联运线路运输费用低于公路直达运输费用，成本平均降低约30%。

在中国物流与采购联合会副会长贺登才看来，我国社会物流总费用居高不下，除了经济结构、产业布局、发展阶段等客观因素外，各种运输方式缺乏合理分工、物流路径不够优化、货物多次装卸搬运也使得物流环节过多，从而推高了物流成本。

目前，我国多式联运发展水平仍然较低，运量规模仅占全社会货运量的2.9%；运行效率不高，货物中转转运所耗费的成本约占全程物流成本的30%。欧美国家经验表明，多式联运提高运输效率30%左右，将减少货损货差10%左右，降低运输成本20%左右、减少公路交通拥堵50%以上。据有关测算，我国铁路、水运和公路单位周转量运价（普货）比约为1：0.13：2.6、能耗比约为1：0.7：5.2、碳排放比约为1：1.3：10.9，通过多式联运将更多中长距离公路货运转向铁路和水运，将产生非常可观的经济和社会效益。

不久前，交通运输部等18个部门关于进一步鼓励开展多式联运工作的通知提出，到2020年，我国将力争实现多式联运货运量比2015年增长1.5倍。届时，多式联运运量比重将达到7.25%，比现在提高4.35个百分点。以此推算，可降低社会物流总费用约3.9个百分点，节约成本4350亿元左右。到2020年，如果公路中长距离运输向铁路转移10%，交通运输行业能源消耗将下降约1000万吨标准煤，节能减排效益十分显著。

“只要形成多式联运的机制，就可能实现多式联运货运量几何倍率的增长。”交通运输部运输服务司巡视员王水平表示。

物流业内专家强调，当前，物流业降本增效，需要加快实现网络通、平台兴、行路畅，实现物流大通道多种运输方式的衔接，着重解决重点港口和大型综合性物流园区集疏运问题，打通枢纽节点微循环“最后一公里”；加快建设公路港、铁路港、无水港等实体平台和各种类型的信息平台，支持平台型企业联盟发展，推进基础设施网络、运输组织网络和物流信息网络等多网协同联动，推进传统交通运输企业向现代物流转型；除大力发展多式联运外，深入推进甩挂运输，完善农村物流服务网络，推进区域交通物流一体化和运输跨境便利化，推进物流标准化。

简政放权　降税清费

“从物流费用构成看，我国物流管理费用占物流总费用的12.6%。而发达国家这一费用比重只有3%到4%，一般来讲，管理费用控制在4%以内是合理的，超过4%就偏高了。我国物流中的管理费用明显偏高，其中相当一部分是制度性成本造成的。所以，简政放权，降低制度性物流成本是降低物流成本的重点之一。”蔡进说。

调查显示，目前我国物流业所需证照资质约为70项，涉及工商、运输、快递、货代、安全、质检、海关、环保、商务等等。存在多头管理、重复审批，审批透明度不高、效率低，非法人分支机构难设立和总部资质证书难通用等问题。对此，贺登才提出，要加大简政放权力度，简化行政审批手续，进一步取消和调整交通运输行政审批事项，加强事中事后监管；采取网上审批、异地年审、无纸查询等办法，简化道路运输经营许可证年审手续，优化道路运输从业资格考核制度，为物流企业创造宽松外部环境。

另一方面，物流业涉及领域多，覆盖范围广，涉及公路、港口、铁路、航空等运输领域。特别是过桥过路费，平均占公路干线货运企业运输成本的30%左右。经过连续治理，公路“三乱”问题虽已有收敛，但仍需规范车辆超限处罚标准，杜绝“乱罚款”“以罚代管”等现象。同时，还要规范铁路、港口、机场、海关等各环节收费项目，加强对高速公路车辆救援服务乱收费行为的督促检查。

在税收方面，贺登才介绍，“营改增”解决了困扰物流企业多年的重复纳税问题，但物流业进项抵扣不足、各环节税率不统一、集团型物流企业不能汇总缴纳增值税、个体运输业户无法开具增值税发票等问题依然突出，物流业特别是公路运输业“税负只减不增”的政策还有待落实。

简政放权，降税清费，仍是物流业降成本需啃下的一块“硬骨头”。

《经济日报》2017年2月27日第4版

第五章

市场·消费
一枝一叶关乎民生

消费·现象

北京人的“轿车梦”

如果市场上出售15000元一辆的小轿车，你想买一辆吗？如果让你先储蓄2万元才能买一辆车，你还想买吗？12月15日，北京的一次小轿车奖售储蓄，小小地满足了一部分人的轿车梦。

华北汽车贸易中心这次拿出150辆以前消费者难以见面的菲亚特126 P和达西亚1410型小轿车投放市场，按国家牌价，每辆以15000元和38400元出售。购买者须先在银行储蓄2万元，存期一年半，到期一次还本付息。急不可待的汽车迷们14日清晨就在北京工商银行南礼士路分理处门口排起了长队，还没到15日正式开办，150张奖售票实际上抢售一空。面对即将到手的轿车，他们与凛冽的寒风搏斗一天一夜的艰辛，似乎不值得一提，而那些想在15日早晨来赶个早的人，则在无可奈何地打听：“什么时候再开办？”

如此高的买车热情大大出乎华北汽车贸易中心经理李自然的预料，他说："我们是抱着试一试的心理开办的，没想到这么快就卖完了，这为我们今后继续投放家庭用车提供了思路。"他认为通过这种奖售储蓄的方式公开出售轿车，可以给大家提供平等的购车机会，对回笼货币，引导部分高收入者的资金投向是一次积极的尝试。

虽然目前对于我国绝大多数消费者来说，轿车梦的实现还极为遥远，但一些个体户和部分有较高收入的消费者，则已经将小轿车纳入了他们的消费目标。李自然告诉记者，"来买车的大部分是个体户，有些人的钱还带有霉味。"一对年轻的个体户夫妇手里拿着奖售票对记者说，"我们早就想买一辆车，可一直买不到。现在总算齐了。我们以后的钱都准备存银行。"

值得注意的是，还有一些消费者面对轿车的吸引力，表现出强烈的消费冲动。一位建筑工人说："我是借钱来买的，这样的机会难得。我现在虽然不会开车，可买了车就可以考执照了，在以后的社会里，手艺越多越好。"另一位借钱买车的国营职工也对记者说，"车子既便宜又实惠，与买房子相比，我宁愿买车子。现在北京交通这么拥挤，有一辆车子就方便多了。"

汽车交易大厅里，一个个忙碌的身影、一副副急切的表情、一张张充满希望或大失所望的脸，似乎都在传递着这样一个信息：一部分消费者手中的货币像一只尚未制服的巨魔，正在伺机而动，它在继续吞没彩电、冰箱等高档消费品的同时，又在虎视眈眈地盯着轿车市场。同时，又在提醒人们：引导消费，是一篇亟待去做的大文章，对此，我们并非无所作为。

《经济日报》1988年12月26日第2版

未雨绸缪说电话

68岁的周尚礼再也不用为煤气用完无人换，生病卧床无人知而犯愁了。家里装上了电话，这位孤身住在北京西直门内的老人一下子觉得北京似乎没有那么大了，办事也比过去方便了。

人们也许还记忆犹新：1991年春节前后，在京、沪、穗等大城市一些人中颇为流行的“电话拜年”，曾给羊年的开端增添了一番特别的情趣。

在东部沿海地带，农民坐在家里打国内、国际直拨电话，早已不是天方夜谭。

至于那些精明的个体工商业者，早已把电话作为他们“追赶时间”、捕捉信息的必不可少的手段。“电话一响，生意兴隆”。

曾一度被视为权力、地位、待遇象征的住宅电话，已然悄悄地进入寻常百姓家。电话热，作为一种新的消费潮流，正向全国城乡家庭涌动。

据不完全统计，1986年全国个人自费住宅电话只3.09万户，仅占用户数的1.38%；1990年，全国城乡居民自费安装电话已达86.88万户，其中市内私人户、个体工商户电话达65.54万户，占全国市内电话总数的15%。到去年底，全国住宅电话已达110万户，占市话总数的20.4%。

目前，上海住宅电话数居全国之首。1985年，上海住宅电话用户1.9万户，占总数的14%；1990年，住宅用户达17万户，占实装用户数的45%。

在全国省会城市中，北京是电话普及率最高的。1990年，全国平均每百人拥有电话1.1部，北京则有11.2部。目前，北京35万户市话中，住宅电话占25%，其中个人付费的有7万户。而1985年以前，个人自费电话才500户。

在电话增长迅速的深圳市，电话普及率已高达16.5%，按每户三口计算，每两户就有一部。

天津市1987年住宅电话只有1891户，到1990年8月，已上升到2.74万户，占全市电话总数的24.24%。福建省农村住宅电话已达4万多部，其中个人自费户已突破1万户。在广东省的佛山、东莞等地农村，住宅电话发展之快，更是令人瞠目。

住宅电话，在向中国的消费者展示一个崭新的消费领域。与其它大多数消费品不同，电话是一种能够产生效益的商品，从这个意义上说，电话也是一种生产力。把时间和空间距离的缩短，电话在开拓人们的消费视野，改变人们的生活方式，加快社会的节奏。同时，电话给人们带来经济效益和社会效益也是无法估量的。有关研究表明，现有长途电话的84%可视为已替代交通性交往；平均每100次市内电话有92.7次可代替乘车前往。还有研究证明，每1元通信投资可带来社会经济效益6.7元。

因此，随着商品经济的发展，人们向电话要信息、要财富、要效率、要方便的客观需求，必然推动着住宅电话的兴起和发展。

虽然近几年我国的电信事业发展很快，1990年全国电话机总数达1260万部，电话普及率比1985年翻了一番，可这还远远满足不了人们对电话的需求。去年全国净增市话用户98万户，而累计待装户仍有100多万。在各地普遍上调了电话资费和初装费的情况下，待装户仍比1989年增加1倍，其中约有三成属住宅电话。上海现有的10万多待装户中，有9万多户是住宅电话。1989年底，北京市有待装户11万户，其中60%是住宅用户。从1990年8月以后，北京市每门程控电话的初装费由原来的1500元上调到5000元，目前，仍有待装户7.8万户。

千家万户盼电话。住宅电话，已经成为我国消费领域中一个不可忽视的生力军。面对7000亿元的城乡储蓄存款，开辟和扩展住宅电话这一崭新的消费领域，既可开拓市场，又能吸纳相当一部分资金用于扩大再生产，无疑是一件利国利民的好事。事实证明，作为社会的基础设施，电信业的超前发展，对一个国家的经济繁荣和社会进步起着十分重大的作用。今天，中国的电信业正面临着前所未有的需求压力。住宅电话，作为一种现实的和潜在的巨大需求，从一个重要的方面，给中国电信业的发展带来了机会和挑战。

1949年，北京市刚解放时，电话交换机容量2.6万门，1979年还只有9.7

万门，1990年则达到52万门。不能说这几年我国的电信事业发展不快，但是由于欠债太多，一时还难以扭转落后被动的状况。目前，国外先进国家的电话普及率在50%以上，而我国现在仅相当于美国本世纪初的水平，甚至大大低于巴西、智利、泰国、菲律宾等发展中国家现有的水平。作为一个资金密集型产业，电信业的发展离不开大量投资。虽然我国在近5年中总计完成200亿元的邮电固定资产投资，超过了建国后前36年的投资总和，但电信业的发展与需求仍然距离很大。今天，我国电信业发展的最大障碍，首先是资金不足。仅靠国家投资，已远远满足不了需要。采取措施开辟资金渠道，鼓励投资，已经成为电信业发展的当务之急。

依靠调高电话初装费筹集资金，行不行呢？仅靠调高电话初装费，恐怕并非电信业发展的良策。电话，作为一种商品和服务的综合体，无疑要受价值规律的制约。可是，装一部电话要5000元，相当于普通职工25个月的工资收入，这个价格对目前绝大多数消费者来说实在是望而却步。据悉，北京市电话初装费调价4个月后，退掉电话登记的有8116户。虽然北京市电话需求的总趋势没有太大的改变，但却失掉了一大批自费住宅电话的消费市场，而更多的消费者则处在等待或观望的状态。如果电信企业在增加投资、扩大线路的同时，不加强管理，降低成本，把过高的价格降下来，最终必然会限制自身的发展。

目前，抑制住宅电话需求的因素，除了价格以外，还有“装”电话这一“老大难”的问题。作为一种紧俏消费品，要满足市场需求，需要一个过程。可是，住宅电话这个消费品从用户交登记费、初装费到实际装上电话，少则半年一年，多则更长时间。这一漫长的等待过程，令不少消费者望机兴叹。与装电话难同时存在的诸如请客送礼、拉关系走后门、服务态度差等行业不正之风，更是令消费者感到头痛。为了纠正不正之风，解决装电话难的问题，有关部门和地方做了不少努力，如领导现场办公、搞电话安装大会战、以及对某些区域和线路实行公开放号，突击安装等等。电信部门同时也采取措施，加强对自身的监督。邮电部已明确把基本刹住一些地方市话装、移机中存在的吃、拿、卡、要不正之风，克服服务工作中存在的冷、硬、顶、拖现象，作为今年纠正不正之风的重点目标。据报道，今年头5个月，电信系统已对901名违纪职工给予了行政处分，其中开除公职或留用察看的207人。

从根本上说，只有加快电信事业的发展步伐，缩短供需差距，才能彻底解决装电话难问题，铲除安装电话中不正之风产生的土壤。

困扰着装电话难的另一个矛盾是电话难装。何以解释？行家介绍，安装一部电话，离不开机、线、管、房四大要素。机，即程控交换机，受资金、技术制约，目前我国先进的程控交换机难以满足需求；线，即电话线路，一部话机加上一对与电话局相通的线路，才能通话。现在的住宅小区和单个住宅很少有电话局和电话线路的配套安排，安装一部住宅电话，往往又是爬杆，又是翻墙越屋顶，又是挖地凿墙，有的要拉上千米的线，难度可想而知；管，即电线管道。北京市电信管理局的一位人士对记者说：“‘七五’期间，为了安装电话线路管道，我们几乎把北京市所有的街道路面都翻了一遍。”管道埋在地下，要给街道翻个，涉及到许多部门，要盖许多章，等许多时间。而新建马路往往由于电信部门没钱投资而不配套安排电话线路管道。有些地方还规定，新建马路多少年内不得翻个；房，即电话局用房。由于电话局大都建在住宅密集区，因此，要拆房建电话局，又涉及到许多问题。北京市中等以下规模的电话局从立项到建成需要4—5年时间，北京较大的东单电话局，则花了8年时间才建成。

装电话难，电话难装。电信事业在加快自身发展，尽力满足需求的同时，也需要得到广大用户和各有关部门的理解和支持。只有发展电信事业的共识在人们头脑里扎下深深的根，并且全社会为此而努力，打电话难，装电话难，难装电话的历史就会成为过去。到那时，千家万户有了电话，将会最大限度地享受到这种现代科技产品所带来的好处。到那时，北京将变得更小，中国将变得更小，世界将变得更小。

《经济日报》1991年8月30日第1版

北京什么商品最紧俏

北京：什么商品最紧俏？地铁月票。

信不信由你。

目前，北京地铁日均流量约120万人次，而地铁月票每月只限售20万张，且这20万张月票的持有者是极固定的，只有持有旧月票的底板，才能买到新月票。也就是说，如果你今天没有地铁月票，那么对不起，你就不必再做“月票梦”。

供求差距显而易见。更大的差距还在于价值。一张地铁月票40元，而如果一天乘坐2次地铁，一个月就得花120元。人们常说“物以稀为贵”，北京地铁月票却“稀而不贵”，紧俏是自然的了。

正因为如此，一些人想出了种种办法。“偷梁换柱”，用别人的月票底板贴上自己的照片企图蒙混过关者有之；发挥个人绘画才能，用手绘月票以假乱真者有之；以复印机为工具，复印件变成“通行证”者有之；直接以高价购买假月票者有之。

既然地铁月票这样紧张，为什么不能畅开售票呢？有关部门解释，主要是地铁运力承受不了，尤其是早晚高峰期间，目前已经超载120%，达到了允许超载范围的极限。如果不限售月票，控制运量，就很难保证地铁安全运行。而要提高运力，在目前情况下只有缩短地铁运行间隔，现在早高峰地铁间隔已缩短到3分钟一趟，再要缩短，安全难度将大大增加。

那么，能不能取消地铁月票，像别的城市那样一视同仁，一律现买票坐地铁？或者，把月票价格再提高些？回答是，也不好办。因为这20万人已经把地铁月票作为自己固定的一种福利，目前不太好取消。提价，风险也太大。

有关部门确实处于两难境地。

其实，最难办的并不是月票要不要限售，而是地铁的发展跟不上需求。

只有加快线路建设，增加运力，分流乘客，才能从根本上解决问题。

小小地铁月票，反映的是城市基础设施建设的严重滞后。换一个角度看，我国城市基础设施建设潜力巨大，大有可为。

《经济日报》1998年5月22日第2版

黄金市场迎来黄金年华

‖主持人语‖

“行业瞭望”专栏今天和读者见面了。

这个栏目，本报其实早已有之，只不过没有固定日期和版面。如今为了方便读者阅读，把版面固定在第二版，日期固定在每周二，这也是今年本报改版的一个新动作。

设置这个栏目的初衷，是想向大家介绍一些行业情况以及市场走势，使广大读者对这些行业有所了解。当然仅仅是工业行业我国就有成百上千，光工业行业协会全国就有200多家，而我们“行业瞭望”专栏一年不停，也只能刊登50多次，要想把每个行业都能介绍到是不可能的，况且我们的记者也不可能对所有的行业都有深入和详细的了解，这就需要有更多的同志能为这个专栏供稿，以扩大我们的报道面，尽可能地给大家一个较为全面的印象。

今天我们刊发的是我国黄金生产、市场供销的情况，随着我国加入WTO，黄金市场已基本放开了，在这种情况下，我国的黄金产业会遇到什么样的问题，这些问题又如何解决和应对，请看今天的报道。

在一则正在热播的广告中，退役的奥运会冠军刘璇再次跃上平衡木，轻盈起舞——以拥有“金色年华”的青春形象、“闪耀如金”的非凡成就和“美妙如金”的人气指数的刘璇作为世界黄金协会在中国的形象代言人，这为中国黄金市场增添了“金色”的魅力。

揭开神秘面纱

黄金是金属，黄金也是硬通货。黄金是兼有货币和一般商品多重属性的特殊商品。由于它灿烂的光泽和色彩，无与伦比的化学、物理性能而得到广泛应用。但作为世界第四大产金国和黄金消费国，我国的黄金市场却始终蒙着一层神秘的面纱。

由于我国长期对黄金实行统购统配政策，黄金行业成为计划经济色彩最强的行业之一，严重制约了中国黄金市场的发展，黄金应用领域的科研和技术推广工作远远落后于发达国家。

近年来，中国开始放松对黄金市场的管制，使中国黄金市场呈现出越来越浓的商业化气息。刚刚过去的2001年，更是中国黄金管理体制的改革之年：6月，央行启动黄金价格周报价制度；8月，放开部分金产品的价格；9月，成立国家黄金集团公司；11月，将黄金生产、加工和流通企业有机地联系在一起的中国黄金协会成立；11月底，上海黄金交易中心试营业，中国黄金市场更是迈出了全面放开的步伐。

黄金管理体制的改革直接促进了中国黄金市场的发展，遏制了近年来我国黄金消费下滑的势头。我国饰品用金量已连续3年以10%的速度递减（1997年342吨，1998年228吨，1999年204吨，2000年184吨）。而去年前三季度，我国黄金总需求量增长了5%，共计156吨。8月份放开黄金首饰零售价格管制，带动黄金需求量于第三季度上升了9%。

开启消费之门

随着黄金体制改革的进一步深入，中国黄金市场的神秘之门正逐步向普通百姓打开。

国家经贸委黄金管理局的有关官员曾表示，中国黄金市场将在未来两年到三年内分三步改革，最终目标是中国与国际黄金市场接轨，老百姓可以自由买卖黄金。到时，我们完全可以设想这样一种场景：人们通过银行、首饰店、贵金属专卖店等自由买卖黄金，你走在街上就可以找到一家想买或想卖黄金的地方。与此同时，黄金托管、黄金储蓄、黄金存折投资等一系列新的业务，将陆续摆上银行的柜台。

随着中国黄金市场的开放，黄金消费将成为国内消费的一个重要组成部分，中国黄金消费的巨大潜力将变成现实。有材料显示，2000年，中国国内金银珠宝首饰消费总额已高达800多亿元人民币，这一数字在未来几年内有可能翻番。据中国黄金协会会长成辅民介绍，我们的邻国印度，在对黄金的认识上，同中国有着相近的文化，在国家放开管制前，印度每年黄金消费200吨，放开后很快达到600吨。有关专家对中国的黄金消费也作出乐观的预计：黄金市场放开后，工业用金与个人需求加在一起，国内黄金销量将由现在的每年200多吨猛增至每年500吨左右。

近几年，国内首饰黄金年消费量一直保持在200多吨，少有变化。对此，中国黄金协会秘书长吕文元认为，这并不意味着国内黄金市场已经饱和，黄金消费的停滞不前相当程度上和国内市场开发不足有关。国内黄金市场前景广阔，但还有待进一步开发。

再展迷人魅力

吕文元介绍说，国内黄金用量最大的仍是首饰业。我国是黄金的传统消费国，但是在大中城市，黄金首饰市场正不断被铂金和镶嵌首饰蚕食。我国黄金首饰一直是以单位重量为计价单位，无论什么款式，几乎都是金价再加10%左右的加工费。一刀切的定价方式限制了开发，造成国内黄金首饰样式陈旧、大同小异，失去吸引力。因此改革定价方式，加强市场营销和开发，满足消费者追求高品位、个性化的需求，是黄金饰品的出路所在。

同时，黄金产业不只限于首饰业一个领域。作为“五金之王”，黄金应用领域非常广，在电子、通讯、航空航天、化工、医疗、装饰等部门及与人们日常生活相关的各类生活日用品当中也有广泛的应用空间。据《黄金年鉴2000》统计，工业国家首饰用金占制造业用金的70%，其中日本为27.2%，而我国则高达92%。这说明我国的非首饰用金市场存在着巨大潜力。

此外，黄金作为硬通货，至今仍是各国货币储备的重要组成部分。在特定的环境下，比如发生经济危机时，黄金的增值、保值功能仍然十分突出。各国目前都有金币发行，其中的普制金币有面值，可以流通，具有很好的保值功能。目前国内金币发行总量很少，一年只有4吨左右，而美国一年发行金币可达60吨。

揭开神秘的面纱，中国黄金市场正呈现出迷人的魅力。中国黄金消费的又一轮热潮即将来临。

《经济日报》2002年1月18日第2版，与王若竹合作。

近来，我国18个省份用电告急，缺电范围之大是1997年我国结束长达26年缺电局面后的第一次；去年5月以来钢材市场就一直产销两旺，钢价稳中趋升；汽车更是供不应求，尽管新车迭出，但人们仍持币等车——

电力钢材汽车为何供应吃紧

今后三年供电偏紧，但不会大面积缺电

来自各地的消息显示，入冬以来，在全国部分地区出现的供电紧张形势，随着春天的到来，不仅未见缓解，还扩大到了过去很少缺电的西部省区，如青海、甘肃、山西等地。这样，入冬以来全国出现用电告急的省、自治区、直辖市已达18个，其中，在最先出现用电紧张的广东省东莞市还出台了对新增用电户停止用电申请报装的临时措施。

尽管此次缺电范围之大是1997年我国结束长达26年缺电局面后的第一次，来势之快、涉及范围之大让人措手不及。但是，冷静分析造成缺电的原因却是多方面的，如，黄河来水偏少，造成青海、甘肃、宁夏等大型水电站无法满负荷发电；电煤供应偏紧，导致部分地区火电厂发电量减少；个别大型水电站不顾电力均衡生产的规律，来水多时拼命多发电，导致进入枯水期后无法正常发电；个别电厂放松管理，发电设备突然发生故障，需要停机检修等原因。但根本原因是在1997年全国出现供电缓和后，决策部门盲目乐观，放松了对电力供应与经济发展相互关系的研究，并减少了对电力投资所致。

从世界各国的经济发展规律来看，当一国经济发展进入工业化快速发展的阶段时，电力增长要满足国民经济的发展需求，合理的比例应是1.1：1，也就是说，要满足国民经济增长1个百分点的用电需求，发电能力就需相应增长1.1个百分点。我国目前正处于工业化快速发展阶段，我国发电装机总容量是在2000年4月突破3亿千瓦的，去年底已达3.53亿千瓦。3年年均增加发电装机近1800万千瓦，绝对增长速度在世界各国都数第一，但与这几年年均国民经济增长均为7%到8%相比，要满足国民经济发展的增长需要，每年仍缺发电装机400万到600万千瓦，3年累计缺发电装机至少1200万到1800万千瓦，如果再加上现代电力工业为避免缺水、少煤和应付突发事故所需一定比例的发电备用机组的话，发电能力缺得就更多了。

从发电能力与国民经济增长合理的相互关系来看，入冬以来一些地区出现的供电紧张，固然有其他原因，但主要是由经济快速增长拉动了电力需求增长造成的。说明这几年在国家实施西部大开发和积极的财政政策、启动内需方针推动下，我国国民经济的增长速度是实实在在的。以去年为例，全国工业企业完成增加值3万多亿元，比上年增长12.6%，其中，用电“四大户”之一的钢铁工业，用电量增长了20%，全年钢铁产量比上年净增3000多万吨，一年增产的钢铁量等于新中国成立初到1980年30年钢产量的总和。其他三个用电大户——化工、有色金属、建材业用电增幅也都超过了12%以上。华东、广东等用电紧张也与这些地区经济增长明显高于全国平均水平有关。如上面说到的广东东莞市，作为重要的制造基地，目前全市一年的售电量已相当于整个江西省一年的售电量。此外，国家从1998年起，在全国进行的三年大规模城乡电网改造和实现城乡用电同网同价政策，在降低了农村电价的同时，也极大地拓宽了电力在农村的消费市场，3年来全国农村电力消费年年快速增长，超过了城市居民用电消费的增长。

基于供电偏紧范围扩大，国家电力监管委员会副主席史玉波在本月中旬武汉召开的国家电网工作会议期间，根据其对今年我国经济仍将继续保持快速增长态势的预测认为，今年我国某些地区在去年供电紧张的基础上，供电形势将更加紧张。但总体看，不会出现像1996年以前那样全国大范围缺电的局面。也就是说，目前偏紧的供电形势是不会影响到广大人民群众日常生活用电需求的。

针对入冬以来出现的供电偏紧形势，国家在调整“十五”电力发展规划的同时，按照党的十六大提出的全面建设小康社会，到2020年实现国民经济再翻两番的战略目标，从去年底起已开始先后加快了一批事关国计民生的大型水电和火电站建设、开工步伐，除加快正在建设的三峡、广西龙滩和云南小湾电站外，即将开工的大型电站还有建于金沙江上的溪洛渡、向家坝和澜沧江糯扎渡等一批大电站。去年底新组建的五大发电公司也分别确定了通过加快发展，今后8年将实现新增发电装机在现有基础上再翻一番的目标，预计今年五大发电公司的总开工规模将达2500万千瓦左右。

由于大型水电站的建设周期一般需要7年到8年时间，核电站的建设周期需要6年到7年，天然气发电项目包括天然气开发建设需要5年以上时间，大型火电厂建设需要4到5年时间，今后3年供电偏紧已成定局。鉴于此，针对目前东北等地区供电相对缓和的情况，国家电网公司已决定今年将尽快上马建设一批区域、省级电网间的输变电工程和调峰水电站建设应急工程，以通过发挥大电网对区域间电网的电力供应调剂作用，来尽可能地缓解部分地区的高峰缺电。此外，针对供电偏紧形势的出现，近期各地召开的省级地方人代会也纷纷提出了加快电力发展的新目标。

电力工业属资金密集型行业，一个千瓦电力装机的造价，火力要3000元到5000元左右，水电要5000元到10000元左右；一座电站装机数十万千瓦到上百万千瓦，动辄投资就是数十亿到上百亿。因此，面对入冬以来出现的供电偏紧形势和近期出现的加快电力发展的喜人形势，众多专家认为，从提高电力投资效益和环保的角度考虑，在加快电力发展的过程中也应注意处理好三个问题：

一是处理好电力发展与国民经济发展的关系。在电力发展上既要考虑到2020年国民经济翻两番的长远需要，也要考虑两者间的协调发展；既要适度超前，也不能过于超前。这就需要决策部门适应市场经济发展的需要，按照国民经济和电力协调发展的要求制定两者的发展规划，又要不断根据两者的发展新情况及时调整规划，使制定的规划与实际的发展需要相适应。此外，还需要中央和各级地方政府针对电力打破垄断后出现的竞争新形势，及时制定、修订和颁布实施包括电力调度和上网电价在内的一系列法律、法规，为更多的企业参与电力投资建设创造一个公平、公正、公开竞争的环境。

二是参与电力建设的企业要处理好按照国家电力规划进行电力建设和按照市场用电需要不断调整投资建设进程的关系。特别在打破电力垄断后，参与电力建设的企业更需要按照现代企业制度的要求，加快企业内部各项制度改革，通过减人增效，不断降低包括建设成本在内的发电成本，来为国民经济发展和人民生活提供更多价低可靠的电力供应。

三是国民经济发展特别是用电大户的第二产业要处理好发展与节能节电的关系。也就是说，国民经济和第二产业要按照党的十六大提出的走新型工业化道路的目标，以市场为导向，不断调整产业结构，加快企业技术改造，以尽可能地减少发展对包括电能在内的能源消耗。特别是企业同时也要按照市场需要，来安排企业生产，以减少产品的积压库存。供电企业也应按照电力生产规律，及时出台峰谷电价，用经济杠杆来引导全社会，特别是用电多的企业移谷避峰，以提高全社会的用电效率。

钢材价格稳中有升，大幅上涨空间不大

今年以来，钢材价格稳中有升。尤其是首钢、唐钢、宣钢不久前再度上调了线材、螺纹钢出厂价格，近期北京钢材市场价格再度上涨。1月下旬，北京市场上首钢Φ6.5/8mm高线市场成交价格为2480～2520元/吨，Φ6.5/8mm普线市场成交价格为2460～2500元/吨；首钢Φ12～14mm螺纹钢市场成交价格为2550～2600元/吨，Φ16～25mm螺纹钢市场成交价格为2450～2500元/吨。在华北其他地区，建筑用钢材市场也有升的趋势。1月下旬，螺纹钢价格在2450元/吨左右，高速线材价格在2380元/吨左右。那么今后的走势如何呢？

一是需求增长拉动价格上扬。从国际上看，世界经济正在逐渐复苏，钢材需求正在稳步增长。据国际钢铁协会最近预测，预计2002年全球GDP增长1.7%，2003年增长2.9%。受此影响，国际钢材消费2002年预计增长4.2%，达到8.02亿吨，2003年增长4.9%，达到8.41亿吨。国际钢材价格2001年曾比2000年下跌30%，目前已反弹至高于2000年价位的水平，给近年来疲软的钢材市场注入了希望。

中国钢材消费需求预测是，2002年增长14.8%，达到1.95亿吨，2003年增长10.3%，达到2.15亿吨。中国占世界钢材消费市场份额将从1995年的13.5%增长到2003年的25.6%，真正成为世界第一钢材消费大国。在这两年的世界新增钢材消费中，中国就占64%。生产与需求的同步增长，使国内外钢材市场回暖，这是钢材市场价格上扬的主要原因。

从国内来看，自1998年我国开始实施以扩大内需为主的积极财政政策以来，政府投资力度持续增强，全社会固定资产投资保持快速增长势头，加上产业结构调整逐步深化，西部大开发战略加快实施，以及近年来房地产和汽车消费热点的逐步形成，使作为重要原材料的钢铁产品的消费同步增长，工业用材需求量将在较长时间内保持较高增长水平，成为拉动国内钢材消费的重要力量。

进出口方面，尽管2002年我国钢材进口量大幅增长，但由于关税减让已一次到位，加上国际市场钢材价格较高，需求稳增，2003年国内钢材出口有可能小幅度提高，给国内钢铁企业留下更多的市场空间。同时，去年历时180天的钢铁临时保护措施到期后，我国又对5类进口钢铁产品实施最终保障措施，期限为3年，这5类产品占目前进口量的约70%，这一措施的实施，为我国钢铁市场的稳定创造了良好的外部环境。有关人士认为，这也是近期钢材价格上扬的直接原因。

二是市场供大于求，价格上扬空间不大。虽然去年以来的钢材价格上扬有较好的市场基础，但权威人士分析认为，目前世界经济尚存在不稳定因素，贸易保护仍在继续，全球钢材供过于求的格局依旧，加上国内生产结构性过剩等因素影响，今年钢材价格大幅上涨的可能性不大，甚至部分产品价格还将出现大幅回落。

分析认为，今年我国工业生产、固定资产投资预计将保持快速增长态势，但增长水平会出现一定的回落。所以，钢材消费力度会有所减弱。特别是近年高速增长的房地产业，今年有可能降温，从而大大削弱对钢材消费的拉动力度。综合各方面因素考虑，有关方面预测认为，今年我国钢铁需求量增幅将比去年回落4.5个百分点，钢材消费增量将由去年的2500万吨减为2000万吨。

从资源供给来看，钢材市场供大于求将是长期性的。根据重点钢铁生产企业上报的材料分析，2003年新增钢生产能力达到1600万吨，加上地方小钢厂的扩能增长，以及目前正夜以继日开工建设的民营钢铁企业很快将要形成的生产能力，近一两年内我国钢材生产能力将有大幅度的增长。另一方面，国际钢材产能过剩等因素造成的进口压力今后还将继续体现。

因此，对当前的钢材市场及钢材价格走势，需要保持一个清醒的认识。去年，由于市场环境好转，国内钢铁行业效益大幅度增长，钢铁企业收获了一个意外的惊喜。但是，如果由此带来的是大规模的重复建设，那么，这种惊喜很快将变成担忧。

新车炙手可热，厂家库存迅速清空

最近想买新车吗？眼下仅仅有钱是不够的，你还得有足够的耐心和时间来等待。要买新款雅阁轿车，就得再掏腰包，据说最高加价高达8万元，接近了车价的1/3，一些专卖店已经不再接受订车款。不仅是1个月前上市的新雅阁炙手可热，卖了8个多月的POLO有些也要加价，福美来、中华和丰田威驰，从上市之日起就紧俏，这两个月取车的，大部分是去年订货的顾客。

来自中国汽车工业协会的统计给汽车的供不应求提供了最好的论据：1月份我国汽车产销双双超过了32万辆，创下了共和国汽车工业月度产销的新记录，其中消费者关心的轿车产量达到了12.98万辆，同比增长了1.27倍，销售则达到了14.12万辆，同比增长了1.84倍，产销率高达108.72%。在如此旺盛的需求面前，厂家的库存被迅速清空，增长幅度最大的上汽集团和北汽集团的产量分别同比增加了1.56倍和1.04倍。

在关税下调的刺激下，1月份我国各大汽车进口口岸的汽车进口数量和价值比去年同期增长将近1到2倍，其中上海口岸进口汽车2108辆，价值7299万美元，比去年同期分别增长2.5倍和2.9倍，占上海进口轿车市场90%份额的上海外高桥汽车交易市场1月份成交金额为3.18亿元，同比增长了50%多。

汽车为何供不应求

新车的拉动效应非常显著。2002年，新车占据了我国车市27%的份额。目前备受追捧的，大多是上市不到一年的新车。最近两个月，就有新款雅阁、别克君威、帕杰罗速跑、嘉年华、M6、帕拉丁6款新车“扎堆”下线，占今年新车数目的1/5。配置更高、价格更为平实，使新车成为无可争议的明星。新款2.4升雅阁比以前的2.3升雅阁便宜了3.82万元，别克君威是国内惟一在25万元内装备了2.5升V6发动机的轿车，如此有竞争力的性价比，自然会得到市场的认同。另一方面，新车的供应量偏小也在一定程度上造成了新车的抢手，相信随着新车产量的逐步放大，新车奇货可居的现象可以得到缓解。

与新车型相比，老车型的销售至今未见疲态。在全国最大的机动车交易市场——北京亚运村车市，1月份销售的前三名依然是老当益壮的夏利、捷达和富康；云南汽车交易市场的头把交椅被夏利稳稳占据，悦达起亚、羚羊、桑塔纳依然名列前茅；在成都西部汽车城的销售前十名中，奥拓、昌河、夏利、富康榜上有名。老车型虽没有新车型的现代时尚，却以充足的供应量、较为完善的售后服务以及长时间积累的良好口碑，吸引着务实的消费者。其实，大部分老车型已是旧瓶装新酒，比如"高龄"的桑塔纳和捷达，都通过增加配置、改进内饰悄悄地"内秀"了不少，加料不加价，用户也乐意买账。

赛欧、羚羊、奥拓等的热销则与它们不久前的降价直接相关，看来用价格杠杆撬动经济型轿车销售仍是特效药。

也有专家指出，今年1月份的汽车消费高潮，与春节前的节日消费刺激有关，假日出游的升温对汽车销售的拉动作用日益明显。

《经济日报》2003年2月28日第5版，与谢然浩、姜范合作。

旧货市场待淘"金"

从商务部获悉，自1990年以来，伴随着我国国民经济的发展与产业结构的快速升级，我国旧货业得到了长足的发展与壮大，1998年，我国旧货交易额仅300亿元，到2003年底已突破1200亿元，年均增长41.42%，远远高于国民经济同期发展速度，旧货行业已成为活跃商品流通、启动内需的一个亮点。据统计，目前旧货行业的从业人员逾400万，有100多万是下岗职工及一大批进城农民，旧货业创造了巨大的就业机会，为社会的稳定和发展发挥了积极作用。

有关资料显示，目前我国每年有6800万台电视机、洗衣机，9000万台（部）电脑、手机进入旧货行业。巨大潜在的旧货资源为我国的旧货业提供广阔的前景。

在快速发展的同时，旧货行业目前也存在一些问题，主要表现在：一是数量不足，居民买卖旧货很不方便。以北京为例，该市共有20多个旧货市场，100多个营业网点。而日本东京则拥有200多个旧货市场，50000多个营业网点。二是经营方式落后。旧货流通大量地靠走街串巷的个体流动商贩，缺乏正规的交易场所。没有统一的估价标准和交易规范。旧货市场设施和管理水平低，很多旧货市场是临时用地，大部分旧货市场是集贸市场式的经营方式。一些旧货市场不同程度地存在着销售假冒伪劣商品、欺骗消费者的现象，个别市场甚至成了销赃的场所。三是立法滞后。1998年，原国内贸易部与公安部联合下发了《旧货流通管理办法（暂行）》，对旧货行业发展起到了推动和规范作用，但有些条款已经不适应目前的情况。2003年，原国家经贸委、公安部、国家工商局三部委联合下发了《关于促进我国旧货行业发展的意见》，该《意见》取消了《管理办法》中规定的设立旧货市场、旧货企业的行政审批和特种行业许可证制度，而后续的管理措施未能及时跟上，一些地方出现了管理的真空。四是旧货从业人员素质低。目前全国经过培训并获得旧货评估员资格的仅300多人。同时，缺乏售前维修人员，一些旧机械设备在销售前没有经过维修和检测，容易形成事故隐患。

《经济日报》2004年4月2日第2版

市场·话题

政企不分　地方保护　收费过多
有形建筑市场不能成为篱笆墙

如今，建筑施工企业都有一个共同的感觉，就是承揽工程项目越来越难了。他们所指的难，不仅仅是正常的竞争加剧，而更多的是指由于地方、部门保护、市场分割带来的不公平竞争愈演愈烈。

让我们看一看甘肃省建设厅于2000年11月17日印发的“工程建设招标评标定标实施细则”，该文件规定：评标定标工作必须在政府批准的建设工程交易中心进行，未经批准不得在其他场所操作；该省物价局也于2000年9月26日发文规定，省建设工程交易中心可“分别向承、发包双方各收取中标额0.6‰的建设工程交易服务费，外省承包方缴纳1%的交易服务费”——外省企业交易服务费为本省收费标准的16.7倍。

据介绍，近年来有些地方和部门的有形建筑市场，不仅没有成为公平、公正竞争的场所，反而成了一道道利益封锁、分割全国统一开放大市场的“篱笆墙”。目前，全国已有319个地级以上城市建立了市场，占地级以上城市总数的95.2%。一些建设项目较多、投资规模较大的县级市也建立了有形建筑市场或固定招投标场所。有形建筑市场的功能主要有：一是发布区域内的工程招标信息；二是提供评标专家和开评标场所；三是对工程招投标活动进行集中监管；四是办理与工程建设有关的手续。

有关人士认为，在法制不健全的情况下，有形建筑市场采取的集中管理，对推动建设工程招投标的发展起了积极作用。但是，在我国法制逐步建立健全后，在一部分有形建筑市场存在的问题便显得突出起来。

首先是有形建筑市场的性质和定位问题。有关人士通过调查认为，有形建筑市场具有行政垄断和代理的性质。有形建筑市场均由当地建设部门组建和领导，建委招标办主任兼市场办主任，与市场是一套人马两块牌子，实质上是建设部门的派出机构；一些地方政府发文要求，一个城市原则上只能建立一个交易市场。凡在本市区划范围内投资建设的工程项目，只要达到一定的投资额（30万元或50万元以上），都必须进入市场进行承发包；政企不分，集服务、代理和管理于一身，既行使政府行政管理的职能，又行使部分招投标业务的代理职能。

其次是有形市场的地方保护问题。有形建筑市场按同地化原则层层设立。各级市场都有自己的施工企业库（名单）、评标专家库（名单），基本来源于本地。本地的市场只对本地企业开放，本地不同级别的市场只对相应级别的企业开放。在江苏省颁布的“省外施工企业进省施工管理规定”中要求，只有在省内企业满足不了招标要求时，才允许省外企业参加投标；太原市规定，凡在山西省或太原市领到“优秀项目经理证”的，在评标中加5分，在外地领证的加2分，降低外地企业的中标机率；深圳、上海等城市颁布文件，只有在当地注册的企业才有资格投标，近两年已停止办理外地企业注册登记手续。在这些措施保护下，本地施工企业的中标率大幅上升。

第三，有形建筑市场的收费问题。有形市场本身收取的费用主要有综合服务费、招标管理费、场地租用费等。由于市场的垄断性和强制性，所有建设工程都必须进场发包、交纳服务费，市场“获利颇丰”。

此外，部分有形建筑市场的一些作法，也侵犯了项目法人自主权。如在有的招标过程中，对具备投标资格的企业，还要通过计算机抽签的形式确定最终投标人。

部分有形建筑市场出现的这些问题，已经有悖于建立全国统一、开放的大市场的目标，影响到招标投标法的顺利实施和项目法人责任制的落实。为此，有关人士建议：

依法规范有形建筑市场。按政企分开的原则，使有形建筑市场与行政部门脱钩，不再行使行政管理职能。有形建筑市场应统一定位为企业；

依法保护项目法人自主权。各级政府和有关部门应当取消强制入场发包的规定，允许项目法人自主选择是否进入有形市场发包工程；

打破垄断，逐步建立全国统一的招标大市场。依法必须进行招标的项目，其招标投标活动不受地区或部门的限制，招标公告应通过国家指定的报刊或其他媒介发布。改变现行的地区垄断、条块分割的市场；

强化对招标投标工作的行政监督。国务院有关部门应依法加强对本行业招标投标活动的监督。国家计委作为项目投资主管部门，应借鉴世行、亚行通行做法，重视对项目招投标活动的监管。

但愿通过整顿和规范市场经济秩序力度的加强，使这样的“篱笆墙”越来越少。

《经济日报》2001年4月1日第2版

给违法药品广告下“猛药”

近年来，药品广告违法、违规刊播问题十分突出，给人民群众的正常用药造成了一定的误导，并且严重扰乱了药品广告的刊播秩序。比如：未经审查机关审批擅自发布、散发的违法药品广告仍随处可见；任意篡改广告审批内容，夸大宣传的违法药品广告仍然存在；伪造药品广告批准文号，使用过期失效的广告批准文号，国家明令禁止做广告的药品，如治疗肿瘤的药品、调节和增强性功能的药品等仍然在违法发布；一些医疗广告、食品广告做药品疗效的宣传现象依然十分猖獗。

为了遏制药品广告市场的混乱局面，规范药品广告刊播行为，国家药品监督管理局加强了药品广告审查工作，并加大了对药品广告发布行为的检查监督管理工作力度。今年以来，各级药监部门建立、完善了审查监督工作，加强对药品广告审批后发布情况的监控，扩大了检查覆盖面。加强了对药品广告审查后发布情况的监督检查，加大了打击违法药品广告的工作力度。今年1月至6月，全国药品监督管理部门共受理药品广告13978份，批准11039份，驳回2394份，收回药品广告批准文号316份，并将455份违法刊播的药品广告移送工商部门查处，与去年全年收回药品广告批准文号221份相比，加大了处理违法刊播药品广告的工作力度。

同时，药监部门在加强广告管理方面还采取了一系列新的措施和手段，如实施药品广告审查备案制度；在国家药监局政府网站建立了药品广告资源信息数据库，将全国各省、自治区、直辖市药品监督管理部门审查批准的药品广告的有关内容在网站上发布；加强了处方药广告审查管理工作，国家药品监督管理局公布了自2001年2月1日第一批停止在大众媒介发布广告的处方药（粉针剂类、大输液类和已经正式发文明确的其他品种及抗生素类的处方药），同时公布了允许刊登处方药广告的第一批164家、第二批83家医药专业媒体名单。

通过以上措施，在对违法发布药品广告的检查处理、规范药品广告发布行为等方面取得了一定成效。但有关人士指出，目前药品广告市场秩序仍不容乐观，违法刊播的问题仍相当严重。对此，国家药监局介绍，下一步将继续采取强硬措施，加强药品广告审查监督管理。这些措施包括：

贯彻新修订的《药品管理法》，进一步规范药品广告审查行为，制定、完善药品广告审查监督管理制度和程序。

完善机构、充实人员，建立药品广告审查监督管理网络体系，逐步形成国家药品监督管理局与省、区、市和省、区、市药品监督管理部门之间及省、区、市药品监督管理部门对辖区内药品广告审查监督管理的三个层次的网络体系。

进一步严厉打击虚假、违法药品广告。为了提高药品广告审查监督管理的工作效率，规范药品广告的审查标准，国家药品监督管理局将于近期开发药品广告审批管理软件系统，并逐步在全国范围内推广使用；完善、充实药品广告资源信息数据库的信息内容，将药品广告审批的有关内容上网发布，充分发挥社会监督的作用，对药品广告的刊播行为进行监督；充分发挥新闻舆论的作用，国家药品监督管理局将建立违法药品广告公告制度，并将与央视调查中心合作，对全国所有上星电视台播放的药品广告进行实时监测，监测中发现的问题将及时予以纠正，违法药品广告将在公告中发布。国家药品监督管理局还将公布各省、自治区、直辖市药品监督管理局药品广告审查管理重点监测媒介和举报信箱及举报电话。

《经济日报》2001年7月22日第6版

让消费者不再受“欺诈”

到商场购物，每当看到“打折”、“买十送一”、“返券销售”等字眼时，人们都会打一个问号：是真打折，还是给消费者设的一个“套”？今天，消费者购物终于可以不再担心受“欺诈”了。《禁止价格欺诈行为的规定》的发布给了消费者一个有力的武器。

价格欺诈行为与垄断、歧视、过度竞争、竞争不足等因素一样，对社会经济生活秩序的正常运行具有较大的危害性，是多年来亟待解决的一个难点和焦点问题。一是，它损害消费者及处在买方位置上的经营者的合法权益，增加了消费者的消费成本和经营者的交易成本。二是，它破坏正常的市场秩序，违反了公正、公平、公开、有序的市场竞争原则，造成经济生活的紊乱。价格欺诈行为得不到制止，就会给经营者一个错误信号：价格欺诈可以获得超出正常利润的超额利润，并可能引起不应有的社会“效仿”。三是，它扭曲了价格信号，影响价格机制作用的发挥。按照这样的价格信号，必然会误导资源配置，妨碍企业的技术进步和管理水平的提高。

市场规则的建立和市场秩序的逐步完善，是发展经济、深化改革、扩大开放的一个重要前提。没有一个好的市场规则和规范的市场经济秩序，市场就难以发挥它在资源配置中的基础性作用。完善社会主义市场经济体制的一项重要任务就是进一步开放市场，发展全国统一、公平竞争、规范有序的市场体系，不断提高国民经济市场化程度。此次颁布的《禁止价格欺诈行为的规定》对于解决规范标价行为和价格手段的具体实施操作问题，贯彻公开、公平、诚实信用的价格竞争原则；对于营造公平竞争的市场环境，给每个参与竞争的主体以公平竞争的机会，实现优胜劣汰，确立市场规则，建立起统一、开放、竞争、有序的市场体系，都具有重要意义。

《规定》的颁布为禁止价格欺诈行为提供了法律依据，但真正消除价格欺诈行为对经济生活的负面影响，还需要全社会方方面面的共同努力。政府有关部门要加大对价格欺诈行为的监督检查力度；广大经营者也要依法规范自身经营行为，树立诚实信用的经营理念；广大消费者对市场出现的各种价格欺诈行为，应积极向价格主管部门举报，依法保护自身的合法权益。

《经济日报》2001年11月22日第2版

监管力度加大　违法现象不减

治理非法药品广告任重道远

不久前，国家工商行政管理总局发布的近期广告监测结果显示，在检查的医疗和药品广告中，违法率高达88.59%和66.67%。而去年10月，这两个数字分别为70.34%和54.47%。在国家有关部门不断加大对药品广告监管力度的同时，违法发布药品广告的现象却有增无减，这不得不引起全社会的高度关注。

检查监督力度加大

为了整顿药品广告发布秩序，2001年，国家药品监督管理局提出要像打击假劣药品一样打击虚假药品广告，要像重视广告审批工作一样重视药品广告的事后检查监督。据此，药监部门一方面严把受理关，去年全国共受理药品广告45175份，核发广告批准文号37752份，驳回7946份；另一方面是加大检查力度，去年共回收药品广告批准文号929份，是2000年的4倍，通报批评834份，移送工商部门查处2218份。

从2001年5月1日起，国家药品监督管理局将承担的部分广告审批工作下放到省级机构，将工作重点从审批工作转移到监督管理工作上，建立广告审批备案制度。截至2001年底，国家药品监督管理局广告审查监督办公室共接受广告备案21000余份，对发现的问题及时要求各地予以更正，其中问题较为严重50余份，下发了药品广告备案意见通知。

国家药监局还确定了122家药品广告发布多、影响面大的媒介为药品广告重点监测媒介。针对各地晚报药品广告多，而且违法发布严重的情况，国家药品监督管理局对全国30个省会城市2001年9月1日至15日的晚报进行了抽查。经逐条核查，期间发布的1318条药品广告中有957条属违法发布的药品广告，违法率73%，对这些违法广告各地已进行了及时地查处。针对电视广告影响大的特点，国家药品监督管理局与央视调查咨询中心合作，对全国所有上星电视台发布的药品广告进行了实时监测，全年共监测药品广告20000余条。通过认真的分析研究，对存在问题的广告已通知各地及时予以处理。

查处面临实际问题

虽然有关部门采取了一系列措施，明显加大了对违法药品广告的查处力度，并取得了较大的成效，但和违法广告混乱的实际状况相比，被检查处理的只是其中的一小部分，刊播违法药品广告的现象依然十分严重，治理违法药品广告任重道远。

据有关人士介绍，当前药品广告监管工作中还存在一系列问题，主要包括：审批权和监督权分离，行政处罚不能及时跟进，处罚力度较轻。对于违法广告，药监局只能撤销批准文号，并停止受理该药品的广告申请一年，此外，没有别的处罚办法，难以对企业起到真正的威慑作用；目前广告市场上，广告主、广告经营者、广告发布者之间还没有形成一个有效阻止违法广告的链条，企业自律性不强；此外，对于各种形式的软广告、非药品宣传疗效的广告，还没有一个统一监管和处罚的体制。

据介绍，当前药品广告违法的主要表现有：任意改广告审批内容；未经审批，擅自刊播药品广告，国家明令禁止刊播广告的药品，擅自发布广告；伪造药品广告批准文号、用过期失效的批准文号或已撤销的批准文号、处方药在大众媒体发布广告；含有不科学的表示功效的断言和保证；含有有奖销售、让利销售及馈赠、降价等违法促销内容；广告中无药品生产批准文号及广告审批文号；保健食品宣传疗效广告等。

实现监管制度化

针对违法药品广告依然严重的问题，国家药监局今年将进一步加大检查监督力度。国家药监局有关人士介绍，今年将根据《药品管理法》关于药品广告管理的规定，修订《药品广告审查办法》和《药品广告审查标准》，加大对违法发布药品广告行为的处罚力度；实现对违法发布药品广告检查监督的制度化，尽快在各地组建成立药品广告监督办公室，充实地方检查监督人员，扩大对药品广告发布情况的检查监督覆盖面，加强对重点媒介的监测工作。

同时，药品广告的监督管理要与药品生产企业换证、药品经营企业换证和GSP认证等工作结合起来，加大对违法广告主的检查监督力度。应用药品广告审批监督管理软件，积极推行现代化管理模式。通过软件系统的应用，利用互联网覆盖广、信息传输快、共享性强的特点，增加监督的时效性、针对性，充分调动社会监督力量。

为加强对药品广告、医疗广告的管理，国家工商行政管理总局日前也提出了一系列措施。根治违法药品广告虽然不是一朝一夕能解决的事，但只要从体制上、制度上、法律上、手段上加强监管和处罚力度，调动全社会力量，齐抓共管，药品广告市场就一定会逐步走向净洁和规范。

《经济日报》2002年5月23日第15版

借非典发不义之财　严惩不贷

正当全社会同心协力与非典这场突如其来的灾害作全力斗争的时候，一些商家却借机发不义之财，对药品、医疗器械等哄抬物价，以次充好，甚至销售假冒伪劣产品。这种行为不仅严重损害了消费者的利益，扰乱了市场秩序，也给公众造成了不必要的恐慌。对此，有关部门正在采取联合行动，对借非典发不义财者予以严惩。

哄抬药价　恶意炒作

据报道，西安市场上一种只具有清热解毒、对防止上呼吸道感染有作用的中药，被不法分子披上“非典特效药”的幌子，从15元一下子涨到150元。还有部分不法药品经营单位蓄意夸大非典型肺炎危险来误导群众，借以哄抬药价；一些药品零售店挂出“限量供应中药材”的牌子，暗示预防非典的药材脱销；一些经营者还发布引导药品使用的非广告信息，牟取不义之财。

在西安市万寿北路中药材批发市场，预防非典的中药材价格普遍上涨，低的涨了2倍，高的涨达十几倍。原来每公斤20元的“金银花”，有的商贩已经卖到130元，“贯众”从20元涨到70元，“防风”从10多元涨至45元左右，“鱼腥草”从4元则暴涨至30元。另外，板蓝根、野菊花等均有不同程度上涨。西安市预防非典中药材价格也一路飙升。

据报道，在太原市，原本3元一支的免疫调节药一夜之间变成了15元一支。在北京两位专家开出非典型肺炎中草药配方后，全国著名药材市场——河北省安国药材市场中草药的价格一路暴涨，价格一天一个价，出现几十倍上百倍的暴涨。药方中提及的10多种中药材全部火起来。最让人难以相信的是平时每公斤只有20元左右的“银花”居然涨到每公斤180元。

据《河北工人报》报道，在安国市药材交易大厅，每种中药材的价格几个小时就会有上涨。像“苍术”原来每公斤只有4元到5元，而目前涨到26元。

联手打击 严惩不贷

当前，各地工商、食品和药品监督、物价等有关部门，已经把平抑防治非典药价作为重中之重，各负其责，对各种借机哄抬物价的不法分子予以坚决查处和打击。

根据国家食品药品监督管理局等五部委局21日下发的《关于加强防治非典型肺炎药品监督和管理工作的紧急通知》，一旦防治非典类药品价格出现异常波动，各级价格主管部门可依法采取规定限价等预措施以平抑药价。

根据《紧急通知》，各级价格主管部门加强对防治非典药品、医疗器械及卫生材料价格的监督管理：凡是实行政府指导价和政府定价的药品，严格执行政府规定价格；属于市场调节价的药品，则运用调查、提醒、告诫、劝阻等方式，引导和规范市场价格行为；对价格异常波动涉及的范围较广、上涨幅度较大、影响正常的生产和流通、发展下去会造成严重后果的，可提请省级人民政府根据《价格法》的有关规定，采取限定差价率或利润率、规定限价、实行提价申报制度和调价备案制度等干预措施。

对于违反政府价格规定的，特别是乘机囤积居奇、哄抬物价、扰乱市场秩序的不法经营者，有关部门将依法处理，从重处罚。据报道，从23日起，北京市将根据《价格法》对部分市场调节价商品和服务实行最高限价，从而抑制相关商品和服务价格在防治非典期间上涨。

北京市物价局规定，凡在本市销售16层纱布口罩每个零售价最高不得超过4.00元；活性炭口罩每个零售价最高不得超过9.80元；过氧乙酸（浓度16%至18%、一元溶液、500毫升）每瓶零售价最高不得超过22.00元；次氯酸钠84消毒液（470毫升）和利克消毒液（500毫升）每瓶零售价最高不得超过4.00元。销售其他口罩、消毒液等不得借机乱涨价、哄抬价格。

北京市物价局还规定，对政府定价药品目录外的抗病毒类和调节免疫功能类化学药品实行限价和提价申报管理。各药品生产、经营企业和医疗机构、零售药店均应在本单位2003年4月21日的价格水平上保持稳定。

与此同时，内蒙古、山西、陕西等地也已经迅速行动起来，投入到平抑药价这场与非典斗争的另一条战线中。

《经济日报》2003年4月29日第13版

航班延误　难题如何破解

□ 航班延误是世界难题，正常率均在80%左右

□ 我国航班正常率下滑，理念落后是致病主因

□ 与利益和经营权挂钩，多管齐下提高正常率

近一段时期以来，随着雷雨天气的增多，再次引发人们对航班延误的关注。而民航总局日前公布的国内航空公司因自身原因造成航班延误给予旅客经济补偿的指导意见也已成为媒体报道的热点。根据民航总局日前公布的国内航空公司因自身原因造成航班延误给予旅客经济补偿的指导意见，航空公司因自身原因造成航班延误4小时以上，应通过现金、购票折扣和里程等方式予以补偿。

民航总局还明确要求国内所有航空公司年内都将制定并公布《旅客服务承诺》。据了解，目前，国航、东航、南航等航空公司都在制定各自的航班延误补偿方案，将在7月份向旅客公布。那么，到底应该如何看待航班延误？除了经济补偿，还能够采取哪些措施来减少航班延误呢？

航班延误是世界性问题

业内人士指出，航班延误，是困扰着民航从业者和广大旅客的世界性问

题。造成航班延误的因素很多，一是天气等自然因素造成的延误；二是航空公司自身的原因造成的延误，如飞机出现机械故障、飞机调配、飞行计划安排出现问题等；三是空中流量饱和，空管对飞机起飞进行控制造成的延误。

据介绍，美国和欧洲都把提高航班正常率作为民航行业的重点工作。目前，国外航空公司（主要是欧洲、美国和日本、韩国等航空大国）航班正常率平均在80%左右，与我国目前大体相当。所不同的是，欧美航空公司航班延误的主要原因是飞行密度大，空域资源紧张。而我国除部分地区（如华东、中南及北京）外，飞行密度总体上不如欧美，航班正常率应该更高一些，还有提高的空间。航班延误问题之所以在我国反映较大，一是发生延误后，由于航空公司航班密度相对较低，签转航班较少，对旅客造成很大不便；二是航空公司信息告知和服务工作方面存在差距，导致旅客意见很大。

为什么有的旅客认为民航飞机总不能按客票标明的时间起飞？对此，业内人士解释，客票标明的时间与航空公司《班期时刻表》公布的时间是一致的。而这个时间在《班期时刻表》上准确的表述为“离站时间”，并有明确解释：“离站时间均为飞机关机舱门时间”。飞机关闭舱门后，飞机启动发动机、离开停机位、滑行到跑道，还需要一定时间，一般机场规定为15分钟以内，北京、上海、广州、深圳等大型机场为20—25分钟以内。这就是说，飞机在机票标明的时间关闭舱门，并在15分钟或25分钟内起飞，属于正常起飞航班。

航空公司经营理念待转变

据民航总局运输司司长李江民介绍，国内航空公司航班正常率自1996年以来逐年下滑，2002年为76.7%。去年，民航总局为提高航班正常率，组织在北京、上海等全国7个城市8个主要机场开展了两期始发航班百日竞赛活动，带动了全民航航班正常率的提高，达到了79.8%。今年1—5月份航班正常率为77.9%，比去年同期下降1个百分点。特别是今年春节和“五一”黄金周期间发生了多起航班延误事件，引发了旅客比较集中的投诉，发生了航班延误旅客向航空公司索赔，部分旅客罢乘飞机和占机不下，甚至个别旅客打骂航空公司、机场工作人员的过激行为。

民航总局及时对这几起重大延误事件进行了严肃查处，民航系统为加强航班正常工作采取了一系列措施，5月份航班正常率上升到79.9%。海航、上航和厦航的航班正常率较高，均达到85%以上；东航、四川航的正常率较低，分别为75.5%和76.4%。

据民航总局有关人士分析，目前，由于航空公司自身原因造成航班延误的问题越来越突出，航空公司的经营理念亟待转变。一是在市场需求旺盛的情况下，出现了重经济效益轻服务质量、轻航班正常率的倾向，在航班计划安排中很少留有备份运力，以至一旦某个航班出现延误，没有替代运力可用。二是有的航空公司管理仍然比较粗放，在航班数量越来越多的情况下，尚未建立起有效预防和处理航班延误的运作体制和工作机制。另一方面，保证航班正常涉及航空公司、机场、空管、安检等方方面面，目前这些方面在协同配合方面还存在一定问题；同时，在生产高速增长的情况下，民航某些方面不够适应，技术力量不足，部分机场飞行时刻紧张。

多管齐下提高航班正常率

航班延误补偿，只是民航总局为提高航班正常率而采取的措施之一。民航总局还对加强航班正常工作作了进一步部署，从7月1日起实施，目标是年内各航空公司航班正常率达到80%以上。据介绍，这些措施主要有：要求各航空公司建立健全航班正常工作责任制，从7月份起建立航班正常报告制度，由航空公司主要负责人向民航总局和地区管理局报告航班正常工作；把航班正常与航线经营权、时刻使用权挂钩，对航班正常率低的航空公司，在增加航班总量、加班包机许可、航班时刻安排上予以限制；对涉及旅客多、时间长且处置不力的延误事件的责任航空公司，暂停其航线、航班经营许可；督促航空公司尽最大努力减少长时间延误和避免旅客投诉，建立长时间延误航班的即时报告制度，其中2小时以上要报告公司值班领导，4小时以上要向民航主管部门报告；对严重的航班延误事件，予以公开曝光。

记者了解到，目前部分航空公司已经纷纷行动起来，采取措施提高航班正常率。我们相信，民航总局从上往下抓航班正常率，航空公司切实把航班正常率作为企业品牌和信誉的基础，多管齐下，采取有效措施，提高服务质量和水平，航班延误将不再是一个热门话题。

《经济日报》2004年7月1日第2版

航班延误补偿细则出台难

补不补、补多少、怎么补，都由航空公司说了算。航班延误原因复杂，航空公司不愿贸然推出补偿细则。

自民航总局出台《航班延误经济补偿指导意见》后，各航空公司均表示不日将出台航班延误补偿细则。但截至今日，除深圳航空公司在7月5日推出航班延误补偿细则外，其他航空公司的补偿细则虽经“千呼万唤”却仍未“出笼”。

航班延误多年来一直是投诉重点和热点。据中国消费者协会投诉与法律事务部透露，消费者对航空公司的投诉，2002年是206起，2003年219起。其中三分之二是航班延误投诉。投诉主要原因有二：航空公司没有及时告知；对补偿措施不满意。

《意见》实施有难度

国际上的航班正点率要高于国内，正是为解决国内航班延误率高这个问题，提高航班正点率，今年3月，民航总局出台了《航班延误经济补偿指导意见》，7月1日，该指导意见正式实施。然而，从目前情况来看，这一《指导意见》的实施还有相当大的难度。

根据国家民航总局《航班延误经济补偿指导意见》，航空公司不用对天气、机场、空管指挥等非自身原因造成的航班延误对旅客进行补偿。那么究竟在何种情况下，旅客才能获补偿，谁能对原因认定说了算？

举一个简单的例子：假如某一航班因天气原因造成了延误，由于这架飞机还要执行后续许多航班，这势必会带来后续航班的延误，那么后续航班的延误是否还能算作是天气原因呢？航空公司如果为了追求效益最大化，而不安排备份运力，是否可以冠冕堂皇地以天气原因作幌子，而逃避延误补偿呢？

另一方面，由机械故障、航班计划等自身原因造成的延误，如果由民航方面自己认定，显然不能令旅客满意。同时，没有专门的仲裁部门，是否补偿也容易引发航空公司与旅客的激烈争端。

《指导意见》建议采取三种补偿形式：现金补偿、购票折扣、里程赠送，并要求具体补偿标准和补偿方案由各航空公司自行制定。这不仅给了各航空公司很大的宽松度，同时还意味着补偿与否、补偿多少、怎样补偿都由航空公司独家说了算。事实上，从已经实施的个别航班延误补偿案例来看，航空公司的补偿都是象征性的。

有消息称，为了顺利推行延误补偿计划，民航总局曾主动找中国消费者协会和国家工商总局协商，希望得到相关部门的参与，但最终遭到了回绝。对于涉及普通消费者与专业商业机构之间的纠纷，法律一般会让后者承担举证责任，因为消费者的取证能力弱，让消费者举证事实上相当于取消消费者的索赔权。这个《指导意见》中，没有作出有关航空公司承担举证责任的规定。

有关人士提出，民航总局颁布航班延误补偿指导意见是民航改革发展过程中的一种尝试。但是过度关注旅客索赔权问题，而忽略了旅客的知情权和选择权是不全面的。现在，造成旅客情绪激动的主要原因，往往是航班延误后航空公司没有及时告知旅客，和在安排食宿时服务态度不好。因此，建议增加对航空公司告知旅客方式和方法的要求，满足旅客的知情权。

《细则》为何难出台

另一方面，补偿细则为何难以出台，航空公司也有自身的苦衷。中国国际航空公司有关人士对记者表示，由于补偿细则涉及到许多一时还难以明确的具体问题，国航目前对各航线的航班延误只制定一个补偿原则，难以制定一个统一的补偿标准。这位人士提到的具体问题包括：国内与国际航线怎么补偿；打折与不打折机票怎么补偿；还有头等舱、公务舱、经济舱机票怎么补偿；既有客观原因，又有航空公司自身原因造成的延误怎么补偿等等。这位人士也指出，对因航空公司原因造成航班延误的界定成为延误补偿细则推出的最大症结所在。

业内人士表示，导致航班延误原因复杂，有盈利压力的航空公司目前不太可能贸然推出补偿细则。同时，由于国内航空市场的飞速发展，航空公司的人员和管理手段以及机场基础设施等方面均难以迅速跟上发展步伐。更重要的是，由于飞机起飞与落地涉及多个部门之间的协调，其中许多环节是航空公司自身所难以控制的。

但是有关人士强调，不管是什么原因，在发生延误的情况下，旅客有知情权、选择权、索赔权。这三项基本权利对旅客而言非常重要。航空公司应当及时、准确地把延误的理由、何时能正常起飞的时间告诉旅客。在航班延误时间较长情况下，旅客可以选择退票或选乘其他的航班。

事实上，不论是民航总局制定《航班延误经济补偿指导意见》的出发点，还是旅客的本意，补偿与否，补偿多少都不是主要的关注点，关键是要提高航班正点率，提高航空公司和机场的服务水平，如果能做好这两点，航班延误补偿将不再成为焦点。

《经济日报》2004年7月24日第2版，与陈丙纯合作。

市场·物价

机票禁折不松动　民航总局有话说

□ 目前市场机制下航空公司还不是真正市场主体

□ 国际国内多种因素引发目前空运市场供过于求

□ 代理市场不规范，造成大量收入流失于销售环节

□ 营销技术水平不高使得收益管理存在不少漏洞

□ 禁折以来运力投放得到有效控制效益增长明显

针对一段时间以来社会上对民航机票禁止打折和实行航线联营的不同看法，民航总局有关负责人今天再一次向首都主要新闻媒体介绍了有关情况。

据介绍，我国于1997年9月实行了“一种票价、多种折扣”的运价政策，最大折扣为公布票价的60%。这是民航运价改革的大胆尝试，但实行效果很

不理想，出现了预想不到的恶性竞争。实际上，大量收入流失于销售环节，广大旅客并没有得到多少实惠。

运价应主要由企业根据市场确定，“一种票价、多种折扣”是发达国家民航普遍采取的票价体制。但为什么我们推行这种措施却事与愿违呢？民航总局负责人介绍，主要是我国航空运输市场发育还不成熟，推行这一办法的条件尚不具备。一是市场机制形成需要一个过程。我国的航空运输市场不大，但已有34家航空公司。由于企业改革尚未到位，航空公司还不是真正的市场主体，自我约束能力较差。政府的宏观调控还远远不够。二是由于亚洲金融危机和国内经济调整等因素的影响，航空运输市场有效需求不足，加之以前订购的飞机陆续到货，在一定时期内形成空运市场供过于求。三是销售代理市场不尽规范。在较短的时间内，民航销售代理人发展到5000余家，违规设立的“二代”、“三代”还有不少。在供大于求、盲目竞争的情况下，出现了销售代理人左右航空运输市场，要挟航空公司的不正常现象，滋生了吃拿回扣等腐败现象。四是营销技术手段不健全。当前我国航空运输营销管理水平不够高，营销技术手段还很不完备，在多级舱位协调和收益管理方面，存在不少漏洞。

民航总局负责人强调，我国航空运输市场尚在发育初期，在这种特定条件下实施政府干预是正常的，是实现向市场经济有序过渡的必要措施。民航企业都是国有企业或国家股占多数的企业。十几年来，民航在国家的政策支持下，基本上靠借贷经营，滚动发展，这也造成了民航企业特别是航空公司沉重的债务负担。在这种情况下，企业必须保持相当的盈利才能正常发展。1998年出现在我国航空运输市场的恶性竞争，使得一些企业国内航线的客票销售价格大大低于生产成本。如不及时制止，将造成民航经济上的崩溃，甚至危及安全和正常运转。

据民航总局财务司司长海连成介绍，自4月1日中国民航108条航线实行联营以来，国内航线客运收入水平和旅客运输量都有较大幅度的上升，国内航线4月份客运收入水平达到自去年10月以来的较高水平，比今年3月份上升3.2%。

从一个月的运行实践看，航线联营使运力投放得到有效控制。据统计，4月份108条联营航线共提供座位数388万个，同比增长4.5%，客座率达到64.6%，同比提高8个百分点；航空销售市场进一步得到规范，民航机票销售费用占运输收入的比例比3月份下降了0.8个百分点。

《经济日报》2000年5月24日第2版

水价是高是低

水价、水费，由于越来越影响到居民的日常生活支出，而成为人们日益关注的话题，这对大手大脚用惯了低价水，甚至认为水不是一种商品的消费者来说，的确是一种观念上的极大转变。

平静地面对水涨价

人们在平静地面对了一次次自来水涨价的同时，还必须接受自来水还将继续涨价的现实。

就北京来说，从2000年11月1日起，居民用自来水价格每立方米由1.3元调为1.6元，居民污水处理费由每立方米0.3元调0.4元，工商业用水每立方米1.6元调为2.4元，并相应调高了洗车业洗浴业用水价格。

我国是一个缺水严重的国家，已被列为全世界人均水资源13个贫困国家之一，全国水资源的人均占有量只相当于全世界人均水资源的1/4。水资源日益匮乏，水污染日趋严重，正在制约着我国国民经济和社会的发展，加快供水价格的改革，利用价格杠杆，促进节约用水，已是势所必然。

对此，国家计委已于去年提出了改革水价机制，提出促进节约用水的有关政策措施，明确提出将陆续提高城市用水和水利工程供工业、自来水厂用水的价格，以利用价格杠杆，遏制中国日益严重的水资源短缺和用水浪费现象。

“福利水”将成为历史

国家计委指出，由于历史观念和生产力发展水平等多方面原因，中国长期以来一直没有把水真正作为商品看待，造成水利工程水价低于供水成本，供水管理单位长期亏损。这次水价改革要充分体现供水的商品价值，使水价达到合理水平。

建设部部长俞正声不久前也表示：“城市供水价格将逐步实现用经济杠杆合理地调整，对超计划用水实行超计划加价收费。”他并指出，今后城市水资源将实行统一管理，城市自来水要限量开采，并收取水资源管理费，污水处理收费争取用三年时间提高到每吨1元。

为节约用水，控制水污染，建设部还提出了一系列措施：污染严重地区污水处理工程完成不了的，要停批其他建设项目；各城市对高污染、高耗水的用水大户，要限期完成技术改造，必要时下决心关、停、并、转；实行高水价等经济、行政手段，严格限制洗车、洗浴、净水生产等计量管理；城市规划区内所有非农业用水的自备井一律实行由建设行政主管部门统一管理、调度，对城市公共供水可以到达的地区，严禁重新开采自备井，对原有自备井，也要随着公共供水设施的建设逐步关闭；城市建设行政主管部门对城市供水管网将进行全面检查，改造老、旧、破、损供水管线，加快用水器具的节水改造步伐，严禁新建房屋继续安装国家有关部门明令淘汰的卫生洁具和配件，物业管理小区为居民维修更换水龙头时，必须安装节水型龙头等等。

水价向其应有价值回归

当今各国的水价构成为：原水价格、管道运输成本、水厂水处理成本、经营者的利税、污水处理还原成中水之费用。所以，在发达国家，水价与电价的比例是6比1，水比电贵（而在我国是1比1）。新加坡和我国香港地区的水价都是实行累进加价，用水的单价随着用水量的增加而上升，有些地方按季节调整水价，旱季和用水高峰时水价调高。

有关专家认为，我国的水价改革要遵循价值规律，符合市场规则，通过水价改革，促进供水商品化，水管单位企业化，水利行业产业化，使经营性水利工程、城市供水和污水处理走上自我积累、自我发展的良性运行轨道。其改革要点一是实行用水定额，二是实行“阶梯式水价”。其核心是定额内平价，超用部分分别缴高价、惩罚价，特种行业（如高档洗浴、洗车等）用水原则上实行高价。

水价上涨，必然要加重老百姓的生活负担，特别对于一些特困户有可能无力承担。对此，有关人士认为，水价提高后，对于各类特困户要制定水费减免政策，或者由现在的全民补贴改为扶贫补贴，对特困户，由市政部门予以缓交或补贴，或让其照交水费而后补发水费补贴。

《经济日报》2001年1月17日第5版

消费者不满　铁道部叫冤　计委有说法

铁路涨价难画句号

春运期间，铁路部门对部分运输能力紧张方向的部分列车、部分时段实行了上浮票价。此举引起了社会的较大反响。

消费者　找铁路部门要说法

对于春运期间部分旅客列车票价上浮，一些消费者已经不满足于舆论的监督和讨论。1月18日，河北省一位普通的律师乔占祥向铁道部提出行政复议，他认为铁道部上浮春运票价违法。

乔占祥的观点是：铁道部上浮票价的依据就是两个，一是国家计委的批复，再就是国务院领导批准了国家计委的请示。然而，这都不能说明铁道部的做法符合我国价格法第23条的规定。根据这一规定，铁路票价上涨应举行听证会，让消费者、经营者和其他有关方面来讨论其必要性和可行性。据悉，铁道部已于2月1日正式受理了乔占祥的复议申请。

最近发生的与此相关的另一个新闻是：2月12日，中国消费者协会给铁道部发了一份有关春运票价上涨的查询函，要求铁道部在2月25日前就以下问题作出答复：行政部门涨价的出发点是什么；票价调整的依据；票价调整是否应履行价格听证的程序等。

中消协投诉与法律事务部主任王前虎向媒体透露，这是中消协在履行《消费者权益保护法》所规定的法定职能。他认为，春运火车票上涨，侵害了消费者的知情权、选择权和公平交易权。春运火车票价上涨，铁道部没有依法实行听证制度，忽视了公民的知情权。

铁道部　走向市场的需要

对于消费者议论纷纷的春运票价上浮，铁道部是怎样看的？

最直接的理由是“削峰平谷”。铁路春运客流一直处于不均衡状态，节前基本上从城市流向农村，节后恰恰相反，这种单方向高度集中的客流，不仅给铁路造成巨大的压力，也使旅客拥挤不堪。客观情况要求铁路春运必须采取措施“削峰平谷”。

铁路并没有“大发横财”。铁路历年都是把春运作为一项政治任务来完成。实际上，投入的成本和各种因素造成的能力浪费和损失，远远超出增收的部分。票价适当上浮，是铁路部门走向市场的需要。铁路是企业，不是福利事业，也要讲究投入产出，也要讲求经济效益。

春运涨价效果好。春运期间对部分列车实行票价上浮的做法对调剂客流发挥了巨大的作用，即把集中在一个时间段内的客流向前和向后分别延长了三天，改变了过去拥挤不堪的状况。

计委　调价程序有问题

对于消费者反映的铁路春运涨价的问题，国家计委有关方面负责人日前在接受媒体采访时认为，群众反映的调价程序问题是有道理的，应当召开听证会广泛听取各方面的意见。

那么，铁路春运票价该不该涨？这位负责人作出了肯定的回答。他认为，通过调整价格政策，允许运输企业在客流高峰适当涨价，在客运淡季适当降价，这有利于运输企业利用价格杠杆贴近市场，改善经营状况，提高盈利能力。

垄断性行业涨价的目的是不是为了“敛财”？这位负责人认为，在市场经济条件下，提供公共服务也要讲求效率，也要体现补偿成本的原则。在当前我国铁路运输能力还不足的情况下，实行上浮票价的主要目的还是为了合理分流客流。

记者认为，春运铁路票价上浮引出的风波，既是一个可喜现象，又是一个严肃的话题。说可喜是因为消费者自我保护意识和法律意识在提高，消费者可以对垄断行业说不；说这是一个严肃的话题，是因为这仅仅暴露出垄断行业问题的一角，从该不该涨价，到怎么涨价，铁路的问题解决了，对规范其他行业的行为也是意义深远。

《经济日报》2001年2月18日第2版

国家计委日前宣布放开国产轿车价格，由企业根据市场需求自主定价。与汽车市场的实际情况相比，这虽然是一个迟到的决定，但仍然让专家和消费者拍手称好。轿车价格放开以后，人们自然把目光集中到了另一个焦点——

机票价格放开声势急如浪　何不启闸畅其流

机票禁折 坚冰实际已松动

事实告诉我们，用行政命令手段强管机票价格已经不行了。既然管不住，何必不放开呢？对此，虽然有关主管部门不愿意多谈，但从实际操作来看，我们还是看到了已经被民航总局封冻了3年之久的机票价格坚冰终于有所松动的迹象：

3月8日，民航总局宣布国内7条航线票价放开，实行多等级舱位，票价明折明扣。接着，民航总局又批准，从5月20日起，海南往返京沪穗等国内8条航线机票将试行特惠价，这8条航线的团队票价最低可打到5折，散客票价最低可打到6折。

较早前在武汉召开的国内航线联营协议续签会议传出消息，今年夏秋航季（3月25日至10月27日）的航线联营范围将从现在的110条扩容至150条左右，联营航线将占到全国民航航线的60%以上。航线联营始于2000年夏秋航季，当时共有108条航线加入联营协议，各相关航空公司的收益是联营总收入按协议规定比例进行分配，这一举措虽不可避免有“大锅饭”倾向，但在一定程度上确实有利于制止乱打折和提高企业收益。民航有关人士表示，这次夏秋航季扩大联营范围，其实就是为明折明扣航线的扩容做准备，只不过在目前市场尚未十分规范的情况下，价格全面放开速度不会这么快。

民航总局有关负责人表示，明折明扣是民航价格体系改革的一大突破口，民航总局将按照“航线联营——明折明扣——真正意义的多等级舱位票制”的步骤有计划地推进价格市场化。

放开票价 我们还要等多久

民航总局在7条航线上放开价格后有人预言，一个月内，票价将全面放开。还有人预计：最迟明年底将放开价格。不久前，民航总局公布了民航直属航空重组方案，使人们再次看到了机票价格放开的希望。民航总局局长刘剑锋同时提出，民航总局将与国务院有关部门共同研究，按市场化方向改革机票价格管理办法，赋予企业更大的自主权。

事实上，民航总局的有关官员一直强调，票价放开是大势所趋。但他们同时又提出一个前提，就是要先规范好票价市场秩序。主管价格的一名官员说，“票价改革最终目标的实现需要有序的市场、较为完备的法律法规体系和较高水平的现代管理等宏观和微观条件，缺一不可。从目前的情况看，不论是宏观还是微观方面，这些条件都尚不具备，因此，现在的主要工作就是逐步完善这些条件，为实现最终目标打好基础”。

按照这位官员的说法，放开机票价格路还远着呢。是先规范票价秩序，还是先放开价格？放开价格会使市场秩序更乱吗？恰恰相反，机票价格的恶性竞争和无序局面只有在民航票价彻底放开后才能得到彻底改变。

票价体系改革的真正要害在于民航体制。民航体制放不开，机票价格将无法最终放开，因为机票价格放开的前提是要有淘汰的和真正的市场竞争，而在政企不分的现有体制下，竞争的代价必须由政府来承担，政府不可能让某个直属航空公司破产，因此只能对票价进行严管，实行“一刀切”政策。

民航总局承诺，三大航空集团重组成功后将脱离政府的直接管理，航空公司可自行其是，进行真正的市场竞争，这就必然要求票价管理也将采取更灵活、更能适应市场的机制。因此，机票价格何时放开，要看民航重组何时能够完成，要看民航何时能实现政企分开。让我们关注这一进程，期待着这一天的早日到来。

《经济日报》2001年5月24日第2版

机票价格“四不满意”难题如何破解

铁路客运票价调整的听证会已经结束。当人们把关注的目光集中在今年春运铁路涨价幅度会有多大的时候，自然也联想到了另一个类似的话题——机票价格。其实，有关机票打折的报道及销售打折机票的广告已屡见不鲜。有报道说，南京到北京的机票价格已经相当于火车软卧票价，北京到上海1030元的机票价格，只花550元就能免费送票上门。

机票价格混乱，民航总局的机票禁折令名存实亡早已不是新闻；对于机票价格，国家计委、民航总局、民航企业和消费者“四不满意”也已早有定论。可是，令人不解的是，既然各方都认为机票价格问题严重，为何却迟迟得不到解决呢？一张小小的机票为何难住了这么多部门，困惑了这么长时间？机票价格改革的出路在哪里呢？

面对大众日益强烈的关注和质疑，机票价格改革势在必行。但是，有关人士也指出，机票价格的改革受制于许多因素，不能就事论事。从外国民航的经验看，大都是在具备了五个条件后才逐步实施放松管制的。一是企业是真正的市场主体，产权清晰，建立了以现代企业制度为核心的公司治理结构。二是航空运输市场集中度高，呈现寡头垄断结构，处于适度垄断状态。三是市场供求基本平衡。四是建立了配套灵活的、以税率和利率等经济杠杆为主体的市场调节机制。五是建立了比较完备的市场法规体系和监管机构，形成了统一的市场竞争规则。

显然，目前中国航空运输市场并不具备这些条件。但是，我们也没有必要对机票改革的进程过于悲观。事实上，近年来，民航系统一直在进行谨慎的市场化探索，如推行航线联营，允许部分航线的机票打折；对支线飞机执行的航班、独家经营的航班、省（区）内航线的价格，实行了在限定的上浮界限内由企业自行定价的政策。

民航票价体系改革的要害在于民航体制。目前，民航体制改革和民航企业的重组已进入实质性阶段。日前，国家计委副主任汪洋指出，中国民航组建三大运输集团公司的重组方案已经上报国务院，预计今年将会全面推开。民航重组完成后，民航企业将与中国民航总局脱钩。民航重组完成后，国家计委将与中国民航总局研究制定新的机票定价方案。民航总局指出，三大航空集团重组成功后，航空公司可自行其是，进行真正的市场竞争，这就必然要求票价管理也将采取更灵活、更能适应市场的机制。对于目前票价市场的混乱局面，汪洋不久前指出，国家计委将会同民航总局加强市场整顿，同时督促民航总局加快出台新的机票价格管理办法，为规范票价秩序提供法律保证。

看来，通过改革民航管理体制，培育真正的市场主体，机票价格由企业自行决定，政府进行宏观调控和监管，各方都能泰然接受，这一结果将会水到渠成。

《经济日报》2002年1月14日第2版

民航总局：票价暂不放开的理由

运价存在六大问题

当前机票价格的问题可概括为这样几个方面：一是沿用计划经济的定价方式，用行政命令手段强制管理机票价格，显然不符合改革潮流与时代要求；二是陷入“一放就乱”的怪圈，禁令一旦取消，机票价格很可能如脱缰之马，一放而难以管束；三是机票无序打折，势必影响航空公司的效益，而这些公司用的基本上全是国家资金，航空公司亏损，受影响的是国家，还会对航空安全产生不良影响；四是民航运输企业优胜劣汰，兼并、联合、重组难度超出一般想象。机票禁折令本意是要通过严格规范票价，挤压小航空公司的生存空间，迫使他们接受大航空公司的联合重组。结果，事与愿违，不仅仅每个航空公司（不论亏损与否）都活得好好的，而且一些地方航空公司在“精心呵护”下还频频向大公司、向民航总局的政策叫板；五是机票代理过多过滥，非正规代理屡禁不绝，成为票价混乱的直接起因；六是消费者对机票价格如入云里雾里，无所适从。

管理体制政企不分

民航总局认为，在目前民航管理体制政企未分的情况下，企业不是真正的市场主体，经营的目标也不一定是利润，而是不顾效益的市场份额的争夺和生产能力的扩大。这种违背市场规律的行为，必然导致恶性竞争，导致全行业的巨额亏损。而民航总局负有国有资产保值增值的责任，不管就是失职。其次，由于前些年对民航发展的估计过于乐观，订购的飞机数量偏多，加上国际经济形势突变，出现供给相对过剩的情况。在这样的条件下，如果放开价格。并不会出现客流增加，效益上升这样美好的前景，反而会使全行业元气大伤。

高额成本难以降低

对于机票是否具有较大的降价空间，民航总局认为，比较外国航空公司，中国航空公司处于高负债、高成本、高运价的状况。其中，成本中不可控因素占总成本的62.62%，而外国航空公司总成本中的不可控因素仅占41.88%。中国进口飞机、航材和航油都要支付关税、增值税以及飞机租赁预提所得税，全民航每年约支付20亿元。而许多国家对此是免税或减税的。中国民航的行业会计准则规定：飞机、发动机的折旧期限是10—15年，而国际通行的会计准则是20—25年。如果按照国际通行的会计准则，中国民航直属航空公司每年的成本将减少折旧约十几亿元。其他如航油、租赁费、起降服务费、财务费用都是不可控因素。其中由于去年航油价格大幅上涨，航油支出已占成本的30%以上。仅此一项，民航就多支出40多亿元。因此，就现在的条件而言，中国民航机票价格的下调空间十分有限。

《经济日报》2002年1月14日第2版

给药价虚高开方下药

对于目前的中国消费者来说，没有一种商品比药品再“特殊”了：首先，一旦患病，消费者就得用药，不管你是否愿意。药品成了不可替代品；其次，用什么药，决定权不在消费者，而在医生；第三，对于药品价格，消费者没有“讨价还价”的权利，更没有“货比三家”的选择。

一方面中国的绝大部分药品严重供大于求；一方面中国的药品消费者处于绝对的被动和弱势地位。也许这在任何经济学教科书上都找不到解释。

最近的有关调查显示，在目前国内消费者最不满意的服务中，医疗消费的透明度居首位。

要拨开笼罩在医疗消费领域的“迷雾”，首先要解开药价“谜团”。

药品价格是怎么定的

药价虚高的源头，首先在于虚高的定价。“头戴三尺帽，砍三刀也难以伤到头皮”，这是有人形容药品生产企业在申报药价时采取的策略。物价部门有关人士也认为，药价虚高，其实是定价虚高，生产企业通过虚报成本，在通过物价审核时，就给自己留足了利润空间。

对此说法，药厂似乎有口难言。有业内人士认为，药厂这样做也是迫不得已。在药品销售环节中，医院是最重要的一环。医院掌握着是否进药的主动权，而病人用什么药的决定权则掌握在医生手里。因此在目前的体制下，医院自然会优先选择利润丰富的药品，而医生也只选择回扣高的药。

这里有必要介绍一下我国药品的定价体制。目前的药品价格可分为三类：政府定价、政府指导价和市场调节价。常用的药品大多是政府定价或政府指导价。改革开放以前，药品的产、供、销由国家统一计划和控制，其批发与零售之间的差价严格控制为批发价的15%。此后，随着国家逐步放开医药市场，大量的药品批发企业出现。为了在激烈的竞争中立足，药品批发企业纷纷“让利”销售，就是以低于国家规定的批发价格向医院和药房提供药品，这就是所谓的“扣率”。同时药厂也采取了多种方式推销药品，如组织活动、提供赞助费以及药品回扣等。在这种情况下，药厂和批发企业为了保住自己的利润，只得提高药品的价格，通常采用的方法就是虚报成本。

我国医药行业的低水平重复生产十分严重。目前全国药品生产厂家近7000家，药品经销企业有10000多家，有的品种有数十家企业同时生产，出现了严重的供大于求局面。在这种情况下，企业为求自身生存发展，在药品营销手法上各显神通。目前药品市场的竞争，已不是单纯的质量和品种的竞争，而更多的是折扣高低、回扣多少的竞争。企业为了生存，就得将药品的出厂价大幅提高，作为推销产品过程中的各种费用、折扣和回扣。这就是为什么本来20元的药，到了消费者手中就成了100元。其结果是药品不是越便宜越有竞争力，而是越贵越好销。

药品价格该由谁定

既然药品在定价环节就出现了价格虚高，那么，物价部门为什么还能审核通过呢？

对此，物价部门的解释是，药品是一种特殊商品，而物价部门受专业知识人员所限，很难界定其报价是否合理。不是专业人士，很难就其质量与价格是否成正比作出判断。

对这种说法，也有人不以为然。他们指出，价格本应由产品的平均社会成本来决定，药品生产成本的核定物价部门是清楚的，因为药厂的原料价格是清楚的。真正的问题是，一些地方的物价部门、地方政府和申报药品的企业已形成了某种“默契”。

也有人认为，药品虚高定价之所以能过物价部门的“审核关”，一方面是因为目前政府定价的药品范围过大，另一方面是因为政府定价的原则和方法不够科学。如药品的成本中有很大一块是开发成本，但我国制药企业生产的绝大部分药品属于仿制药，所以成本很低，但由于市场需要把报批价格定得很高。

由于有关部门所能获得的药品生产企业的信息不足，造成了企业申报多高，物价部门就批多高的情况。更有人指出，国家至今也没有一套真正科学的成本估价标准，包括对进口药物的成本估价都不够客观。这导致药品价格的管理系统存在着可以人为改变的“漏洞”，使市场之外的因素有空可钻，有利可图。

由此，又产生了两个问题：药价是否应该放开？物价部门一家决定药价是否合理？

首先，药价能否放开，实际上也就是能否真正按市场需求来定价。对此，有医药界人士指出，中国的医药市场其实是一个畸形的市场，或者说这根本就不是真正的市场。因为药厂从来没有真正自己定价的权力，这就从根本上决定了药品这一商品不可能真正按照市场需求定价。“所有市场经济的规律和原理，在中国医药领域都形同虚设，所谓的市场营销也只是政策变化后非常狭小的空间内奇怪的非市场竞争的招数大比拼”。更有人提出，“任何行业的市场化过程都是从对物价的放开开始的，既然粮食的价格都已经基本放开，就没有理由把药价管得过死。”

和其他行业一样，价格放开并不是不要物价管理，而是更多地让市场竞争来决定药品的价格。相信随着改革进程的加快，我们将会日益接近这一目标。

当前问题的关键，还在于药品的特殊销售渠道，特别是“医院渠道”严重地阻碍着药品的真正市场竞争，使得药品价格成为“最不透明的物价”。

其次，既然物价部门不能解决药品虚高定价的问题，市场经济“无形的手”在医药行业又难以发挥应有的调控作用，那就应该改变当前由物价部门一家来审核决定药价的状况。对此，在最近召开的两会上，有全国政协委员建议，药厂的新药定价要先报药品监督部门，由药品监督部门对其性能、成分、配比价等进行审定，然后再会同物价部门进行成本价格核算和测定，以此杜绝改头换面的“新药”和虚报成本。

消费者为何得不到降价实惠

去年12月，国家计委公布了383种药品的最高零售价格，降价金额达30亿元。这是自1997年以来国家计委第11次调整药品价格，自此，药品累计降价金额已达100多亿元。可是令人不解的是，这100多亿元的实惠消费者居然“看不见摸不着”。今天随便到一家医院的药房前，绝大多数的消费者会告诉你，“不得病不知药费贵”，一次小小的感冒，医药费动辄就上百元。

药品降价，老百姓为何得不到实惠？对此，国家计委价格司有关人士在接受记者采访时认为，一是降价品种范围有限。二是上述药品价格方案出台后，经营使用单位为避免损失，对于一些降价药品采取了不经营、不使用的方法，使得降价的好处患者无法得到。三是药品降价的效果直接受体制改革进展的影响。

消费者都能感觉到，自国家计委的药品降价方案公布后，不少常用的药品都一夜之间从医院和药店中“蒸发”了。其实药品一降价就消失，这种怪现象已不是新鲜事。由于扭曲的供求关系和复杂的销售环节，厂家、经销商、医院都不愿意接受降价药。一些医生也承认，根据患者病情，他们尽可能开同品种的高价药，这样才能确保医院的效益。如此，药价越降，患者的医药负担越重也就不难理解了。

另一方面，近年来，各级政府采取集中招标采购的购药方式，以减少流通费用，降低药品成本。但这一招也同样见效不大。据一些药商透露，中标有时并不是好事，中标药往往会在医院中慢慢“死”掉。业内人士指出，目前集中招标采购的做法、降价措施并没有触及医院与药品公司之间的利益关系链，一些药品公司的“公关”照样搞，医生的回扣照拿，药品价格自然降不下来。

此外，药品厂商对付药品降价的招数还有很多。最常见的“花招”是，在常用药中多加一点无关紧要的东西，就申报为“新药”，价格马上翻上去了。如：一种药品的核心成分是青霉素，每支才6毛，换一个“包装”，再起一个好听的名字，药价就升到几十元甚至上百元一支，其实后者药理、配方和生产工艺与前者没有什么两样，只是由于名称变了，既逃避了降价“关”，还比以前贵出了几元钱。

如此，药品价格如何能真正降下来？

药价虚高真“没治”了吗

国家计委11次降低药品价格，不仅降价的效果不明显，到头来反而使自己陷入了尴尬境地：部分合资药厂停止供货，并上书国家计委提出价格复议申请，一家合资药厂甚至把国家计委告上了法庭。同时，国内一些药厂也在暗中“串联”，请求价格复议。

药品降价，真的是一步“死棋”？

有人认为，药品限价难以推行的主要原因就在于，医药混业经营、以药养医以及“第三方付费”的医疗体制至今尚未从根本上有所触动。药厂、药商、医院已经形成了“生物链”一样的不正当的利益关系。价格问题只是“标”，体制问题才是药价虚高真正的“本”。“限价令”简单地根据药品的成本进行限价，显然是治标不治本的措施。因此，单方面以政府行政手段来限制药品的价格肯定是不能改变这种恶性循环的。

药品价高，并不高在零售一个方面，从生产者到患者，其中要经过药品批发商（药店）、医药代表、医院（医生）等诸多环节。而每个环节都要从药品利润中捞取数额不等的回扣，这就使得药品的零售价格大大偏离了成本底线，这才是“药价虚高”的真正原因。

因此，改变“药价虚高”的现象关键在于彻底转变中国医药行业“以药养医”的特殊机制，从根本上截断医疗机构与医药销售的利益关系。同时，要采取有力措施，解决医药行业的低水平重复生产，清除医药流通领域的混乱现象。

应该看到，药品限价虽然没能取得预期的效果，但也反映了政府解决医药市场混乱、药价虚高问题的决心。我们相信，只要有这样的决心，就会找到治愈药价虚高“顽症”的良方。药品消费，迟早会让消费者不再感到无奈。

《经济日报》2002年3月26日第8版

第六章

那些企业
大浪淘沙今安在

企业·改革

“红灯”能否重放光彩
——来自上海无线电二厂的报告

1993年2月13日，上海无线电二厂召开七届五次职工代表大会，气氛非同寻常。当大会对提交审议的《综合配套改革方案》进行表决时，与会137名代表无一人反对，无一人弃权，全票通过！

面对近3000名职工当月工资尚无着落，企业负债累累的严酷现实，职工代表们无法回避一个令人痛心的结局：这很可能将是上无二厂建厂30多年来的最后一次职代会。

此刻，沉闷寂静的会场已经酝酿出了一种悲壮的决心：破釜沉舟，背水一战，彻底转换经营机制！

曾以“红灯”系列电子产品闻名全国的上海无线电二厂，是我国第一批、也是全国音响行业中唯一的国家一级企业。建厂前30年中上缴税利4亿元，为固定资产和国拨资金总和的16倍，是建厂初期国家投资的36倍。然而，自1987年以来，经济效益连年大幅度滑坡，1990年8月首次出现亏损，到1992年末，工厂已揭不开锅，债务高达2亿元，亏损1亿元，潜亏约1亿元，而此时，企业固定资产净值才2500万元，已严重资不抵债。

1990年，当上无二厂首次出现亏损时，当时的上海市委书记兼市长朱镕基曾率市有关领导亲自到该厂现场办公，朱镕基当时就尖锐指出：仪表行业如不在转换经营机制上狠下功夫，企业将一个个垮下去！果然，事实被不幸言中。以往上海音响市场的四大金刚中，“上海”、“海燕”、“美多”在广东、江苏产品南北夹击下，全军覆没，只剩“红灯”苦苦支撑，到头来，也没逃脱厄运。

是这些企业在经营机制改革上毫无动作，坐以待毙吗？不。据介绍，上无二厂还是我国大中型企业近10年来改革的先行者、排头兵。1983年，上无二厂作为上海配套改革的三家创始人之一，同时又列为国务院确定的全国20家改革试点单位之一。之后，放权让利、利改税、承包经营、贯彻《条例》等，正如二厂现任厂长戴景波所说，凡是国家在改革上有什么动作出台，它都认认真真地唱过戏。其结果却从多年雄居全国同行榜首的地位落到行将破产的悲惨境地。

1992年12月上任的戴景波，在工厂已走投无路，各方都认为没有希望的绝境下，通过3个月的调查，搞出了一套综合配套改革方案提交职代会审议。从而上无二厂在机制改革上开始动真格了：

划小经营，分而自治。1993年3月份，以不同产品和工种为基础，组建了18个具有完整独立法人资格的经营实体，4月份各自发工资，分灶吃饭。从此，部门吃企业大锅饭的历史一去不复返。总厂对各法人单位绝不搞劫富济贫的平调，能活的让它活得潇洒，该死的，让它死得痛快。

竞争上岗，消肿分流。1992年末，企业在册人数2850人，到1993年年末，在册人数已减至1920人，通过病退、推荐调离等渠道消肿930人，1920

人中，企业内部待岗370人。这样，企业消肿总数1300人，占原在册人数的46%。国有企业人浮于事的痼疾大为改观，总厂工资负担锐减。同时，劳动力素质开始发生质的变化。原130人的流水线日产400台收录机乃上上大吉，现在80人生产线日产600台，效率是原来的2.44倍。

利用名牌，重振雄风。去年6月，企业利用“红灯”牌子的无形资产价值，从广东吸引400万流动资金重新启动收录机的生产，并全方位地学习广东经营模式，使新的经营机制迅速到位。以往，“红灯”被挤出市场，其根源从大处说是败在机制上，从小处说是款式旧、价格高、质量差，经过半年与广东的合作，“红灯”产品的成本大幅度下降（近三成），款式已全面更新，到目前已有10个新品相继问世，且质量正在稳步上升。“红灯”在市场上的竞争能力大大加强。

产业转移，发展三产。从1993年7月起，果断地将传统产业部分向上海外围转移，实现生产要素的重新组合，现已相继建成苏州吴县收录机、音响生产基地，浦东川沙收音机生产基地，上海北郊黑白电视机生产基地，只将产品开发、销售等部门留在上海。这就进一步大大降低了产品成本，同时，大张旗鼓地开办第三产业，发展“红灯”产品的连锁店，进一步把职工推向市场。

经过一年大刀阔斧的改革，上无二厂居然挺住了，并且正在从最低谷顽强地爬起来。“红灯”的市场占有率已稳步回升。1993年9月，“红灯”在上海开展“百店大联展”，成为供不应求的抢手货。今年1月，“红灯”作为上海唯一厂家赴京参加国产音响精品联展，5个品种一销而空，轰动京城。当月企业销售额突破1000万元。据此，上无二厂提出了今年雄心勃勃的奋斗目标：销售额实现创纪录的2.5亿，当年扭亏为盈。

那么，上无二厂能否真正走出困境？“红灯”能否重放光彩？厂长戴景波认为成败定论现在为时尚早。当记者前往该厂采访时，他为躲避没完没了的债务纠纷及诉讼案，已把自己的办公地点搬到了一个极不起眼的地方。他知道，任何一桩债务诉讼案都可能将企业置于死地。另一方面，如果没有必要的投入，企业要实现既定目标将是难上加难。有关部门因怕资金泡在水里付之东流，还迟迟不敢借贷。

但“红灯”毕竟已现曙光。上无二厂为偿还历史沉债，在组建三大基地的同时，已腾空市里的原生产区，准备用于房产开发，得以归还债务。若能如愿，企业可一举从债台高筑的困境中解脱出来，轻装上阵。

可以预料，在经过脱胎换骨的机制转换后，一旦去掉债务包袱，上无二厂起死回生将为期不远。

我们期待“红灯”能够再次闪亮。

我们相信，如果“红灯”能够再次闪亮，那么，它照亮的将不仅仅是上无二厂一家企业，它将为目前尚在困境中苦苦挣扎的一些国有大中型企业照亮一条摆脱困境的路。

《经济日报》1994年5月2日第1版，与陆继农合作。

今日首钢

日前，记者来到位于北京西郊的首钢总公司，这家曾以承包制改革而闻名全国的企业，由于今年2月公司主要领导的调整曾引起社会的极大关注。几个月来，首钢新领导班子按照“着力提高经济增长的质量和效益”的原则，对生产经营建设的方针、政策进行了调整。首钢正在发生深刻变化。

不再盲目追求钢产量

首钢最明显的变化是不再盲目追求产量，而是在调整产品结构、提高质量、增加品种上下功夫。

改革开放以来，首钢的钢产量已由1978年的179万吨，猛增到1994年的823.7万吨，跃居全国第一，但品种质量并无大的改善，产品结构很不合理，现有产品大部分是一般用途的大路货产品，高附加值产品少。首钢仅生产普通线材的生产线就有6条，为全国之最。作为一个特大型企业，产品结构如此单一，一旦市场出现波动，企业生产经营就会陷入困境。

就在钢材市场从过热走向平稳，长线产品已严重积压的情况下，首钢在指导思想上仍然是产量第一。按首钢原定计划，1995年钢产量要突破1000万吨，力争达到1070万吨，目标是超过美国最大的钢铁企业美钢联和德国最大的钢铁企业蒂森公司，进入世界十大钢铁企业的第七八位。首钢主要领导人调整后，新上任的首钢党委书记、冶金部副部长毕群提出，生产经营要面向市场，贯彻“限平、停滞、增畅”的方针，积极调整产品结构，决不能再走盲目追求产量的路子。首钢将1995年的钢产量由原计划的1000万吨调整为890万吨，将没有销路和效益的产品坚决停下来，销售不畅的产品严格按合同生产，没有合同坚决不生产，杜绝新的积压，同时，新开发了113槽钢，直径6.5毫米、10毫米的起重链条钢，直径12毫米线材，直径32毫米螺纹钢等有市场、有效益的产品。对积压产品也采取果断措施促销压库，逐月制定了促销压库计划和目标，并层层分解落实到人。截至今年4月底，首钢的锭、坯、材库存比1994年末下降40.35%，压缩库存43.3万吨，1—4月份，产销率达到104.06%，比去年提高了12个百分点。

从封闭走向开放

曾经在包钢工作过的毕群一次来到首钢3号高炉，他客观评价：3号高炉的管理不如包钢。当时在场的干部和工人都感到非常震惊：首钢的管理是最好的，怎么会不如别人？

又有一次，毕群问首钢的中层和厂级干部，有没有人到国内其它钢厂参观考察过？在场干部竟无一人去过。因为他们只能接受这样的观念：首钢是最好的，不存在向别人学习的问题，只有别人向首钢学习！

有人评价，首钢的最大失误在于自己把自己封闭起来，关起门来埋头搞生产。首钢新班子上任后，及时提出要转变观念，不再封闭自己，通过组织干部职工学习中央、冶金部和北京市有关经济工作的文件，并结合实际进行深入讨论，首钢正逐步与社会接轨。他们派出了由党委副书记带队的一班干部去各大钢厂学习取经；他们提出要学习包钢的经验，借鉴邯钢、宝钢、武钢等兄弟企业的好做法，并破天荒请来了邯钢厂长和主要部门负责人给首钢1000多名中层以上干部讲实行成本核算、成本否决的经验。目前，首钢的工作重点，正由过去的以产量为中心，实行产量否决，逐步转向成本否决、质量否决、安全否决。一向认为自己完美无缺的首钢还正在探索改变工厂化管理，企业内部吃大锅饭的现状，准备逐步分离辅助、精干主体，向集团化管理转变。同时，首钢目前正在全公司范围内广泛开展“转机制、抓管理、练内功、增效益”活动，采用内部管理升级达标与职工工资升级直接挂钩的办法，引导各单位和全体职工自觉转变观念，把各项工作都切实转移到质量和效益的轨道上来，从总体上把首钢的管理推向前进。

量入为出　大力压缩建设规模

首钢过去在经营思想上偏于贪大求全，结果是摊子铺得很大，战线拉得很长，最后只能导致资金极度紧张。在首钢原来已安排的项目中，有的项目是自身力所不能及的，缺乏资金保证；有的项目是技术还不成熟；有的项目不适时宜；还有的项目已投入了大量资金，但继续投入又长期不能见效，处于“骑虎难下”的境地。

首钢新的领导班子本着量入为出，区分轻重缓急的资金使用原则，调整了资金使用方向。在资金安排上以保简单再生产为前提，首先保水电、运输、各种原料燃料，保亟待解决的生产维护项目，保职工工资、应得奖金、医药费和住房建设，保国家税收和上缴利润。同时，对原来已安排的项目进行清理排队，停缓建了一批项目，调整了一些项目的建设速度，大大缓解了资金需求压力。

首钢还把各大公司留利中的生产发展基金、职工福利基金全部集中到总公司，统筹安排使用，重点用于三类项目：一是“卡脖子”生产维护项目；二是北京市下达的20个限期治理的环保项目；三是符合国家经济发展需要和首钢产品结构调整需要的2160热轧机项目，这一项目将从根本上改变首钢现有的产品结构。对上述三类项目，首钢实行项目报批制度，严格按总公司审定的项目预算控制工程费用。

记者在采访中感到，目前首钢上下精神振奋，干部职工思想认识一致，在面向市场、提高经济增长质量和效益的转轨中扎扎实实地工作。虽然还有一些深层次的问题有待解决，但大家觉得，现在首钢生产经营的思路正确，大方向对头。朝着这一方向前进，首钢还将再创辉煌。

《经济日报》1995年7月7日第1版

首钢在悄悄“转变”

到过首钢的人，一定会发现它有了明显的变化。首先，工厂大门两侧醒目的巨幅标语“承包为本”“人民为本”，换成了“努力学习邓小平同志建设有中国特色社会主义理论”“转变观念，抓住机遇，发挥优势，建设更有活力的首钢”。

进入大门，厂区大道通廊上和炼钢道口的标语，也被更换为“质量第一”“安全生产”“科教兴厂”的内容。这是首钢自去年2月从厂门前取下“1000万吨钢万岁”标语后的一大变化。

如果说标语仅仅反映了首钢面上的变化，那么，去年2月份首钢领导班子调整以来，在生产经营方面的一系列转变，则标志着首钢近年来所遵循的经营观念发生了全面、深刻的变化。

——解放思想、实事求是的思想路线得到贯彻。企业内部的各种“禁区”逐步被打破，图虚名、讲形式、一个接一个搞运动的做法被抛弃，各级干部从过去忙忙碌碌、谨小慎微的精神状态下解放出来，转向讲真话、办实事、踏踏实实抓工作。一切从实际出发的思想方法和工作作风得到大力发扬。

——按社会主义市场经济规律办事的观念，开始在干部职工思想中形成。过去那种片面追求产量、不考虑市场需要、不顾效益的做法得到了纠正，从适应市场需要出发，努力提高经济增长的质量和效益。去年头11个月，首钢产销率达到102.53%，比上年同期提高5.22个百分点；销售收入210.96亿元，比上年同期提高8.46%；自营出口创汇完成2.19亿美元，比上年同期增长14.63%。他们下大力气压缩库存，使年初的107万吨锭、坯、材库存大大降低。到去年11月底，库存钢锭2.48万吨，比核定正常值降低1.54万吨；钢坯库存10.78万吨，比核定正常值低1.72万吨；钢材库存11.68万吨，比上年末实际下降27.88万吨。

——盲目铺摊子，上项目，一味追求规模，搞大而全的做法得到了制止，集中有限的资金保重点项目。在首钢原来已安排的项目中，有的项目光靠首钢是力所不能及的，且缺乏资金保证；有的项目技术还不成熟；有的项目不适时宜；有的项目则处于“骑虎难下”的境地。这些项目中有许多长期见不到效益。首钢新领导班子通过清理排队，停缓建了一批项目，调整了一些项目的建设速度，其中停建的10个大项目，压缩建设规模107亿元，大大缓和了首钢的资金压力，同时，集中资金用于“卡脖子”的生产维护和措施项目；北京市下达的20个限期治理的环保项目，以及符合国家经济发展需要和首钢产品结构调整需要的2160热轧机项目。

——企业管理走上了讲求科学、重视基础、全面提高的正路，纠正了过去粗放经营、以包代管的偏差。通过开展“转机制、抓管理、练内功、增效益”达标升级活动，使企业整体管理水平和职工素质均有了明显提高。以成本管理为例，去年1至11月，可比产品成本比上年同期降低3.29%，比计划多降0.27个百分点，并出现了总成本逐月加大下降幅度的好势头。

——走出自我封闭，博采众家之长，树立首钢新形象。首钢新班子一上任，就重视扭转过去闭关自守、夜郎自大、关起门来争第一的偏差，领导带头，走出小天地，虚心向兄弟企业学习，重视改善同上级主管部门和地方政府、兄弟单位的关系，得到了外界的好评。

对首钢前几年走过的路子，首钢人深有感触："过去在首钢的发展有句经常说的话，叫做'面多了加水，水多了加面'，这是典型的粗放经营的做法，典型的外延发展的做法"。对首钢今后的发展路子，他们已在把工作重点转移到提高质量和效益的轨道上来，依靠科技进步，进行集约化经营，走内涵发展的道路。

为此，首钢在进一步解放思想，转变观念的基础上，正在积极探索转换企业经营机制。日前，冶金部副部长兼首钢党委书记毕群主持召开了首钢集团化改革正式启动运行的第一次总调度会，这标志着首钢即将结束15年承包制的历史，向建立现代企业制度跨出决定性的一步。

首钢集团化改革的目标模式，是从单一法人组成的高度集中的管理模式，转变为多法人组成的以资产为纽带的母子公司体制。首钢总公司将改组、改制为由众多法人单位组成的经济联合体——首钢集团和由钢铁主流程的管理部门及直属生厂组成的母公司——首钢总公司。与此同步，将原首钢总公司工厂委员会改为董事会，为企业决策机构；总经理对董事会负责，全面主持总公司的经营管理工作，组织实施董事会决策。对非钢铁产业分立子公司有实际困难的，首钢将采用"扶上马，送一程"的过渡政策，同时对下岗人员的分流也作了相应规定，以确保改革平稳进步。

据悉，首钢集团化改革的第一阶段工作目前正在加紧进行，这一阶段除首钢总公司和北钢公司两级机构合并外，还将对中国首钢国际贸易工程公司、华夏银行等已具有独立法人资格和正在办理法人手续的分公司，逐步进行子公司试点，以及筹建首钢技术中心和首钢培训中心等工作。

可以预料，首钢通过集团化改革，精干主体，放活辅助，彻底转变经营机制。将进一步实现从粗放经营向集约经营的转变，为建设更有活力的首钢奠定基础。

《经济日报》1996年1月17日第1版

深化改革　振兴国企

邯钢 由推墙入海到学会游泳

‖编者按‖

我国国有企业的生产经营状况究竟如何？国有企业怎样才能在市场经济条件下重振雄风？这是广大读者十分关心的问题。从今天起，本报推出“深化改革振兴国企”系列报道，陆续介绍邯郸钢铁公司、燕山石化公司、兖州矿业公司、大庆石油管理局、宝山钢铁公司、秦川机床集团公司、长虹电子集团公司、上海三枪集团、一汽集团公司和焦作矿务局的经验。今天是第一篇。

说实在的，邯钢的厂房并不气派，邯钢的办公用房更不起眼。“再好的办公室也不产钢”，这是总经理刘汉章的一句名言。

可是，当你一来到邯钢的销售大厅，就能立刻感觉到大宾馆般的气派，绿树点缀的大厅内，吸顶灯散发出柔和的白光，与从洁净宽敞的窗口透进的自然光交织在一起，构成一种清新、明亮、自然的氛围。现代风格的桌椅旁，客户们边优雅地品着茶，边洽谈业务。来邯钢的客户，真找到了“上帝”的感觉。

来邯钢买钢材需要办多少道手续？对此，已习以为常的邯钢人过去谁都心里没底，去年年底他们统计了一下，结果竟有22道之多！客户是“上帝”，怎么能让“上帝”跑那么多手续？总经理刘汉章坐不住了，“22道手续一定要减少到5道，不能多一道！”

短短几个月，引人注目的变化发生了：过去的22道购货手续硬是减少到5道；过去柜式服务，等客上门的现象不见了，代之以在销售大厅里设置导购员，随时解决客户的各种问题，甚至可以替客户代办手续，如今客户不用出销售大厅，边坐边喝着茶就可办齐各种购货手续，公司还专门安排了一部导购车，方便客户实地看货、办手续；过去零散的钢材厂里一般不卖，现在敞开厂门，来邯钢买1吨钢材也行；变过去简单的签订合同为洽谈合同，在平等、协商的前提下尽可能满足客户要求，并把对客户的承诺用合同的形式确定下来，保证200公里以内公司免费送货上门。

市场是一个大课堂。邯钢人自90年代初出于无奈“推墙入海”投身市场以来，经过6年的磨炼，他们对市场的认识越来越清晰和深化，他们的生产经营行为离市场更近了，离客户更近了。

想当初，邯钢生产的28种钢材有26种亏损，企业到了难以生存的地步。他们找过冶金部，冶金部鞭长莫及；找过河北省政府，省政府爱莫能助；找邯郸市，邯郸市势单力薄。无奈之中，他们看清，出路只有一条，就是下决心走向市场！于是，他们拆掉了计划经济体制下形成的企业内部生产经营活动与市场之间的“隔墙”，把企业和职工都逼到市场经济的大海中去游泳、去拼搏，由此建立起以成本核算为龙头的“模拟市场核算，实行成本否决”制度。

市场并不可怕，只要顺应它，就能得到报偿。6年来，邯钢通过推行这一新的成本核算制度，找到了一条从转机制、抓成本、堵漏洞、扫浮财、扭亏增盈，到加强管理、改善指标、挖潜增效，再到“三改一加强”，实现两个根本性转变的有效途径。从1990年到1996年，企业总资产由22亿元增加到88.3亿元，净资产由5.8亿元增加到53亿元，国有资产增值8.2倍，资产负债率由70%下降到39.22%，实现利润由100万元增加到7亿元，连续3年在冶金行业名列第三。由于推行新的机制，6年挖潜增效9.9亿元。在全国18家特大型钢铁企业10项可比主要技术经济指标排序中，邯钢已有7项进入前三名。

由当初被逼“推墙入海”到主动适应市场，邯钢人的“游泳”本领在不断增强。市场经济必须遵循价值规律。邯钢人提出“不赚钱的产品不能生产”“办企业就是为了获取最大利润”。他们根据市场需求和用户需要，不断开发新产品和高附加值产品。去年，先后开发出造船板、矿用钢等8个新产品，全年生产薄规格中板、线材、螺纹钢等高附加值产品15万吨，增效5000多万元。

市场经济讲究投入产出。邯钢将模拟市场核算机制引入基建技改工程，改变了“预算超概算、决算超预算”的状况：一是按照“先进、经济、适用”的原则，选定项目，坚持自己能干的不外请，能国内制造的不进口，能引进软件的不引进硬件；二是从工艺设计开始把关，精确计算投入，对工程实行承包，节奖超罚；三是利用有限资金，选择那些市场有需求，降低成本力度大，投资少，见效快的项目，建成一个投产一个，产生效益后，再投入新的技改工程。如此反复循环，使技改项目越滚越大，收益越来越多。自1994年以来，邯钢3年干了20亿元的工程，所有项目都没有超预算，并节约工程费1.14亿元，吨钢投资仅相当于新建同类钢厂所需投资的三分之一。

《经济日报》1997年4月18日第1版

邯钢经验 国企的希望之光

邯钢有个著名的公式：目标成本＝该产品的市场价－税金－目标利润－总厂应摊的管理费。

这一公式的高明之处，在于一反计划经济下产品成本加一定的利润率等于售价的传统模式，而采取了“模拟市场核算，实行成本否决”的经营模式。正是由于这一模式的实施，使其发明者邯郸钢铁集团有限公司在短短的几年内发生了神奇的变化：从1990年到1997年，钢产量由110万吨增加到253万吨，销售收入由10.2亿元提高到54亿元，实现利税由2.1亿元增加到10亿元。企业总资产由22亿元增加到167.5亿元，资产负债率由70%下降到44.48%。1994年－1996年连续3年实现利润在全国冶金行业排第三位；1997年，在消化增支减利因素3亿元的情况下，实现利润5.03亿元，在全行业居第二位；今年上半年，在价格因素减利1.5亿的情况下，扭转了利润下滑势头，经济效益在行业继续保持第二位。

不寻常的邯钢经验使邯钢成为我国工业战线的又一面旗帜。1996年1月，国务院下发3号文件，要求在全国学习推广邯钢经验。随后，在1996年2月召开的全国学习推广邯钢经验暨企业管理工作会议及1997年1月召开的全国企业管理工作会议暨学习邯钢经验交流会上，国务院副总理吴邦国两次发表重要讲话，号召全国工业企业深入学习邯钢经验。一个学邯钢、抓管理、增效益的热潮迅速在全国兴起。

邯钢经验在全国引起广泛、深刻反响的原因，在于邯钢经验普遍适用于每个正在走向市场的国有企业。邯钢经验的实质，至少包括这几个方面的内容：一是义无反顾地走向市场，建立面向市场的经营机制，以市场有竞争力的价格倒推成本，实行全员全过程成本管理，使市场压力直接作用到每一个职工身上。二是科学管理，严抓严管，提高管理的有效性。抓住加快资金周转、降低成本这个提高经济效益的“牛鼻子”，在“否决”上动真格。三是以市场为导向，以效益为中心，不断推进技术进步，滚动改造。用适宜的技术、尽量少的投入，获得高效的产出。四是提高经营决策者的素质，以对人民负责、对国家负责的高度责任感和使命感对待每一份国有资产，花每一分钱都讲究运行成本和效益。五是全心全意依靠工人阶级办好企业，通过成本目标管理将职工个人利益与企业效益联系起来，充分调动和发挥职工参与管理，当家理财的积极性、主动性和创造性。概括地说，邯钢经验就是，用适合中国国情的技术改造办法，用适合国有企业发展特点的成本否决办法，用低成本滚动发展的模式走出一条传统国有企业依靠自身发展的路子。

邯钢经验，点燃了国企改革和发展的希望之光。

邯钢经验告诉我们，国有企业要搞好，必须眼睛向内强化管理，深挖内潜，盘活存量资产。邯钢总经理刘汉章有两句名言：“企业里遍地都是百元钞票，就看你拣不拣”“挖潜无止境，关键靠科技”。结合邯钢实际，搞好国有企业，要把降低成本、增加效益的重点放到充分挖掘现有装备潜力上；要以国内外最先进水平为学赶目标，各项指标上台阶、创一流；要抓两头、卡中间，把住原料进厂和产品出厂关，全方位降低成本；要以提高效益、降低成本为主线，不停顿地进行技术改造。

邯钢经验告诉我们，国有企业要搞好，必须坚持“效益第一”的原则。干什么事都要精打细算，在技术改造上尤其要科学决策、慎重投资、讲究效益，不贪大求洋，不搞无把握技改。

邯钢经验告诉我们，国有企业要搞好，必须有一个好的领导班子，一个好的经营者。企业经营者要视国有资产如自己的生命，要敢于推墙入海，让企业在市场竞争中求生存、图发展；敢于去“否决”，动真格、不迁就，坚决停产那些质量次、成本高的赔钱产品；敢于剥离清除依附在企业身上的各类“寄生”公司；敢于刹住侵吞国家财产的不正之风；敢于拉开分配差距，使贡献大的职工先富起来。

邯钢经验给国企改革和发展吹进了一股春风。邯钢在发展，邯钢经验在完善，全国学邯钢活动在深化。可以相信，当邯钢经验在千万个企业生根开花之际，就是国有企业改革攻坚取得决胜之时。

《经济日报》1998年12月8日第1版

海航靠什么腾飞

以1000万元人民币作为注册资金，办起一个现代化的大型航空运输企业，在一般人看来是难以想象的事，在海南省航空公司却实现了。仅短短几年的时间，海航就从这1000万元变成了拥有25亿元总资产的大型企业；从连一架波音飞机的半边机翼都买不起，到今天已拥有15架飞机（其中波音737客机9架）；从一个不起眼的后来者，到今天已开辟40多条国内航线，各项运行指标都名列全系统前茅的充满生机活力的航空运输业新军。

这一切最根本的原因是什么？海航人回答：股份制改造。

为了圆海南600万人民多年渴望的航空运输梦，1989年，海南省政府从有限的财政资金中拨出1000万元人民币作为海航的“开办费”。航空运输业是资金密集型产业，1000万对于创办一个航空公司来说只是杯水车薪。创业之初，资金少，信用低，争取银行贷款不容易，即使贷到款，还本付息的重负也难以承受。钱从何来？海航如何起步？

走股份制道路是解决资金难题的一条最实际最便捷的途径。海航总裁陈峰和他的助手们终于在梦想与现实之间架起了一座崭新的桥梁。他们抓住海南大特区的优惠政策和国家正在进行股份制试点的有利机遇，于1991年提出了实行内联股份制改造的设想。在省委、省政府的大力支持下，1992年下半年，海航正式着手进行股份制改造。1993年1月8日，海航在海南省工商行政管理局注册登记，成为全国第一家规范化的股份制航空企业。在此以前，以定向募集方式筹集的25010万元（股）股本金已全部到位，海航资产折价入股1334万元（股），仅占5.3%。以这2.5亿元股本金为信用，海航又从交通银行获得6.48亿元贷款，再加上1亿元资本公积金，使资产总额一下子增加到9.98亿元。有了启动资金，海航开始起飞。

股份制改造的初步成功并没有使海航人喜形于色。他们清晰地知道，一个航空企业对资金的需求量大，只有开辟新的资金渠道，不断增强自身经济实力，才能抵御市场风险。陈峰和他的同事们又把目光投向了海外：募集外资股，利用国际资本。经民航总局、外经贸部和海南省政府同意后，海航经过艰苦的谈判，终于在1995年9月27日与美国航空有限公司签署了外资股购销协议，由海航发行1.004亿外资股，占总股本的25%，以每股0.2449美元的价格全部转让给美方，这样，海航又募集到2500万美元外资股金，并由此成为境内唯一的中外合资航空公司。引进外资的成功，标志着海航实现了同国际资本市场的对接，向现代企业制度又迈进了一步。这既有利于海航提高在国际资本市场的信用度，为拓宽融资渠道提供一个新的模式，又有利于海航学习西方先进的管理经验和技术，便于与国际同行开展交流和合作，从而给海航的进一步发展奠定了基础。

股份制改造，不仅仅是筹集了海航发展所必需的资金，更重要的是实现了海航机制的更新：实行股份制改造后，公司拥有包括国家在内的出资者投资形成的全部法人财产，形成了所有权归股东、经营权归管理者、监督权归股东和职工的法人治理结构，保证了责权明确，各司其职。这种新型机制，较好地解决了政企关系问题。国家股在海航的股份中占4%，政府只是一个普通的股东，只能按其持股比例享有或行使相应的权利，公司经营者获得了实实在在的支配公司资产的权力，真正成为自主经营、自负盈亏，只对出资者承担资产保值增值责任的法人实体和市场竞争主体，从而使公司的经营者获得迅速适应市场、及时把握机遇的应变决策能力。同时，在内部管理机制上，公司实行董事会领导下的总裁负责制；在运行机制上，形成了管理有方、运作高效的生产运行指挥体系；在用人机制上，实行全员劳动合同制，在财务管理上，建立符合国际规范的财务制度；在激励机制上，实行严格的奖惩制度，重奖重罚。

筹集资金加上机制更新、股份制改造给海航的腾飞插上了强有力的翅膀，为我国航空运输业的发展探索出了一条成功之路。

《经济日报》1997年10月22日第2版

三强结盟为哪般
——宝钢首钢武钢战略合作纪实

3月20日，上海宝钢集团公司分别与首钢总公司和武钢（集团）公司签署了战略合作意向书。作为当今国际上大型企业间实现“双赢”的一个主要发展方向，企业战略联盟首次在中国钢铁业界出现。虽然从三方签订的合作内容来看，这种战略联盟还仅仅是初步的、浅层次的，但却发出了一个明确的信号，就是中国钢铁企业将不再为争夺国内市场而相互厮杀，自相竞争，而是要通过合作、重组，联手迎接国际强手的挑战。

应对国际竞争的重大举措

目前，全球钢铁价格已创下自1998年以来的最低水平。由于全球生产过剩加之美国需求减弱，钢铁价格在不到一年时间内下跌达33%之多。欧洲其他钢铁公司陆续通过减产、裁员对市场现状作出反应。

而作为世界上最大的钢材消费市场，中国随着经济的发展，钢材消费量还将逐步增加。对于世界钢铁巨头而言，在全球钢材供大于求的今天，占领中国市场，是企业生存发展的希望所在。同时中国又是世界最大的钢材生产国，特别是近几年来，中国钢铁工业结构调整取得了显著成效，企业消耗降低、产品质量上升、结构趋于合理，竞争力越来越强，去年中国出口钢材（坯）1130万吨，出口增幅也逐年增加。对此，国外钢铁企业已经越来越感受到了中国钢铁企业的竞争压力，他们一直在研究中国钢铁企业，寻求对策，其中之一就是进行大规模的合并和建立战略联盟。

日前，法国北方钢铁联合公司、卢森堡阿尔贝德钢铁公司、西班牙埃塞拉利尔三大欧洲钢铁集团宣布组建世界第一大钢铁集团。法国北方钢铁联合公司总裁弗兰希思·迈尔在向媒体透露三大钢铁集团合并的动机时，直言不讳地指出，中国已成为欧洲钢铁业的竞争对手。迈尔认为，要应对中国钢铁企业的竞争，欧洲钢铁业必须依靠重组。

而较早以前有报道说，韩国浦项制铁公司与日本新日铁公司也已互相参股，实现了一定程度上的联手，其目标也是对准了中国企业。

与此同时，国际钢铁贸易战再度升级，使得中国企业腹背受敌。据报道，美国商务部于2月1日启动了对铁矿和钢铁半成品的进口调查，以确定该进口是否对美国国家安全造成影响。权威人士分析，这一举动标志着钢铁贸易战的又一次升级，而波及到的中国企业则从钢铁出口企业扩展到了铁矿和钢铁半成品出口企业。而加拿大也于1月19日正式对原产或来自中国的热轧钢板提起反倾销调查。对此，中国企业必须认真对待，做到防患于未然。

除此以外，中国钢铁企业面临的更严峻的挑战，是我国加入WTO后，国内市场对钢材进口控制的放松。对此，上海宝钢集团公司总经理谢企华说，此次三家国内大型钢铁企业实施战略结盟，主要是为了应对我国加入世贸组织后钢材市场进一步的国际化竞争。同时全球钢铁业产能大于市场容量，亚洲和欧洲的主要钢铁巨头都实施了合作合并的计划。中国企业也只有走联合之路，才能增强抵御市场风险的能力。

探索有中国特色的联合之路

三家国内钢铁企业建立战略联盟，其意义不仅仅在于这三家企业的发展，更重要的是为中国钢铁企业的联合和重组提供了一种尝试和探索。

中国钢铁工业协会会长吴溪淳就此指出，三大钢铁公司的战略联盟，是一种把握时代脉搏，顺应历史潮流的全新创举，为中国的钢铁工业发展史书写了新的篇章。这一跨地区的特大型钢铁企业间的战略联盟，必将对我国众多钢铁企业的联合、重组产生重大而积极的影响。

他指出，当前我国钢铁工业已经进入了以结构调整为主线的新的历史发展阶段，产品结构和工艺结构的调整，地区钢铁工业布局的调整，淘汰落后生产能力，培育有自主知识产权和较强国际竞争力的特大型钢铁集团等，是摆在我们面前的紧迫任务。要完成这些调整任务，都离不开加快推进我国钢铁工业的联合、重组进程。他要求三大钢铁企业要不断丰富和发展战略联盟内容，积极探索具有中国特色的企业联合之路，为钢铁工业提供可借鉴的指导经验，以求中国的钢铁工业更大更强。

宝钢董事长徐大铨认为，战略联盟不仅会提升联盟各方的竞争力，而且可使中国钢铁企业的竞争更加有序，并将会推动中国的民族钢铁工业不断前进。

武钢董事长兼总经理刘本仁说，这个战略合作协议，是三方迎接WTO挑战，实现优势互补和强强联合的重要战略步骤。随着全球化步伐日益加快和国内外市场竞争的加剧，我们有必要实施广泛的优势互补，从而把原来的竞争关系转为战略合作关系。

战略联盟有待深化

三家结盟的钢铁企业，可以说是中国钢铁企业的代表。宝钢和武钢是国内最大的板材和硅钢片生产企业，首钢是国内最大的建筑用材生产企业。三家企业钢材产量占国内总产量的四分之一。可见，这三家企业的联盟成功会对国内钢铁行业产生巨大的影响。

但有关人士认为，由于钢铁行业的特殊性，钢铁企业的联合和重组难度相对较大。因此三家企业的联盟虽然是一件好事，但好事要真正做好，还要看具体操作。

据介绍，目前三家企业可实现的合作包括：铁矿石等大宗原材料的联合采购和运输环节的整合，可以降低采购和运输成本；新产品、新技术和新工艺的联合研发，可缩短开发周期，降低开发成本；市场营销的合作，可使市场资源配置更协调，避免恶性竞争。

三家钢铁企业的负责人透露，目前宝钢与首钢和武钢的战略联盟，仅仅走出了第一步。在有条件的情况下，这三家企业之间还将进行资本市场上的联合，相互之间持股，以资本纽带强化战略结盟。在企业管理制度、运行机制以及组织形式上也将有合作空间。

我们期待着三家企业的战略联盟不断深入、不断强化，以作为一个领航者，带领中国钢铁业经受国际竞争巨浪的考验。

《经济日报》2001年3月23日第1版

一个是中国医药行业的龙头老大，一个是工业规模在上海排名第四的中央直属企业，尚在商谈中的哈药与华源重组已引起广泛关注。两家企业一旦重组成功，不仅对国内医药行业，而且对我国大型企业的改革和发展将产生难以估量的影响——

“哈”“华”重组能否共续国企改革新篇

近来，哈药集团再一次引起了媒体强烈关注。这次，不是由于其强大的广告效应，而是因为具有中国医药行业龙头老大身份且近年业绩飞速增长的哈药集团正在与中央直属大型国企——中国华源集团有限公司商谈重组事宜。对此，有人认为，这种重组是在“卖掉下金蛋的鸡”，甚至有人质疑“哈药重组背后有黑洞”。

与此同时，更多的人则认为，哈药与华源的重组，不仅将更加巩固、壮大哈药在国内制药行业的龙头地位，并为其加快进入世界制药50强提供强大动力；更重要的是，地处南北的两家国有大型企业的实质性重组，将为我国大型企业的改革和发展闯出一条新路。

国有大企业改制的积极探索

经过多年的探索和实践，我国国有企业改革和发展的成就有目共睹，国有大中型企业3年脱困的目标已经实现。可是，国有企业的制度创新仍没有取得突破性进展，这已成为困扰国有企业进一步发展的一个瓶颈。通过企业出售或经营者持股等方式，如果说国有中小企业改制的方向和目标模式目前已经有了较为清晰的眉目的话，则国有大企业的改制还需要进一步的探索。

哈药集团目前所遇到的体制障碍在全国大中型企业中具有代表性。

作为全国120户大型企业集团试点企业之一，哈药集团现拥有一个控股上市公司（即哈药集团股份有限公司，本文称为“哈药股份”）、13个全资子公司。近年来，哈药集团取得了辉煌的业绩：2000年的工业总产值、工业增加值、营业收入、利税等指标分别比1997年增长2.7倍、2.4倍、2.3倍和3.9倍。2001年完成工业总产值79.98亿元，实现利润3.61亿元，分别比上年增长17.64%和15.03%。

可是，哈药集团在快速发展的同时，却蕴含着严重的很少为外人所知的危机。据哈药集团常务副总经理孙树林介绍，在“哈药股份”上市之前，哈药集团就把最好的资产都注入了股份公司。以后，为了保持“哈药股份”能获得持续的配股权，哈药集团一直不断地用优质资产置换“哈药股份”中的困难企业。这样，“哈药股份”获得了超常规发展，但哈药集团的困难企业却越来越多。孙树林说，哈药集团现在除了上市公司“哈药股份”中的国有股（占34.76%）之外，其他公司大多数已是资不抵债。而“哈药股份”中的国有股分红只够维持当年股份公司上市时剥离的非经营性资产的运营费用和集团公司的日常运行费用，集团公司已没有实际的市场运作能力。在实行母公司与上市公司“四分开”政策及进行国有股减持后，哈药集团面临的困难可想而知。

如何在股份公司发展的同时，也能激活母公司，使整个集团公司发展步入良性轨道？这就遇到了体制障碍。哈药集团董事长兼总经理刘存周对记者介绍，集团公司的发展急需在两个方面取得突破：一是解决集团公司机制不活、体制陈旧、统得过死的问题，实现政企分开、真正落实企业自主经营权；二是完善法人治理结构，解决国有股“一股独大”，董事会缺少制约，股东大会缺少制衡的问题，实现产权主体多元化，真正使集团公司实现由行政权力支配转到投资者利益支配。

刘存周的想法和国家有关部门的改革思路惊人地合拍。国家经贸委企业改革司司长邵宁日前指出，“有些企业经营得不错，但到这个企业真正去研究一下，起作用的不是体制效应而是经营者个人效应，如何通过制度保证来制衡各方的权利和义务是解决这个问题的关键。我们现在国有企业改制很多，国有独资公司不太成功，一股独大的上市公司也有很多问题，现在看均衡持股，各方相互制衡可以是一个能够探索的路子”。

哈药重组的探索也和目前有些地方正在进行的实践惊人地相似。据悉，上海市已经要求所有上市公司必须有4个以上的投资主体，每个投资主体的股份不能少于20%。山东省日前发文，要认真解决一股独大问题，鼓励外资企业、民营企业收购兼并国企，把国有股转让出去，实现投资主体多元化，并规定，重大投资项目，不搞投资主体多元化的，不给立项。

对于哈药的重组，黑龙江省委、省政府也表现出极大的热情和积极支持的态度。有关领导甚至同意让华源占51%的股份，并批示，重组要排除干扰，加快推进。

在此大背景下，哈药与华源的重组本应是顺理成章，水到渠成。按照双方的构想，华源对哈药集团进行增资扩股，哈药集团以存量的净资产出资，初步按账面值估算为9.7亿元；华源增量投入10亿多元，其中现金投入5亿元，另外5亿多元则是华源在9家医药类企业的净资产。在股权分配上，哈药集团占44%，华源占47%，哈药集团员工（包括经营层）持股9%。重组方案还包括：哈药名称和品牌不变、注册地点不变、经营班子不变。

刘存周说，重组后的股权结构设计为3个股东，使哈药的股权结构发生了根本性的变化，3个不同的利益主体互相制约，不仅解决了哈药体制上的缺陷，也从根本上有利于企业发展。

黑龙江省委、省政府及哈尔滨市的主要领导对哈药重组的开明态度和明确支持令刘存周感到欣慰和振奋，而哈药与华源商谈的每一个步骤都是在哈尔滨市政府有关部门的直接授权下进行的。由此，针对这一重组方案的种种非议已不攻自破。

国企做大做强的必然选择

刘存周感到，哈药集团如继续靠产品扩张实现快速发展，将面临越来越大的制约。下一步必须进行资本扩张，两条腿走路，才能继续保持超常规发展，从而实现在3年至5年内使哈药进入世界制药业50强的目标。为此，在与华源接触之前，哈药与名列全国前10位的制药企业几乎都洽谈过、探讨过合作的可能。

哈药与华源之所以一拍即合，首先在于双方对于制药业的发展有着共同的目标和思路。双方最大的共同点，是在打造一家能与世界制药业巨头相抗衡的中国医药企业方面，目标一致，决心也一样坚定。刘存周说，与华源接触后，我们最感兴趣的是华源牢固树立的全国医药业排头兵目标，他们的发展战略、发展思路与哈药要跻身世界医药50强的思路正好对接。而华源集团董事长周玉成则表示，华源与哈药的此次重组仅仅是开始，因为两家企业重组后的药品销售规模也不过100亿元人民币，与国外同行业巨头相比，重组后的哈药也还是一只“小舢板”。他说，重组后，华源所有的医药资源还将持续不断地注入到哈药中去。

哈药与华源重组的动力，来自于双方鲜明的优劣势对接互补。以纺织业起家的华源集团已把“大生命产业”定位为核心产业，近年来，华源以战略重组和高科技开发两条途径进入医药产业，其发展速度和潜力令业内人士瞩目。刘存周说，华源介入医药晚但起点高、思路清晰、高新技术力量强，特别是有极强的研发能力，这是哈药最为看重的技术平台；而哈药生产体系比较完善，市场网络强，营销策略有长处，这正弥补了华源的不足；此外，华源在资本运作、进出口贸易方面的实力和经验，以及与国外跨国公司广泛的合作关系，都是哈药走向国际的可靠资源。因此，两家企业可谓是“强势不同、劣势互补”，这种强强联合的结果，将是对中国医药企业核心竞争力的一次极大的提升。这也是此次重组的最大价值所在。

哈药与华源重组的迫切愿望，来自于国际竞争的严峻挑战。经济界人士预言，继信息产业之后，包括医药业在内的生命产业将是21世纪发展最快的行业之一。目前，世界上不少跨国公司已相继由传统产业转向生命产业，由此引起的兼并重组浪潮日益强劲。据统计，近年来，全球超过50亿美元的医药企业购并案已有20多宗。有分析预测，21世纪全球前70家大制药企业将合并为15家。目前，世界最大的20家制药企业均已以各种方式进入中国市场。中国加入WTO后，国外企业必将进一步抢占我国医药市场，有步骤地扩大在中国的市场份额。与此同时，我国医药企业的现状则令人担忧，其中最突出的问题是企业规模小、水平低、竞争力差。国外一家医药跨国公司的年销售额就超过了我国近7000家医药企业产值的总和。国外一份研究报告指出，“如果政府不干预，中国医药市场将在5年内完全被国际大医药公司操纵”。

实施战略性重组，加快做强做大，是摆在中国医药企业面前的必由之路。从这个意义上说，哈药与华源走到一起，也是他们的必然选择。用周玉成的话就是：我们想的都不是当“鸡头”，想要干的是打造中国的医药“航母”。我们是联手下围棋，要把棋盘上的棋子越摆越多，而不是作为对手下象棋，你吃掉我或我吃掉你。

哈药与华源，两个国内重量级的企业如能走到一起，将不仅仅是中国医药行业上演的一场精彩好戏，而且会给国有大企业进一步改革和发展提供一本生动的教材。重组能否成功，我们拭目以待。

《经济日报》2002年2月28日第3版

“哈”“华”能否重续前缘再度引人注目

近年来，国内制药业“黑马”频出，而每一匹“黑马”几乎都是资本运作的高手。通过各种重组手段，整合现有药业资源，实现超常规发展，已经成为雄心勃勃的国内药企的共识。从纺织业起家，自1999年起以战略性重组和高科技开发两条途径进入医药产业的中央直属国有特大型企业集团——中国华源集团，一年前曾与国内制药业老大哈药集团达成重组意向，这一轰动一时的重组案后因种种原因而一直搁浅。8月21日，华源又作出惊人之举：出资11亿元收购上海医药集团40%的股份，实现了中国医药行业有史以来规模最大的一次重组。

据介绍，此次重组是在上海市政府指导下按市场运作方式完成的，其特点是股权受让和增资相结合。华源集团出资11亿元人民币，从上海华谊（集团）公司和上海工业投资（集团）公司分别所占上药集团50%的股份中受让20%，以占上药集团总股本40%的比例成为其第一大股东。同时，华源、华谊和上工投三方面再按4∶3∶3的比例对上药集团进行增资。

这是国内医药业的一次真正意义上的强强联合。据国家统计局最新统计资料，华源集团在中国500强企业中位列第78名，现已基本形成了大生命、大纺织、大流通产业及国际化的经营格局。目前，纳入华源大生命产业的企业分布在北京、上海、辽宁、江苏、浙江、安徽等地，包括两家上市公司、一批专业研发机构、天然药物种植基地，以及在建的国家级无锡惠山生命科技园区和现代化药厂。今年上半年，其医药产值已占集团总产值的20%。而上海医药（集团）有限公司则是一家拥有54家一级子公司和1个上市公司的国有企业，在规模、产品、研发、流通等方面具有一定优势。去年其工业产值占全国医药工业总产值7.5%，销售收入达135.75亿元，占全国医药行业销售总额的8%，产品出口额列全国医药生产企业之首。

华源对上药集团的成功重组，使华源集团一步迈入了世界制药50强。重组之后，华源在医药领域的年销售额将接近160亿元、产值将达到230亿元，规模在国内遥遥领先。上海医药旗下拥有1400多家连锁药房，华源拥有分布在上海、北京、辽宁等地的4家医药流通公司和300家华源大药房连锁店，加起来达到1700多家，遥遥领先于国内其他同行。此外，上药旗下的先锋药业不久前刚完成内部重组，已经成为国内最大的抗生素生产基地。重组完成后，全国四个国家级的中药研究中心华源就拥有了两家，加之雷允上、胡庆余、童涵春、蔡同德四家百年中药老店的品牌经营优势，促使华源在中药产业领域的竞争力大幅度提高。

华源集团董事长周玉成说，对上药集团的重组是与国内制药业中的优势企业联手，优势互补，共同打造中国医药龙头，参与国际竞争的必然举措。他强调，华源对于医药资产的购并不是单纯的量的堆积，而是着眼于战略性的构架与布局，意在凭借资本性扩张实现跳跃式发展。

华源的大手笔重组动作，正在拨动着国内制药业的神经。虽然近年来医药行业的重组浪潮一浪高过一浪，但这些重组案不论是规模还是影响力，都比华源的重组较为逊色。从与哈药的重组意向，到斥巨资收购本溪第三制药厂，到重组上药，华源每次出手，都会对国内医药行业产生难以估量的影响。

华源对上药的成功重组，使人们关注的目光又重新回到了华源与哈药的重组上面。对此，华源表示，华源与上药的结合并不妨碍与哈药联姻，与哈药的重组也没有划上句号。华源还将以上药集团为平台，继续实施对国内医药行业优势企业的购并重组。

华源董事长周玉成依然对与哈药的重组充满希望和期待。他认为，华源与哈药还需要沟通，需要耐心等待，等待大家进一步统一思想，统一认识。哈药集团董事长兼总经理刘存周也同样认为，哈药要继续保持快速发展，与国内优势企业进行重组是必然选择，而华源的发展战略、发展思路与哈药要跻身世界医药50强的思路正好对接，在华源重组上药后，如果能够实现与哈药的重组，则我国将会真正诞生能与世界药业巨头抗衡的医药“航母”。

《经济日报》2002年9月5日第13版

发展和丰富诸城经验
——潍坊医药集团中药厂改制纪事

如何使国有企业真正成为市场主体并具有强实的竞争能力？如何寻找到合适的方式加速地方国有企业的改革，重塑生机活力？今年以来，山东省潍坊市委市政府，在这方面进行了积极大胆的探索，在市医药集团的改革中，大胆引进外来投资者——国内著名投资银行机构中证万融投资服务有限公司，通过重组，在为潍坊医药集团股份有限公司下辖的唯一生产型企业中药厂重新注入资金的同时，还引进了现代化的管理模式、管理理念，并借投资者的视野将集团带入更广阔的市场，从根本上对企业进行脱胎换骨的改造。

善于把握改革时机

潍坊市医药集团是一家大型国有企业，虽然经过1993年的股份制改造，但仍然没有改变老的国有体制下的管理模式和管理架构，销售收入、利润等业绩指标仍然不理想，该集团下辖市区县9个医药商业企业、一个医疗器械批发经营公司和一个中药厂。集团以医药商业为主营业务，面对全国医药流通体制改革，已经明显感到竞争压力，人员负担及资金不足，从去年开始，潍坊市委市政府领导即根据医药集团的发展现状，提出必须尽快改变其现有体制，适应市场竞争的改革要求，明确了医药集团改革必须以股权结构的改革入手。恰在此时，一直苦心寻找医药企业作为投资对象的中证万融公司闯入了潍坊领导者们的视线。

2001年6月，在潍坊市政府专门为国有大中型企业集团改革所召开的一次研讨会议上，市主管部门的领导与中证万融公司的参会代表沟通得非常融洽，会后潍坊市政府主动提出，希望中证万融公司利用自身在资本运营方面的丰富经验和资源，帮助潍坊医药集团重组改制，使之成为潍坊的支柱产业，进而成为山东省内医药工业和商业基地。曾经投资过北京沃华生物、同仁堂科技的中证万融公司也作出积极回馈。

对准备作为战略投资者进入潍坊医药集团、直接参与中药厂投资和改制的中证万融来说，潍坊医药集团的情况看起来的确有点糟，但因医药行业一直是中证万融的重点投资领域，所以公司董事长赵炳贤对潍坊医药集团的改制及中药厂的收购谈判，显示出了相当的耐心，最后终于达成一致。

其实，国有企业要真正成为市场竞争的主体，政企分开是前提。而要行政主管部门由国有企业的“内部人”（仅就经济利益而言）变成“外部人”，由改革的动力主体之一变为改革的对象，这个角色转换的跨度非常大，接受这样的现实不仅需要有良好的素质，而且需要勇气。只有站在改革的潮头，把握历史发展大势，善于调整角色转换中的心态、顾全大局者才有可能与国有企业改革同向着力。

而把握国企改革的时机，说来容易做来难。对于政府而言，首先面临的是选择相对好一点的企业、还是选择已经是众所周知的差企业动刀子。尽管表面上看，中药厂在潍坊还是不错的企业，有主导产品，还给国家上缴利润，但潍坊市政府很清楚，该厂历年形成的大量应收账款、居高不下的成本费用、落后的营销模式、已经开始下滑的业绩等问题，正是浮在水面之下的冰山，如果不及时对其进行改制处理，迟早要爆发。

转让好一点的企业常有造成国有资产流失之嫌，而转让公认的差企业，则是“众望所归”，潍坊市委市政府顶住压力，坚持“有病早求医”，经过8个月的艰难谈判，今年2月，市委常委经研究最终决定，在中药厂的业绩还没有大幅下滑之前，及时地将控股权转让给拥有丰富企业管理经验和强大资本运营能力的中证万融公司，为企业发展找到坚强的后盾，最大限度地保证国有资产增值和职工就业。

丰富发展“诸城模式”

风筝之都潍坊，不仅以“风筝”闻名，在国企改革上，还曾经创造了颇具特色的“诸城模式”（诸城隶属潍坊）。诸城人在实践中先后创造了七种改革形式，即股份制、股份合作制、外资嫁接、无偿转让产权、破产、租赁、兼并等。其中始于1994年的原诸城农用汽车厂国有产权无偿转让给北汽摩公司的著名案例，更尽显了此地人的眼光和胆识。

当年，“诸城模式”所带来的改革效应曾令世人瞩目。有人曾将“诸城模式”的核心定位为企业全员持股的股份合作制。但随着时过境迁，以该模式进行改革的企业，一段时间后，多程度不同地出现了改革效果无法持续，企业发展缺乏后劲的现象。这从另一方面说明，股份合作制并不能全部改变长期国有体制下形成的观念、结成的多种关系网、原有的既得利益等的束缚，难以深入推行科学、严格的管理措施，无法对原有的经营机制进行彻底改造。“诸城模式”在中国国企改革中，将只能被作为先行者加以褒扬和纪念。

基于此，潍坊市委市政府在中药厂的改革中，打破既有产权改革模式，率先引进民营战略投资者与高管人员一起持股，依靠战略投资者的雄厚实力、丰富经验和资源，从企业长远利益出发有计划、有步骤地对企业进行全方位、多层次的彻底改造，改制半年以来，已经取得了显著效果，就其探索意义而言，应该说是对“诸城模式”的丰富和发展。

如果把企业比作一棵大树的话，制度改变是对其“根”部进行改造。但在对“根”部改造的同时，同样重要的是，还要利用外来投资者的经验和资源，将改革措施传向中层和基层——树干、树枝、树叶，对研发、生产、销售等多个环节进行全面深刻的改造。而以真实的盈利目的为核心诉求的民营战略投资者，最具将改革贯彻到底的决心——因为这直接关系到它投入的资金安全以及赢利前景。

潍坊中药厂改制后，企业进行了一系列根本性的改革措施：按现代企业制度的要求，建立了扁平化的组织结构；制定了全新的符合现代企业制度要求的一整套先进的财务管理制度；实行了全面预算管理；全面开展了竞争上岗，绩效考核；重新设置了薪酬结构，拉开了收入档次；开展了创建学习型组织的活动；明确了企业的远景、使命、精神，开始形成具有特色的企业文化，特别是针对营销中存在的问题，开始对营销体制进行全面改革，建立符合市场要求的现代营销模式。改制后的企业管理日益严格，工作效率显著提高，仅几个月时间就表现出良好的发展势头，业绩明显提升。现在，潍坊沃华——中药厂改制后更名为潍坊沃华医药科技有限公司，已开始实施股票发行及上市计划。

在潍坊市最近召开的市直重点企业经济运行调度会上，潍坊市委副书记、常务副市长张新起同志在提到中药厂引进战略投资者之后所发生的变化时，总结说：“中药厂改制改出了多样化的产权、扁平化的管理、学习化的组织、竞争化的机制。”而这，不正是所有的国企改革所希望达到的目标吗？

《经济日报》2002年10月17日第16版

国药集团：走出央企竞争成长之路

早在10年前，世界排名前20位的跨国医药企业就已进入中国。近年来，伴随着新医改政策的出台，国内医药市场竞争也日益白热化。在这样的环境下，成立仅10多年的中国医药集团在行业中异军突起。

从2005年起，国药集团销售收入便一直位居我国医药行业首位。截至2011年底，国药集团资产总额比成立之初的1998年增长逾29倍。短短10多年间，国药集团走出了一条竞争型央企的成长之路，发展成为我国规模最大、产业链最全、综合实力最强的医药健康产业集团。

精耕细作强主业

国药集团总公司成立于1998年，是由原计划经济体制下承担国家医药行业管理职能的几家公司组建而成。由于政企脱钩时大部分优势资源划归地方，作为央企的国药集团综合实力远不如一些地方企业，与跨国公司更是没有可比性。当时国药集团在国内仅占不到1%的市场。

“巨大的压力让我们认识到，要想在全竞争的中国医药市场上生存并有所发展，必须彻底转变观念，充分贴近市场，走出一条中央企业在全竞争领域健康发展的道路。”国药集团总经理佘鲁林说。

在“终端为王的发展战略”指导下，国药集团全面实施营销和客户管理，精耕细作主营业务。国药集团在国企中率先实施以市场为导向的激励机制，鼓励全体员工解放思想抢占市场，内部形成了良好竞争机制。经过几年努力，国药集团在长江三角洲等重点地区的市场“抢”到了部分市场份额，确立了集团在重点市场的品牌影响和市场地位，也使集团业务实现了突破性战略转型。

资产扩张增效益

2002年11月，国药集团药业股份有限公司在上证所上市，这意味着国药集团从单纯内生式增长走向资本市场，开始利用资本手段扩张发展。

在推动国药股份公司上市的同时，国药集团走上了国有资产资本化和企业股权多元化发展的道路。

几年来，集团通过与跨国公司、民营企业、地方国企等不同类型的企业以各种方式合作，利用国有资本吸引社会资本，在保证国有资产保值增值的同时，使国有资本实现了效益最大化。

2003年1月，国药集团与复星医药集团共同投资成立了国药控股有限公司，引进民营资本5亿元。国药控股成立后，集团的医药流通业务及时获得了资金支持，优化了经营机制，新公司按照规范的公司治理模式运作。2009年9月23日，国药控股在香港成功上市。其先进的经营模式和优秀的经营业绩备受全球各大知名机构投资者的追捧，为集团下一步发展募集了100亿港元的资金。

国药控股的成功上市为国药集团医药流通板块持续快速发展提供了动力，为网络快速扩张、抢占终端市场，形成覆盖全国的医药流通网络奠定了基础。

整合资源壮实力

近年来，国药集团在努力推进内生性增长的同时，不断利用资本手段，不失时机寻找资源实施兼并重组，促进医药行业人才、产品、技术、渠道等优质资源的集聚。

在流通领域，国药集团在全国建成了30个现代医药物流中心和近300家分销中心，配合国家医药卫生体制改革和基本药物配送的全国医药分销主干网络已经形成。在药品生产领域，中国药材集团于2003年整体并入国药集团后，初步建立了传统中药种养植、中药饮片炮制、中成药研究开发和生产、传统中药销售等一个完整的现代中药产业链。2009年至2010年，国药集团完成了与中国生物技术集团公司、上海医药工业研究院、中国出国人员服务总公司4家央企的重组，使集团进入了一个新快速发展阶段，生物制品业务成了国药集团下一步发展的重点之一。

“国药集团要在全国第一的基础上进一步做强做优，提高核心竞争力，成为中国医药行业的整合者，带动整个行业的发展和进步。”佘鲁林说，国药集团的发展目标是，“十二五”期间，建成涵盖医药行业全产业链的，具有行业带动力和国际竞争力的大型医药健康产业集团，成为进入世界500强的第一家中国医药健康企业。

《经济日报》2012年5月22日第1版

竞争实力哪里来

在国药集团采访，有两个现象令记者印象深刻：一是国药集团外部董事、董事长宋志平，同时也是中国建材集团董事长，这是国资委首次采用在职央企负责人兼任另一家央企的外部董事、董事长；二是在国药集团众多的下属公司中，大部分是资本和股权多元化，而不是国有资本“一统天下”。“一个在市场上有核心竞争力的中央企业一定要有一个好的公司治理结构。”国药集团总经理佘鲁林给出了十分肯定的回答。外部董事为国药集团的发展提供了新理念、新思路，在发展方向、战略决策、风险管控等方面发挥了不可替代的作用。“不同所有制的有机结合使企业充满了竞争活力。”这是佘鲁林对第二个现象的解释。利用少量国有资本几何级地吸引社会资本，不仅使企业实现跨越式发展，又融合多种所有制经济的优势，形成了国药独特的既生机勃勃又稳健持重的风格。国药的成长基因值得研究。

《经济日报》2012年5月22日第1版

国药集团：在整合产业资源中壮大

过去的10年，是我国医药工业发展最快的时期，特别是“十一五”以来，国家加大医疗保障和医药创新投入，医药工业克服国际金融危机影响，着力加快结构调整和转型升级，保持了良好发展态势。

截至2011年底，中国医药集团资产总额比成立之初增长逾29倍，成为中国规模最大、综合实力最强的医药健康产业集团，为壮大国有经济和促进医药行业发展做出了突出贡献。

中国医药集团成立于1998年11月，10多年来，经过优胜劣汰的激烈市场竞争，已从一个传统国有企业快速成长为理念先进、治理规范、在行业起引领作用的新型国企。

创新发展模式　实现跨越发展

2002年，国药集团药业股份有限公司在A股成功上市。

2003年1月，中国医药集团与民营企业——上海复星高科技（集团）有限公司合资成立国药控股股份有限公司。

2009年9月，国药控股在香港H股整体上市成功，市值位列全球医药分销企业第3位，成为2000年以来全球医药行业最大规模的IPO，同时创造了香港H股历史上市盈率最高的IPO，并成为中资医药板块市值最大的上市公司。医药分销、配送网络覆盖全国31个省（区、市），成为中国医药流通领域第一品牌，在中国医药健康产业发展进程中的影响日益显现。

2009年至2010年，在国务院国资委“打造中央企业医药健康产业集团”的战略指导下，中国医药集团完成了与中国生物技术集团公司、上海医药工业研究院、中国出国人员服务总公司4家央企的重组。新中国医药集团成为中央企业医药健康产业平台。

10年来，中国医药集团走出了一条联合重组、资本运营、资源整合和集成创新的成长道路。从2002年集团第一家上市公司“国药股份”诞生后，中国医药集团就走上了国有资产资本化和企业股权多元化发展的道路，在保证国有资产保值增值的同时，使国有资本实现了效益最大化，企业也实现了跨越发展。

同时，中国医药集团为适应国家“巩固完善基本药物制度，加强基层医疗卫生服务体系建设”这一目标要求，建成了配合国家基本药物配送的全国医药分销主干网络，提供全面的医药供应链服务，使药品服务和配送体系延伸到广大县、乡镇基层医疗机构。该网络覆盖了全国174个地级以上城市，11万家医药分销商、零售药店等终端客户，三级医院占比达92%。该网络的建成进一步减少了流通环节，降低了经营成本，真正让利于民，惠及于民，为国家基本药物制度的推行，保障药品供应的高效、安全和及时，以及药品安全监管发挥了积极作用。同时，中国医药集团承担着国家救灾、突发社会公共卫生事件等国家医药物资储备与应急供应任务，遍布全国的药品分销配送主干网络，确保了国家发生重大灾情疫情时药品和医药物资及时有效配送。

整合行业资源　带动产业发展

面对我国医药产业“散、乱、小、弱”的状况，加快行业联合重组是大势所趋。中国医药集团在资源整合的同时，注重企业文化的整合与融合。兼收并蓄中央企业、外资企业、优秀民营企业健康向上、朝气蓬勃的先进文化元素，并以“关爱生命、呵护健康”统领新中国医药集团的价值观，全面倡导“学习、和谐、责任”的中央企业责任文化。

在加快产业重组的同时，中国医药集团通过整合科研资源，大力推进科技创新，建立了产学研结合、贸科工一体的国家级医药科研创新平台，构建了“三位一体”的科技管理创新体制，基本建成以市场为导向的医药科技平台与创新体系。

中国医药集团的科研机构和工业企业，联合社会资源成立了集团“产学研”联盟，承担了“863”计划、国家重大新药创制、国家高新技术产业化等一系列国家课题。新型疫苗国家工程中心研究开发的具有自主知识产权的一类新药EV71型（手足口病肠病毒71型）灭活疫苗，实现了我国疫苗研究领域的重大突破，获得全球首张临床研究批件。目前，疫苗已进入临床三期，全球第一支手足口病灭活疫苗，有望在我国率先投入应用。

同时，国药集团还不断加强与高校的合作。2010年9月，与香港大学签署了战略合作框架协议。双方将在医药基本科研与应用开发领域互相配合，发展更有效的预防疾病及治疗的医疗药品；2011年12月，与厦门大学签署战略合作协议，双方将加强创新平台、新药研发、人才培养等领域的全面合作。合作将加快医药科研成果产业化，推动国内医药企业走向国际。

履行社会责任　做好公共服务

中国医药集团多年来积极履行中央企业社会责任，努力践行“关爱生命，呵护健康”的企业理念，为国家防病治病、保障国家公共卫生安全和人民健康发挥了重要作用。

作为国家医药储备单位，国药集团承担着突发公共卫生事件和灾情疫情的医药储备与紧急供应任务。在1960年抢救61个阶级兄弟、1976年唐山大地震、1998年抗洪抢险、2003年抗击非典、2009年防控甲型H1N1流感疫情、2010年玉树和舟曲抗震救灾等重大事件医药物资储备与应急供应上，国药集团都出色地完成了国家下达的医药储备与调拨任务。

2010年9月，国家开展了全国麻疹疫苗强化免疫活动，我国近亿名儿童接受了麻疹疫苗接种。中国医药集团承担了此次麻疹疫苗强化免疫活动的全部疫苗生产供应重任，供应麻疹疫苗1.3亿人份，全部实施以疫苗每批批号跟踪到客户的供应明细报表制，药品不良反应率为百万分之八，低于世界卫生组织报道的异常反应指标，为我国消除麻疹做出了重大贡献。

“十二五”期间，中国医药集团力争建成涵盖医药行业全产业链、具有行业带动力和国际竞争力的大型医药健康产业集团，成为进入世界500强的第一家中国医药健康企业。不断创新发展、充满激情活力的中国医药集团，正坚定地向这一目标大步迈进。

《经济日报》2012年10月16日第14版

这家企业的杠杆率是怎样降下来的
——央企上市公司首单市场化债转股的实践与启示

金融风险的源头在于高杠杆。实施市场化法治化债转股是降低企业杠杆率的一个有效途径，但目前市场化债转股签约不少、落地较难。中国人民银行决定，从2018年7月5日起，下调国有大型商业银行、股份制商业银行、邮政储蓄银行、城市商业银行、非县域农村商业银行、外资银行人民币存款准备金率0.5个百分点。鼓励5家国有大型商业银行和12家股份制商业银行运用定向降准和从市场上募集的资金，按照市场化定价原则实施债转股项目。

今年3月，中国船舶重工集团有限公司（下称“中船重工集团”）下属上市公司中国船舶重工股份有限公司（下称“中国重工”）成功完成了市场化债转股工作，成为首单成功实施市场化债转股的央企上市公司。近日，经济日报记者走访了中国重工，了解其市场化债转股成功落地的经验。

引进8家投资机构 “两步走”实施债转股

中船重工集团为中央管理的特大型国有企业，是我国海洋装备的主要供应商和世界造船业的龙头企业。2008年国际金融危机发生后，整个海洋工程装备市场持续低迷，市场上很多订单遭延期交付，风险随之聚积。在实施本次市场化债转股之前，中船重工集团下属公司出现了资产负债率较高、财务负担较重等问题。

“行业低迷之下，中船重工集团也难以独善其身。债转股之前，中船重工集团下属的大船重工与武船重工负债合计高达1000亿元，中船重工集团的资产负债率也接近65%的警戒线，去杠杆减负债压力较大。”中国重工常务副总经理姚祖辉说。

为积极推动降杠杆减负债工作，2017年初，中船重工集团启动了以中国重工为平台的市场化债转股项目。2017年3月，中信建投证券出任中国重工市场化债转股项目的独立财务顾问。

中信建投证券投行管委会委员、董事总经理吕晓峰介绍，“我们为中国重工量身定制了两步走的债转股实施路径，即以‘现金增资偿还债务’与‘收购债权转为股权’两种模式先实施子公司债转股；之后以上市公司发行股份购买资产的方式收购上述债转股形成的子公司新增股权”。

第一步，“将子公司债务转成股权”。收购中国重工子公司债权分为两类形式。第一类，由包括中国国有资本风险投资基金股份有限公司、中国国有企业结构调整基金股份有限公司等在内的6家投资者以现金向中国重工子公司大船重工和武船重工增资，增资的金额全部用于偿还银行贷款。第二类，由中国信达资产管理股份有限公司、中国东方资产管理股份有限公司两家投资者收购金融机构对大船重工和武船重工的部分债权，再以该部分债权向大船重工和武船重工增资。上述两部分增资金额合计218.68亿元。8家机构成为大船重工和武船重工的股东。

第二步，“上市公司发行股份购买资产”。上市公司中国重工向参与子公司增资的8家机构定向增发股份，购买其持有的大船重工和武船重工少数股权，8家机构由此成为中国重工股东。按照《上市公司重大资产重组管理办法》的相关规定，该部分股份锁定期为3年，锁定期届满后，8家机构可逐步实现市场化退出。

2018年3月1日，中国重工办理完毕新增股份的登记手续，8家投资机构成为中国重工股东，大船重工和武船重工重新成为中国重工全资子公司。本次市场化债转股项目顺利完成。

负债率降低11个百分点　企业轻装上阵

通过实施市场化债转股，中船重工集团成功化解经营风险隐患，资产负债率得到明显改善。

市场化债转股实施前，大船重工及武船重工合并报表口径资产负债率分别为81.16%和84.41%，超越了企业正常生产经营的安全线。本次市场化债转股规模为218.68亿元，资金全部用于偿还债务，其中偿还大船重工债务164.78亿元，武船重工债务53.93亿元。债转股实施完成后，中国重工资产负债率降低11个百分点，有息负债从612.61亿元降至393.93亿元，资本结构得到有效优化，杠杆率高、财务负担重的问题得到明显缓解，有效提升了经营业绩。债转股完成后，中国重工的总股本增加约38亿股，市值规模继续扩大，资本市场影响力进一步提高。

在化解了经营风险隐患的同时，市场化债转股项目的实施有力提升了企业经营能力，促进了企业转型升级。“作为军民融合型企业，大船重工和武船重工在其发展过程中遇到了阶段性困难。投资资金的引入，一方面使企业杠杆率高、财务负担重的问题得到明显缓解，另一方面，节约的财务费用将直接转化为经营利润，让企业能够轻装上阵，促进企业转型升级。”姚祖辉说。

据了解，使用债转股资金偿还债务后，中国重工子公司现金流情况得到明显改善，一方面有利于在建产品的顺利完工，另一方面，船厂资产负债率的下降也给船东注入更多的信心，有利于其承接新订单，形成良性循环。与此同时，公司还可以将更多资金投入新产品研发中，2017年中国重工科技研发投入30.74亿元，占营业收入比重达8%。

用好市场化工具　完善退出机制

中船重工集团本次市场化债转股项目充分围绕“三去一降一补”五大重

点任务，引导社会资金流向实体经济，构建资本市场服务实体经济的长效机制，开创了军工央企市场化债转股的先河，为后续军工企业、国有企业的市场化债转股提供了思路和借鉴，具有较大的示范意义。

实施债转股，“市场化、法治化”是关键。坚持“市场化”原则，就是要充分运用市场化工具降低企业杠杆率，充分借助资本市场的力量，以沟通谈判为基础，避免“拉郎配”的行政干预模式，在投资主体、方案设计、交易价格、退出机制等方面做到真正的市场化，使债转股能够成为实现交易双方互利共赢的长效机制。中船重工集团在此次市场化债转股过程中，以市场化的方法确定参与本次债转股的投资主体；按照市场化原则、通过市场化谈判确定交易价格与条件；投资机构自担风险，自享收益。坚持“法治化”原则，则是要在坚守金融系统风险底线的前提下，以现行法规、规章、制度为准绳，切实规范市场化债转股参与各方的决策行为，在合规和创新之间实现有效的平衡。

实施债转股，需要建设好资本市场，为投资者打造退出通道。中船重工集团市场化债转股的成功落地与资本市场提供了完善的退出渠道密切相关。“市场化债转股如果没有合适的退出渠道，投资者无法退出，谁也不会愿意参与，拥有完善的退出通道非常关键。”姚祖辉说。他强调，“上市公司股份的流动性、转股后良好的发展前景以及合理的转股价格是吸引第三方投资机构积极参与市场化债转股的重要因素”。

《经济日报》2018年7月30日第1版，与彭江合作。

企业·管理

厂长难当亦好当
——北京新型建筑材料总厂厂长宋志平一席谈

都说国有企业是目前“企业族”中最困难的一族；都说国有企业厂长难当。可当记者日前与刚刚被评为全国青年优秀企业家的北京新型建筑材料总厂厂长宋志平相聚时，他却说“我并不觉得国有企业厂长难当。”

“当厂长关键在于把自己的工作料理清楚。我把企业面临的问题分为A、B、C三大类。A类的问题是社会性问题，不是企业自己有办法解决的事，如社会保障、企业负担等问题；B类问题是企业经过努力而能做好的事，如企业三项制度改革等；C类是企业必须做好的基础工作，如劳动纪律、财务管理、现场管理、卫生环境等。现在，有的厂长觉得难当，主要是他把ABC类问题混淆了，想做自己所不能做的事，所以觉得难。实际上，能把C类事做好，大家就会认为是可以接受的；能把B类事干好，就是经营有方了；当然，对于A类问题，不能采取回避态度，要多思考，多提建设性意见，做个促进派”。

“如果厂长一上任，不去做必须做好的C类事情，也不努力去争取做好B类事情，而是面对A类问题抱怨不停，那么，他整天都是烦恼。我与上级单位也偶然发生矛盾，但每次我只要感到基本满足时就画上句号，绝不没完没了地纠缠。当厂长难是客观的，但自己有一个良好心理素质，就不难了。自己要找好自由度，创造好自己的制作空间，就能做些事情”。

今年38岁的宋志平，自去年年初出任厂长以来，使这家全国最大的新型建材生产企业发生了深刻的变化。1993年，全厂实现销售收入2.7亿元，比上年翻了一番。今年，销售收入可望突破3亿元。目前，全国建材企业竞争激烈，效益普遍滑坡，而该厂的石膏板、轻钢龙骨和岩棉三个主体产品却供不应求。

可是，在宋志平出任厂长之初，这家企业也面临着许多国有大中型企业同样的问题：资金匮乏，贷款困难，生产难以为继；企业内部管理不顺，经济效益低下；职工收入偏低，干部职工对企业信心不足，怨言不少，迟到早退等违纪现象屡见不鲜……

“作为国有企业的厂长，应该更多地看到企业的优势，把更多的精力放在引导企业练内功上，以实现在市场经济环境下国有企业的优势竞争”。

话虽好说，可是到底怎样练内功？又如何实现国有企业的优势竞争？宋志平对记者阐述了他的一套思路：

第一，要练出一个新的观念来。首先是市场观念，国有企业是要为社会服务的，国有企业的厂长是民不是官。客户是我们的衣食父母，社会各方面的支持帮助是我们发展的基础。只有以一种回报社会的良好心态来对待社会大众和用户，才可能有更多的友善、帮助和支持。那种狭隘的万事不求人、天老大我老二的思想是我们注定要抛弃的。企业经济效益则是我们服务的回报，经济效益的好坏是衡量我们服务效果的尺度。其次，是竞争的观念。市场经济是竞争经济，企业在市场竞争中的成败、企业的生命力均取决于企业内部竞争机制的确立。多年来，我们的企业领导对员工抱着一种父母心态，习惯于向员工进行过多的宏观方面的说教，结果造成员工对许多问题的模糊认识，甚至个别员工连“工人做工”这一简单的道理都不接受，连最基本的劳动技能都没有了，反而有满腹的牢骚和怨气，甚至无视制度和纪律。这都成为今天我们推进各项现代化管理的思想障碍。

第二，练出一种新的机制。去年以来，我们按照“搞活主体、放开辅助、分级经营、集团管理”的原则，形成了“少职能、多实体”，集中控制下的分权体制格局，收到很好效果。我们提出：不能出现没有经济指标的部门，也不能出现没有经济责任的个人，在人事分配上都引入竞争机制，把有限的资源向创造效益高的地方流动。

第三，练出一个新的企业管理。作为企业厂长，搞好企业内部管理，是自己最基础的本职工作。在落实经济责任制的基础上，我们在全厂推行了以人为中心的管理理论，开展了以整理、整顿、清扫、清洁和提高素养为内容的现场管理活动，使工作环境和职工精神面貌焕然一新，增强了客户和职工对本企业的信任。

第四，练出一种新的企业文化。经济效益和职工满意应该是我们国有企业追求的两个基本目标。而如何使二者有机统一，相互促进，建设一流的企业文化是最有效的途径。我们厂从厂长到每个职工都铭记在心的一个口号是“没有比职工对企业有信心更重要的事情，也没有比客户对企业有信心更重要的事情”。对于前半句话，在企业最困难的时候，我们拿出巨资改善职工的生产、生活环境，建设花园式工厂和花园式生活区“两园工程”。今天，经过一年多建设的“两园工程”已取得丰硕成果。它充分体现了企业管理层办好企业的信心和决心，同时也激发了职工办好企业的信心和决心。我们还花40万元在企业所处的北京城外西三旗做了一个霓虹灯广告，这个广告主要是给自己职工看的，每当夜幕降临，“龙牌建材”的闪闪灯光就能激发起职工对企业的归属感和荣誉感。对于后半句话，我们则提出“质量和信誉是永远的追求”，作为企业精神，使质量意识、服务意识深入人心，落实到每一个岗位，从而赢得了顾客的信赖。

《经济日报》1994年12月8日第2版

兼并联合“轻骑”成功之路

来到轻骑集团，如果你要问轻骑最早的主体厂是什么？恐怕许多人都不知道。轻骑现在的办公楼是被兼并过来的原济南缝纫机厂老楼。轻骑现有的2个年产共100万辆摩托车的总装厂，也都建在被兼并过来的老厂厂房内。

如果你随便问一个职工，他很可能会告诉你，他是被兼并过来的轻骑“一家人”。如今，轻骑15000余名员工，有80%是随被兼并厂过来的。

你会对轻骑的包容性感到惊奇。农机修造厂、缝纫机厂、气焊机厂、灯头厂、酶制剂厂、电池厂、花岗石厂、手帕厂……都归到了轻骑名下。10多年来，轻骑共兼并了14个困难或倒闭企业，共消化这些企业亏损6531万元，安置职工6959人，承担债务1.2亿元。

更令人欣喜的是，这些企业换上“轻骑”的旗号后，原来的包袱变成了财富。轻骑集团对被兼并企业按照专业化协作要求，实施卫星配套工程，不仅盘活了这些企业共1.9亿元资产，使它们发挥更大效益。而且，通过投入大量资金对被兼并企业进行技术改造，引入轻骑的管理，帮助和引导他们逐步实现与国外企业合资合作，努力培植被兼并企业成为轻骑集团的零部件专业化生产基地。走专业化配套生产之路，既为轻骑增添了实力，又使这些企业经受住了市场经济的风浪。

在兼并困难企业的同时，轻骑又通过扩大联合来壮大自己。早在1985

年，轻骑就本着优势互补、共同发展的原则，成立了由17个省市的108家单位参加的“中国济南轻骑摩托车联营公司”。1988年9月，又在联营公司的基础上，组建了“中国轻骑摩托车集团总公司”，开始实施集团经营战略。如今，轻骑已由原来的单一国有小厂发展成为拥有30个国有直属工厂、15个专业公司、65个销售分公司、10个海外公司的跨地区、跨行业、跨国界大型企业集团。

兼并联合了如此多的企业后，轻骑获得的跨越式发展能量就可想而知了。10年间，产量由3万辆增长到104万辆，销售收入由1000余万元增长到45.8亿元，利税由40万元增长到7.4亿元，总资产由2000余万元发展到40亿元。今年上半年，轻骑摩托车产量达到67.6万辆，居全国第一。

轻骑成功的兼并联合，得益于轻骑的名牌战略。10多年来，轻骑已形成了一整套严格规范的措施，以质量立名牌、以品种树名牌、以规模保名牌、以销售促名牌，使“轻骑”成为一块响当当的硬牌子。有这块牌子的凝聚力和号召力，我们相信，轻骑的兼并联合道路还会越走越开阔。

《经济日报》1996年9月12日第5版

危机出管理 考核促管理

——对几家企业加强管理的透视

据说有人做过这样的实验：在野生动物园中，人工驯养的鹿虽又肥又胖，却往往体弱多病；一旦在园中放进一两条狼，鹿不仅没有被吃完，反而越来越健壮。

生存危机能极大地激发生命潜能。从这个意义上说，“狼来了”的确是一件好事。

企业，作为千变万化的市场中的一个有机体，也有其优胜劣汰的法则。严格来说，没有生存危机的企业是不存在的。只是我们长期在计划经济体制过惯了舒服日子的企业，一是往往不能正视这种生存危机，二是即使“狼”真的来了，也自然会想到自己身后有一个强大的保护神——政府，寄希望于躺在政府怀中“等、靠、要”。这样的企业，平常自然不会把功夫下在舒筋壮骨、强身健体上。

有一些企业却不这样。它们要么从危机中激发自身能量，要么能够清醒地意识到危机的存在，从而主动给自己加压，强化管理，不断提高自己的素质，从而大大增强了自己驾驭市场的本领。

无锡小天鹅股份有限公司主动让“末日”时刻陪伴着自己。他们认为，竞争不可避免，优胜劣汰不能回避，因此，企业有末日，产品也有末日，而市场并无末日。末日意识使小天鹅人居安思危，他们提出，企业最好的时候往往是最不好的开始。他们时时刻刻将自己与国内、国外同行业中的先进企业进行“横比”，比出差距，比出危机。小天鹅正是用这样辩证的“末日”理念形成了一种科学管理——“末日管理”新理念及其运作方式：以建立全球性横向比较的信息体系为手段，以全员化、立体化、规范化的营销管理体系为支柱，以强有力的人才开发机制为保证，使企业的生产经营活动始于市场，终于市场。

无独有偶，中国轻骑集团总公司在由计划经济体制向市场经济体制转变过程中，主动向每个员工加压，把他们由原来在大树底下乘凉，在树杈上休息，全部推到颤悠悠的树梢上，使其站得高、看得远，时时感受到市场的危机。他们把这一提高企业整体管理水平的系统工程形象地称为“树梢工程”。

以现场管理而闻名的海尔集团，树立“只有淡季思想，没有淡季市场”，“市场是检验科学管理的试金石”的经营理念，始终把市场的压力作为抓管理的动力。创造了一套经过市场检验的“海尔管理模式”，即全方位地对每天、每人、每件事进行清理、控制。

同样，作为大庆式的典型而被全国推广、学习的邯钢，当初生产的28种钢材有26种亏损。邯钢领导被市场逼出了这样一个选择：改变计划体制下的成本核算办法，让市场价格成为成本的主宰。由此，邯钢开始自觉地实行一系列从观念到机制的深刻转变。

可以说，凡是管理搞得好的企业，都是在市场竞争中如履薄冰，有着强烈的危机观念和生存意识的企业。危机出管理。

管理需要有规范，有制度。制度需要有人来执行。在制度与执行中间，则必须要有考核来推动。否则，规范管理，制度管理便成了一句空话。因此，考核是企业管理不可逾越的阶段。考核的精髓是注重人的管理。以上4家企业无一例外地把考核落到了实处。

轻骑集团在实施“树梢工程”中走出了几大步，步步以从严考核为基础。首先实施经济责任制考核；其次，推行“奖十罚十”制度，各分厂、部门每月必须报出10人以上进行奖罚；第三，成立罢官（岗）委员会，加强对干部、对岗位的考核；第四，全体干部普降一级，通过考核分期、分批提拔、罢免。这样，企业管理随着从严考核的深入和扩大，走上标准化、精细化、规范化的轨道，并最终达到干部职工自主管理的较高境界。

“海尔管理模式”的显著特点是以人的管理为基础，以目标管理体系、组织管理体系和激励机制为框架，以人、事、物的最优配置为原则，实行全方位的控制和管理，做到事事清，日日清。而邯钢“模拟市场核算，实行成本否决”的经验本身就包含了考核，用邯钢总经理刘汉章的解释，邯钢的做法是，市场价格确定成本，指标分解落实到人，按劳分配只看效益，当家理财都是主人。

《经济日报》1996年10月3日第5版

奇迹是怎样产生的
——东北制药集团扭亏脱困见闻

老总的话：东北制药集团公司是一个非常典型的国有老企业。在向市场经济转轨过程中，错过许多发展机遇，几乎陷入濒临倒闭的绝境。在九死一生的关头，我们抓住了国家“三年脱困”的机遇，领导班子团结带领集团万名职工卧薪尝胆，拼死一搏，在较短时间内扭亏，使企业初步走出了困境。

回顾东药集团扭亏脱困实践历程，我有四点体会：第一，需要政府痛下决心，给予强有力支持。第二，企业领导班子要敢冒风险，善于突破，舍得豁出自己。第三，要针对企业“症结”下大力气综合治理，全方位推进改革。第四，国企脱困不是目的，增强抗御风险能力，在参与全球经济一体化竞争中站稳脚跟并赢得发展才是我们最终目标。

——东北制药集团公司董事长　陈钢

东北制药集团公司是我国制药行业特大型企业，是国家首批55户试点企业集团之一。集团控股的东北制药集团股份有限公司是国内A股上市公司。主要生产维生素类、抗生素类、心脑血管类等十几个系列，是以西药为主，兼有中药、生物制药等几百个品种的综合性制药企业。

东北制药集团公司核心企业东北制药总厂，是有着50多年历史的国有大型制药企业，是我国民族制药工业的“摇篮”。进入市场经济以后，由于人的思想观念和企业经营机制等诸多方面不适应市场要求，1996年、1997年连续两年严重亏损，年亏损额近2亿元。1997年9月，沈阳市委、市政府对东药集团领导班子进行调整，企业以深化改革、转换机制为突破口，打响了企业扭亏脱困攻坚战。1998年当年一举扭亏为盈，实现利润1300万元；1999年实现利润7480万元，利税21000万元，成为国企扭亏脱困的典型。

一个连续两年年亏损近2亿元，几乎无法维持生计的企业，竟在一年多的时间内奇迹般地起死回生。在市场环境恶化、企业没有上新项目、几乎没有新的投入的情况下，还是靠那些设备、那些产品，在两年内企业生产规模翻了一番，实现利税增长了4倍。

奇迹是怎样产生的？记者日前来到位于辽宁沈阳的东北制药集团公司，想一探这家国有特大型企业扭亏脱困的奥秘。

一次下岗4200人

刚到东药集团，就听说东药新班子上任后半个月内就一次性下岗分流4200名职工的事。对此，东药集团公司董事长陈钢对记者说："不裁员我可以赢得更多的掌声，但再多的掌声也救不了东药。"

1997年9月，以陈钢为首的新班子接手的东药集团是他自己都难以想象的一幅景象：1996年、1997年连续两年严重亏损，企业债务沉重，银行资信从3A降至3B；职工队伍不稳，大量人才外流；欠费严重，水、电、汽拉闸停供现象时有发生，正常生产已无法维持。

陈钢算了一笔账：企业当时每个月能源费1000多万元，利息1000多万元，工资劳保1300多万元，税金几百万元，企业已无钱购买原料、材料，更不用说上新项目。更为严重的是，3万多人躺在企业身上吃大锅饭，有的人甚至把企业的技术偷出去卖给竞争对手。

在这种情况下，陈钢认为，要搞活企业，领导班子必须"敢于冒险，善于突破"。他把突破口选在改革用人机制上。1997年9月，东药一下停产6个亏损产品，停产单位加上机关和辅助部门的减员，一次就有4200多名职工下岗。为此，企业印发了1万多份万余字的宣传提纲，向职工讲清"与其困死，不如突围"的道理，在企业非常困难的情况下，制定各种政策确保下岗职工的基本生活不受影响。半个月内，4200多名职工静悄悄下岗。下岗分流当月，集中资金开满优势产品生产，使可比成本下降了546万元，到1997年底，仅3个月就减亏1000多万元。目前，全集团在岗职工比改制前减少了

8100人。

同时，企业通过再就业服务中心组织多种培训，使下岗职工增长新的知识和技能，为重新上岗做准备。随着企业经济形势的逐步好转，下岗职工重新上岗的机会多起来。近两年，在不断有人下岗的同时，先后有近3000人重新上岗。另外，对于重新启动的停产单位，一律按新机制运作，减员50%以上，干部职工全部实行竞聘上岗。

在此基础上，从去年下半年开始，对企业机关管理部门改革，干部全员下岗，通过企业和外部各种媒体向全社会公开招聘，最终，机关干部减员率40%，置换率50%，其中外聘中层干部占20%。机关改革后，实行严格考核，每年按5%以上的比例实行淘汰。从而建立了这种全新的“职工能进能出，干部能上能下”、“动态管理，末位淘汰”的新型用人机制。

损失一千万也要改制

东药新领导班子选择的另一个突破口就是企业改制。他们把目标瞄准了亏损大户VC生产线。

维生素C是东药集团的重点产品。企业投资6亿多元建成的国内最大的万吨维生素C生产线，1995年一建成，就遭遇国际VC价格大战冲击，1996年、1997年年亏损达1.3亿元。

不改制没有出路。可是改制可能会影响到生产线的正常运转，这会造成几百万甚至上千万元的损失。对此，陈钢果断拍板：就是损失一千万也要改出一个新机制。经过充分准备，1998年1月份，他们对VC生产线按模拟“三资”管理进行转制。首先解决人的问题，招聘一个好的VC公司总经理。而后，职工全员下岗，重新定岗、定责、定薪，干部职工一律竞聘上岗，签订合同，实行一岗一薪。改制后，VC公司人数由1326人减至795人，产量由过去每月只能生产400吨—500吨，很快达到月产超1000吨以上规模。

在转换机制上，东药并不拘于这一种模式。他们先后推出了个人有限责任承包；先股后租、盘活存量；建立科研特区；由集体企业租赁国有资产；

国有小企业整体改制为有限责任公司；先售后股等10余种公有制实现形式，都收到了非常好的效果。

铁腕降成本

前些年，企业在原材料采购上没有控制，每年从采购部门流失的效益高达几千万元，甚至上亿元。通过实施“原材料采购调优工程”，砍掉中间环节，堵住曲线采购，主要原材料全部从大公司、大企业直接比价采购，大宗原材料还实现了招标采购和网上采购，使采购成本大幅度降低。两年累计降低采购成本1.35亿元。

同时采取多种措施对企业生产组织全过程实施成本控制。

一是用“挂钩法”定成本。实施“先定指标后定人，不接指标就换人”，把成本指标同对企业经营者和整个领导班子的考核、任用、奖惩挂起钩来，既保证了指标的完成，又保证了按生产力标准选人、用人。二是用“休克法”降成本。产品成本高于市场售价的单位一律停产放假，职工全部下岗，留下领导和技术骨干进行市场调研和项目攻关，直至拿出一个可以把成本降到市场销售价格以下的可行性方案和新的管理机制方案，才可以重新申请恢复生产。三是用“饥饿法”冲成本。即产品成本与职工工资、奖金挂钩，成本超多少，就从工资奖金中扣多少，不讲条件。四是用“堵漏法”挖成本潜力。重点在企业可变成本部分如水、电、汽、能源动力费管理上挖成本。两年来，在产值规模翻一番的情况下，能源费用基本没有增加，节约能源总价值达6800余万元。

东药脱困没有绝招，可效果却是实实在在的。在每年消化产品降价1亿多元的情况下，1998年一举扭亏，实现利润1317万元，1999年实现利润7480万元，上缴税金1.3亿元，两年共还银行利息近4亿元，企业初步走上了良性循环的轨道。今年上半年实现利润5791万元，比去年同期增长70.5%。

《经济日报》2000年7月24日第1版

中铝公司：创建世界一流

短短四年时间，中国铝业公司就用非凡的改革发展业绩使自己的声誉响彻了世界铝工业：氧化铝产量世界第二，铝加工规模亚洲第一，电解铝市场占有率中国最大；“中国铝业”股票目前在纽约证券市场同行业股票中股价最高，被投资者誉为“世界铝业第一股”。

突出主业　打造竞争力

2000年6月，国家决定以中央所属的部分大型铝业企业为主体，组建中国铝业公司。2001年2月23日，中国铝业公司正式成立。中国铝工业的“航空母舰”破浪起航。

过去10年，我国铝消费和生产年均增长速度在10%～16%，是同期世界平均增长速度的3～5倍。目前，我国氧化铝的进口量约占总消费量的50%。2003年我国进口氧化铝约560万吨，花费外汇约20亿美元。

中国铝业公司制订了“优先发展氧化铝，有条件发展电解铝，跨越式发展铝加工，有选择发展非铝产业”的发展战略。

他们集中精力走内涵扩展模式，主要通过对老系统进行技术改造、填平补齐消除“瓶颈”、研发新技术并实施产业化和投资新建扩建等方式，在保证正常生产经营前提下，强力发展氧化铝。2001年以来，公司对氧化铝项目的资本性支出逐年增加，先后建成了广西分公司40万吨氧化铝二期、贵州分公司80万吨氧化铝挖潜改造、中州分公司30万吨选矿拜耳法生产线以及中州分公司烧结法窑磨改造等一批重点项目，四年间氧化铝生产能力增加了229万吨。目前，还有山西分公司80万吨氧化铝、河南分公司70万吨氧化铝、中州分公司选矿拜耳法第二条生产线等项目正在建设，预计到2005年底，中铝公司氧化铝产量将达到850万吨。

氧化铝优先发展，不仅使中铝公司迅速增大了国产氧化铝产量，而且使中铝公司成为国际市场上一支不可忽视的力量。公司成立4年来，氧化铝产量由2000年的429万吨增加到2003年的604万吨，从成立时的世界第三位提升到现在的第二位。

对标国际　规范管理

2001年12月11日、12日，“中国铝业”股票横空出世，分别在纽约、香港成功挂牌上市。同时，全球最大的铝业生产商——美国铝业公司也成为中国铝业公司的战略投资者。中国铝业成为“9·11”事件后在海外上市的第一家中国公司和在美国上市的第一家亚洲公司。

“中国铝业”股票的发行成功，使中铝打通了国际融资渠道，从国际资本市场拿到了持续发展的资金，中铝公司通过此番努力吹响了“深化改革、重建体制；对标国际，规范管理”的号角。按照建立现代企业制度的要求和国际规范，公司党组确立了有中国铝业公司特色的“一级法人、事业部制”、“集中管理，统一经营”的体制。我们可以把它解读为“一、二、三、四、五”管理模式。即设立中国铝业股份公司“一个法人主体”，取消分公司法人地位；构建氧化铝和电解铝两个板块，实行专业化管理；形成投资决策中心、利润中心、成本控制和生产管理中心“三个管理层次”；做到上市部分与存续企业的资产、财务、人员、机构“四分开”；实现财务、营销、人事、投资、研发“五个集中管理”。

通过艰苦的打磨、整合，公司正由传统意义上的国有企业变成在组织架构和管理模式上与国际先进接轨的国际化公司。

2001年是中国铝业公司开局之年。面对严峻的市场形势，公司深入开展“管理年”活动，提出了三年降本计划，即每吨氧化铝现金成本要从2000年的156美元逐年下降到141美元、130美元和125美元；每吨电解铝现金制造成本要从2000年的1086美元下降到2003年的1000美元，达到世界先进水平。通过实施责任制、加大考核力度、推行精益化生产模式、增产节约挖潜等一系列管理手段以及应用先进技术等措施，三年降本计划的目标已如期完成，氧化铝综合能耗下降了14.8%。从2004年开始，公司新的领军人肖亚庆总经理又带领全体员工开始实施第二个三年降本计划，争取再用三年时间，使氧化铝现金成本进入世界氧化铝现金成本的先进行列，达到每吨100美元左右，公司的市场竞争力将进一步增强。

创新技术 塑造“中铝”品牌

2003年10月，在中铝公司首次科技大会上，公司拿出580万元对一批科研成果和科技人员进行重奖，获奖者不仅有本公司的科研人员，还有外国专家。“发展自主品牌，决不能关起门靠自己单干，而需要我们以开放的胸怀，面向国内外，配置两种资源，让国内外优秀人才和优秀科技成果为中铝所用。”中铝公司的技术创新模式就是：敞开大门走产学研联合之路。

公司近几年以课题和项目为纽带，通过科研招标、发布研发指南等方式，先后与一批全国知名高等院校和科研院所，就铝工业重大关键技术和研发进行合作。被列为国家“十五”攻关科技项目的砂状氧化铝新工艺技术，就是开放式搞研发的结晶。

敞开大门走产学研联合之路，使中铝公司这块牌子的科技含金量越来越高，“中铝”品牌的技术内涵更令国际铝业界刮目相看。

——选矿拜耳法生产氧化铝新工艺使大量原来被认为是“现有工艺技术条件下没有工业开采价值”的低品位矿石起死回生，对世界低品位铝土矿资源的开发利用具有里程碑意义。中铝公司于2004年1月建成的30万吨选矿拜耳法生产氧化铝工程是世界上第一条氧化铝选冶联合生产线，标志着我国一水硬铝石氧化生产技术已处于国际先进水平。

——公司自主研制成功320千安大型铝电解槽，使我国继美铝、法铝之后，成为世界上第三个拥有300千安以上大型电解槽技术的国家，而且输出到印度和哈萨克斯坦等国家。

——在铝加工方面，自主开发了单机架双卷曲四辊铝热轧现代化新装备，提升了铝加工整体技术装备水平；开发出了高性能电容阴阳极铝箔和铝板，为国民经济、航天航空和国家安全做出了贡献。

四年来，中铝公司共承担国家863项目、国家科技攻关、国家重点技术创新和国家高技术产业化等国家各类科技计划项目38项，获国家科技进步奖4项，省部级科技进步奖182项，获国家专利202项。四年来，公司投入科技研发资金20多亿元。公司开发的具有自主知识产权的“强化烧结法生产氧化铝”技术，彻底改变了烧结法只能处理低品位铝土矿生产氧化铝的传统工艺，实现了大幅度提产和降耗的目标，实施后年获经济效益2.6亿元；实现进口替代、打破少数发达国家垄断的“电解电容器用高、中、低压阳极及阴极铝箔开发”技术，年创利润1700万元。

《经济日报》2004年12月20日第1版

国有大企业要勇挑科学发展重担
——访中国铝业公司党组书记、总经理肖亚庆

在多数人心目中，铝工业企业总摆脱不了“傻、大、黑、粗”的形象。但是，当你走进中国铝业公司所属企业，你就会感叹：铝工业的形象一定要重新定义！

在中国铝业广西分公司，洗矿水澄清后重新回到工艺流程，沉淀下来的泥浆被滤干后压成泥饼回填矿区。1500多亩矿山采空区经过工程复垦、生物复垦，变成了良田沃土，采空区复垦率达到95%以上。往日的不毛之地，如今长满了大豆、玉米、甘蔗、瓜果蔬菜和桉树。不仅栽种的农作物高产稳产，地力得到优化，而且采空区的植被覆盖率达到甚至超过了采空前的平均水平。

自2001年2月23日中国铝业公司正式成立以来的短短四年时间，中铝公司取得了令世界铝工业界瞩目的业绩：氧化铝产量世界第二，铝加工规模亚洲第一，电解铝市场占有率中国最大；资产总额从326亿元增至820亿元；保值增值率、净资产收益率和创利能力在全国冶金行业名列前茅，“中国铝业”股票目前在纽约证券市场同行业股票中股价最高，被投资者誉为“世界铝业第一股”。

日前，记者采访了中国铝业公司党组书记、总经理肖亚庆。谈起中国铝业公司四年的发展，肖亚庆称之为一个科学发展的历程。

一

作为国有重要骨干企业和行业排头兵，中铝公司一要遵循市场规律追求经济效益的最大化，实现国有资产保值增值；二要承担起国有企业“共和国之子”的责任，维护国家利益和民族工业可持续发展大局，带头实现先进生产力的跨越，主导行业健康发展，为增强综合国力做出应有的贡献。

记者：铝工业是一个耗能高行业，近年来，为控制电解铝行业的过快发展，国家采取了相应的调控措施。另一方面，我国对铝产品需求又在快速增长，目前我国已成为世界最大的氧化铝净进口国。作为国内铝工业的龙头企业，中国铝业公司如何做到既能满足市场需求，又带头落实国家调控措施，实现我国铝工业的持续、健康发展？

肖亚庆：中铝公司成立之初，就强调要用科学的发展观、正确的政绩观来指导公司的发展实践，特别是要快速做强做大铝这个主业，增强核心竞争力，促进中国铝工业全面、协调、可持续发展。公司结合世界铝工业发展走势、中国铝工业的现状以及中铝公司自身的实际，制订了符合国家产业政策、切合中国铝工业实情、富有中铝公司特色的科学发展规划。

氧化铝是中铝公司的核心主业产品，也是我国的短缺产品，国家每年都要花大量外汇进口，仅2004年就进口氧化铝587万多吨，用汇20多亿美元。因而，优先发展氧化铝，以产顶进，为国分忧，是中国铝业公司必须承担的责任，也是做强做大主业、加快自身发展的客观要求。

公司集中精力走内涵扩展模式，主要通过对老系统进行技术改造、填平补齐消除“瓶颈”、研发新技术并实施产业化和投资新建扩建等方式，在保证正常生产经营前提下，强力发展氧化铝。通过几年努力，公司氧化铝产量从2000年的429万吨增加到2004年的681万吨，从一定程度上减少了对国外进口氧化铝的依赖程度，减少了进口量，相当于每年为国家节省外汇约5亿美元。预计到2005年底，中铝公司氧化铝产量将达到850万吨。

在电解铝发展方面，公司党组以国家利益和行业长远发展为重，坚决执行国家宏观调控政策，转变增长方式，采取了与国内已有的电解铝企业进行资产整合重组的方式来完善产业结构。中铝公司还关闭了自焙槽生产能力，在执行国家宏观调控政策方面起到了表率作用。四年中，全国电解铝产量净增300多万吨，但中铝公司电解铝年生产能力只增长了20多万吨。今后，中铝将继续以整合重组为主、有条件发展电解铝，一是符合国家产业政策，二是有充足的电力供应和合理的电价。

二

按照走科技含量高、经济效益好、能源消耗低、人力资源优势得到充分发挥的新型工业化道路要求，中铝公司坚持以人为本，树立全面、协调、可持续的发展观，大力发展循环经济和资源节约型经济，以“减量化、再利用、资源化”为原则，坚持“清洁、节能、减污、降耗、高效、安全”生产。

记者：铝工业不仅耗能高，而且对资源依赖性强。节能降耗不仅是铝工业实现可持续发展的现实要求，也是增强中国铝工业国际竞争力的关键环节之一。近年来，中铝公司在快速发展的过程中，在节能降耗方面也取得了明显的成绩。请介绍一下公司在这方面的做法。

肖亚庆：铝工业是高耗能的资源型企业，由于我国铝土矿为一水硬铝石，品位低，难处理，能耗高，一般情况下，我国氧化铝的平均能耗约是国外的2倍。2003年，中铝公司消耗能源总量为1264万吨标煤。近年来，公司重视资源的综合利用，技术引进与技术创新并举，管理创新与系统优化交融，以降耗降本，提产提质为中心，大力推进节能降耗工作，取得了显著成绩。

为了降低能耗，公司进行了一系列科技攻关，并专门成立了“节能降耗成果推广小组”。一方面，通过技术改造降低能耗。另一方面，通过现场服务、代培技术骨干等多种形式，对各分公司节能降耗方面的经验和技术成果进行推广应用，实现资源共享。

通过不断优化生产技术指标，实施责任制、加大考核力度、推行精益化生产模式、增产节约挖潜等一系列管理手段以及应用先进技术等措施，公司成功实施了三年降低成本计划，氧化铝综合能耗下降了14.8%，仅2004年就节约能源一万多吨标准煤；在列入统计的23项生产技术指标中，每年都有10多项创历史最好水平。

积极开展资源综合利用，使废物“资源化”。

为了搞好清洁生产和提高水资源利用率，公司提出了废水“零排放”综合治理目标，并通过技术改造和加强管理，将工业废水进行净化处理，返回工业生产，使废水变成了有用的水资源，切实做到了废水“零排放”，大大节省了工业新水消耗。为了回收拜尔法工艺所产生赤泥中的碱和氧化铝，公司将低品位铝土矿经拜尔法处理后的赤泥作为烧结法配料的原料之一，进行再次处理，大大提高了氧化铝和碱的综合回收率。目前，公司氧化铝的综合回收率在90%以上，而国外氧化铝综合回收率在80%左右。

资源节约型企业是建设资源节约型社会的重要基础，企业的资源节约是社会资源节约的重要组成部分。为率先落实国务院提出的“万元国民生产总值能耗下降5%、取水量下降10%、水的重复利用率提高5%、再生金属回收率显著提高”的三年资源节约奋斗目标，2004年11月26日，中铝公司联合中石油等六家中央企业发出了创建资源节约型企业的倡议。下一步，我们将继续加大科技投入力度，力争尽快形成一套有自主知识产权、有中铝特色的低成本、少污染和资源回收利用技术；同时，通过调整完善整体发展思路、通过队伍建设，积极探索科学发展观在中铝的实现途径和方式，建立企业可持续发展的长效机制。

三

为了保持我国铝工业可持续发展，必须提高铝土矿综合开发和回收利用率，加快资源整合与合理利用，充实发展“粮仓”，并通过改进资源开发利用方式，努力实现资源的保护性开发。

记者：除了节能降耗外，铝土矿资源开发和利用对我国铝工业的持续发展制约将越来越明显，中铝公司将采取何种战略，应对资源问题？

肖亚庆：铝土矿是生产氧化铝的主要原料。我国铝土矿资源的人均占有量仅相当于世界水平的7.3%，资源保障年限仅有世界平均水平的1/5，而且品质差、难处理。为了保持我国铝工业可持续发展，必须提高铝土矿综合开发和回收利用率。为此，中铝公司重点强调铝土矿资源开发的统筹规划，实现了综合勘查、综合开发、综合利用。同时，加强资源开采管理，公司于2003年专门成立了矿产资源部，全面管理公司铝土矿资源，对铝土矿资源丰富、公司主要的供矿基地河南地区的铝土矿资源进行了统一规划、统一管理，规范并积极开展了资源富集地的资源勘查工作，提出了扩大自采矿比例、办好联办矿的矿产资源获取方式，并通过改进资源开发利用方式，努力实现资源的保护性开发。为了扩大铝土矿资源储量的经济利用，公司积极开发并完善适合我国矿产资源特点的采、选、冶工艺，提高回采率和综合回收率。如选矿拜尔法工艺，使原来占我国铝土矿储量50%左右不具经济开采价值的铝土矿变成了可经济生产氧化铝的原料，大大扩大了我国铝土矿的储量范围，提高了我国铝土矿资源的保障程度。

与此同时，按照党中央、国务院“走出去”的战略部署，积极开发海外资源，充实铝工业的“粮仓”。2004年，中铝公司海外开发迈出了实质性的一步，巴西淡水河谷、越南多农铝土矿资源开发的前期工作顺利推进，特别是去年11月胡锦涛主席访问南美国家期间，中铝与巴西淡水河谷公司签署了谅解备忘录，将在巴西合资兴建产量为180万吨/年氧化铝厂。目前中铝公司正在积极开展相关工作。

《经济日报》2005年3月4日第13版

现代管理理念重塑百年老港——
青岛港发展探秘

‖编者按‖

日前，中国企业管理科学领域的最高奖项——首届“袁宝华企业管理金奖”揭晓，青岛港集团主席、总裁常德传等三名企业界知名老总光荣地接受了荣誉证书、奖牌和奖金。常德传主创的管理成果《世界级大港核心能力的打造与发展》同时获得国家级企业管理现代化创新成果一等奖。

人们对青岛港也许并不陌生，著名劳模许振超的事迹早已广为传颂。可人们也许不知道，1988年，常德传执掌青岛港时，青岛港已历经近百年沧桑，尽显苍老和落后。今天，青岛港已被打造成为现代化的世界级大港，港口吞吐量由2000多万吨增至2004年的1.6亿吨，成为上海以北东北亚第二大枢纽港，是我国第二大外贸口岸。近15年来，资产总额由不足5亿元增值裂变到113.2亿元，同期上缴国家各种税费72.3亿元。10多年来，青岛港在生产经营、科学管理、科技创新、企业文化建设等多方面为国有企业的改革和发展积累了许多宝贵的经验。

在这次“袁宝华企业管理金奖”颁奖仪式上，常德传和他所创立的青岛港现代管理与传统优势有机融合的企业管理精髓备受瞩目。

青岛港，一个拥有112年历史，拥有16000名员工的国家特大型企业。1989年实行局长负责制时，刚刚上任的青岛港务局局长常德传面临的是与许多国有大企业一样的难题：机制落后，观念陈旧，机构臃肿，效率低下；企业负担重，欠账多；技术落后，管理松散，效益低下，港口吞吐量一直在2000万吨徘徊不前。

十几年来，常德传团结一班人，卧薪尝胆，不懈探索，既积极吸纳先进的现代管理理念，又充分发挥国有企业的传统优势；既面向世界，学习借鉴先进的管理经验，又立足现实，一切从青岛港、从国有企业的实际出发，博采古今中外管理之长，凝结成具有青岛港特色的管理思想和管理实践，创出了一条振兴国有企业的成功之路。

管理思想体系：以“四条原则”为核心

常德传将国内外先进的企业管理理论与青岛港实际相结合，形成了青岛港以“四条原则”（对国家的贡献要越来越大，港口的发展后劲和竞争实力要越来越强，职工生活质量要越来越高，精神文明建设要越搞越好）为核心的管理思想体系。

基于“对国家的贡献要越来越大”，常德传提出了“集中精力发展主业带动发展关联产业，实现主业兴百业旺”的思想。抓住事关港口经营绩效的安全质量、装卸生产、财务管理“三大重点”。把安全质量作为港口第一位的工作，领导第一位的责任，检验各项工作成效的第一位的标准。在装卸效率上，近年来，青岛港多次刷新集装箱、铁矿石、纸浆等货种装卸效率的世界最高纪录，打造了“效率快港”。财务管理是企业管理的中心，常德传提出要跳出数字看效果，跳出财务看管理，从会计核算型转变为经营管理型。青岛港内部建立了资金结算中心，推行收支两条线管理，集中力量办大事；创建了港口物资采购超市和网上虚拟超市，实现了最大范围的比质比价和零成本库存。通过抓“三大重点”，青岛港生产经营绩效连年快速增长，港口收入由1988年时的2.2亿元增长为2005年的42亿元。

为增强发展的后劲，常德传坚持外延扩大再生产与内涵扩大再生产相结合，在加快新港区建设的同时，改造老港区，并提出“港口建设要紧跟国际航运业船舶大型化、深水化、专业化、信息化发展趋势，具有超前性和前瞻性；技术改造要坚持保证安全、扩大能力、提高效益、改善生活的原则”。在一片荒沙滩上建成了一座现代化的国际亿吨大港，使百年老港焕发出勃勃生机和活力，实现了“实力强港”。

以“四条原则”为核心的管理思想体系，使青岛港近十几年来一直保持了持续快速协调健康发展。

企业价值观：树立“忠诚三方”

常德传清醒地认识到，国有企业要搞好，首先必须把人心凝聚起来，在职工队伍中形成统一的价值观。他认为，青岛港是国有企业，所以青岛港应当“精忠报国”；青岛港是服务企业，所以应当“服务社会”；职工是企业的主人，所以应当“造福职工”。据此，他提出了“忠诚三方”（国家、客户、职工）的企业价值观。

计划经济时期的港口被社会称作“港老大”。上世纪90年代初期，在世界许多港口星期天不作业的情况下，常德传结合世界先进企业“以客户为中心”的管理理念，提出了通俗易懂、国内外航运界熟知的青岛港为客户服务“三项原则”，即“没有货主、没有用户，青岛港就没有饭吃；货主用户的满意就是质量工作的标准；手续便捷，价格优惠，24小时服务”。一小型钢厂一次进口矿石数量较少，租用小船运费较高，他就让青岛港组织多家小型钢厂联合拼装20万吨级大船，与租用5万吨级船舶相比，每进口一吨矿石就为钢厂节省5—12美元。内陆货物进出口有困难，他就让青岛港联合铁路、海关、船公司，在全国率先开通了青岛至内陆主要城市的集装箱“五定”班列和海关直通式运输，货主在当地就可办完所有的进出口手续，把青岛港“搬”到了内地，架起了内陆地区通往国际市场的桥梁。青岛港还积极开展服务质量创名牌活动，集装箱核心班轮保班、原油、煤炭装卸等8项服务被评为全国用户满意服务。如今，北起内蒙古，南至重庆、成都，西至乌鲁木齐，都有青岛港的货主和用户。

在国有企业中，职工是企业的主人。

多年来，在青岛港形成了“一年召开两次职工代表大会、两级一把手星期天职工接待日、职工代表每年评议领导、领导与基层建立联系点、职工代表与领导民主对话”等十八条民主管理渠道，使广大职工在青岛港有家可当，有主可作。

“忠诚三方”的企业价值观，赢得国家满意，成为国企的重要典型；社会满意，广大客户舍近求远慕名来到青岛港；职工满意，自觉做到“港口的事再小也是大事，领导交给的任务再难也要完成”。

决策体制：体现民主科学

常德传认为，决策正确，赢得全局，决策失误，全盘皆输。特别是码头建设，投资巨大，动辄上亿，一旦失误，后果不堪设想。青岛港在决策体制建设方面进行了创新。

加强决策层建设，提高科学决策能力。年年开展“五学”活动，对决策层开办MBA等脱产培训班，有针对性地组团到国内外港口进行学习考察，有计划地邀请国内外企业管理、财务、信息化等各方面的知名院士、专家举办报告会，并通过参加国际论坛等，提高决策层的综合素质。经常组织决策层人员走访船公司、货主，并充分发挥互联网、报刊杂志的作用，全面系统地了解国际国内经济和国际港航业发展动态，全方位把握决策信息。

确定决策的前提和原则。第一，要符合“四条原则”，即一要有利于提高港口的安全质量和经营绩效，二要有利于增强港口发展的后劲和竞争实力，三要有利于提高职工的生活质量，四要有利于搞好港口的精神文明建设。第二，港口建设项目主要围绕港口核心业务开展，即加快发展集装箱、煤炭、原油、铁矿石、粮食五大核心业务。第三，要做到“八个坚持”，即

“坚持瞄准世界先进的航运市场，坚持瞄准世界先进的科技水平，坚持一切以客户为中心的服务理念，坚持推进改革、开放、管理，坚持一心为民、造福职工，坚持以人为本、苦练内功，坚持主业兴百业旺，坚持两个文明一起抓”。

确立严格的决策程序，并严格按程序办事。一是加强市场调研分析，二是科学编制港口总体布局规划和中长期发展规划，三是强化投资项目论证，提高论证科学性，四是认真执行基本建设和重大技术改造程序，五是充分发扬民主，对港口的重大事项，都广泛听取职工意见。2005年，在“管理挖潜年”活动中，根据基层和职工意见而决策的港口发展项目达到3.46亿元，可为港口增加通过能力2600多万吨。

10多年来，青岛港建成投产了“五大工程七大码头”，进行了70多项重大技术改造，没有一项大的失误。在全国沿海港口中率先建成投产了世界最大的集装箱码头、亚洲最大的矿石码头、全国最大的原油码头、国际一流的煤炭码头和黄河流域最大的散装粮码头。世界上有多大的船舶，青岛港就有多大的码头，打造了沿海港口独有的“集装箱、煤、油、矿、粮”五大综合竞争力。

《经济日报》2005年4月12日第11版

2004年上市当年，国航赢利36.6亿元；2005年上半年又取得5.9亿元的可喜效益，国航的综合实力已经跻身世界航空企业前20位。在油价居高不下、许多航空公司亏损的情况下，国航为什么能取得如此骄人的业绩——

国航效益从哪里来

2004年10月，国航改制为国航股份有限公司。当年12月15日，在香港和伦敦成功上市。国航是三大航空公司中上市最晚的一家。可是，人们发现，在油价居高不下、全球航空业不景气、许多航空公司亏损的情况下，国航自去年以来却取得了令人瞩目的效益，步入了发展快车道，国航的综合实力已经跻身世界航空企业前20位。

依托资本市场 走内涵式发展道路

国航股份去年10月成立之时，国际国内航空市场激烈竞争形势依旧，油价呈现逐月持续攀升的不利情况，全世界的航空公司亏损状况愈加蔓延。国航新领导班子带领全体员工，依托资本市场、搞活资本运营，强化运输网络、有选择地主导市场，高压力控制成本，坚定地走内涵式发展道路，各项经营业绩在国内民航业名列前茅。

随后，国航进一步明确了新的发展战略。在今年初的国航工作会议上，国航领导提出了近期发展的四大战略目标：做主流旅客认可的航空公司、中国最具价值的航空公司、中国盈利能力最强的航空公司、具有世界竞争力的航空公司。四大发展战略目标的特点，一是反映了国航在市场竞争上与其他航空公司的差异性，就是主流旅客，即商务旅客为主；二是反映了国航新班子在企业发展上坚持走内涵式发展的道路，把赢利能力、市场价值、旅客价值放在重要地位；三是尽快打造与世界主要航空公司竞争的能力，反映了国航走向世界、参与竞争的决心。

体制创新促进健康发展。国航在国际资本市场上成功上市，募集资金共计102.4亿元，正式融入国际资本市场发展平台，同时成为不同经济成分参股的股份有限公司，国航的上市资本构成和治理结构发生了根本的变化。国航在资本市场上表现了连串动作：控股、参股了中国货运航空公司、港龙航空公司、澳门航空公司、深圳航空公司和山东航空公司，提高了对市场的控制能力。刚上市的国航还娴熟地利用短期融资券等更经济的金融衍生产品，拓宽了融资渠道，继5月26日成功发行短期融债券20亿元人民币，9月份再次发行30亿元低利息长期债券，为生产运营和企业发展提供了充沛的资金流，使国航的“血管”里开始流动着源源不竭的血液，为公司经营提供了重要动力。

树立品牌形象 提升竞争能力

品牌价值，是企业竞争力的集中体现。近年来，国航深入贯彻由董事长李家祥倡导的“放心、顺心、舒心、动心”服务理念，树立“以市场和旅客需求为中心”的服务观念，使国航生产运营网络以及服务品质得到持续扩大和提升，国航的品牌价值进一步凸现。在2005年初开展的“2004年旅客话民航”活动中，国航获得承运1500万人次以上旅客“用户满意优质奖”和“服务品牌优质奖”；今年8月，国航被世界品牌实验室评为中国500最具价值品牌第35名，品牌价值为173.11亿元，位列国内航空服务业第一名，是国内29个具有“世界影响力”的品牌中唯一的运输服务企业；9月，国航荣获“中国最受公众喜爱的十大民族品牌”奖，国航董事长李家祥同时获颁“中国自主品牌建设十大领军人物”奖。品牌影响力的迅速提升，反映了国航企业管理水平的提高，综合实力的进一步增强。

对于航空公司来说，安全是品牌的基石。今年以来，国航通过推进安全长效机制建设，深入开展安全生产专项整治等各种措施，安全情况进一步向好的方面发展，保持了平稳的安全态势。国航天津、内蒙古分公司分别实现安全飞行40周年和29周年，国航浙江、内蒙古分公司荣获全国“安康杯”竞赛优胜企业奖。

良好的品牌形象带来了运输业务的快速增长。

2004年，国航共实现运输总周转量、旅客运输量、货邮运输量同比分别增长29.8%、35.7%、17.9%；实现主营业务收入335.2亿元，同比增长42.8%，实现利润36.6亿元。经营业绩在中国民航业中名列第一。今年1—9月，公司运输收入增长速度高于中国民航的平均速度，利润总额居中国民航第一。为此，英国金融时报把国航评为全球赢利最好的航空公司之一。

在运输业务快速增长的同时，国航的市场覆盖和控制能力明显增强。目前，国航初步形成了以北京为枢纽，长江三角洲、珠江三角洲、成渝经济带为战略重点，连接国内干线、支线并对国际航线形成全面支持的全球航空运输网络。基于网络和枢纽的运营优势，中转联程产品迅速增加，北京枢纽机场去年实现中转旅客53.6万人次，去年实现联程产品收入占全部产品收入的四分之一。近一两年，在国内市场方面，国航是重点城市、高质量航线上实力最强的；在国际市场方面，国航的市场份额和客座率都是国内同行业中最高的。从这里，我们对国航持续高盈利的原因可见一斑。

积极推进组织转型 建立现代企业制度

对于国航近几年取得的显著成绩，国航总裁马须伦反复指出：国航决不能小富即安，面对激烈竞争的国内国际形势，国航在内部组织结构、管理制度、运行机制、用人机制等方面还需要进一步改革。国航党委书记蔡剑江提出：国航现在的规模是重组以前的两倍，等于再造了一个国航，再过5年规模还要加大一倍，因此运营模式必须创新。

为此，国航新班子从今年3月启动了国航组织转型的浩大改革工程。这次改革，以组织机构重组为核心，管理流程和业务流程再造为重点，建立适应公司法人治理要求的内部管控机制为目的，涉及到公司战略、组织架构、管理和业务流程、人岗匹配、薪酬激励、绩效考核及企业文化等各个方面，是对现有运营管理模式、员工观念行为、用人机制的重大变革，是运营管理方式的根本性变革。

组织转型的根本任务就是真正建立以市场为导向的航空企业，全面提高核心竞争能力。国航提出，组织转型的主要任务：一是以市场为导向，以客户为中心，构建公司新的经营管理和运行体系。二是完成分公司转型。分公司逐步由利润中心转为成本中心，实现公司可用生产资源的优化配置，实现公司整体利益的最大化。三是完成公司组织架构向更灵活、高效的运行机制的转变。四是建立跨部门协调机制，以提高关键的、复杂的决策流程的质量和效率。五是重新设计关键业绩指标和薪酬体系。

实现组织转型，将为国航在今后5年再次实现跨越式发展，乃至更长一段时间持续健康发展奠定坚实的基础。国航发展目标是，到2010年，运输总周转量达到200亿吨公里，从而进入世界航空前10位，跻身欧亚大航空公司之列。

《经济日报》2005年11月7日第13版，与王永生合作。

探索互联网时代管理新模式

在日前颁发的第十八届国家级企业管理创新成果奖中，海尔集团申报的“以自主经营体为基础的人单合一管理”以总分第一的成绩被审定为一等成果，这是中国企业管理领域的最高奖项。评审专家们认为，海尔这一具有时代性、原创性、前瞻性的成果，在企业管理的潮流中有重要引领导向作用。

海尔的管理创新也引起了世界著名大学和商学院的高度关注。一些世界知名管理专家如竞争战略之父迈克尔·波特、战略管理大师加里·哈默等，都肯定了海尔探索的方向。

海尔“以自主经营体为基础的人单合一管理”是一种什么样的管理模式？它的效果如何、意义在哪里？记者日前采访了前来北京参加“2012年全国企业管理创新大会”的海尔集团首席执行官张瑞敏。

做好三张表

记者：海尔管理模式的内涵是什么？这种模式的创新体现在哪些方面？

张瑞敏：我们的管理模式创新就是为了让海尔成为一个互联网时代的企业，这是一个颠覆和变革传统管理体系和方式的探索，以满足互联网时代对速度的要求，其变革和颠覆体现在三个角度上，即管理模式、组织结构和传统报表。

先说管理模式，海尔探索将传统管理模式变为一种适应互联网时代的人单合一双赢模式。人单合一，人就是员工，“单”表面是订单，本质是用户资源。人单合一，也就是把员工和他应该为用户创造的价值，面对的用户资源“合”在一起。双赢，即员工不是根据上级下达任务完成的多少和好坏拿钱，而是以员工创造的用户价值来体现自己的价值。传统管理模式与互联网时代管理模式的区别在于前者是以企业为中心制定的，而后者则是以用户为中心来制定，这是两者本质的区别。人单合一适应了互联网时代对企业的要求，这也是我们模式变革的原因所在。

在组织结构上，一般企业，包括我们的企业过去都是按照金字塔的正三角组织来搭建的。金字塔最上面的尖就是最高领导，最底下是普通员工，中间是不同层次的管理者。这种结构带来的问题是，最底层的员工接触用户，得到的信息要一级级汇报上去，领导做的决策也要一级级传下去，这显然不能适应互联网时代快速反应的要求。所以我们把金字塔结构倒过来，变成倒金字塔，接触用户的员工在第一线，领导在下面，领导从原来的指挥者变成了资源提供者。

倒三角的组织结构体现的是实现两个“零”的目标，员工内部协同的零距离；组织与外部用户的零距离。第一个零距离体现在一线员工要完成为用户创造价值的目标，原来的领导要支持他，和他协同零距离；第二个零距离则是内部员工协同起来共同创造用户资源，必须全流程和用户零距离。比如研发人员和营销人员都面向用户，共同满足用户需求。

由此，我们把八万多员工变成了两千多个自主经营体。自主经营体打破了传统的层级结构，大家都面向市场。比如营销，原来有负责全国的、各个省的和各个县的，和国家的行政层级差不多，现在就只有一层，就是自主经营体。在城市，一个区就是一个经营体，在农村，一个县就是一个经营体。

在报表上，一般企业都有三张表，损益表、资产负债表和现金流量表。我们也有三张表，分别是每个自主经营体的损益表、保证事前算赢的日清表和每个员工的人单酬表。

传统的企业损益表与自主经营体的战略损益表不同在于，其一，传统损益表是以数字损益为导向的，战略损益表是以用户价值为导向的。其二，从原来企业一张总的大表变成两千多个经营体各有一张战略损益表。每个自主经营体各自为自己的用户创造价值。其三，两者的不同还在于，传统损益表是事后分析，战略损益表是事前算赢，分析的是为达到目标应做什么工作。

第二张表是日清表。企业最头疼的一件事是月初目标定得很高，也很有竞争力，但是到月底核算发现差得非常大。我们的日清表就是保障怎么样把工作落实到每一天，把差距背后的问题预先采取措施加以解决，保证目标落地，避免到了最后难以挽回。

第三张表是人单酬表，经营的结果直接落实到每个人身上，其宗旨是“我的用户我创造”，很多企业包括海尔过去也是一样的，根据职务拿钱，但是人单酬完全没有这样的概念，收入可以很高，也可能较低，但不在于职位高低，只和价值挂钩。

织起两张网

记者：海尔对传统管理模式的这种巨大颠覆是出于什么考虑？

张瑞敏：是为了将企业建成网络组织，以满足互联网时代用户的个性化的需求。因为时代变了，是用户决定企业，而非企业决定用户的时代，企业惟一能做的是跟上用户点鼠标的速度。而人单合一模式就是要给一线员工最大的自主权和决策权，让他在第一时间对用户的需求做出反应。

以组织结构来说，互联网时代需要企业变成网络组织。而倒三角的组织结构可将企业变成网络，体现为两张网。第一张网是人单合一网。外部用户个性化需求的网倒逼企业内部员工形成对应的网络组织。

第二张网叫虚实网融合。虚网就是互联网，实网就是我们的营销、服务和物流网。虚网要做实，实网要做深。虚网做实，就是像宝马7系那样，在设计阶段就让用户在网上参与设计，共同实现需求。实网做深，就是深到村头和社区。虚网做实，实网做深，说到底就是把所有的需求融合到一起。

同样，将报表变革成战略损益表也是因为时代变了，互联网时代要求以用户价值为导向才能真正实现利益攸关方共赢共享。以用户价值为导向克服了传统损益表只知是什么而不知为什么的问题。因为传统损益表当中数字相互之间的逻辑关系很清楚，但数与人之间却没有关系，即不能从差的数中找到其人为的因素。

挖掘两个力

记者：海尔管理创新的目标和追求是什么？

张瑞敏：我们的终极目标，就是要让企业成为互联网时代的企业以保证可持续发展。我始终认为只有时代的企业，没有成功的企业，所有的成功只不过是因为你踏准了时代的节拍，但是外部环境变化非常快，你不一定总能踏准节拍。因此，企业就是要不断创新，不断战胜自我，才能在变化的市场上以变制变，变中求胜。

人单合一的目的就是为了使每个人能够不断自创新、自驱动、自运转。自驱动机制首先要有驱动的基础。这个基础就是机会均等的平台机制。我们在创新实践中以竞单上岗和官兵互选给每个人以平等的机会体现其自身价值。

在组织模式上，倒三角组织是要做动态平衡组织以自动应对外部变化的挑战。传统正三角组织可以使组织很稳定，但是缺少活力。倒三角不稳定，静态的倒三角立不住，就像陀螺，必须转动起来才能不倒，而且要不停地转。让倒三角持续不停转动需要两个力，分别是外驱力和内驱力。

外在驱动力来自用户个性化需求。用户的需求是不断变化的，因此要根据用户的需求不断创新。一般企业包括我们过去不是为用户生产，而是为仓库生产，先生产后销售。现在不是这样，海尔转变成零库存下的即需即供模式，即研发人员不是研发产品而是研发市场需求，而不是像过去研发出产品卖不出去与我无关。而营销人员需在产品不进仓库的前提下找到用户，因此要先销售后生产，取消仓库，那么全流程都必须围着用户个性化需求转动才行。

内在驱动力来自全员与用户的契约。海尔的契约是全员的，每个员工都和用户签订契约，这样就会变成整体内在的驱动力，所有人都会自驱动，整个系统也会围绕用户运转。

记者：海尔管理模式创新的效果怎样？下一步如何继续探索？

张瑞敏：我们探索人单合一双赢管理模式以来，在市场上已初步显现成果。从品牌角度来看，国际权威调查机构欧睿国际连续三年评海尔为“全球白电第一品牌”。从利润角度看，过去五年，海尔利润复合增长率达到38%，增幅最低的年份不低于20%，增幅最高的年份达到70%，这就是自主经营体对市场业绩的贡献。从现金流角度看，海尔的营运资金周转天数达到负的10天，一般企业是正的30天左右。一正一负对企业意味着巨大的现金流量。如果说利润是企业的血液，那么现金流就是空气。

海尔现在进行的适应互联网时代的模式创新已经持续探索十年多时间，现在已经初步显现一些成果，但还没有完全形成一个非常完善的体系，还需要持续创新探索。

《经济日报》2012年4月10日第9版

企业·创新

靠什么打造具有世界竞争力的航空公司
——国航总裁马须伦谈服务创新

3月2日，评价航空公司服务质量的国内最权威的活动“旅客话民航”结果揭晓，中国国际航空公司获得“用户满意优质奖”及“服务品牌优质奖”。国航在业内被称为老大，上市后的国航在服务质量上有哪些新招，近日记者采访了国航总裁马须伦。

强化服务理念 完善服务链条

马须伦说，2004年国航共运送旅客2450万人次，并圆满完成了22架次的专机任务和春运、“五一”、“十一”的运输服务工作，公众对国航的服务质量反映良好。国航去年重点抓了转变服务理念，“放心、顺心、舒心、动心”服务理念深入人心，在贯彻中内涵不断丰富和完善。同时，以系统的观念、完善整个服务链条的思路抓服务取得明显成效，针对管理制度、生产作业流程、服务意识、员工的服务技能等方面存在的问题进行分析梳理，制定出一系列的改进措施，管理基础得到加强，以旅客需求为中心管理理念进一步确立，服务质量得到全面改善。

据了解，国航在空地服务上出了很多新招。客舱服务部门以“四心”理念为指导，大力倡导“我们关注您的感受”的客舱服务理念，以爱心服务旅客。他们从管理上狠挖服务问题的根源，应用科学方法下力气对服务质量数据进行认真的分析检查，弄清了旅客的意见较多的关注点，为有针对性地解决问题和为整改服务工作打下科学基础。通过从点滴小事做起，提升全员服务意识，使服务中生、冷、硬的问题得到极大改进，使各项服务管理工作更加系统、规范。按照“国际感觉，民族特色，中餐为主”的客舱供应理念，改进管理方式，确保了客舱供应服务质量；以头等舱、公务舱和精品航线为重点，推进餐饮特色化和订餐服务，获得旅客的好评。

在对内建立有效服务管理机制的同时，国航对外实施了客户关系维护和修补策略，推出了《客户服务计划》，对公司提供的服务产品，及产品的特征进行了详细说明，为旅客提供必要的出行信息，建立了与旅客、货主的有效沟通。同时，搭建了旅客信息平台，畅通了与旅客的信息交流，完善了投诉处理程序，大大缩短了处理和回复时间。此举不仅使旅客的需求得到尊重，也拓展了公司获取旅客信息改进服务的渠道。

抓好“生产链”环节 提高航班正常率

航班延误一直是旅客不满意的重点，国航在解决航班延误问题上有何举措？马须伦介绍，去年，国航采取从“生产链”环节系统解决的总思路取得良好效果。

具体来说，地面服务部门针对不正常航班服务的难点，完善、细化了《不正常航班工作细则》，同时从客乘机登记环节入手，为分流旅客、减缓高峰小时工作压力，在首都机场候机大厅内开设了7个无托运行李乘机登记柜台，有效减少了旅客排队等候时间；从旅客候机登机环节入手，通过设计、安装护栏式通道，将远机位航班候机厅休息区域与登机区域分开，为旅客提供井然有序的登机环境；同时在航班高峰时段采用模拟登机口的方法，充分利用其他候机区域，快速有效地组织旅客登机；从行李装卸环节，要求所有进出港航班的保障人员、车辆设备均于飞机落地前5分钟，赶赴指定机位待命，提高了工作效率。

此外，运行控制部门研究设计了航班生产数据分析软件，为航班正点统计分析工作提供了科学、详实的数据支持；为集中解决航班延误后信息滞后制约服务工作问题，编写了《航班长时间延误控制程序》，对航班延误后快速恢复运行正常提供了保障，并有效控制和减少了长时间航班延误。维修管理部门针对因飞机故障造成航班长时间延误及引发后续多个航班延误的焦点问题，制定了《工程机务原因航班不正常分析及改进措施》，在增强维修及时性、应对灵活性上取得效果。客舱服务部门制定了保证航班正点的奖惩措施，各项安全、正点规章制度落实到每个乘务长、每个航班、每个乘务员。针对航班延误后如何快速应对，合理处置，加强服务补救工作，公司制定了《航班延误补偿指导原则》，并下发了《航班延误处置问答指导》，为做好航班延误后服务工作提供了处理原则和依据。

经过治理，去年民航总局公布的国航航班正常率为79.76%，与2003年相比在航班总量增加了28%的情况下，正常率上升了1.45个百分点，在大航空公司中名列前茅。

打造具有世界竞争力的航空公司

近年来，虽然国内航空公司在服务上下了很大的功夫，但给人的感觉是，与国际主流航空公司相比，国内航空公司还有较大差距，这种差距体现在哪里？如何真正缩小这种差距？

马须伦说，与国外航空公司相比，我们的服务并不差，有些方面还是领先的，但是我们往往在空、地结合部，在服务链条上有脱节的问题。因此我们要继续在系统上、服务链上下功夫，在规章制度、强化责任、持续改进工作上下功夫，切实为旅客提供高品质的服务。

对此，马总裁说，国航要为旅客提供国际主流航空公司的服务标准，打造国航服务品牌。2005年，国航将围绕“四心”工程加强服务工作系统建设，以基础管理带动生产的高效和有序运行。根据市场需求和定位设计适应不同旅客群的服务产品，形成统一的服务规范和系统解决方案。在国内干线、国际航线、旅客服务、大客户服务和中转服务上重点改进、重点投入，全面落实投资6.8亿元改造两舱座椅的工作。在服务基础管理方面，国航将结合国际旅客和行李运输总条件的要求，重新整理、出台更规范完善的运输总条件，为旅客提供细致到位的服务。完善公司的服务补救政策，重点在航班延误、机舱设备故障、衣物破损、人身意外伤害、餐食等方面为旅客提供更人性化的服务。建立旅客满意度调查分析系统，使质量管理、基础管理贯穿于公司的每项作业活动中，确保服务品质和产品的一致性。

在与旅客直接相关的生产运行服务作业层面，国航将制定明确的操作标准，使每一位员工明确和理解公司的服务战略和各自的岗位要求，熟悉程序，掌握标准，提升职业精神和专业能力，在服务过程中把旅客满意放在首位。加大航班正点工作的考核力度，严格航班正点的奖惩办法。细化航班计划编排，统一运力调配，增加必要的备机，提高飞机维护水平，确保2005年航班正点率达到81%以上。马须伦表示，将通过为旅客提供规范化、人性化、个性化的服务，努力把国航建设成为主流旅客认可、中国最具价值、赢利能力最强、具有世界竞争力的航空公司。

《经济日报》2005年3月29日第12版

这家综合经济效益达世界同行业先进水平的大型国企，也以发展的实践再一次说明：创新，是国有企业做大做强的不竭动力。——题记

河南安彩集团改革发展调查

创新的魅力

近年来，全球彩电行业处于低谷，国内彩管企业限产、停产的为数不少，玻壳降价压力也日益加大。而安彩集团凭借自身的核心技术，不断创新，逆势而上，通过低成本的改造、扩建，生产规模迅速扩大，企业综合经济效益也达到世界同行业先进水平，2004年实现销售收入93亿元，利税总额10.4亿元，出口1.66亿美元，分别比上年增长24.3%、61.5%和21%。

安彩集团快速发展的实践再一次说明：创新，是国有企业做大做强的不竭动力。

技术创新——在引进中超越

上世纪90年代以前，我国的彩电玻壳基本依赖进口。安阳玻壳工程是国家“七五”彩电国产化系统工程中一个资金、技术密集的基础配套工程，彩玻一期工程全套引进国外技术和设备，工程总投资10.4亿元，1990年5月建成投产。由于不掌握核心技术，在工程合同验收专家撤走后，生产的数十万套产品得不到用户认可，而炉子一旦点火就不能停，每天要“烧掉”人民币80万元。在不到一年里，就积压产品百万套，企业面临破产的严峻局面。

安彩人切身体会到，单靠技术引进，没有自主开发能力，永远难以摆脱技术落后、受制于人的被动局面。要掌握竞争的主动权，关键是要具备自主

开发能力，形成自己的核心技术。

由此，安彩人在技术创新的道路上留下了深深的足迹。1991年，他们连攻难关，突破了被外国企业视为“禁区”的双压21英寸产品生产技术，等于没花多少钱就增加了一条21英寸屏生产线，当年增加产值上亿元。1992年，成功开发了第一个新品种东芝21英寸彩玻，填补了国内空白。在短时间内，安彩几乎对所有的引进技术和设备都进行了改进、改造和创新，使一期工程的实际生产能力比原设计能力高出80%。

安彩从全套引进技术建设到完全自主开发建设，经过了三次大的跨越，逐步实现了“专业化、规模化、核心化”。1994年至2000年，第一步，安彩从引进技术的21英寸以下小屏幕专业化制造跳到自主开发的25英寸中屏幕；第二步，从25英寸跳到自主开发的29英寸大屏幕；第三步，从29英寸再跳到自主开发的34英寸特大屏幕。随后，安彩又与荷兰飞利浦公司合资建成了29英寸—36英寸彩玻生产线，自主开发了填补国内空白的背投管玻壳，并投放市场。

这三步跨越使安彩掌握了玻壳制造的核心技术，形成了自主知识产权，大大提高了国际竞争力，结束了我国成套引进国外彩玻制造技术的历史，使进口玻壳价格及国内彩管和整机制造成本大幅降低，大大加快了我国彩电普及的步伐，产生了显著的社会经济效益。

“不在引进中超越，就在竞争中淘汰”，这是安彩人对技术创新的切身体验。改革开放以来，我们从国外引进了不少当时颇为先进的生产设备，特别是引进的几十条甚至上百条彩电、冰箱、洗衣机生产线，如今大部分已成过眼烟云。究其原因，大都是在引进与吸收创新上出了问题。安彩的成功正在于正确处理技术引进与技术创新的关系，面对竞争的压力，走出了“引进—吸收—创新—超越”的路子。从安彩的成功可以得出这样的结论：及时提高自主创新能力的企业会逐步崛起并实现超越，而没有或无力做出创新反应和创新行动的企业，则将在竞争中落后甚至被淘汰。

管理创新——关键是调动人的积极性

创新的关键是要调动人的积极性。这就需要通过管理创新，形成一套符合企业自身特点的管理模式，并在实践中不断完善和发展。安彩集团总裁李留恩认为，现代管理的核心是人，没有人的思维方式和行为方式的现代化，就不可能有企业管理的现代化。而改进人的思维方式和行为方式，必须从“严格”二字入手，实现企业管理由“人治”到“法治”的转变。

循着这一思路，安彩集团在实现从全套引进技术建设到完全自主开发建设和发展三大步跨越的同时，管理上也逐步实现了从“严格管理”到“科学管理”再到“人文管理”的转变，并从中提炼出“安彩企业文化”。这既是安彩人对管理实践的高度总结，更是安彩这10多年来获得的最大无形资产。今天，安彩企业文化已成为安彩集团改革、创新、发展的强大动力。

安彩集团管理创新的最大亮点，是在实践中创造了“转、严、硬、控、稳、精、新”等7个字的科学管理法。“转”就是转变观念，转换机制，实现企业管理由“人治”转到“法治”；“严”就是严格管理，实现员工行为规范化、科学化；“硬”就是硬化岗位规范（包括建立以质量为中心的微细管理工程），硬化目标管理（包括实行逐月兑现的经济责任制），硬化团队精神；“控”就是用控制论的方法来管理企业，实现全控管理；“稳”就是稳定提高成品；“精”就是要做到信息的精准和广泛，为决策提供科学基础；“新”就是要求高起点引进与推进国产化并行，实现产品结构高级化。由于安彩集团的“七字管理法”在实践中产生了积极的效果和巨大的效益，《七字科学管理结构研究》已被列为国家企业管理重点研究课题。

推进“数字化革命”，创建具有安彩特色的“数字化管理”模式，以数字化、信息化改造传统管理方式，这是安彩集团管理创新的另一大特色。随着企业的迅速发展，安彩人敏锐地意识到信息化对于企业发展的重要作用，提出了“模拟技术向数字技术转化，模拟管理向数字管理转化”的数字化发展思路。上世纪90年代后期，他们又进一步提出以“数字化、软件化、网络化、信息化、环保化”为主要内容的发展战略和经营理念，不失时机地利用信息时代所带来的技术成果和发展机遇，以信息化带动和提升企业的技术水平、管理水平，不断形成和增强核心竞争能力。

彩玻生产参数众多、工艺复杂、技术要求高。安彩建厂初期，技术管理主要依靠少数技术骨干的生产经验，这样不仅影响生产效率，更使得产品的质量波动较大。安彩集团专门制定了信息化数字技术发展战略，每年科技投入资金达到当年销售总额的8%—10%，全部实现了生产控制系统的计算机网络管理，主要生产工序相继建立了数字模型，变人工经验操作为数字化智能控制。同时，利用数字化管理，将设计、生产、维修等各种参数编制成软件，通过公司的网络系统互联互传，统一规范管理，实现了资源和信息共享。

信息化数字技术的广泛推广应用，快速提升了企业的管理水平和技术水平，促进了生产技术和生产管理的规范化，基本上解决了产品产量、质量、材料消耗、优质品率等因人而异的差异。如今，不论工位上是哪位操作工，只要按照设定的数据进行操作，都能生产出一流产品。仅玻璃池炉数学模拟技术的应用，就因改变了传统的工艺控制方法而使公司玻璃不良率平均降低了10个百分点以上，若不考虑后续工序的作用，可新增效益2.7亿元。

安彩集团先后投入8000万元对信息流程和管理流程进行重整和再造，目前已实现生产管理数字化、质量管理数字化，并在财务管理、人事管理、半成品管理、备品备件管理以及经济责任制考核等各个环节全面实现规范化、数字化，为有效提高企业国际竞争力打下了坚实基础。

机制创新——持续快速发展的制度保障

在安彩集团，还有两句话深入人心："消化吸收视同科研，科技创新视同发明"。记者了解到，这两句话不仅仅是鼓励性的口号，更是一项科技奖励政策，已成为公司激励机制的重要内容。正是安彩集团的一系列机制创新，为企业持续的技术创新、管理创新，乃至持续、快速发展提供了强大的制度保障。

管理创新与机制创新就像一驾马车的两个轮子，需要同步推进，协调发展。安彩集团在加快管理创新的进程中不断加大机制创新的力度，并逐步形成了促进企业持续、快速发展的动力机制——

改革用人机制。实行“三权、五个一”的纵向授权制度，即总经理对中层的直接任免权、直接考核权和直接奖惩权，以及一级抓一级、一级聘一级、一级考一级、一级奖惩一级、一级任免一级，从而形成了干部能上能下、职工能进能出、工资能升能降的全新的动态管理用人机制。

改革激励机制。公司以“实际职称（能力）”代替“档案职称（学历）”，对原有技术职称的干部进行严格的考试，在专业干部的使用上看职称更看实绩，看学历更看能力。公司以“实绩工资”代替“档案工资”，创造性地运用“点因素法”进行科学分配，采用岗位结构工资制，一岗一薪，岗变薪变，工效挂钩，分配适当拉开距离，工资发放实行全封闭，杜绝攀比。

改革组织机制。采用“生产、改造、扩容”一肩挑的组织形式。公司的各级领导和主要技术人员、操作人员，从项目筹建之初的技术培训、技术交流、谈判、签约，到设备制造、安装、调试、运行、改进、改造、创新等，实行一竿子承包到底，没有特殊情况，专业始终不变，保持工作岗位和专业技术上的连贯性。这种组织体系的创新，既保证了工程建设始终有着统一、坚强的领导班子，便于贯彻项目责任制，使全公司人才根据生产经营实际实现有序流动，有利优化内部资源配置，同时又能充分挖掘人的潜能，进一步培养和锻炼队伍。

改革教育和培训机制。创立“生产、科研、教育三位一体”的运行模式，公司结合减人增效，改“四班三运转”为“五班三运转”，每天保证五分之一的职工参加各种专业技术培训。公司设立统筹、规划、协调指导的技术部，主要车间既是生产单位，又是技术开发中心；公司教育中心与各大专院校联办了不同层次的专业班，分期分批不间断地对全体员工进行轮训，培训成绩与个人的晋升和工资挂钩，极大地调动了职工学习钻研的积极性。目前集团62%的职工已达到大专以上水平。

技术创新、管理创新、机制创新三位一体、相互促进，堪称安彩集团快速发展的三大支撑点……

今天，安彩正在继续演绎矢志创新的故事。

创新，将继续为安彩的发展提供强大动力。

《经济日报》2005年9月9日第1版，与胡敏、王伟合作。

行业内最具成长力企业的创牌故事

“世界彩玻之王”的成功之路

彩色电视机在中国生产并走进千家万户，经过了近20年的时间。然而，就在1990年河南安阳的彩色玻壳第一期工程建成投产前，中国的彩玻还一直依赖进口。

从那时到现在，短短15年，中国不但早已告别了彩玻依赖进口的历史，还拥有了制造彩玻的核心技术和生产开发的自主知识产权，中国彩玻在世界上占据了重要地位。为祖国赢得荣誉的是地处中原的一家大型国有企业——河南安彩集团有限责任公司。

从无到有，从小到大，由弱到强。

今天安彩集团，已经以生产规模世界第一雄踞行业之首。回首“世界彩玻之王”的发展史，我们可以看到一段中国企业刻苦攻关、不断创新的艰难历程。

只有拥有自主核心技术，才能进入自由王国

安彩集团彩玻一期工程建设全套引进了日本NEG公司技术和设备，工程总投资10.4亿元，1988年开工，历时3年于1990年5月建成投产，设计年产14、18、21英寸6个品种玻壳400万套。此前，我国的彩电玻壳一直依赖进口。

有人预言，日方专家撤出后不出3个月，安彩就将停产关门！

工程合同验收专家撤走后，残酷的现实果然摆在了安彩职工面前：生产的数十万套产品迟迟得不到用户认可，销路严重受阻，产品大量积压。不仅厂内仓库、广场、马路上堆满了产品，而且在安阳市绵延几十公里内的仓库也堆满了安彩的产品。炉子一旦点火就不能停，每天要“烧掉”人民币80万元。在不到一年的时间里，就出现了产品积压高达百万套，企业面临破产的严峻局面。

危难之中的安彩人清醒地认识到，企业单靠技术引进，没有自主开发能力，永远难以摆脱技术落后受制于人的被动局面。总经理李留恩亲自组织工程技术人员日夜攻关，发现和解决了“屏锥周边设定公差错位”等一系列技术问题，掌握了模具毛坯国产化、模具软件开发等关键技术。引进的22工位双压机，按照设计规范，只能压制14和18英寸玻壳，不能一次压制两个21英寸玻壳。大家经过反复论证和实验，连续攻克几大难关，终于突破了国外企业同行视为“禁区”的双压21英寸产品生产技术，获得双压21英寸屏成功，等于不花多少钱增加了一条21英寸屏生产线，填补了国内空白，当年产值增加上亿元。

1992年，安彩几乎对所有引进的技术和设备都进行了改进、改造和创新，使一期工程的实际生产能力超过了原设计能力的80%。到1992年下半年，主导产品安彩牌21英寸玻壳的国内市场占有率达50%，取得了安彩品牌问世后争夺市场的决定性胜利。

1994年，安彩又以“自我技术总承包”的方式，从工程总体设计、工艺方案确定、设备选购及施工组织管理，广泛优化国内外资源，建成年产25英寸彩玻500万套的二期工程，总投资13亿元，工期13个月，与同期引进同等规模工程相比节约投资15亿元，结束了我国成套引进国外彩玻制造技术的历史。

1997年，安彩自主设计建设年产29英寸玻屏250万枚的三期工程，工期12个月，总投资6.4亿元，与引进项目相比又节省了10亿元资金。创世界同行业工程建设先进水平，使进口玻壳价格和国内彩管和整机制造成本大幅降低，产生了显著的社会经济效益。

2000年4月28日，安彩四期工程点火投产，投资12.4亿元，设计年产29至34英寸纯平面大屏幕玻壳280万套，工期为11个月。产品技术含量、工程建设质量、设备自动化程度又跃上了一个新台阶，进一步提高了安彩集团的市场竞争能力。

2003年，曾被业界说成是一场“蛇吞象”的幻梦故事，被“安彩”精彩演绎。安彩一举收购了世界500强之一的美国康宁公司9条生产线，用自己的实力将“不可能”变成了现实。生产规模扩大后的安彩，凭借“质量+规模效益”，使品牌影响力得以最大限度的发挥。2004年，安彩彩色玻壳产量达到5500万套，生产规模跃居世界第一，产品国内覆盖率达46%，品种国内覆盖率达95%，出口创汇1.7亿美元。安彩真正成为世界第一大玻壳制造商。安彩品牌也从“中国彩玻之王”跃升为“世界彩玻之王”。

有思路才有出路，有出路才有财路

安彩董事长李留恩有句名言：有思路才有出路，有出路才有财路。观念创新是一切创新活动的总开关。影响安彩命运的几次重大抉择，无不体现出这一特点。

早在1991年，在安彩最困难的时候，从日本引进的主导产品18英寸玻壳，市场刚刚打开，就连续传来18英寸彩管市场萎缩，18英寸电视即将被21英寸电视代替的信息。找准市场脉搏后，在工厂负债累累，经营极度困难的情况下，安彩抓住机遇毅然决定从日本引进的三个品种中跳出来，迅速开发市场急需的高质量的东芝型21英寸玻壳。结果，经过几个月的拼搏奋战，安彩牌东芝型21英寸玻锥、安彩牌东芝型21英寸玻屏先后大量投入市场。不仅填补了国内玻壳生产的一项空白，而且使安彩集团的生产经营状况迅速发生根本性变化，于1992年8月实现了扭亏增盈。这是安彩走上创新道路的第一步。此后，安彩在创新的道路上越走越快，步子越迈越大。

1993年，安彩响亮地提出了“发展安彩品牌，占领国际市场，稳定国内市场”的口号。先后开发了接近和达到世界先进水平的安彩牌飞利浦型21英寸玻锥、25英寸玻锥、安彩牌日立型21英寸玻屏和日立型21英寸玻锥，结束了中国人不能生产飞利浦彩管玻壳、日立型彩管玻壳的历史，使市场进一步扩大，用户由3家变成6家，出现经济效益逐月上升的局面。到目前为止，安彩人凭着自己的创新精神、创新勇气和创新智慧，先后开发了具有世界先进质量水平的彩色显像管、显示管系列玻壳，品种国内覆盖率达95%，销量国内市场占有率达46%，安彩牌玻壳成为我国玻壳市场的中坚力量。

1994年，根据市场调研和市场预测发现，彩色玻壳的市场需求量比较大，安彩决定上二期工程。

如何上？是沿袭过去从国外引进成套设备和技术的方式，还是闯出一条新的路子？如果从稳妥考虑，当然是前者有章可循，可坐享其成。经过周密的调研和反复慎重的考虑，安彩毅然决定采取“翻版加创新，自我技术总承包”的建设方针，从工程设计、方案论证，到设备选型、建筑安装队伍组织，始终贯彻“高起点，以我为主，广泛优化国内外资源”这条主线。工程中的关键设备玻璃熔解池炉，其设计能力不仅比一期容量大，而且结构也更加合理，整个生产线的自动化程度和控制精度都大大高于一期工程。工程建设仅用13个月就建成了新增400万套生产能力的二期工程。这样的建设速度在世界玻壳史上也是罕见的。整个工程投资13亿元，而如果引进同等规模的生产线需要30亿元的资金。

二期工程的成功，标志着安彩公司的技术创新有了新的突破，工艺创新的思路和实践已经从某台设备、某项技术或工艺的改进，扩展到整条生产线的创新上来。二期工程的成功，一举结束了我国彩玻生产技术整套引进的历史，实现了重大技术突破。

1997年以后，安彩又自主建设了三期工程、四期工程，累计节约资金30多亿元，1999年以来通过兼并联合形式，仅用了11个月的时间，对成都红光玻壳厂、天津玻壳厂全部生产线进行了彻底改造，使这两个企业起死回生。2003年，安彩收购美国康宁公司9条生产线。在广泛优化国际资源过程中，与一些世界知名的设备制造厂商、科研机构建立了长期合作关系，赢得了更多的市场机遇，进一步拓宽了发展空间。

没有创新，就没有今天的安彩

记者在安彩采访，听到最多的一句话是：没有创新，就没有今天的安彩。

创新精神被认为是安彩品牌的精髓。在安彩厂区内的墙壁上，我们还看到了这样的大字："没有创新精神的人是死人，没有创新能力的企业是死企业"。

1993年6月29日，"中国安阳电子玻璃开发研究中心"正式成立。以此为起点，安彩建立了"产、学、研三位一体"的技术创新体系，使国内外人才、智力资源得到了合理的优化配置，加大了行业高、精、尖技术的研究开发力度，形成了具有安彩特点的全方位、多层次、国际化的技术创新体系：

安彩车间主任大部分是研究生和本科生，既是车间主任又是科研责任人，生产、改造、扩容三大任务一肩挑；现场工人，既是劳动者，也是开发创新者，又是受教育者。为了促进技术创新活动的纵深发展，安彩适时提出了"消化吸收视同科研，开发创新视同发明"的"两个视同"政策，将员工对引进技术的消化吸收提高到科研的高度，在各种政策上给予积极鼓励。这种创新机制，有力地调动了全员的积极性，发挥了人力资源的潜能，实现了最快地把消化吸收及开发的成果转化为生产力。

为了形成自己的核心技术专长优势，安彩先后建立了模具设计开发中心、技术研究中心、玻璃开发中心和国家博士后科研工作站等。多年来还同国内外大专院校、科研单位、大型企业集团进行了广泛的技术交流与合作

（包括清华大学、华东理工大学、中国工程物理研究院、荷兰TNO应用物理研究院、荷兰飞利浦公司、德国肖特公司等），强化了自主开发能力，短短十几年走完了国外需要几十年走的路。

二期工程以后，安彩在消化引进技术的基础上，冲破国外的技术封锁，很快进入了开发创新的新阶段。当时21英寸玻壳十分紧俏，如果能同时压制两个21英寸玻壳，效益将大大提高，但如果双压失败，压机将严重损毁，生产线将全线瘫痪。在这种情况下，全厂上下齐动员，工程技术人员重兵上一线，日夜攻关，对玻璃液流量、料滴重量、冲压时间、模具温度等等重要工艺参数进行了科学、准确的实验和论证，使“双压21英寸”玻壳一举成功。模具被誉为玻壳的“产床”，是玻壳制造的核心环节。安彩一期兴建的模具厂，现在要负责28条生产线的模具供应，相当于一期生产线的4倍。安彩通过软件化、网络化和信息化，不仅实现了模具制造在更大范围内的配置和组织协调，打破了传统企业分工上的全能型、长链条的生产组织方式，而且建立起模具数据库和模具专家智能系统，使模具设计、程序编制开发中心、模具数据库三坐标测量室、每台数控机床全部联网，自主开发设计了模具加工程序上千条，仅维修程序就有400多条。其中屏凸模曲面补偿软件和模具设计软件（专家系统）极具典型。

屏凸模是开玻壳内面的关键件，传统的补偿方式是对曲面设置控制点，根据玻壳检测数据，在凸模相应位置钻孔打点作为基准，人工打磨至基准位置。经过技术人员的刻苦钻研，开发出具有独立知识产权的新的补偿软件，把控制点由300点扩大到1200点（最多达3000点）自动造型，控制精度由0.22毫米提升到0.05毫米以内，整备时间由原来最快48小时缩短到10小时，还可预测该凸模生产出的玻壳状况，从而结束了安彩不能生产纯平、大屏幕和显示器玻壳的历史。

安彩在三期、四期池炉设计上进行的大胆创新，使池炉结构、燃烧方式更为合理，大大提高了控制精度和玻璃溶解质量。这些创新思路就是在总结一期、二期工程的经验、教训的基础上形成的，也是借鉴国内外池炉设计先进技术，遵循科学规律，充分研究池炉溶解机理所取得的重大技术突破。此外，一大批科研成果的转化和新材料、新装备、新工艺、新技术的开发、推广和应用，也为企业带来了巨大的经济效益。结构材料————销钉、阳极帽，经过慎重测试和试验并经过用户认证，在国内率先实现全面国产化，彻底摆脱了受制于人的被动局面，每年还节约资金1000多万元人民币。

1992年以来，安彩已累计完成技术进步1400多项，使工艺精度、设备保证能力、产品质量水平都大大提高。锥加工设备改造、屏加工工艺改进、21英寸屏双压工艺开发、25英寸锥定位块不研磨技术开发、不机械倒角技术开发等一批重大技术进步项目，达到了国际先进水平，为产品质量问题的解决，为大批新产品的开发，为安彩品牌的发展，创造了有利的条件。目前，安彩产品品种已由引进时的6个，自主设计开发形成了14至17英寸系列彩色显示管玻壳和14至34英寸日立型、东芝型、松下型、飞利浦型等七大系列105个彩色显像管玻壳新品种，成为国内行业惟一具备自主开发创新能力和具有国际竞争能力的彩玻企业。安彩品牌从无到有，从中国走向世界。

目前，安彩已经研发掌握了液晶玻璃项目的核心生产技术，今年5月28日，总投资21.8亿元的安彩液晶项目在郑州奠基，明年将正式投产，这标志着我国液晶玻璃基板即将结束依赖进口的局面。

近日，李留恩又透露出一个更令人振奋的信息：等离子玻璃项目将于明年年底前在安阳投产。届时，长期以来为外国企业垄断的液晶、等离子等先进技术将实现“中国制造”！

《经济日报》2005年9月12日第10版，与党涤寰、王伟合作。

华北制药：打造世界一流现代制药集团

业内外广泛关注的华北制药集团重组和新园区建设有了令人欣喜的进展。2009年6月30日，冀中能源集团重组华北制药集团实施方案获得河北省政府和省国资委批准，华北制药集团成为冀中能源新的一员。此举，既可实现两家企业优势互补，为各自快速、健康发展拓展了新的空间，又为全国制药企业改革重组创造了新的思路和模式。10月18日，华北制药集团新工业园区建设将正式启动，意味着华药集团向打造国内领先、世界一流的制药强企迈出坚实一步，标志着华北制药集团正式踏上二次创业、跨越发展的新征程。

10月18日，华药集团新型头孢项目将正式开工。作为国内领先、世界一流的样板工程，它的建设标志着国内医药行业规模最大、水平最高的园区建设拉开序幕，表明华药集团提出的发展目标进入具体实施阶段，华药集团即将踏上跨越式发展的征程。

华北制药集团是新中国制药工业的摇篮，其前身华北制药厂于1953年筹建，1958年投产，它的诞生结束了我国青链霉素长期依赖进口的历史。50多年来，华药集团从小到大，从弱到强，累计实现利税134亿元，出口创汇21亿美元，成为我国制药行业的领军企业、国内最大的抗生素生产基地。

随着市场竞争日益激烈，华药集团这个闻名的老国企由于历史包袱沉重，企业生产经营遇到多重困难。冀中能源对华药集团成功的战略重组，为华药集团注入了新的生机和活力。

华药集团将以整体搬迁和新工业园区建设为契机，进行企业战略结构调整，实现全方位创新、转型、升级，促进企业可持续发展。为此，华药集团制定了“2011年销售收入实现100亿元、2013年销售收入实现200亿元、2015年销售收入实现300亿元”的“一二三”发展目标，力争把华药集团建设成为国内领先、世界一流的现代制药集团。

作为国有制药企业的代表，华药集团的改革和发展将给国内医药产业的健康发展提供许多有益的启示。

奠定二次腾飞的基石

华药集团新工业园区建设被列入河北省第二批重点产业支撑项目。新园区建设不是单纯的搬迁，而是通过迁建重组，进行企业的战略结构调整，实现全方位的创新、转型、升级，促进华药集团实现可持续发展。

新工业园区以市场需求为先导，以优化提高发酵技术、合成技术和制剂技术为支撑，以头孢系列产品、基因工程药物、抗肿瘤药物、抗病毒药物为核心，以国际先进认证水平为标准，培育生物制药、生物化工、营养保健系列产品。新工业园区将坚持和谐、科学、高效迁建，建设一流厂区、配置一流装备、选用一流工艺、生产一流产品，实现产品结构和组织结构的同步优化调整。与此同时，大力推进节能减排，通过提升环境保护水平、自然资源的使用能力和华药的持续发展能力，把华药集团新工业园区建设成为一个质量标准国际化、公共设施集约化、生产制造信息化、技术装备柔性化、环保安全健康人性化的循环经济示范工业园区。

按照规划，新园区建设计划总投资110亿元，第一步投资20亿元，计划新增产值80亿元；第二步投资40亿元，计划新增产值100亿元；第三步投资50亿元，计划新增产值120亿元。

头孢项目是新工业园区重点项目之一，按照国内领先、世界一流的标准，头孢项目园区将建成新园区样板工程。冀中能源自筹资金20亿元用于项目建设，从根本上优化企业的产品结构，延伸产业链条，促进产业升级，实现规模效益，使华药集团一举成为国内头孢行业的领军企业，引领华药集团实现二次腾飞。

转型升级打造核心竞争力

转型升级是建设新园区的根本目的，也是提高企业抗风险能力，谋求长远发展的必然选择。在华药集团实现经营管理全方位转型升级的过程中，技术升级、质量升级和环保升级是重中之重。

技术升级。通过新园区的建设，华药集团的产学研体系更加适应市场机制的要求，集团进一步优选出先进高效、适应市场需求的主导产品，进一步完善了科技攻关、成果转化的激励机制，进一步实现了研发成果与规模生产的有效对接。

华药集团雄厚的研发实力为技术升级提供了支撑。在微生物发酵药物、基因工程生物技术药物两大主流领域，华药集团有很强的研发和产业化优势，先后开发出新型抗生素类药物、抗排异药物、心脑血管药物、新型抗肿瘤药物、新型抗病毒药物等具有自主知识产权的系列新产品。在基因重组生物技术药物方面，集团有4个产品实现了产业化生产。

新工业园区将通过技术升级进一步深化产品结构调整，使华药集团成为我国惟一一个以微生物发酵技术为核心，同时拥有微生物制药、化学合成制药、生物化学制药、现代生物工程制药、天然药物提取、营养保健品、生物能源、生物化工等八大生产技术平台的综合制药企业。

质量升级。9月25日，河北华日公司成为中国首家通过欧盟无菌原料药GMP认证的企业，标志着华药集团无菌制药产业与国际水平接轨。自2004年至今，华药集团先后有伊维菌素等4个品种通过了美国FDA认证，普鲁卡因青霉素、硫酸链霉素、青V钾等6个品种获得了欧洲COS证书。

新园区将通过国际质量认证带动华药集团管理标准国际化。华药集团将以质量系统、设施和设备系统、物料系统、生产系统、包装和贴签系统、实验室控制系统等国际质量管理的六大系统为主要内容，以建立符合GMP要求的质量管理体系为目标，逐步实现新园区质量管理体系的国际化。

另一方面，质量认证的国际化也将提升华药集团的国际品牌形象，为新园区建成后国际市场份额的提升奠定基础，例如土霉素产品在去年12月底获得美国FDA认证，今年2月集团就收到了订单。目前华药集团根据国际市场的变化，积极进行国际化资源配置，将产业链延伸到制剂生产、新药研发等多个领域，加大免疫抑制剂等新产品国际市场开发力度，努力建立覆盖亚太、欧洲等重点出口区域的国际营销网络，塑造全新的国际品牌形象。

环保升级。制药行业是高耗能、高污染行业，新园区的节能减排工作受到特别关注。华药集团坚持减量化、再利用、资源化的原则，把清洁生产、节能减排作为提高企业核心竞争力的重大战略。通过生产装备集约化、动力供应集中化、产品结构优化、工艺流程再造等，实现物料和动力的循环运行，使生产成本、万元增加值综合能耗显著下降，华药集团新园区将力争通过环保升级，建设成为循环经济的示范区。

技术进步是解决减排问题的最根本途径。新园区倡导以生态工业为目标，实施一系列的替代技术、减量技术、再利用技术、再资源化技术、系统优化技术和共生链接技术。针对项目产生的废物料，实施综合利用，生产精制有机肥、蛋白饲料等，由高消耗、高污染的传统生产模式转向低消耗的环境友好型发展模式，实现企业持续健康发展。

机制创新注入发展动力

冀中能源重组华药集团后，理顺了产权关系，调整了治理结构，规范了决策程序，完善了规章制度，改革了运行机制，明确了“五条禁令”，从人事管理、资金管理到运营管理，华药集团通过展开一系列变革，为企业发展注入了强劲动力。

改革人事管理。冀中能源重组后，华药集团最大的人事调整是原来的子公司经理刘文富被破格任命为华药股份公司副董事长、总经理。刘文富上任后，股份公司管理面貌焕然一新，一些曾经被挖走的管理和专业人才重返华药集团，他们充分施展才华。重组之后，华药集团用人不拘一格，注重实干，显示了改革用人机制的魄力。

在华药股份公司，新的领导班子采取了干部竞聘选拔的方式，先后组织了股份公司职能部室副职竞聘和股份销售分公司管理机构负责人竞聘，体现了公开、公平、公正的原则。竞聘者通过演讲和答辩，展现出积极向上的精神风貌，脱颖而出的优秀者已经走上新的工作岗位。人事制度改革促使每一位职工积极进取，在更广阔的平台上展示才能。

改革资金管理。华药集团曾经在各大银行开设了370多个账户，资金管理过于分散给企业发展带来诸多不利影响。冀中能源重组华药不久，就对分散在各银行的370多个账户进行清理，统一到华药集团财务公司开户。

通过资金集中管理，集团公司利用财务公司实现了对所有成员单位资金的归集，以规范的业务形式统筹安排，调剂资金余缺，减少内部资金占用，提高资金使用效率，为集团公司构建起一流的资金管理平台，更为今后资本运作和重大经营举措的顺利实施奠定了基础。

改革运营管理。根据集团公司董事长王社平的要求，华药股份公司每天早晨的领导碰头会都要通报重点工作的进展情况、近期的主要工作安排，迅速协调工作中出现的问题。碰头会制度为生产管理注入了活力，及时解决了生产流程中出现的许多问题。

供销环节管理薄弱，是华药集团管理的难点。集团颁布五条禁令，其中有三条都与采购和销售有关，禁令要求一切对外营销业务和所有原料、大宗物资采购实行集中统筹管理。按照要求，华药股份公司成立了物资供应分公司和销售分公司，从机构设置上保证了一切对外业务的有效管理。在采购方面，所有原料和大宗物资采购，一律通过比质比价或招标采购实行厂家直供。在销售方面，采用统一信息、统一计划、统一采购、统一报表的“四统一”制度，便于各单位主管进行全面分析、制定方案。新措施堵住了管理上的漏洞，维护了职工的利益，为企业健康发展提供了强有力的保障。

描绘新的发展蓝图

8月16日，在华药集团改革发展动员大会上，集团公司董事长、党委书记王社平全面分析了企业发展面临的内外部环境，明确了华药集团的发展思路，提出了统筹整合，力主创新，优化升级，做精做强的发展战略，确立了“一二三”的发展目标：第一步，2011年销售收入达到100亿元；第二步，

2013年销售收入达到200亿元；第三步，2015年销售收入达到300亿元，为华药集团描绘出改革发展的新蓝图。

新工业园区的奠基，是华药人向新的发展目标迈出的第一步。华药集团把新头孢项目作为企业发展的重中之重，并以此项目为突破口，发挥辐射、示范和带动作用，加快整个新园区建设步伐，力争全面实现企业转型升级。

《经济日报》2009年10月17日第7版

中国船舶重工集团公司：

融入区域经济 引领行业发展

隆冬的大连，寒风凛冽。坐落于大连市中心疏港路中段的大连松辽船厂总组部厂房里，却是一番热气腾腾的场面。厂长助理尹世春指着生产线上像钢结构楼房似的模块对记者说："现在工厂订单饱满，生产任务很紧。以前我们经常四处奔波找市场，现在为大连船舶重工集团提供配套产品，市场有保障，公司效益明显提高。"

尹世春介绍，松辽船厂在2006年以前主要为大船集团配套，2006年与大船集团签署了15年的战略合作伙伴关系，提供给大船集团的产品到2007年已完全实现总组成品化，他称之为"挂窗帘工程"，也就是目前生产线上的船上完整生活区楼子模块。

这是中船重工充分发挥国有经济影响力、带动力，引领行业发展、区域发展的一个缩影。

跻身全球船舶企业前列

2011年以来，国际船舶市场新船订单下滑，船舶市场再次陷入低迷。作为我国船舶行业领军企业的中船重工保持了持续发展的势头。中船重工集团公司新闻发言人、办公厅主任刘郑国向记者介绍，中船重工主要经济指标保持持续增长，2011年完成经济总量和营业收入均同比增长14%以上。

造船业以对众多产业的巨大带动作用，被誉为“制造业之花”。作为我国造船业的骨干力量，中船重工如何发挥好国有经济的影响力和带动力？刘郑国说：“打铁还需自身硬。必须自身先发展起来，拥有先进的技术和足够的实力。”

刘郑国介绍，中船重工近年来坚持保好军、做稳船、强力发展非船，军品、民船、非船三大产业协调发展，产业结构持续优化，发展质量明显提升，实力显著增强。营业收入由成立之初的144亿元增长到2010年的1425亿元。2011年7月7日，中船重工以营业收入210亿美元入选《财富》杂志世界500强企业第463位，成为我国首家进入世界500强的船舶企业。与此同时，在国资委组织的央企业绩考核中，连续第7年被授予A级优秀企业，集团公司综合实力、核心竞争力和国际影响力进一步提升，向世界一流企业迈出了更坚实的步伐，为发挥国有经济的带动力和影响力奠定了更坚实的基础。

2011年以来，中船重工更是捷报频传，精彩不断：“蛟龙”号深海载人潜器成功下潜5188米，具有自主知识产权的国内最大级别的38万吨矿砂船（VLOC）顺利交船，自主品牌船用中速柴油机研制成功，世界首套AP1000核反应堆主冷却管道成功交付，昆明新机场行李分拣系统、弱电系统、信息总包交付使用……所有这些，进一步巩固了中船重工行业发展的龙头地位。

做行业发展的领航者

船舶和汽车一样，节能降耗既关系到自身的使用成本，也是行业的一个重要标准。刘郑国介绍，中船重工在船型开发中注入“低碳”理念，自主研发的世界首批满足国际船级社协会共同规范的18万吨散货船使用效率优于日本和韩国同类船型，节能达到15%左右，并大幅减少二氧化碳的排放，该船型一推出，就获得大批订单，目前已承接该船型订单80多艘。

刘郑国说，近年来，中船重工充分发挥科技、人才优势，不断加大新产品开发，优化产品结构，促进产业转型升级，始终引领行业发展。新开发的新型32万吨超大型油轮（VLCC）是目前国内满足结构共同规范的载重量最大的VLCC，满足已生效的涂层新标准，并符合有关氮氧化物（NOx）排放第二层规定和船舶压载水控制等最新国际公约和规则，同时在总体和结构方面加强优化设计，该船的空船重量指标与国内同类型船相比最轻，达到日韩同类型船的先进水平。该型船一推出即大受欢迎，并一举获得6艘船的订单。11万吨阿芙拉型油船在新船能耗设计指数方面低于目前丹麦和中国有关方面提出的基线值，具有较强的超前性。

大连松辽船厂的发展经历，就是中船重工发挥行业引领作用的一个实例。尹世春介绍，和大船重工集团的合作，使松辽船厂由原来造1000吨的船，提升到可造万吨轮，实现了造大船的梦想。

做区域经济融合发展的典范

大连船舶重工集团公司是我国最大的总装造船企业，在公司周围，汇聚着一批像大连松辽船厂这样的船舶配套企业。近年来，大船重工以各种形式加大与外部合作，建成分段制造、钢材加工配送、舾装及管子配套加工、上层建筑制造、舱口盖制造、轴舵制造安装、海洋工程、造船设备制作及非船产品制作、物流配送等九大专业化配套制造场地，在大连周边地区形成了100多亿元规模的造船产业集群，先后带动了周边200多家地方企业的发展。

在内陆城市重庆，中船重工下属的重庆齿轮箱有限责任公司坚持“核心自制，内外结合”，经过几年的努力，已初步建立了以齿轮箱产品为纽带的企业集群，基本形成了从铸锻件毛坯到箱体、齿轮粗加工、常规热处理和小件生产的齿轮箱生产外包系统。目前，大约有200家民营企业为重齿配套，年产值占重齿公司经济总量的三分之一。这一案例成为当地带动区域经济发展的典范。

刘郑国介绍，截至目前，中船重工先后与十几个省市签订战略合作协议，积极参与国家和地方重点工程，拓展产业领域、延长产业链，在产品合作的基础上，加强技术、人才、管理等全方位对接，充分发挥国有经济的影响力和带动力，成为区域经济融合发展的一面旗帜。

“中船重工在发展中认真贯彻军民结合、寓军于民的战略方针，坚持企业发展与区域经济相融合，以总装集成、核心装备带动行业配套、社会协作，实现产业集群发展、区域经济共同发展。”刘郑国说。

《经济日报》2012年1月10日第9版

浪潮：勇立世界服务器产业潮头

不久前，在德国汉诺威通信和信息技术博览会上，浪潮集团携其代表国内顶尖技术的云计算设备和大数据解决方案精彩亮相，吸引了众多参观者的眼球，其中包括具有自主知识产权、获得2014年度国家科技进步一等奖的关键应用主机K1，在国内互联网行业市场占据一半并走向国际市场的Smart Rack服务器等。

服务器是信息化核心装备之一，在1990年之前，中国的服务器市场完全依赖进口，自主品牌的市场占有率为零，不仅要付出天价的采购和维护成本，而且给我国的信息安全构成严重威胁。

今天，以浪潮为代表的中国服务器品牌在技术、产业、市场等方面已具备了与国外品牌同等实力，中国自主品牌的服务器已迈进世界第一阵营。权威数据显示，目前，国内市场上，浪潮8路服务器市场占有率已超过50%，位居市场第一，全球前三。浪潮整机柜服务器Smart Rack为阿里、百度、奇虎、腾讯等中国顶尖的互联网厂商提供了有力支撑，国内市场占有率高达60%。

20多年来，紧紧依靠科技创新，浪潮一步一个脚印，在打造中国自主品牌服务器的道路上迈出了坚实的步伐。

浪潮人不会忘记这样的经历：20世纪八九十年代，中国还没有自己的服务器产业，为了开展石油勘探，当时的石油工业部物探局花“天价”购买了一台IBM大型机。在花费了巨额资金的同时，还必须接受对方苛刻的附加条件：把机器安放在一个中国人不得入内的透明“玻璃屋子”里，以方便美国专家24小时监控，防止中国将高性能计算机用于非民用目的。

“研发中国人自己的服务器”，这是后来被尊称为“中国服务器之父”的浪潮集团董事长兼CEO孙丕恕的梦想。1992年，孙丕恕率领浪潮服务器研发团队将国外厂商废弃不用的小型机服务器一遍遍地拆卸，一遍遍地组装，终于弄明白了构造原理，确定了有关服务器的技术参数，在1993年成功研制出中国的第一台小型机服务器SMP2000，开创了中国服务器产业，也宣告中国服务器品牌正式诞生。浪潮SMP2000性能完全媲美国外同等级别的服务器，售价只有国外产品的五分之一。中国自主品牌在服务器领域的崛起，极大地降低了中国信息化建设成本。1996年，SMP2000获得了国家科技进步二等奖，这是该年度IT领域的最高奖项。

今天，浪潮人会自豪地讲这样的故事：2005年底，在某地市级税务部门政府采购办的桌子上，摆着同一国际服务器行业巨头的两份标书：同一项目，同一产品；不同的是，两者报价相差了一倍。原来是因为浪潮TS20000高性能服务器作为唯一入围的国产品牌参与了竞标，使得这家外国企业不得不将报价降低了50%。据估算，由于浪潮引入的价格竞争机制，我国每年可节省信息化建设成本超过10亿元。

在浪潮的带领下，中国服务器产业走出了从无到有、从弱到强的发展之路。如今，国产服务器已在中国市场上占有半壁江山。浪潮不仅将服务器这种高端产品做成了一个实实在在的大产业，浪潮服务器也自1996年起连续19

年蝉联国产服务器第一品牌。

在服务器领域，关键应用主机犹如皇冠上的明珠。占中国服务器市场销售量不到5%的大型主机，却占有40%以上的销售额。2008年，为实现信息化核心装备的自主可控，国家设立了“十一五”、“863重大专项”——高端容错计算机项目，浪潮依托高效能服务器与存储技术国家重点实验室承担了这一项目的研发工作。2013年1月，该项目的重大成果——我国第一台基于自主核心技术的关键应用主机“浪潮天梭K1系统”正式上市，使我国成为继美、日之后全球第三个掌握新一代主机技术的国家，浪潮也成为全球仅有的5家具备关键应用主机研制能力的企业之一，一举结束了我国关键行业信息化建设受制于人的尴尬局面。

天梭K1的研制成功，标志着国产厂商已经从通用服务器跨入大型主机领域，进入国际厂商竞争的腹地。今天，天梭K1已成功地实现了在金融、能源、政府等国家关键信息基础设施领域的国产化替代，为我国信息安全提供了坚实的保障。

在赶超国际厂商的同时，中国品牌服务器开始走向世界。目前，浪潮服务器已经走出国门，为全球的客户提供服务。浪潮K1应用于海外多个国家超算中心，浪潮TS10000出口沙特服务椰枣基因研究，通用服务器出口全球数十个国家，X86服务器中高端产品已实现在欧洲等高端市场的快速突破。浪潮已在美国、日本等多国设立研发中心，并在委内瑞拉建设了服务器实验室和生产线，实现了本地化发展。浪潮还在26个国家设立了分公司、代表处和展示中心。浪潮产品和方案已广泛应用于全球数据中心、超算中心、税务、教育、智慧政府等领域，全球拥有1000多家大中型渠道代理商。

“没有创新就没有浪潮。创新，是浪潮企业文化的DNA，也是浪潮品牌的精髓。”浪潮集团董事长兼CEO孙丕恕对记者说，“浪潮的创新理念是：技术原创是创新，技术改进是创新，今天比昨天进步是创新，学会了也是创新。”

浪潮的“全员创新”文化，正是这种创新基因的体现。在浪潮集团，从技术人员到一线工人，每个人都可以是一个创新的细胞。浪潮从不同岗位的各个层面设立奖励措施，有技术创新项目奖、成果效益奖、专利成果奖、技术岗位工资津贴等一系列人才激励政策，通过制定实施《技术创新奖励办法》重奖科研人员，通过设立“青年人创新基金”鼓励年轻技术人员创新，形成有利于重大技术突破的激励文化，从而有效地激发了员工技术创新的成就感和能动性。

创新基因也孕育出了一套科学有效的创新机制。浪潮系统整合了各创新研发机构，形成涵盖三级研发体系的创新链：一是着眼于现在的生产工程研究机构，研究生产工艺的创新和创新技术的产业化；二是着眼于3至5年的产品开发研究机构，针对应用技术的创新开发研究，新产品开发；三是着眼于5至10年的应用基础科研机构，包括国家级企业技术中心、博士后工作站、国际研发实验室、海外研发中心等，研究具有前瞻性的创新技术、特别是具有自主知识产权的关键和核心技术的开发、系统设计。“创新链”形成一个有机的创新链条，进而相互作用形成聚集持续创新能力的创新场。

如果说20年前浪潮服务器还仅仅是一粒种子，那么今天，通过持续创新，浪潮正在引领中国服务器这个大产业。

《经济日报》2015年5月14日第1版

从“蛟龙入海”迈向“深海开发”

6月1日，厦门国际邮轮码头。蜚声中外的蛟龙号载人潜水器像一个大胖娃娃静静地躺在“向阳红09”科考船的怀中。

此时，蛟龙号刚刚圆满完成了2016年试验性应用航次第一航段的西北太平洋科考任务，随母船“向阳红09”返航抵达厦门进行短暂的休整。不久后，它将开赴西太平洋马里亚纳海沟，展开本航次第二航段的科考任务。

在“向阳红09”上，随蛟龙号完成今年第一航段科考任务的中船重工七〇二所水下工程研究开发部主任、蛟龙号副总设计师胡震告诉记者，蛟龙号迄今已完成了113个潜次。在此航段科考中，蛟龙号搭载6名科学家共开展了13次下潜作业，最大下潜深度6796米，在西北太平洋富钴结壳合同区、全球深渊的代表性区域雅浦海沟，获取了丰富的科考成果。

“仅2013年，蛟龙号首次试验性应用所获得的海底巨型生物样品和高清视频资料，就相当于我国此前20年海洋考察成果的总和。”胡震说。

作为我国海洋技术发展的前沿与制高点，蛟龙号载人潜水器不仅是中国式自主创新的成功代表，也是我国海洋高科技发展的重大成果之一，更是我国从“深海进入”“深海探测”到“深海开发”的一个里程碑。

走向深海的关键装备

位于江苏无锡的中船重工七〇二所，是蛟龙号载人潜水器的“娘家”。

在七〇二所的耐波性实验水池边，所长何春荣介绍说，船舶或者海洋工程结构物，必须在这里经过模拟大海中各种波浪的耐波性测试，才能真正走向制造、走向大洋。七〇二所像这样的实验室，大大小小有26座，总体规模在世界上处于前三位，是一个名副其实的船舶科研城。

何春荣说，海洋拥有的生物资源和矿产资源是陆地的千倍，物种总量占整个地球物种总量的85%。但到目前为止，人类对海洋的开发利用还主要局限在海洋浅表层，对深海的认知非常少，更不用说开发了。造成这一切的原因中，有很大一部分就是缺乏有效的装备。

深海载人潜水器是运载科学家、工程技术人员以及各种电子装置、特种设备快速精确地到达各种深海复杂环境，进行高效勘探、科学考察和海底作业的装备，是和平开发与利用深海资源的重要技术手段，在一定程度上代表着国家海洋资源的勘探开发能力。因此，研制大深度载人潜水器势在必行。

从上世纪60年代开始，国际上载人潜水器研制就进入了快速发展阶段，美国、俄罗斯、法国、日本等发达国家纷纷研制出一系列大深度载人潜水器，最大下潜深度达到6500米，被广泛应用于各国的海洋科学研究和资源勘探中。

2002年6月11日，科技部正式把7000米载人潜水器列为国家863计划重大专项，具体研制目标是，瞄准国际深海勘查作业前沿高技术的发展，研制一台采用多种高新技术、新材料和新工艺的、拥有自主知识产权的7000米载人潜水器，且总体技术指标要达到国际领先水平。七〇二所作为总师单位，联合中科院沈阳自动化所、中科院声学所负责载人潜水器的本体研制任务，同时承担载人潜水器总装与集成、潜航员培训等工作。一场深海技术领域的攻坚战由此拉开帷幕。

技术突破挑战深海极限

研制载人潜水器要突破哪些技术障碍?

“首先就是海水压力。”何春荣介绍说，7000米载人潜水器，要经受的压力是700个大气压，相当于每一平方厘米面积上的压力是700公斤，而我们平常家用的高压锅压力也只有2个大气压。换算下来，蛟龙号2.1米直径的载人舱球壳需要承受的压力，相当于14座埃菲尔铁塔叠加在一起的重量。这么大的压力，对潜水器的结构设计、结构材料都构成了巨大的挑战。

其次，在海水中，我们通常采用的电磁波和激光两种通讯方式都不可用，只有声通讯能够使用。但声通讯的速度比较慢，远远达不到远程控制的要求，这就要求潜水器的自我保障能力要非常强。

第三，以同样的速度移动，水中的阻力是空气中的800倍。所以，潜水器要航行或者定位，都必须要克服巨大的阻力，这需要大容量的能源、电池来保持航行和状态。

第四，海洋洋流环境非常复杂，潜水器想安安静静地“待着”也不容易，所以必须要有动力定位，这也需要耗费能量。

最后，在深海里，水温、环境差别非常大，潜水器必须要经受住各种各样的考验……

蛟龙号载人潜水器系统包含了载人潜水器本体系统、载人潜水器水面支持系统、母船增改装系统和潜航员培训系统，是个复杂而巨大的系统工程。仅就载人潜水器本体系统而言，就可以被划分为总体、结构、舾装、电力与配电、推进、水声、生命保障等12个分系统，参与研制的单位需要发挥各自技术优势，协调和固化各分系统之间的技术接口和管理接口，将每一个分系统的时间节点、约束条件、支撑性能串联起来。

由于国外技术封锁，蛟龙号在研发过程中可借鉴的资料非常匮乏。为此，项目研制团队从一开始就确定了“丰富继承、重点突破、集成创新、整体跨越”的设计思想和“自主设计、自主集成、独立完成海上试验”的研制道路。在长达10年的研制过程中，科研人员攻克了无数难关，实现了非线性环境下空间运动水动力、无动力下潜上浮运动特性、耐压球壳的极限承载能力等16项关键技术零的突破，实现了7000米最大工作深度、近底自由航行和悬停定位、高速水声通信、大容量充油银锌蓄电池等四大创新，载人深潜技术有了质的飞跃。以创新为驱动，蛟龙号最终创造了世界同类作业型潜水器最大下潜7062米的“中国深度”。

谈到蛟龙号的技术突破，何春荣说，通过创造世界上最大的潜深纪录，我国大潜深载人潜水器结构的设计技术得到了验证；定位和悬停功能取得重大突破；水声通讯系统不仅能传输语音、控制信号，还可以传输海洋地质地貌的扫描图形。

加快实现深海“三部曲”

通过蛟龙号的研制，我国掌握了深海载人潜水器所有系统的关键技术、设计、加工、建造、试验以及维护方法。

在蛟龙号的基础上，七〇二所又牵头进行了4500米载人潜水器的研制。身兼4500米载人潜水器总设计师的胡震告诉记者，全球海洋深度大都在3000

米至5000米之间，平均深度为3700米，相对于7000米级的蛟龙号载人潜水器，研制4500米载人潜水器无疑是一个更为经济实用的选择。目前，这台载人潜水器已实现了大量关键技术的突破，载人舱球壳、超高压海水泵和推进器等都已实现国产化，大大带动了我国相关新材料、新工艺在深海装备产业方向的全面发展。

蛟龙号的研制吹响了七〇二所和中船重工加快构建深海装备研发能力、推动深海装备体系化发展的冲锋号。拥有完整自主知识产权的4500米载人潜水器将于今年完成组装，明年海试，后年投入应用；深海空间站已列入国家重大科技专项，目前已突破大量关键技术，小型试验平台成功完成海上试验；海上大型浮式结构物技术攻关填补了国内多项空白，入选国家“十三五”重大工程项目；3000米深水钻井船和深远海多功能工程船完成了设计……

谈到加快深海装备发展，中船重工集团负责人在“向阳红09”上对记者说，在刚刚闭幕的全国科技创新大会上，总书记提出“深海进入”“深海探测”和“深海开发”，“这是总书记为我们描绘的深海‘三部曲’。走向深海，装备先行。作为海洋装备建设的主力军和国家队，中船重工必须以服务国家深海战略为己任，主动作为，在深海装备领域不断突破，研发、设计、制造出更多更好的深海装备。”中船重工集团负责人说。

“我们要志存高远，向世界顶峰冲击，争取在10000米载人深潜器研发上走在世界前列，开创新的先河。”中船重工集团负责人说，中船重工把深海开发作为“十三五”乃至更长一段时间重点发展的领域，将举全集团之力，同步开发并形成“深海进入”“深海探测”和“深海开发”装备谱系，为实现海底资源开采打造“国之利器”。目前，集团每年拿出100多亿元资金投入研发，今后还将募集社会资金，努力担当起实现国家深海战略的责任。

《经济日报》2016年6月8日第10版

煤制油：创新是最好的催化剂

突破煤制油多道瓶颈

宁夏地处陕甘宁蒙能源化工的“金三角”地带，煤炭资源十分丰富。“如何把资源优势转化成经济优势，是当地经济社会发展中迫切需要解决的课题。”宁夏回族自治区常务副主席张超超说。

“我们的煤炭资源储量大，但发热量一般在4000大卡左右，和内蒙古、陕西相比煤质差不少。如果把煤炭运往华东、华北地区，成本也更高，很难有竞争优势。”神华宁煤集团副总经理姚敏说，宁夏很早就意识到，要想让煤炭产业有更好的发展，必须实现资源的就地转化。因此，在21世纪初，神华宁煤就提出了打造产业集群、技术集聚、人才集中、绿色和谐的高标准、高效率、高效益的世界级现代煤化工基地。

在煤化工基地的产业布局中，神华宁煤又选择了以煤制烯烃和煤制油作为龙头。神华宁煤集团董事长邵俊杰告诉记者，当时国内煤制烯烃的技术已经相对成熟，但煤制油还处于探索阶段。由于我国“富煤、贫油、少气”，石油对外依存度突破60%，油气消费的过快增长和过高的对外依存度，不仅增加了经济发展的成本，也给国民经济命脉和能源安全带来了威胁。因此，神华宁煤决定在煤制油领域闯出一条路子。

2002年，神华宁煤开始启动煤制油项目；2003年，作为国家能源安全示范工程的煤制油项目落户宁东。在随后的9年里，神华宁煤陷入了与南非沙索公司“拉锯式”的艰苦谈判中。

姚敏回忆说，沙索公司掌握着煤制油的核心技术，在谈判中牢牢掌握着话语权，他们不仅要求控股煤制油项目，获得一定的煤炭资源开采权，而且要求中方承诺，无论国际油价走势如何，都必须保障对方获得15%的收益。如此苛刻的条件，让双方的谈判迟迟未能取得实质性进展。

2010年，中科合成油公司在内蒙古伊泰建成了年16万吨煤炭间接液化项目生产线并生产出合格产品，打破了煤炭间接液化技术受制于人的局面。神华宁煤决定采用具有自主知识产权的中科合成油公司中温浆态费托合成成套技术，独资建设年产400万吨的煤炭间接液化项目。

技术路线确定了，新的课题又摆在了神宁人的面前：人才瓶颈如何突破？

“很多煤炭企业搞煤化工，都是通过兼并化工厂来解决人才紧缺的问题。但是在宁夏，优质的化工厂基本上都是其他央企旗下的公司，差的化工企业技术落后，还濒临破产。”姚敏说，为了解决人才短缺的问题，神华宁煤提出了寻才、求才、纳才、育才的人才理念，对一些高技术领域的人才，不求所有，但求所用；对研发人才则通过搭建研发平台，共同研究课题。

有了人才做支撑，神华宁煤不断对世界先进的煤化工技术进行引进、消化、吸收、再创新。煤制油分公司气化厂机械动力部部长白海告诉记者，在煤炭的清洁利用中，煤气化是十分重要的环节。过去，我国气化炉的烧嘴都从德国进口。不过，德国的烧嘴不仅价格昂贵、进口周期长，而且点火成功率很低。

“煤制油对烧嘴的性能要求很高，我们就要求德国公司进行技术改造，但他们对改造方案全盘否定。”白海说，为了尽快解决问题，神华宁煤与中船重工旗下的研究所合作，联合进行攻关，有效地提升了气化炉嘴的点火效率。

神宁煤化工烯烃公司MTP装置是世界首套工业化应用甲醇制丙烯装置，由于尚无可借鉴的经验，在运行过程中同样暴露出了如丙烯产品收率过低、“大马拉小车”、能耗过高等诸多影响安全生产的瓶颈问题。为此，神华宁煤借助合理化建议、QC技术小组、专项技术攻关3大工作载体，形成了自己的技术方案，最终获得了鲁奇公司MTP技术15%的全球专利技术转让费。

在神华宁煤，类似的创新成果不胜枚举。邵俊杰表示，神华宁煤已经掌握了煤炭液化、煤制聚烯烃、煤制聚甲醛、煤质甲醇/二甲醚等多项主流现代清洁煤化工工艺技术，实现了煤炭的高附加值转化和产业链条延伸升级。

协同带动装备国产化

“神宁煤制油项目的投资规模超过550亿元，工艺设备总台（套）数在9245台（套），其中静设备约5976台，转动设备约3269台（套），超限设备近400台，大型和超大型机组约60台（套），这在业内项目建设中是十分罕见的。”神宁集团党委副书记、总经理严永胜说。

这么大规模的投资，自然少不了各式各样的“大家伙”。是采用进口设备，还是采用国产设备？一般来说，很多项目业主为了规避建设风险，往往会选择有实力的制造商，甚至不惜花高价从国外进口，也不愿意选用国产设备，以避免设备出现故障，造成工期延误或给项目造成损失。

严永胜告诉记者，此前与南非沙索公司谈判中的种种遭遇，让神华宁煤清醒地意识到，如果不掌握自主技术，在今后的发展中仍然会处处受到掣肘。神华宁煤下定决心，誓要打破国外垄断，为国内科技创新和民族工业发展争口气。

为了帮助推动国产技术和民族工业发展，神华宁煤煤制油项目承担了37项重大技术、装备及材料自主国产化任务，成为了国家重大示范型实验基地。一批国内装备制造业企业敏锐地抓住这一重大机遇。他们迅速聚集到宁东，参与神宁煤制油项目的建设。在他们看来，这一项目将为企业搭建起迈向世界级舞台的桥梁。

后来的实践也充分证明，正是依托煤制油项目建设，一大批国内企业在合力攻关过程中共同成长，与西门子、三菱重工、壳牌等知名企业同台竞技，使中国制造扬眉吐气。

杭州杭氧集团公司为神宁煤制油项目研发试用的10万标方级大型空分成套设备，1小时生产氧气可充满14座北京奥运“水立方”，已经成为目前世界上最大的单机容量制氧装置，杭氧公司因此一跃成为世界空分强企。

宁夏吴忠仪表公司为煤制油气化装置研制的调节阀，使用寿命延长了两三倍，价格不到国外知名品牌的一半。

P91钢管原来从美德日进口，每吨15万元，1年多才能交货。北方重工集团承担“超级P91高端钢管技术攻关”，价格下降了70%，交货期仅90天。

苏州安特威阀门公司依据干煤粉装置的特殊需求，研发出全球第一台双盘阀，使用寿命高出德国产品的一倍，一举成名。

资料显示，神宁煤制油项目的“国家示范实验室”作用得到了极大的释放，按工艺技术、装备台套数统计国产化率达到98.5%，按投资额统计达92%以上，助推了民族装备制造企业跨越式发展，缩短了与国际先进技术的差距，加快终结了进口技术和装备制造产品的暴利时代，真正实现了技术逆袭。

据统计，上述企业用于国产化攻关的投入约57.6亿元，后续获得了多项煤化工装备与材料订单，新增销售收入87.3亿元。

“可以说，中国煤制油化工装备制造从神华宁煤的煤制油项目飞向了世界。”张超超表示，在煤制油项目建设中，神华宁煤突破了多项煤制油化工工程化及大型装备制造、成套设备集成技术难题，提高业内相关技术的进步，为国家大型煤化工等生产工艺提供了有力的技术支撑。

产业转型进入“第二季”

对于神华宁煤人而言，2016年9月23日注定是值得铭记的一天。

这一天，在大洋彼岸的美国得克萨斯州，姚敏代表神华宁煤与美国顶峰集团签署了“神宁炉”气化技术许可合同，标志着神华宁煤由此迈出了从技术引进向技术输出的坚实一步。

姚敏告诉记者，煤气化装置是煤制油项目的龙头装置，承担着全厂原料气的供给任务，过去核心技术一直掌握在国外几家大公司手中。神华宁煤过去采用的是德国西门子公司的GSP干煤粉气化技术，但西门子公司在工艺技术和设计上尚有不成熟之处，而且没有办法得到彻底解决。

2012年，神华宁煤全面启动了新型气化炉的研发工作。次年，日投煤2200吨干煤粉全套气化技术（神宁炉）问世，并获得15项发明专利，具有自主知识产权，打破了国外技术垄断。更重要的是，由于“神宁炉”解决了GSP气化技术只能吃“精煤”的缺陷，能“通吃”各种煤，为劣质煤清洁利用提供了途径。

神华宁煤集团将“神宁炉”全面用于神宁煤制油项目，终止了德国西门子24台GSP气化炉的工艺包及专利许可合同，为项目节省资金约2亿元。在此后的多次竞争中，“神宁炉”最终迫使西门子退出了我国煤气化市场。

如今，“神宁炉”已经成为继美国GE、德国西门子、鲁奇加压气化、壳牌气化炉之后，最具发展潜力和提升空间的新型气化炉成套装置，并在更广阔的国际舞台上大放异彩。

“正是依靠执着的创新追求，神华宁煤不断拓展和充分利用各种资源，持续创新，使煤制油的发展之路走得更宽、更稳、更远了。”严永胜说。

在神华宁煤自己研发的产品走向海外的同时，借助神华宁煤工程平台，部分国产装备企业从国内一线跻身世界一流企业行列，并扬帆出海，抓住“一带一路”战略的历史性机遇，产品成功打入欧洲、东南亚以及中东地区。

例如，河钢集团舞阳钢铁公司的钢板出口中亚、中东地区，用中国钢板推动中国制造走出去。江苏海鸥冷却塔公司在煤制油项目中研发大型环保型冷却塔群的成功，随后成功中标土耳其速马电厂项目，进入西门子全球采购系统，打入美国市场，收购了多个国家和地区的企业。

记者了解到，目前，神华宁煤正在借助“一带一路”建设开展中东地区的合作，其中，与沙特方面共同合作建设的70万吨煤基新材料项目正在加快推进。

“随着技术创新不断取得新突破和国产装备制造业水平的快速提升，神华宁煤的产业转型升级也将进入更加精彩的‘第二季’。”邵俊杰表示，下一步，神华宁煤将继续加快推动煤化工技术的升级和服务能力的提升，让有中国特色的煤化工技术走向世界。

邵俊杰说，过去，神华宁煤一直在生产实实在在的产品，这是公司的主业与本行。在未来的发展中，神华宁煤将致力于提供煤化工领域的技术解决方案，成为清洁能源解决方案的供应商。相信在不久的将来，煤制油会成为又一张亮丽的“中国名片”。

《经济日报》2017年6月15日第10版，与郑波、许凌、朱磊、林火灿、拓兆兵合作，执笔：林火灿。

科学加实干是最大发展动能

站在相当于560个足球场、27个鸟巢面积的神华宁煤集团煤制油项目现代化厂区内，你很难想象脚下曾经是一片荒凉的戈壁沙地。

550亿元投资，比三峡大坝枢纽工程投资还多50亿元，是青藏铁路投资的1.7倍；铺设管道3292公里，相当于银川到广州的距离，铺设电缆2.5万公里，相当于中国高铁的运营里程；整个项目动静设备1.3万台，仪表设备11万台，电气设备1.5万台、阀门24.6万个……仅用3年多时间，这个迄今世界一次性投资规模最大的单体石油化工项目就在我国西北荒原上建成投产。

一无人才，二无技术储备，一群“挖煤的”，在荒无人烟的西北地区建成如此超级工程，靠的是什么？当看到厂区随处可见的劳模、标兵大幅照片，看到车间里“党员突击队”“党员后勤服务队”的忙碌身影，看到员工和党员AB岗双确认双签字一丝不苟地操作，你就会相信：这里，是创造奇迹的地方。

采访时记者深切感受到，在一个个朴实的脸庞下面，“神宁人”有一颗坚毅、不服输的心。1000多个日日夜夜探索磨练形成的“四严”（严把技术关、质量关、安全关、环保关）、“四干”（争气干、精益干、创新干、忘我干）的“煤制油精神”已融入每个人的血液。

正是靠这样一种精神，靠“煤好未来，油我创造”，实现煤炭清洁利用，确保国家能源安全的信念和担当，培养出一支特别能吃苦、特别能战斗、特别能攻坚、特别能奉献的队伍。干部职工风餐露宿，就着黄沙下饭，夏天在高达38摄氏度的帐篷通宵达旦研究技术方案，冬天在零下26摄氏度的刺骨寒风中加班加点抓安全、抢进度，确保项目建设和调试高效、安全、稳定。

正是靠这样一种精神，“神宁人”科学组织，精心施工，探索出了一套行之有效的大型工程项目管理模式；引进、消化、吸收、创新，加快技术集聚，研发了具有自主知识产权的MTP催化剂、2200吨级“神宁炉”等一批煤制油化工关键核心技术，实现从技术引进，到技术输出；搭建研发平台，建设国家重大示范型实验基地，助推了一大批国内装备制造企业在竞争中逐步摆脱国外技术垄断，使“中国制造”扬眉吐气。

“社会主义是干出来的”。2016年7月19日，习近平总书记在视察神华宁煤集团煤制油项目现场时铿锵有力的讲话，既是对这一世界级现代煤化工基地建设的高度肯定，也是对全国人民正在努力实现“两个一百年”奋斗目标和中华民族伟大复兴中国梦发出的又一个号召令。

科学加实干，是最大的发展动能。在我国经济结构深度调整、经济发展新旧动能转换的关键时期，需要最大限度地激发出各种发展动能。“人心齐，泰山移”，有实干的精神，加科学的方法，就能爆发出巨大的能量，创造出一个个发展的奇迹，神华宁煤的实践再次证明了这一点。

《经济日报》2017年6月15日第10版

后记

时间就像是一位不知疲倦的长跑者。当年，自己懵懵懂懂来到位于北京王府井大街277号的经济日报社报到的情景还历历在目，一晃，从事新闻工作已经进入第37个年头了。

这套《改革与变迁洪流中的中国经济》算是对自己职业生涯的一个交待。全书按体裁和内容分为经济新闻系列报道、经济述评和产业经济报道3本作品集，文章基本是按在经济日报上刊发的时间顺序排列，既反映了一个“门外汉”在新闻道路上探索成长的过程，也从不同的侧面记录和见证了一段中国改革和发展的历程。

非常幸运，自己新闻事业的黄金年华正遇上了中国改革开放后日新月异的发展与变迁年代。商品，由短缺到过剩；企业改革，由放权让利、承包制到股份制改造；产业发展，从无到有、从小到大、从大变强；经济体制，由计划经济向市场经济迈进；经济发展动力，由传统的投资、外贸、消费“三驾马车”向主要由科技创新引领的国内消费转变。其间的过程波澜壮阔，其间的故事生动曲折，给新闻工作提供了源源不断、取之不竭的素材。记者是时代的记录者和瞭望者。改革开放的生动实践给每一个新闻工作者提供了施展才干的大舞台。

书中报道和评述的许多新闻事件虽然都已成了过往，但我认为，对过去的经历和事件进行“保鲜”，原汁原味地呈现，仍然是很有意义的，回望历史是为了更好地前行。正如经济日报原总编辑、令人尊敬的老报人范敬宜写过的一段话：“有人说，记者的文章是速朽的，顶多只有一天的生命力，这话从一定意义上来说当然也对，但调换一个角度，我们就会发现，记者的文章又是不朽的，具有永久的生命力。因为，一旦记者敏锐地捕捉到新闻，把它‘定格’显影出来，公诸报端，这新闻就成了历史的忠实记录，它也就随着历史的永存而具有了不朽的生命。”

同样幸运的是，自己进入经济日报时，这张改革开放后第一份以“经济”命名的中央级报纸，才只有两岁半，它就像是初生牛犊，充满生机活力。置身于一个致力开拓创新、具有强烈职业追求的群体；置身于一个“风气正，气氛好，很有人情味”的团队，自己遇到了许多事业和生活中一辈子的良师益友。在这里，要特别感谢庹震、郑庆东、詹国枢、张曙红、王若竹、王玉玲、崔书文、隋明梅，感谢所有关心、帮助过我的同事和朋友们，感谢经济日报原工交部、原经济新闻部、原政科文新闻部以及产经新闻部、财经新闻部的同事们，他（她）们不仅是工作上的同事，更是生活中的朋友，甚至情同兄弟姐妹。

同时，还要感谢经济日报技术创新与服务部的梁婷同志，她非常热心地帮助查找多年来的见报稿件。感谢经济日报出版社的陈芬老师，正是由于她的热情、耐心和专业，才使得这3本作品集顺利出版。

杨国民

2021年8月